Die Verfahrensgestaltung der Konzerninsolvenz in Deutschland und China

Europäische Hochschulschriften

European University Studies

Publications Universitaires Européennes

Reihe II	**Rechtswissenschaft**
Series II	Law
Série II	Droit

Band/Volume **5841**

Pingliang Ge

Die Verfahrensgestaltung der Konzerninsolvenz in Deutschland und China

Deutsche Regelungen und Erfahrungen als Vorbild

PL ACADEMIC RESEARCH

Bibliografische Information der Deutschen Nationalbibliothek
Die Deutsche Nationalbibliothek verzeichnet diese Publikation in der Deutschen Nationalbibliografie; detaillierte bibliografische Daten sind im Internet über http://dnb.d-nb.de abrufbar.

Zugl.: Hamburg, Univ., Diss., 2015

D 18
ISSN 0531-7312
ISBN 978-3-631-67384-3 (Print)
E-ISBN 978-3-653-06665-4 (E-Book)
DOI 10.3726/978-3-653-06665-4

PL Academic Research ist ein Imprint der Peter Lang GmbH.
Peter Lang – Frankfurt am Main · Bern · Bruxelles · New York · Oxford · Warszawa · Wien

Diese Publikation wurde begutachtet.

www.peterlang.com

Vorwort

Die vorliegende Arbeit wurde der juristischen Fakultät der Universität Hamburg im Wintersemester 2013/2014 als Dissertation vorgelegt. Kritische Anregungen der Gutachter wurden im Manuskript weitgehend berücksichtigt.

Mein besonderer Dank gebührt meinem Doktorvater, Univ.-Prof. Dr. Heribert Hirte, der mich zur Beschäftigung mit dem Thema der Konzerninsolvenz anregte und anschließend die Fertigstellung dieser Arbeit mit Informationen und konstruktiver Kritik unterstützte. Weiterhin danke ich Professor Dr. Hinrich Julius für die schnelle, ausführliche Zweitkorrektur und seine anregenden Anmerkungen zum Thema.

Für ihre Unterstützung und Geduld danke ich meiner Familie und meinen Freunden.

Feb. 2016, Beijing

Inhaltsverzeichnis

Abkürzungsverzeichnis

a. A.	andere Ansicht
AGZR	Allgemeine Grundsätze des Zivilrechts der VR China
AG	Aktiengesellschaft/Die Aktiengesellschaft (*Zeitschrift*)
AktG	Aktiengesetz
Anh.	Anhang
ARZH	Anleitung für die Rechtsprechung in Zivil- und Handelssachen (*Zeitschrift*)
Aufl.	Auflage
AW	Akademische Welt (*Zeitschrift*)
BB	Betriebs-Berater (*Zeitschrift*)
Bd.	Band
BGBl.	Bundesgesetzblatt
BGH	Bundesgerichtshof
BMJ	Bundesministerium der Justiz
BR-Drucks.	Bundesrat Drucksache
BT-Drucks.	Bundestag Drucksache
bzw.	Beziehungsweise
CR	Chinesische Rechtswissenschaft (*Zeitschrift*)
CRA	Chinesische Rechtsanwälte (*Zeitschrift*)
CUPL	China University of Political Science and Law
CVK	Chinesischer Volkskongress (*Zeitschrift*)
DAV	Deutscher Anwaltsverein
DB	Der Betrieb (*Zeitschrift*)
ders.	derselbe
d. h.	das heißt
Diss.	Dissertation
DS	Die Soziologen (*Zeitschrift*)
DStR	Deutsches Steuerrecht (*Zeitschrift*)
DZWIR	Deutsche Zeitschrift für Wirtschafts- und Insolvenzrecht (*Zeitschrift*)
Ed.	Edition
Einl.	Einleitung
f.	folgende (Seite oder Randnummer)
ff.	fortfolgende (Seiten oder Randnummern)
FS	Festschrift
FG	Festgabe
FK	Frankfurter Kommentar
Fn.	Fußnote(n)
FPR	Forum für Politik- und Rechtswissenschaft (*Zeitschrift*)
FT	Forschungsteam

GbR	Gesellschaft bürgerlichen Rechts
GesG	Gesellschaftsgesetz der VR China
GesR	Gesellschaftsrecht
GesetzentAus	Gesetzentwurfsausschuss
GgebG	Gesetzgebungsgesetz der VR China
ggf.	gegebenenfalls
GmbH	Gesellschaft mit beschränkter Haftung
GmbHG	GmbH-Gesetz
GmbHR	GmbH-Rundschau (*Zeitschrift*)
GRW	Gegenwärtige Rechtswissenschaft (*Zeitschrift*)
FPR	Forum für Politik- und Rechtswissenschaft (*Zeitschrift*)
Habi.	Habilitation
Halbs.	Halbsatz
HGB	Handelsgesetzbuch
HK	Heidelberger Kommentar
h. M.	herrschende Meinung
PUG	Gesetz der VR China über Partnerschaftsunternehmen
Hrsg.	Herausgeber
IF	Internationale Finanzierung (*Zeitschrift*)
inkl.	Inklusive
InsO	Insolvenzordnung
KIG-E	Gesetzentwurf der Bundesregierung: Entwurf eines Gesetzes zur Erleichterung der Bewältigung von Konzerninsolvenzen
InsRF	Insolvenzrechtsforum (*Buch*)
i. S. d.	im Sinne der/des
i. S. v.	im Sinne von
i. V. m.	im Verbindung mit
JBUAA	Journal of Beijing University of Aeronautics and Astronautics (*Zeitschrift*)
JHAC	Journal of Heilongjiang Administrative Cadre College of Politics And Law (*Zeitschrift*)
JHUP	Journal of Hubei University of Police (*Zeitschrift*)
JNNU	Journal of Nanjing Normal University (*Zeitschrift*)
KstGaKU	Körperschaftssteuergesetz für Unternehmen mit ausländischem Kapitel und ausländische Unternehmen der VR China
KTS	*Zeitschrift* für Insolvenzrecht
LF	Legal Forum (*Zeitschrift*)
LRW	Lehre der Rechtswissenschaft (*Zeitschrift*)
LW	Law Review (*Zeitschrift*)
MGesR	Modernes Gesellschaftsrecht (*Buch*)
MR	Moderne Rechtswissenschaft (*Zeitschrift*)
m. w. N.	mit weiteren Nachweisen
MV	Mittleres Volksgericht
NJW	Neue Juristische *Zeitschrift*

NZA	Neue *Zeitschrift* für Arbeitsrecht
NZI	Neue *Zeitschrift* für das Recht der Insolvenz und Sanierung
NZG	Neue *Zeitschrift* für Gesellschaftsrecht
OHG	Offene Handelsgesellschaft
OVG	Oberster Volksgerichtshof der VR China
PR	Politik und Recht (*Zeitschrift*)
RA	Rechtsanwendung (*Zeitschrift*)
RegE	Regierungsentwurf
RF	Rechtswissenschaftsforschung (*Zeitschrift*)
RGBl.	Reichsgesetzblatt
Rn.	Randnummer(n)
RS	Rechtssystem und Soziologie (*Zeitschrift*)
RW	Rechtswissenschaft (*Zeitschrift*)
S.	Seite(n)
SAIC	State Administration for Industry and Commerce of the People‘s Republic of China
SDR	Shandong Rechtswissenschaft (*Zeitschrift*)
SNK	Studie der Nomokratie (*Zeitschrift*)
sog.	sogenannt
SPU(PS)	Journal of Peking University (Philosophy and Social Sciences) (*Zeitschrift*)
SR	Saisonschrift der Rechtswissenschaft (*Zeitschrift*)
str.	streitig
SZW	Studienzeitschrift der Universität Wuhan (*Zeitschrift*)
Th-RW	Tsinghua-Rechtswissenschaft (*Zeitschrift*)
u. a.	und andere
Var.	Variante
VB-UGR	Vorläufige Bestimmungen zur Registrierung von Unternehmensgruppen
VR China	Volksrepublik China
VRS	Volksrechtssprechung (*Zeitschrift*)
UInsG	Unternehmensinsolvenzgesetz der VR China
UmwG	Umwandlungsgesetz
Urt.	Urteil
usw.	und so weiter
vgl.	Vergleiche
Vorb.	Vorbemerkung
WF	Wirtschaftsforschung (*Zeitschrift*)
WM	*Zeitschrift* für Wirtschafts- und Bankrecht
WpÜG	Wertpapiererwerbs- und Übernahmegesetz
ZAU	*Zeitschrift* der Anhui-Universität
ZGR	*Zeitschrift* für Unternehmens- und Gesellschaftsrecht
ZGU	*Zeitschrift* der Guanxi Universität
ZHR	*Zeitschrift* für das gesamte Handels- und Wirtschaftsrecht

ZInsO	*Zeitschrift* für das gesamte Insolvenzrecht
ZIP	*Zeitschrift* für Wirtschaftsrecht
ZJ	*Zeitschrift* für Juristen
ZPG	Zivilprozessgesetz der VR China
ZPO	Zivilprozessordnung
ZR	*Zeitschrift* der Rechtswissenschaft
zugl.	zugleich
ZVG	*Zeitung* des Volksgerichts
ZZP	*Zeitschrift* für Zivilprozess

Literaturverzeichnis

Literatur in deutscher oder englischer Sprache

Adam, Dietmar/Poertzgen, Christoph: Überlegungen zum Europäischen Konzerninsolvenzrecht (Teil 1), ZInsO 2008, 281–287.

Adam, Roman F.: Grundfragen der Restschuldbefreiung, DZWIR 2006, 495–499.

Acher, Franz Josef: Vertragskonzern und Insolvenz, Köln 1987, zugl. Dissertation von Goethe-Universität Frankfurt am Main. *(Zitiert: Acher, Diss., S...)*

Altmeppen, Holger: Zur Entstehung, Fälligkeit und Höhe des Verlustausgleichsanspruchs nach § 302 AktG, DB 1999, 2453–2457.

Altmeppen, Holger: Interessenkonflikte im Konzern, ZHR 171 (2007), 320–341.

Altmeppen, Holger/Roth, Günter H. (Hrsg.): Gesetz betreffend die Gesellschaften mit beschränkter Haftung: GmbHG, Kommentar, 7. Auflage, 2012 München. *(Zitiert: Bearbeiter, in Altmeppen/Roth, §... Rn...)*

Andres, Dirk/Leithaus, Rolf (Hrsg.): Insolvenzordnung Kommentar, 2. Auflage, München 2011. *(Zitiert: Bearbeiter, in Andres/Leithaus, §... Rn...)*

Andres, Dirk/Möhlenkamp, Andreas: Konzerne in der Insolvenz – Chance auf Sanierung?, BB 2013, 579–587.

Anlauf, Hans-Peter Philipp: Die Restschuldbefreiung – ein Novum im deutschen Recht?, DZWIR 2007, 146–150.

Assmann, Heinz-Dieter: Der faktische GmbH-Konzern, in Lutter, Marcus/Ulmer, Peter/Zöllner, Wolfgang (Hrsg.), Festschrift 100 Jahre GmbH-Gesetz, Köln 1992, 657–735.

Balz, Manfred: Die Ziele der Insolvenzordnung, in Kölner Schrift zur Insolvenzordnung, 2. Auflage, Herne/Berlin 2000. *(Zitiert: Balz, in KS InsO, Rn...)*

Balz, Manfred/Landfermann, Hans-Georg: Die neuen Insolvenzgesetze: Insolvenzordnung vom 5. Oktober 1994 (Bundesgesetzbl. I S. 2866) und Einführungsgesetz zur Insolvenzordnung vom 5. Oktober 1994 (Bundesgesetzbl. I S. 2911); mit Einleitung, Begründung des Regierungsentwurfs, Bericht des Rechtsausschusses des Deutschen Bundestages sowie ergänzenden Hinweisen, Verweisungen und Sachverzeichnis, Düsseldorf 1995.

Beck, Lukas: Das Konzernverständnis im Gesetzentwurf zum Konzerninsolvenzrecht, DStR 2013, 2468–2472.

Beck, Siegfried/Depré, Peter (Hrsg.): Praxis der Insolvenz, ein Handbuch für die Beteiligten und ihre Berater, 2. Auflage, München 2010. *(Zitiert: Bearbeiter, in Beck/Depré, §... Rn...)*

Becker, Christoph: Insolvenzrecht, 3. Auflage, Köln 2010. *(Zitiert: Becker, Rn...)*

Becker, Moritz: Kooperationspflichten in der Konzerninsolvenz, Köln 2012, zugl. Dissertation von Universität München. *(Zitiert: Becker, Diss., S...)*

Berthold, Dorothee: Unternehmensverträge in der Insolvenz, Köln 2004. *(Zitiert: Berthold, S...)*

Bezelgues, Sarkis: Konzerninsolvenzen in der Europäischen Union, Hamburg 2008, zugl. Dissertation von Universität zu Berlin. *(Zitiert: Bezelgues, Diss., S...)*

Binnewies, Burkhard: Die Konzerneingangskontrolle in der abhängigen Gesellschaft, Köln 1996, zugl. Dissertation von Universität Bonn. *(Zitiert: Binnewies, Diss., S...)*

Böcker, Philipp: Insolvenz im GmbH-Konzern (I), GmbHR 2004, 1257–1264.

Bork, Reinhard: Zurechnung im Konzern, ZGR 1994, 237–265.

Bork, Reinhard: Die Unabhängigkeit des Insolvenzverwalters ist nicht disponibel, ZIP 2013, 145–149.

Bork, Reinhard: Einführung in das Insolvenzrecht, 6. Auflage, Tübingen 2012. *(Zitiert: Bork, Rn...)*

Braun, Eberhard/Uhlenbruck, Wilhelm: Unternehmensinsolvenz: Grundlagen, Gestaltungsmöglichkeiten, Sanierung mit der Insolvenzordnung, Düsseldorf, 1997. *(Zitiert: Bearbeiter, in Braun/Uhlenbruck Unternehmensinsolvenz, S...)*

Braun, Eberhard (Hrsg.): Insolvenzordnung Kommentar, 5. Auflage, München 2012. *(Zitiert: Bearbeiter, in Braun, §... Rn...)*

Brünkmans, Christian: Die Koordinierung von Insolvenzverfahren konzernverbundener Unternehmen nach deutschen und europäischem Insolvenzrecht, Berlin 2009, zugl. Dissertation von Universität Bonn. *(Zitiert: Brünkmans, Diss., S...)*

Brünkmans, Christian: Die koordinierte Verfahrensbewältigung von Insolvenzverfahren gruppenangehöriger Schuldner nach dem Diskussionsentwurf zur Konzerninsolvenz, Der Konzern 2013, 169–182.

Brünkmans, Christian: Entwurf eines Gesetzes zur Erleichterung der Bewältigung von Konzerninsolvenzen: Kritische Analyse und Anregungen aus der Praxis, ZIP 2013, 193–203.

Bu, Yuanshi: Konkursmasse im chinesischen Konkursrecht, ZInsO 2014, 913–922.

Bundesministerium der Justiz (Hrsg.): Erster Bericht der Kommission für Insolvenzrecht, Köln 1995.

Buth, Andrea K./Hermanns, Michael (Hrsg.): Restrukturierung, Sanierung, Insolvenz, Handbuch, 3. Auflage, München 2009. *(Zitiert: Bearbeiter, in Buth/Hermanns, §... Rn...)*

Clemm, Hermann: Die Grenzen der Weisungsfolgepflicht des Vorstands der beherrschten AG bei bestehendem Beherrschungsvertrag, ZHR 141 (1977), 197–208.

Dahl, Michael: Die Bestellung eines Sonderverwalters nach der InsO, ZInsO 2004, 1014–1016.

Dellit, Kai: Entwurf eines Gesetzes zur Erleichterung der Bewältigung von Konzerninsolvenzen: Der Konzerninsolvenzplan, Der Konzern 2013, 190–198.

Dierdorf, Josef: Herrschaft und Abhängigkeit einer Aktiengesellschaft auf schuldvertraglicher und tatsächlicher Grundlage, Köln 1978, zugl. Dissertation von Universität Bochum. *(Zitiert: Dierdorf, Diss., S...)*

Dorndorf, Eberhard: Zur Dogmatik des Verfahrenszwecks in einem marktadäquaten Insolvenzrecht, in Gerhardt, Walter/ Henckel, Wolfram/Kilger, Joachim/Kreft, Gerhart (Hrsg.), Festschrift für Franz Merz zum 65. Geburtstag am 3. Februar 1992, Köln 1992, 31–47.

Drüke, Heiner: Die Haftung der Muttergesellschaft für Schulden der Tochtergesellschaft, Köln u. a. 1990, zugl. Dissertation von Universität Bonn. *(Zitiert: Drüke, Diss., S...)*

Eidenmüller, Horst: Unternehmenssanierung zwischen Markt und Gesetz: Mechanismen der Unternehmensreorganisation und Kooperationspflichten im Reorganisationsrecht, Köln 1999, zugl. Habilitation von Universität München. *(Zitiert: Eidenmüller, Unternehmenssanierung, S...)*

Eidenmüller, Horst: Der nationale und der internationale Insolvenzverwaltungsvertrag, ZZP 114 (2001), 3–36.

Eidenmüller, Horst: Verfahrenskoordination bei Konzerninsolvenzen, ZHR 169 (2005), 528–569.

Eidenmüller, Horst/Frobenius, Tilmann: Ein Regulierungskonzept zur Bewältigung von Gruppeninsolvenzen: Verfahrenskonsolidierung im Kontext nationaler und internationaler Reformvorhaben, Beilage 3 zu ZIP 22/2013, 1–20.

Emmerich, Volker: Konzernbildungskontrolle, AG 1991, 303–311.

Emmerich, Volker/Habersack, Mathias: Konzernrecht, 10. Auflage, München 2013. *(Zitiert: Emmerich/Habersack, S...)*

Emmerich, Volker/Habersack, Mathias: Aktien- und GmbH-Konzernrecht Kommentar, 7. Aufl., München 2013. *(Zitiert: Bearbeiter, in Emmerich/Habersack, §... Rn...)*

Ehricke, Ulrich: Das abhängige Konzernunternehmen in der Insolvenz, Tübingen 1998, zugl. Habilitation von Humboldt-Universität zu Berlin. *(Zitert: Ehricke, S...)*

Ehricke, Ulrich: Die Zusammenfassung von Insolvenzverfahren mehrerer Unternehmen desselben Konzerns, DZWIR 1999, 353–363.

Ehricke, Ulrich: Zur gemeinschaftlichen Sanierung insolventer Unternehmen eines Konzerns, ZInsO 2002, 393–397.

Ehricke, Ulrich: Die Zusammenarbeit der Insolvenzverwalter bei grenzüberschreitenden Insolvenzen nach der EuInsVO, WM 2005, 397–405.

Fleischer, Holger: Zur Leitungsaufgabe des Vorstands im Aktienrecht, ZIP 2003, 1–13.

Fleischer, Holger/Goette, Wulf (Hrsg.): Münchener Kommentar zum GmbHG, 1. Auflage, München 2010. *(Zitiert: Bearbeiter, in MünchKomm GmbHG, §... Rn...)*

Fölsing, Philipp: Konzerninsolvenz: Gruppen-Gerichtsstand, Kooperation und Koordination, ZInsO 2013, 413–420.

Frind, Frank: Neue Gefahren für die Unabhängigkeit des Insolvenzverwalters, ZInsO 2002, 745–753.

Frind, Frank: Forum shopping – made in Germany?, ZInsO 2008, 261–264.

Frind, Frank: Forum PINning?, ZInsO 2008, 363–367.

Frind, Frank: Ein letzter PIN: Zur Ökonomisierung des Prinzips vom gesetzlichen Richter, ZInsO 2008, 614–615.

Frind, Frank/Schmidt, Andreas: Insolvenzverwalterbestellung: Auswahlkriterien und Grenzen der Justiziabilität in der Praxis, NZI 2004, 533–538.

Frind, Frank: Die Überlegung der „Konzern" insolvenz, ZInsO 2013, 429–434.

Geißler, Markus: Begrenzungen bei der Weisungsbindung des GmbH-Geschäftsführers, GmbHR 2009, 1071–1076.

Gessler, Ernst: Bestandschutz der beherrschten Gesellschaft im Vertragskonzern?, ZHR 140 (1976), 433–441.

Gessler, Ernst: Leitungsmacht und Verantwortlichkeit im faktischen Konzern, in Hefermehl, Wolfgang (Hrsg.), Festschrift für Harry Westermann zum 65. Geburtstag, Karlsruhe 1974, 145–165.

Gotte, Wulf/Habersack, Mathias/Kalss, Susanne (Hrsg.): Münchener Kommentar zum Aktiengesetz, 3. Auflage, München 2008. *(Zitiert: Bearbeiter, in MünchKomm AktG, §... Rn...)*

Gottwald, Peter (Hrsg.): Insolvenzrechts-Handbuch, 4. Auflage, München 2010. *(Zitiert: Bearbeiter, in Gottwald, §... Rn...)*

Graeber, Thorsten: Die Unabhängigkeit des Insolvenzverwalters gegenüber Gläubigern und Schuldner, NZI 2002, 345–351.

Graeber, Thorsten: Der Konzerninsolvenzverwalter – Pragmatische Überlegungen zu Möglichkeiten eines Konzerninsolvenzverfahrens,: NZI 2007, 265–270.

Graeber, Thorsten: Die Auswahl und Bestellung des Insolvenzverwalters, DZWIR 2005, 177–189.

Graeber, Thorsten: Das Konzerninsolvenzverfahren des Diskussionsentwurfs 2013, ZInsO 2013, 409–413.

Graf-Schlicker, Marie Luise (Hrsg.): Kommentar zur Insolvenzordnung, 3. Auflage, Köln 2012. *(Zitiert: Bearbeiter, in Graf-Schlicker, §... Rn...)*

Grau, Conrad: Konsolidierung von Rechtsträgern einer Unternehmensgruppe in der Sanierung: Überlegungen zur Einführung einer insolvenzrechtlichen Konsolidierung in Deutschland mit rechtsvergleichendem Bezug zum neuseeländischen und US-amerikanischen Recht, Hamburg 2007, zugl. Dissertation von Universität Rostock. *(Zitiert: Grau, Diss., S...)*

Gromann, Hans-Georg: Die Gleichordnungskonzerne im Konzern- und Wettbewerbsrecht, Köln u. a. 1979, zugl. Dissertation von Universität Bielefeld. *(Zitiert: Gromann, Diss., S...)*

Grüner, Michael: Haftung im qualifiziert faktischen (Gleichordnungs-) Konzern/Durchgriff bei qualifizierter Unterkapitalisierung, NZG 2000, 598–603.

Grüner, Michael: Die Beendigung von Gewinnabführungs- und Beherrschungsverträgen, Frankfurt am Main, 2003, zugl. Dissertation von Universität Bayreuth. *(Zitiert: Grüner, Diss., S...)*

Haarmeyer, Hans: Die Ordnungsaufgabe des Insolvenzrechts und ihre praktische Umsetzung im Insolvenzeröffnungsverfahren, in Ganter, Hans Gerhard/Gottwald, Peter/Lwowski, Hans-Jürgen (Hrsg.), Festschrift für Gero Fischer zum 65. Geburtstag, München 2008, 193–208.

Haarmeyer, Hans/Wutzke, Wolfgang/Förster, Karsten (Hrsg.): Insolvenzordnung Kommentar, 2. Auflage, Münster 2012. *(Zitiert: Bearbeiter, in Haarmeyer/Wutzke/Förster, §... Rn...)*

Habersack, Mathias: Die UMTS-Auktion – ein Lehrstück des Aktienkonzernrechts, ZIP 2006, 1327–1331.

Habersack, Mathias: Aufsteigende Kredite nach MoMiG, in Spindler, Wolfgang/Tipke, Klaus/Rödder, Thomas (Hrsg.), Festschrift für Harald Schaumburg zum 65. Geburtstag, Köln 2009, 1291–1306.

Hagebusch, Alfred/Oberle, Thomas: Gläubigerbefriedigung durch Unternehmenssanierung: die übertragende Sanierung Eine Bestandsaufnahme vor dem Hintergrund jüngster InsO-Reformen, NZI 2006, 618–622.

Harder, Lojowsky: Der Diskussionsentwurf für ein Gesetz zur Erleichterung der Bewältigung von Verfahrensoptimierung zur Sanierung von Unternehmensverbänden?, NZI 2013, 327–332.

Häsemeyer, Ludwig: Insolvenzrecht, 4. Auflage, Köln u. a. 2007. *(Zitiert: Häsemeyer, Rn...)*

Hax, Herbert: Die ökonomischen Aspekte der neuen Insolvenzordnung, in Kübler, Bruno M. (Hrsg.), RWS-Forum 3, Neuordnung des Insolvenzrechts, Köln 1989, 21–39.

Henckel, Wolfram: Insolvenzrechtsreform zwischen Vollstreckungsrecht und Unternehmensrecht, in Gerhardt, Walter/ Henckel, Wolfram/Kilger, Joachim/Kreft, Gerhart (Hrsg.), Festschrift für Franz Merz zum 65. Geburtstag am 3. Februar 1992, Köln 1992, 197–215.

Henckel, Wolfram: Deregulierung im Insolvenzverfahren?, KTS 1989, 477–494.

Henckel, Wolfram/Gerhardt, Walter (Hrsg.): Jaeger Insolvenzordnung Großkommentar, 1. Auflage, München. *(Zitiert: Bearbeiter, in Jaeger InsO, §... Rn...)*

Henssler, Martin/Strohn, Lutz (Hrsg.): Gesellschaftsrecht Beck'sche Kurz-Kommentare, 2. Auflage, München 2014. *(Zitiert: Bearbeiter, in Henssler/Strohn, §... Rn...)*

Henssler, Martin: Das Berufsbild des Insolvenzverwalters im Wandel der Zeit, ZIP 2002, 1053–1066.

Henze, Hartwig: Konzernrecht: höchst- und obergerichtliche Rechtsprechung, Köln 2001.

Henze, Hartwig: Die Treuepflicht im Aktienrecht, BB 1996, 489–499.

Hess, Harald: Insolvenzrecht Großkommentar in zwei Bänden, 2. Auflage, Heidelberg u. a. 2013. *(Zitiert: Bearbeiter, in Hess, §... Rn...)*

Hess, Harald/Weis, Michaela/Wienberg, Rüdiger (Hrsg.): Kommentar zur Insolvenzordnung mit EGInsO, 2. Auflage, Heidelberg 2001. *(Zitiert: Bearbeiter, in Hess/Weis/Wienberg, §... Rn...)*

Hirte, Heribert: Vorschläge für die Kodifikation eines Konzerninsolvenzrechts, ZIP 2008, 444–449.

Hirte, Heribert: Kapitalgesellschaft, 7. Auflage, Köln 2012. *(Zitiert, Hirte, Rn...)*

Hirte, Heribert: Die Tochtergesellschaft in der Insolvenz der Muttergesellschaft als Verpfändung von „Konzern"- Aktiva an Dritte. Überlegungen zur Entwicklung eines Konzerninsolvenzrechts, in: Bitter, Georg/Lutter, Marcus/Priester, Hans-Joachim/Schön, Wolfgang/Ulmer, Peter (Hrsg.), Festschrift für Karsten Schmidt zum 70. Geburtstag, Köln 2009, 641–655.

Hirte, Heribert/Schall, Alexander: Zum faktischen Beherrschungsvertrag, Der Konzern 2006, 243–328.

Hoffmann-Becking, Michael (Hrsg.): Münchener Handbuch des Gesellschaftsrechts, Band 4 Aktiengesellschaft, 3. neubearbeitete und erweiterte Auflage, München 2007. *(Zitiert: Bearbeiter, in MünchHdb AG, §... Rn...)*

Hommelhoff, Peter: Eigenkapital-Ersatz im Konzern und in Beteiligungsverhältnissen, WM 1984, 1105–1118.

Hommelhoff, Peter: Die Konzernleitungspflicht, Köln u. a. 1982. *(Zitiert: Hommelhoff, Konzernleitungspflicht, S...)*

Hommelhoff, Peter: Konzerneingangs-Schutz durch take-over Recht? – Eine Betrachtung zur europäischen Rechtspolitik, in: Bierich, Marcus/Hommelhoff, Peter/Kropff, Bruno (Hrsg.), Festschrift für Johannes Semler zum 70. Geburtstag am 28 April 1993, Berlin und New York 1993, 455–472.

Hopt, Klaus J./Wiedemann, Herbert (Hrsg.): Aktiengesetz Großkommentar, 4. Auflage, Berlin 2004. *(Zitiert: Bearbeiter, in Großkomm AktG, §... Rn...)*

Hölters, Wolfgang (Hrsg.): Aktiengesetz Kommentar, 1. Aufl., München 2011. *(Zitiert: Bearbeiter, in Hölters, §... Rn...)*

Hüffer, Uwe: Aktiengesetz,10. Auflage, München 2012. *(Zitiert: Hüffer, §... Rn...)*

Hüffer, Uwe: Qualifiziert faktisch konzernierte Aktiengesellschaften nach dem Übergang zur Existenzvernichtungshaftung bei der GmbH?, in Habersack, Mathias/ Hommelhoff, Peter (Hrsg.), Festschrift für Wulf Goette zum 65. Geburtstag, München 2011, 192–203.

Humbeck, Jochen: Plädoyer für ein materielles Konzerninsolvenzrecht, NZI 2013, 957–962.

Immenga, Ulrich: Bestandschutz der beherrschten Gesellschaft im Vertragskonzern?, ZHR 140 (1976), 301–316.

Jaffé, Michael/Friedrich, Andreas: Verbesserung der Wettbewerbsfähigkeit des Insolvenzstandorts Deutschlands, ZIP 2008, 1849–1858.

Kilger, Joachim: Der Konkurs des Konkurses, KTS 1975, 142–166.

Kirchhof, Hans-Peter/Eidenmüller, Horst/Stürner, Rolf (Hrsg.): Münchener Kommentar zur Insolvenzordnung, 3. Auflage, München 2013. *(Zitiert: Bearbeiter, in MünchKomm InsO, §... Rn...)*

Kleindiek, Detlef: Entstehung und Fälligkeit des Verlustausgleichsanspruchs im Vertragskonzern, ZGR 2001, 479–496.

Knof, Béla/Mock, Sebastian: Interstaatliches Forum Shopping in der Konzerninsolvenz – Cologne Calling?, ZInsO 2008, 253–261.

Knof, Béla/Mock, Sebastian: Noch einmal: Forumshopping in der Konzerninsolvenz, ZInsO 2008, 499–502.

Kögel, Andreas/Loose, Marko: Die Befreiung des Insolvenzverwalters von § 181 BGB, ZInsO 2006, 17–23.

Kort, Michael: Die Konzerngebundene GmbH in der Insolvenz, ZIP 1988, 681–689.

Kort, Michael: Anwendung der Grundsätze der fehlerhaften Gesellschaft auf einen „verdeckten" Beherrschungsvertrag?, NZG 2009, 364–368.

Köster, Malte: Freier Zugang zur Tätigkeit des Insolvenzverwalters?, NZI 2004, 538–543.

Kreft, Gerhart (Hrsg.): Heidelberger Kommentar Insolvenzordnung, 6. Auflage, Heidelberg 2011. *(Zitiert: Bearbeiter, in HK-InsO, §... Rn...)*

Krieger, Gerd: Unternehmensvertrag und Insolvenz, in van Betteray, Wolfgang/ Delhaes, Wolfgang (Hrsg.), Festschrift für Friedrich Wilhelm Metzeler zum 70. Geburtstag, Köln 2003, 139–152.

Kropff, Bruno: Aktiengesetz: Textausgabe des Aktiengesetzes vom 6. 0. 1965 (Bundesgesetzbl. I S. 1089) und des Einführungsgesetzes zum Aktiengesetz vom 6. 9. 1965 (Bundesgesetzbl. I. S. 1185) mit Begründung des Regierungsentwurfs, Bericht des Rechtsausschusses des Deutschen Bundestags, Verweisungen und Sachverzeichnis, Düsseldorf 1965.

Kropff, Bruno: Der GmbH-Beherrschungsvertrag: Voraussetzung für den Vorrang von Konzerninteressen?, in Bierich, Markus/Hommelhoff, Peter/Kropff, Bruno

(Hrsg.), Festschrift für Johannes Semler zum 70. Geburtstag am 28. April 1993, Berlin u. a. 1993, 517–540.

Kropff, Bruno: Zur Konzernleitungspflicht, ZGR 1984, 112–133.

Kübler, Bruno M.: Konzern und Insolvenz, ZGR 1984, 560–593.

Kübler, Bruno M./Prütting, Hanns/Bork, Reinhard (Hrsg.): InsO – Kommentar zur Insolvenzordnung, Köln 1998, Stand, 11.2013. *(Zitiert: Bearbeiter, in Kübler/Prütting/Bork, §... Rn...)*

Leuchterhandt, Hans Friedrich: Leitungsmacht und Verantwortlichkeit im faktischen Konzern, ZHR 133 (1970), 1–60.

Leutheusser-Schnarrenberger, Sabine: Dritte Stufe der Insolvenzrechtsreform – Entwurf eines Gesetzes zur Erleichterung der Bewältigung von Konzerninsolvenzen, ZIP 2013, 97–102.

Liebscher, Thomas: Die Erfüllung des Verlustausgleichsanspruchs nach § 302 AktG, ZIP 2006, 1221–1229.

Lienau, Marc D.: Der Diskussionsentwurf eines Gesetzes zur Erleichterung der Bewältigung von Konzerninsolvenz, Der Konzern 2013, 157–162.

Lübking, Johannes: Ein einheitliches Konzernrecht für Europa, Baden-Baden 2000, zugl. Dissertation von Universität Göttingen. *(Zitiert: Lübking, Diss., S...)*

Lutter, Marcus/Hommelhoff, Peter (Hrsg.): GmbH-Gesetz Kommentar, 18. Auflage, Köln 2012. *(Zitiert: Bearbeiter, in Lutter/Hommelhoff, §... Rn...)*

Lutter, Marcus: Grenzen zulässiger Einflussnahme im faktischen Konzern – Nachbetrachtung zum Mannesmann/Vodafone-Takeover, in Lutter, Marcus/Scholz, Manfred/Sigle, Walter (Hrsg.), Festschrift für Martin Peltzer zum 70. Geburtstag, Köln 2001, 241–259.

Lutter, Marcus: Die Haftung des herrschenden Unternehmens im GmbH-Konzern, ZIP 1985, 1425–1435.

Lutter, Marcus/Drygala, Tim: Grenzen der Personalverflechtung und Haftung im Gleichordnungskonzern, ZGR 1995, 557–577.

Lutter, Marcus/ Timm, Wolfram: Betriebsentenkürzung im Konzern, ZGR 1983, 269–299.

McGovern, Joseph W.: Aspects of the Turnover Proceeding in Bankruptcy, 9 Fordham L. Rev. 1940, 313–342.

Meister, Burkhart: Der Ausgleichsanspruch nach § 302 Abs. 1 AktG bei Beherrschungs- und Gewinnabführungsverträgen als Kreditsicherheit, WM 1976, 1182–1192.

Merten, Michael: Die neue Insolvenzrechtsreform 2012 (ESUG), Weil im Schönbuch 2012.

Mertens, Hans-Joachim: Empfiehlt sich die Einführung eines konzernbezogenen Reorganisationsverfahrens?, ZGR 1984, 542–559.

Michalski, Lutz (Hrsg.): Kommentar zum Gesetz betreffend die Gesellschaften mit beschränkter Haftung, 2. Auflage, München 2010. *(Zitiert: Bearbeiter, in Michalski, §... Rn...)*

Mülbert, Peter O./Leuschner, Lars: Aufsteigende Darlehen im Kapitalerhaltungs- und Konzernrecht – Gesetzgeber und BGH haben gesprochen, NZG 2009, 281–288.

Müller, Hans Friedrich: Abfindungsansprüche außenstehender Aktionäre in der Insolvenz des herrschenden Unternehmens, ZIP 2008, 1701–1706.

Müller, Klaus: Die Haftung der Muttergesellschaft für die Verbindlichkeiten der Tochtergesellschaft im Aktienrecht, ZGR 1977, 1–34.

Müller-Glöge, Rudi/Preis, Ulrich/Schmidt, Ingrid (Hrsg.): Erfurter Kommentar zum Arbeitsrecht, 14. Auflage, München 2014. *(Zitiert: Bearbeiter, in ErfK, §... Rn...)*

Münzel, Frank: Unternehmens- und Gesellschaftsrecht der VR China, Hamburg 1989. *(Zitiert: Münzel, S...)*

Nerlich, Jörg/Römermann, Volker (Hrsg.): Insolvenzordnung Kommentar, 25. Ergänzungslieferung, München 2013. *(Zitiert: Bearbeiter, in Nerlich/Römermann, §... Rn...)*

Pape, Gerhard/Uhländer, Christoph (Hrsg.): NWB-Kommentar zum Insolvenzrecht: Praktikerkommentar mit Schwerpunkt zum Steuerrecht, Herne 2013. *(Zitiert: Bearbeiter, in Pape/Uhländer, §... Rn...)*

Pape, Irmtraut: Zur Finanzierung der Verfahrenskosten im Verbraucherinsolvenzverfahren, NZI 1999, 89–93.

Paulus, Christoph G.: Konzernrecht und Konkursanfechtung, ZIP 1996, 2141–2148.

Paulus, Christoph G.: „Protokolle" – ein anderer Zugang zur Abwicklung grenzüberschreitender Insolvenzen, ZIP 1998, 977–982.

Paulus, Christoph G.: Verbindungslinien des modernen Insolvenzrechts, ZIP 2000, 2189–2195.

Paulus, Christoph G.: Überlegungen zu einem modernen Konzerninsolvenzrecht, ZIP 2005, 1948–1955.

Paulus, Christoph G.: Konturen eines modernen Insolvenzrechts – Überlappungen mit dem Gesellschaftsrecht, DB 2008, 2523–2527.

Paulus, Christoph G.: Group Insolvencies – Some Thoughts About New Approaches, Texas International Law Journal, Volume 42, 2007, 819–830.

Paulus, Christoph G.: Wege zu einem Konzerninsolvenzrecht, ZGR 2010, 270–294.

Piepeorst, Horst: Faktisches Konzerninsolvenzrecht am Beispiel Babcock Borsig, NZI 2004, 231–238.

Pißler, Knut Benjamin: Der Haftungsdurchgriff im chinesischen Gesellschaftsrecht, in Grundmann, Stefan/Haar, Brigitte/Merkt, Hanno/Mülbert, Peter O./Wellenhofer, Marina (Hrsg.), Festschrift für Klaus J. Hopt zum 70. Geburtstag, Berlin/New York 2010, 3271–3289.

Portisch, Wolfgang: Sanierung und Insolvenz aus Bankensicht, 2. Auflage, München 2010.

Priester, Hans-Joachim: Liquiditätsausstattung der abhängigen Gesellschaft und unterjährige Verlustdeckung bei Unternehmensverträgen, ZIP 1989, 1301–1308.

Prütting, Hans: Die Unabhängigkeit des Insolvenzverwalters, ZIP 2002, 1965–1974.

Raiser, Thomas/Veil, Rüdiger: Recht der Kapitalgesellschaften, 5. neubearbeitete und erweiterte Auflage, München 2010. *(Zitiert: Raiser/Veil, KapGesR, §... Rn...)*

Rittner, Fritz: Die Beteiligung als Grund der Abhängigkeit einer Aktiengesellschaft (I), DB 1976, 1465–1470.

Römermann, Volker (Hrsg.): Münchener AnwaltsHandbuch GmbH-Recht, 2. Auflage, München 2009. *(Zitiert: Bearbeiter, in Römermann, §... Rn...)*

Rotstegge, Jochen P.: Die verfahrensrechtliche Behandlung von verbundenen Unternehmen nach der Insolvenzordnung, Baden-Baden 2007, zugl. Dissertation von Universität zu Köln. *(Zitiert: Rotstegge, Diss., S...)*

Rotstegge, Jochen P.: Zuständigkeitsfragen bei der Insolvenz in- und ausländischer Konzerngesellschaften, ZIP 2008, 955–962.

Samer, Michael: Beherrschungs- und Gewinnabführungsverträge gemäß § 291 Abs. 1 AktG in Konkurs und Vergleich der Untergesellschaft, Köln 1990, zugl. Dissertation von Universität Freiburg. *(Zitiert: Samer, Diss., S...)*

Sämisch, Henning/Adam, Sven: Gläubigerschutz in der Insolvenz von abhängigen Konzerngesellschaften, ZInsO 2007, 520–528.

Scheel, Hansjörg: Konzerninsolvenzrecht : eine rechtsvergleichende Darstellung des US-amerikanischen und des deutschen Rechts, Köln 1995, zugl. Dissertation von Universität Konstanz. *(Zitiert: Scheel, Diss., S...)*

Schilling, Wolfgang: Grundlagen eines GmbH-Konzernrechts, Festschrift für Wolfgang Hefermehl zum 70. Geburtstag am 18. September 1976, 383–403.

Schmidt, Andreas (Hrsg.): Hamburger Kommentar zum Insolvenzrecht, 4. Auflage, Köln 2012. *(Zitiert: Bearbeiter, in HambKomm InsO, §... Rn...)*

Schmidt, Karsten/Lutter, Marcus (Hrsg.): Aktiengesetz Kommentar, 2. Auflage, Köln 2010. *(Zitiert: Bearbeiter, in K. Schmidt/Lutter, §..., Rn...)*

Schmidt, Karsten (Hrsg.): Insolvenzordnung, 18. Auflage, 2013 München. *(Zitiert: Bearbeiter, in K. Schmidt InsO, §... Rn...)*

Schmidt, Karsten: Wege zum Insolvenzrecht der Unternehmen, Köln 1990. *(Zitiert: K. Schmidt, Weg zum Insolvenzrecht, S...)*

Schmidt, Karsten: Konzern-Insolvenz – Entwicklungsstand und Perspektiven, KTS 2010, 1–37.

Schmidt, Karsten: Flexibilität und Praktikabilität im Konzerninsolvenzrecht – Die Zuständigkeitsfrage als Beispiel, ZIP 2012, 1053–1058.

Schmidt, Karsten: Gesellschaftsrecht, 4. Auflage, Köln u. a. 2002. *(Zitiert: K. Schmidt, S...)*

Schmidt, Karsten: „Unternehmen" und „Abhängigkeit": Begriffseinheit und Begriffsvielfalt im Kartell- und Konzernrecht – Besprechung der Entscheidung BGHZ 74, 359, ZGR 1980, 277–288.

Schmidt, Karsten: Gleichordnung im Konzern: terra incognita?, ZHR 155 (1991), 417–446.

Schmidt, Karsten: Konzernunternehmen, Unternehmensgruppe und Konzern-Rechtsverhältnis - Gedanken zum Recht der verbundenen Unternehmen nach §§ 15 ff., 291 ff. AktG, Festschrift für Marcus Lutter, 1167–1192.

Schmidt, Karsten: Die konzernrechtliche Verlustübernahmepflicht als gesetzliches Dauerschuldverhältnis, ZGR 1983, 513–534.

Schneider, Uwe H.: Das Recht der Konzernfinanzierung, ZGR 1984, 497–537.

Scholz, Franz (Hrsg.): Kommentar zum GmbH-Gesetz, 10. Auflage, Köln 2010. *(Zitiert, Bearbeiter, in Scholz GmbHG, §... Rn...)*

Schumann, Ekkehard: Die Unabhängigkeit des Insolvenzverwalters - Sicherung der Integrität des Insolvenzverfahrens, in Schütze, Rolf A. (Hrsg.) Festschrift für Reinhold Geimer zum 65. Geburtstag, München 2002, 1043–1072.

Schüppen, Matthias/Schaub, Bernhard (Hrsg.): Münchener Anwaltshandbuch Aktienrecht, 2. Auflage, München 2010. *(Zitiert: Bearbeiter, in MAH AktG, §... Rn...)*

Semler, Johannes: Leitung und Überwachung der Aktiengesellschaft, 2. Aufl., Köln u. a. 1996. *(Zitiert: Semler, Rn...)*

Semler, Johannes: Doppelmandats-Verbund im Konzern - sachgerechte Organisationsform oder rechtlich unzulässige Verflechtung?, in Lutter, Marcus/ Oppenhoff, Walter/Sandrock, Otto/ Winkhaus, Hanns (Hrsg.), Festschrift für Ernst C. Stiefel zum 80. Geburtstag, München 1987, 719–762.

Siemon, Klaus/Frind, Frank: Der Konzern in der Insolvenz - Zur Überwindung des Dominoeffekts in der (internationalen) Konzerninsolvenz, NZI 2013, 1–11.

Sina, Peter: Grenzen des Konzern-Weisungsrechts nach § 308 AktG, AG 1991, 1–10.

Smid, Stefan (Hrsg.): Insolvenzordnung Kommentar, 2. Auflage, Stuttgart 2001. *(Zitiert: Bearbeiter, in Smid, §... Rn...)*

Spindler, Gerald/Stilz, Eberhard (Hrsg.): Kommentar zum Aktiengesetz, 2. Auflage, München 2010. *(Zitiert: Bearbeiter, in Spindler/Stilz, §... Rn...)*

Splittgerber, Daniel: Die örtliche Zuständigkeit in Insolvenzverfahren konzernverbundener Unternehmen, Baden-Baden 2011, zugl. Dissertation von Universität von Münster. *(Zitiert: Splittgerber, Diss., S...)*

Sura, Achim: Fremdeinfluss und Abhängigkeit im Aktienrecht: eine Neuorientierung zu den Grundlagen des Rechts der verbundenen Unternehmen, Konstanz 1980, zugl. Dissertation von Universität Konstanz. *(Zitiert: Sura, Diss., S...)*

Timm, Wolfram: Unternehmensverträge im GmbH-Recht, eine Bestandsaufnahme im Anschluss an die „Supermarkt“-Entscheidung des BGH vom 24.10.1988, in GmbHR 1989, 11–19.

Trendelenburg, Hortense: Der Gewinnabführungs- und Beherrschungsvertrag in der Krise der Obergesellschaft, NJW 2002, 647–650.

Uhlenbruck, Wilhelm: Wirtschaftliche, rechtliche und verfahrensmäßige Grenzen einer Bewältigung von Unternehmenskrisen durch ein Insolvenzrechts-Reformgesetz, BB 1983, 1485–1490.

Uhlenbruck, Wilhelm: Das neue Insolvenzrecht, Insolvenzordnung und Einführungsgesetz nebst Materialien, Herne/Berlin 1994.

Uhlenbruck, Wilhelm: Konzerninsolvenzrecht über einen Sanierungsplan?, NZI 1999, 41–44.

Uhlenbruck, Wilhelm: Das neue Insolvenzrecht : Insolvenzordnung und Einführungsgesetz nebst Materialien, Herne u. a., 1994. *(Zitiert: Uhlenbruck, Das neue Insolvenzrecht, S...)*

Uhlenbruck, Wilhelm/Hirte, Heribert/Vallender, Heinz (Hrsg.): Uhlenbruck Insolvenzordnung Kommentar, 13. Aufl., München 2010. *(Zitiert: Bearbeiter, in Uhlenbruck, §... Rn...)*

Ulmer, Peter: Aktienrechtliche Beherrschung durch Leistungsaustauschbeziehungen?, ZGR 1978, 457–475.

Ulmer, Peter: Der Gläubigerschutz im faktischen GmbH-Konzern beim Fehlen von Minderheitsgesellschaftern, ZHR 148 (1984), 391–427.

Ulmer, Peter/Habersack, Mathias/Winter, Martin (Hrsg.): Gesetz betreffend die Gesellschaften mit beschränkter Haftung, GmbHG Großkommentar, Bd. III, 1. Auflage, Tübingen 2008. *(Zitiert, Bearbeiter, in GroßKomm GmbHG, §..., Rn...)*

Vallender, Heinz/Deyda, Stephan: Brauchen wir einen Konzerninsolvenzgerichtsstand? NZI 2009, 825–834.

Vallender, Heinz: Die Anordnung der vorläufigen Insolvenzverwaltung, DZWIR 1999, 265–276.

Vallender, Heinz: Plädoyer für einen Konzerninsolvenzgerichtsstand, in: Weber, Norbert/Schmidt, Jens M. (Hrsg.), Festschrift für Hans Peter Runkel, Köln 2009, 373–392.

Vallender, Heinz: Einführung eines Gruppen-Gerichtsstands – ein sachgerechter Ansatz zur Bewältigung von Konzerninsolvenzen, Der Konzern 2013, 162–169.

Vetter, Eberhard: Interessenkonflikte im Konzern – vergleichende Betrachtungen zum faktischen Konzern und zum Vertragskonzern, ZHR 171 (2007), 342–375.

Verhoeven, Alexander: Die Konzerninsolvenz, Köln 2011, zugl. Dissertation von Universität zu Köln. *(Zitiert: Verhoeven, Diss., S...)*

Vormstein, Frank: Zuständigkeit bei Konzerninsolvenzen: Verfahrensablauf bei grenzüberschreitenden Konzerninsolvenzen unter besonderer Berücksichtigung der Europäischen Insolvenzverordnung (EuInsVO), München 2005, zugl. Dissertation von Christian-Albrechts-Universität zu Kiel. *(Zitiert: Vormstein, Diss., S...)*

Wahlers, Henning W.: Konzernbildungskontrolle durch die Hauptversammlung der Obergesellschaft, Köln 1995, zugl. Dissertation von Universität zu Köln. *(Zitiert: Wahlers, Diss., S...)*

Wellensiek, Jobst: Risiken von Beteiligung in (durch) Insolvenzverfahren der Muttergesellschaften, ZIP 1984, 541–545.

Wellensiek, Jobst: Übertragende Sanierung, NZI 2002, 233–239.

Werner, Horst Siegfried: Der aktienrechtliche Abhängigkeitstatbestand: eine Untersuchung der Herrschaftsmöglichkeiten von Unternehmen über Unternehmen in den faktischen Konzernverbindungen, Göttingen 1979, zugl. Dissertation von Universität Göttingen. *(Zitiert: Werner, Diss., S...)*

Wicke, Hartmut: Gesetz betreffend die Gesellschaften mit beschränkter Haftung, GmbHG Kommentar, 2. Aufl., München 2011. *(Zitiert: Wicke, GmbHG, §... Rn...)*

Wiedemann, Herbert: Die Unternehmensgruppe im Privatrecht: methodische und sachliche Probleme des deutschen Konzernrechts, Tübingen 1988. *(Zitiert: Wiedemann, S...)*

Wiedemann, Herbert/Hirte, Heribert: Konzernrecht, in 50 Jahre Bundesgerichthof Festgabe aus der Wissenschaft, Bd. II, München 2002, 337–386.

Wilken, Oliver/Ziems, Hans-Joachim: Beendigung von Unternehmensverträgen in der Krise und Insolvenz, in van Betteray, Wolfgang/Delhaes, Wolfgang (Hrsg.), Festschrift für Friedrich Wilhelm Metzeler zum 70. Geburtstag, Köln 2003, 153–165.

Wimmer, Klaus (Hrsg.): FK-InsO – Frankfurter Kommentar zur Insolvenzordnung, 7. Auflage, Köln 2013. *(Zitiert: Bearbeiter, in FK-InsO, §... Rn...)*

Wimmer, Klaus/Dauernheim, Jörg/Wagner, Martin/Gietl, Josef (Hrsg.): Handbuch des Fachanwalts Insolvenzrecht, 6. Auflage, Neuwied u. a. 2014. *(Zitiert: Bearbeiter, in FA-InsR, Kap... Rn...)*

Wimmer-Leonhardt, Susanne: Konzernhaftungsrecht: Die Haftung der Konzernmuttergesellschaft für ihre Tochtergesellschaften im deutschen und englischen Recht, Tübingen 2004, zugl. Habilitation von Universität des Saarlandes. *(Zitiert: Wimmer-Leonhardt, Konzernhaftungsrecht, S...)*

Wittinghofer, Mathias A.: Der nationale und internationale Insolvenzverwaltungsvertrag: Koordination paralleler Insolvenzverfahren durch ad hoc-Vereinbarungen, Bielefeld 2004, zugl. Dissertation von Universität Münster. *(Zitiert: Wittinghofer, Diss., S...)*

Wu, Yue: Rechtsfragen der Unternehmensgruppen und transnationalen Gesellschaften in China: eine Untersuchung im Lichte des deutschen Konzernrechts,

Hamburg 2003, zugl. Dissertation von Universität Frankfurt am Main. Auch in der chinesischer Sprache, Law Press, Beijing 2004. *(Zitiert: Wu, Diss., S...)*

Würdiger, Hans: Aktienrecht und das Recht der verbundenen Unternehmen, 4. Auflage, Heidelberg Karlsruhe 1981. *(Zitiert: Würdiger, S...)*

Zeidler, Finn: Ausgewählte Probleme des GmbH-Vertragskonzernrechts, NZG 1999, 692–698.

Ziemons, Hildegard/Jaeger, Carsten (Hrsg.): Beck'scher Online-Kommentar GmbHG, 16. Ed., München 2013. *(Zitiert: Bearbeiter, in Ziemons/Jaeger, §... Rn...)*

Zipper, Helmut: Die einheitliche Verwalterbestellung nach dem Diskussionsentwurf für ein Gesetz zur Erleichterung der Bewältigung von Konzerninsolvenzen, ZIP 2013, 1007–1013.

Zöllner, Wolfgang: Die Schranken mitgliedschaftlicher Stimmrechtsmacht bei den privatrechtlichen Personenverbänden, München und Berlin 1963. *(Zitiert: Zöllner, S...)*

Zöllner, Wolfgang/Noack, Ulrich (Hrsg.): Kölner Kommentar zum Aktiengesetz, Band 6, §§ 15–22 AktG, §§ 291–328 AktG und Meldepflichten nach §§ 21 ff. WpHG, SpruchG, 3. Aufl., München 2004. *(Zitiert: Bearbeiter, in KK AktG, §... Rn...)*

Zöllner, Wolfgang: Inhalt und Wirkungen von Beherrschungsverträgen bei der GmbH, ZGR 1992, 173–202.

Literatur in chinesischer Sprache

陈剑平
Chen, Jianping
《析企业集团的法律形式》，载《政治与法律》，1988年第2期，第30–32页。
Analyse der Rechtsform der Unternehmensgruppe, in Politik und Recht, 2. Ausgabe, 1988, S. 30–32.
(Zitiert: Chen, in PR 1998 (2), S...)

陈泽桐
Chen, Zetong
《论破产管理人的法律地位——以利益关系为分析视角》，载王新欣/尹正友（主编），《破产法论坛》第2辑，2009年法律出版社，第135–163页。
Die rechtliche Stellung des Insolvenzverwalters – unter dem Blickwinkel der Analyse der Interessenverhältnisse, in Wang, Xinxin/Yin, Zhengyou (Hrsg.), Insolvenzrechtsforum, 2. Band, Law Press, Beijing 2009, S. 135–163.
(Zitiert: Chen, in Wang/Yin(Hrsg.), InsRF (2), S...)

董军
Dong, Jun

《浅议证券公司破产后其特殊关联公司的处理模式》，载王新欣/尹正友（主编），《破产法论坛》第5辑，法律出版社 2010 年，第131–137页。
Analyse der Modelle zur Behandlung der verbundenen Unternehmen einer insolventen Wertpapiergesellschaft, in Wang, Xinxin/Yin, Zhengyou (Hrsg.), Insolvenzrechtsforum, 5. Band, Law Press, Beijing 2010, S. 131–137.
(Zitiert: Dong, in Wang/Yin (Hrsg.), InsRF (5), S...)

段勇
Duan, Yong

《"广东国投案" 再次追加财产分配》，载《人民法院报》，2010年1月18日，第3页。
Nochmalige Nachtragverteilung in den „Insolvenzverfahren der GITIC-Gruppe“, in Zeitung des Volksgerichts, vom 18.01.2010, S. 3.
(Zitiert: Duan, in ZVG vom 18.01.2010, S. 3.)

范建/王建文
Fan, Jian/Wang, Jianwen

《破产法》，法律出版社，2009年版。
Insolvenzrecht, Law Press, Beijing 2009.
(Zitiert: Fan/Jw. Wang, S...)

范建/王建文
Fan, Jian/Wang, Jianwen

《公司法》，法律出版社2011年第3版。
Gesellschaftsrecht, 3. Auflage, Law Press, Beijing 2011.
(Zitiert: Fan/Wang, GesR, S...)

管晓峰
Guan, Xiaofeng

《试论企业集团的性质及其法律地位》，载《政法论坛》1998年第3期，第51–55页。
Erörterung der Eigenschaft der Unternehmensgruppe und ihrer rechtlichen Stellung, in Forum für Politik- und Rechtswissenschaft, 3. Ausgabe, 1998, S. 51–55.
(Zitiert: Guan, in FPR 1988 (3), S...)

贺丹
He, Dan

《上市公司重整中的公司集团破产问题》，载王新欣/尹正友（主编），《破产法论坛》第7辑，法律出版社 2012 年，第337–350页。
Die Problematik der Insolvenz der Unternehmensgruppe in der Sanierung der börsennotierten Gesellschaften, in Wang, Xinxin/Yin, Zhengyou (Hrsg.), Insolvenzrechtsforum, 7. Band, Law Press, Beijing 2012, S. 337–350.
(Zitiert: He, in Wang/Yin (Hrsg.), InsRF (7), S...)

侯国跃
Hou, Guoyue
《关联企业破产财产统一分配应慎行》，载《中国律师》，2009年第3期，第69–71页。
Zurückhaltende Anwendung der konsolidierten Masseverteilung bei der Insolvenz der verbundenen Unternehmen, in Chinesische Rechtsanwälte, 3. Ausgabe, 2009, S. 69–71.
(Zitiert: Hou, in CRA 2009 (3), S. 71)

黄保轩
Huang, Baoxuan
《关联企业与企业集团辨析》，载《经济问题探索》，2003 年第 10 期，第 52–55页。
Studie über verbundene Unternehmen und Unternehmensgruppe, in Wirtschaftsforschung, 10. Ausgabe, 2003, S. 52–55.
(Zitiert: Huang, in WF 2003 (10), S...)

季奎明
Ji, Kuiming
《一人公司的法人人格否认》，载《人民司法》，2008 年第 5 期，第94–99页。
Aberkennung der Rechtspersönlichkeit der Einmann-GmbH, in Volksrechtssprechung, 5. Ausgabe, 2008, S. 94–99.
(Zitiert: Ji, in VRS 2008 (5), S...)

季诺/李凯
Ji, Nuo/Li, Kai
《关联企业破产中实质合并规则初探》，载王新欣/尹正友（主编），《破产法论坛》第 2 辑，2009 年法律出版社，第 358–359 页。
Untersuchung der materiellen Konsolidierung in der Konzerninsolvenz der verbundenen Unternehmen, in Wang, Xinxin/Yin, Zhengyou (Hrsg.), Insolvenzrechtsforum, 2. Band, Law Press, Beijing 2009, S. 358–359.
(Zitiert: Ji/Li, in Wang/Yin(Hrsg.), InsRF (2), S...)

蒋大兴/郑玉梅
Jiang, Daxing/Deng, Yumei
《制定我国<企业集团法>的理论思考》，载《山东法学》，1998 年第 3 期，第 16–20 页。
Theoretische Überlegung der Ausfertigung eines chinesischen „Gesetzes der Unternehmensgruppe“, in Shandong Rechtswissenschaft, 3. Ausgabe, 1998, S. 16–20.
(Zitiert: Jiang/Deng, in SDR 1998 (3), S...)

江平（主编）
Jiang, Ping (Hrsg.)
《新编公司法教程》法律出版社，北京，1994 年版。
Neues Lehrbuch des Gesellschaftsrechts, Law Press, Beijing 1994.
(Zitiert: Jiang, S...)

江平/赵旭东（主编）
Jiang, Ping/Zhao, Xudong (Hrsg.)
《法人制度论》，中国政法大学出版社，北京，1998 年版。
Juristische Person, Verlag der CUPL, Beijing 1998.
(Zitiert: Jiang/Zhao (Hrsg.), S...)

金剑锋
Jing, Jianfeng

《公司人格否认理论及其在我国的实践》，载《中国法学》，2005 年第 2 期，第 117-125 页。
Die Theorie der Aberkennung der Rechtspersönlichkeit und die Praxis in China, in Chinesische Rechtswissenschaft, 2. Ausgabe, 2005, S. 117-125.
(Zitiert: Jin, in CR 2005 (2) S...)

李冬侠
Li, Dongxia

《一人公司法人人格否认的法律适用》，载《人民司法》，2007 年第 6 期，第 100-102 页。
Die Anwendung der Aberkennung der Rechtspersönlichkeit der Einmann-GmbH, in Volksrechtssprechung, 6. Ausgabe 2007, S. 100-102.
(Zitiert: Li, in VRS 2007 (6), S...)

李国光
Li, Guoguang

《当代中国民商审判史上的经典之作—为广东法院成功审结广东国投破产案 2 周年而作》，载《人民司法》2005 年第 3 期，第 102-104 页。
Ein Klassiker in der Geschichte der Chinesischen Rechtsprechung über Zivil- und Handelssachen - anlässlich 2 Jahren nach der erfolgreichen Beendigung der Insolvenzverfahren der GITIC-Gruppe, in Volksrechtssprechung, 3. Ausgabe, 2005, S. 102-104.
(Zitiert: Li, in VRS 2005 (3), S...)

李曙光/王佐发
Li, Shuguang/ Wang, Zuofa

《中国破产法实施的法律经济分析》，载《政法论坛》，2007 年第 1 期，第 3-16 页。
Economic Analysis in der Durchsetzung des chinesischen Insolvenzrechts, in Forum für Politik- und Rechtswissenschaft, 1. Ausgabe, 2007, S. 3-16. *(zitiert: Li/Wang, in FPR 2007 (1), S...)*

李永军/王新欣/邹海林
Li, Yongjun/Wang, Xinxin/Zou, Hailin

《破产法》，中国政法大学出版社，2009 年版。
Insolvenzrecht, CUPL Verlag, Beijing 2009.
(Zitiert: Bearbeiter, in Li/Wang/Zou, S...)

李文金
Li, Wenjin

《论法人型联营》，载《广西大学学报(哲学社会科学版)》，1987 年第 2 期。
Der verbundene Vertrieb in Form der juristischen Person, in Zeitschrift der Guanxi Universität (Ausgabe für Philosophie und Soziologie), 2. Ausgabe, 1987.
(Zitiert: Li, in ZGU, 1987 (2), S...)

连金英
Lian, Jinying

《公司集团法律制度研究》，中国政法大学博士论文，2007 年。
Studie des Rechtsinstituts der Unternehmensgruppe, zugl. Dissertation von CUPL, 2007.
(Zitiert: Lian, Diss., S...)

梁慧星
Liang, Huixing

《民法总论》，法律出版社，北京，2007 年第三版。
Allgemeiner Teil des bürgerlichen Rechts, 3. Auflage, Law Press, Beijing 2007.
(Zitiert: Liang, S...)

刘刚健
Liu, Gangjian

《论企业集团的概念和法律地位》，载《政法论坛》1992 年第 2 期，第 88–93 页。
Begriffserklärung der Unternehmensgruppe und ihre rechtliche Stellung, in Forum für Politik- und Rechtswissenschaft, 2. Ausgabe, 1992, S. 88–93.
(Zitiert: Liu, in FPR, 1992 (2), S...)

刘华
Liu, Hua

《论我国企业集团运行的法律机制》，载《现代法学》，1994 年第 4 期，第 29–31 页。
Der Rechtsmechanismus des Betriebs der Unternehmensgruppe, in Moderne Rechtswissenschaft, 4. Ausgabe, 1994, S. 29–31.
(Zitiert: Liu, in MR 1994 (4), S...)

刘俊海
Liu, Junhai

《公司法》，中国法制出版社，2008 年。
Gesellschaftsrecht, China Legal Publishing House, Beijing, 2008.
(Zitiert: Liu, GesR, S...)

刘俊海
Liu, Junhai

《新公司法的制度创新：立法重点与解释难点》，法律出版社 2006 年版。
Innovationen des neuen Gesellschaftsrechts: Der Schwerpunkt der Gesetzgebung und die Knackpunkte der Erläuterungen, Law Press, Beijing 2006.
(Zitiert: Liu, S...)

刘俊海
Liu, Junhai

《现代公司法》，法律出版社 2011 年第 2 版。
Modernes Gesellschafsrecht, 2. Auflage, Law Press, Beijing 2011.
(Zitiert: Liu, MGesR, S...)

刘敏/池伟宏 Liu, Min/Chi, Hongwei	《关联企业实体合并破产制度的适用—汉唐证券有限责任公司及其46家壳公司合并破产清算案评析》，载《商事审判指导》，2012 年第 4 期，第 141–150 页。 Die Anwendung der materiellen Konsolidierung in der Insolvenz der verbundenen Unternehmen – Eine Analyse der materiellen Konsolidierung in der Insolvenz der Hantang GmbH und ihrer 46 Schell-Companies, in Anleitung für die Rechtsprechung in Zivil- und Handelssachen, 4. Ausgabe, 2012, S. 141–150. *(Zitiert: Liu/Chi, in ARZH 2012 (4), S...)*
刘文/杨绍文 Liu, Wen/Yang, Shaowen	《我国关联企业破产实质合并原则的确立》，载王新欣/尹正友（主编），《破产法论坛》第7辑，法律出版社 2012年，第 362–372 页。 Einführung der materiellen Konsolidierung in der Insolvenz der verbundenen Unternehmen in China, in Wang, Xinxin/ Yin, Zhengyou (Hrsg.), Insolvenzrechtsforum, 7. Band, Law Press, Beijing 2012, S. 362–372. *(Zitiert: Liu/Yang, in Wang/Yin (Hrsg.), InsRF (7), S...)*
刘鑫 Liu, Xin	《关联公司法律问题研究》，吉林大学博士论文，2010 年。 Studie der rechtlichen Problematik der Verbunden Gesellschaften, zugl. Dissertation von Universität Jilin, 2010. *(Zitiert: Liu, Diss., S...)*
吕亚芳/张峰 Lü, Yafang/Zhang, Feng	《关联企业的法律界定》载《社会科学家》，2006 年 10 月，第 93–94 页。 Die rechtliche Abgrenzung der verbundenen Unternehmen, in Die Soziologen, 10. Ausgabe, 2006, S. 93–94. *(Zitiert: Lü/Zhang, in DS 2006 (10), S...)*
闵永明/李华 Min, Yongming/Li, Hua	《我国企业集团发展中存在的问题与法律对策》，载《政治与法律》，1999 年第 1 期，第 47–50 页。 Die Problematik in der Entwicklung der chinesischen Unternehmensgruppe und die rechtliche Lösung, in Politik und Recht, 1. Ausgabe, 1999, S. 47–50. *(Zitiert: Min/Li, in PR 1999 (1), S...)*

裴英硕/李晓云 Pei, Yingshuo/Li, Xiaoyun	《关联企业人格混同的法人人格否认》，载《人民司法》，2009 年第 2 期，第 6–12 页。 Aberkennung der Rechtspersönlichkeit der verbundenen Unternehmen bei der Vermischung ihrer Rechtspersönlichkeit, in Volksrechtssprechung, 2. Ausgabe, 2009, S. 6–12. *(Zitiert: Pei/Li, in VRS 2009 (2), S...)*
彭贵 Peng, Gui	《关联企业破产实体合并中的法律问题及对策》，载王新欣/尹正友（主编），《破产法论坛》第5辑，法律出版社 2010 年，第 121–131 页。 Die rechtliche Problematik der materiellen Konsolidierung bei der Insolvenz der verbundenen Unternehmen und die Lösung, in Wang, Xinxin/Yin, Zhengyou (Hrsg.), Insolvenzrechtsforum 5. Band, Law Press, Beijing 2010, S. 121–131. *(Zitiert: Peng, in Wang/Yin(Hrsg.), InsRF (5), S...)*
钱晓晨/刘子平 Qian, Xiaochen/Liu, Ziping	《破产案件管辖权与管辖权异议研究》，载王新欣/尹正友（主编），《破产法论坛》第3辑，法律出版社 2009 年，第3–6页。 Zuständigkeit und Zuständigkeitsstreitigkeit in der Insolvenzsachen, in Wan, Xinxin/Yin, Zhengyou (Hrsg.), Insolvenzrechtsforum, 3. Band, Law Press, Beijing 2009, S. 3–6. *(Zitiert: Qian/Liu, in Wang/Yin(Hrsg.), InsRF (3), S...)*
邱全江 Qiu, Quanjiang	《中国第一破产案：广东国投破产案》，载《国际融资》，2003 年第 7 期，第 46–48 页。 Der allererste Insolvenzfall in China: Die Insolvenz der GITIC, in Internationale Finanzierung, 7. Ausgabe, 2003, S. 46–48. *(Zitiert: Qiu, in IF 2003 (7), S...)*
沈阳市中级人民法院课题组 Forschungsteam des Shenyang Mittleren Volksgerichts	《关联企业破产实体合并法律适用问题研究》，载王新欣/尹正友（主编），《破产法论坛》第5辑，法律出版社 2010 年，第 91–121 页。 Studie der rechtlichen Anwendung der materiellen Konsolidierung bei der Insolvenz der verbundenen Unternehmen, in Wang, Xinxin/Yin, Zhengyou (Hrsg.), Insolvenzrechtsforum, 5. Band, Law Press, Beijing 2010, S. 91–121. *(Zitiert: FT des Shenyang MV, in Wang/Yin (Hrsg.), InsRF (5), S...)*

时建中
Shi, Jianzhong

《论关联企业的识别与债权人法律救济》，载《政法论坛》，2003 年第 5 期，第 54-62 页。
Erkennung der verbundenen Unternehmen und Rechtsmittel der Gläubiger, in Forum für Politik- und Rechtswissenschaft, 5. Ausgabe, 2003, S. 54–62.
(Zitiert: Shi, in FPR 2003 (5), S...)

时建中（主编）
Shi, Jianzhong (Hrsg.)

《公司法原理精解、案例与运用》，中国法制出版社，2012 年第二版。
Erläuterung, Falllösung und Anwendung der Grundsätzen des Gesellschaftsrechts, 2. Auflage, China Legal Publishing House, Beijing 2012.
(Zitiert: Shi (Hrsg.), S...)

施天涛
Shi, Tiantao

《关联企业概念之法律透视》，载《法律科学》，1998 年第 2 期，第 48-55 页。
Die rechtlichen Perspektiven des Begriffs der verbunden Unternehmen, in Lehre der Rechtswissenschaft, 2. Ausgabe, 1998, S. 48–55.
(Zitiert: Shi, in LRW 1998 (2), S...)

施天涛
Shi, Tiantao

《关联企业法律问题研究》，法律出版社，北京 1998。
Studie der Problematik der verbunden Unternehmen, Law Press, Beijing 1998; zugl. Dissertation von CUPL.
(Zitiert: Shi, Diss., S...)

施天涛/杜晶
Shi, Tiantao/Du, Jing

《我国公司法上关联交易的皈依及其法律规制——一个利益冲突交易法则的中国版本》，载《中国法学》，2007 年第6期，第 126-140 页。
A Chinese Copy of Rules on Deal of Interests Conflicts，in Chinesische Rechtswissenschaft, 6. Ausgabe, 2007, S. 126–140.
(Zitiert: Shi/Du, in CR 2007 (6), S...)

宋建立
Song, Jianli

《法人人格否认理论的实际应用》，载《人民司法》，2008 年第 16 期，第 4-9 页。
Die Praxisanwendung der Theorie der Aberkennung der Rechtspersönlichkeit, in Volksrechtssprechung, 16. Ausgabe, 2008, S. 4–9.
(Zitiert: Song, in VRS 2008 (16), S...)

孙向齐
Sun, Xiangqi
《关联企业破产法律问题研究》，中国人民大学博士论文，2008 年。
Studie über die Problematik in der Insolvenz der verbundenen Unternehmen, zugl. Dissertation von Renmin Universität, 2008.
(Zitiert: Sun, Diss., S...)

孙向齐/杨继锋
Sun, Xiangqi/Yang, Jifeng
《关联企业破产违法行为的规制》，载《法学杂志》，2009 年第 9 期，第 119–121 页。
Regulierung der gesetzwidrigen Handlungen bei der Insolvenz der verbundenen Unternehmen, in Zeitschrift der Rechtswissenschaft, 9. Ausgabe, 2009, S. 119–121.
(Zitiert: Sun/Yang, in ZR 2009 (9), S...)

孙晓敏
Sun, Xiaomin
《关联企业破产法律责任分析与制度建构》，载王新欣/尹正友（主编）《破产法论坛》第2辑，法律出版社 2009 年，第 294–309 页。
Die gesetzliche Haftung und Regelungsausgestaltung bei der Insolvenz der verbundenen Unternehmen, in Wang, Xinxin/Yin, Zhengyou (Hrsg.), Insolvenzrechtsforum 2. Band, Law Press, Beijing 2009, S. 294–309.
(Zitiert: Sun, in Wang/Yin(Hrsg.), InsRF (2), S...)

孙兴林/王先东
Sun, Xingling/Wang, Xiandong
《论企业集团的法律地位》，载《法学评论》，1993 年第03 期，第 81–84 页。
Über die Rechtsstellung der Unternehmensgruppe, in Law Review, 3. Ausgabe, 1993, S. 81–84.
(Zitiert: Sun/Wang, in LW 1993 (03), S...)

康晓磊/仲川
Tang, Xiaolei/Zhong, Chuan
《对破产管理人法律地位的思考》，载《法学论坛》，2007 年第 6 期，第 135–140 页。
Überlegung zur rechtlichen Stellung des Insolvenzverwalters, in Legal Forum, 6. Ausgabe 2007, S. 135–140.
(Zitiert: Tang/Zhong, in LF 2007 (6), S...)

陶蛟龙/史和新
Tao, Jiaolong/Shi, Hexin
《关联公司合并破产重整若干法律问题研究》，载王新欣/尹正友（主编），《破产法论坛》第7辑，法律出版社 2012 年，第 350–361 页。
Studie über einige Fragen in der konsolidierten Sanierung bei der Insolvenz der verbundenen Unternehmen, in Wang, Xinxin/Yin, Zhengyou (Hrsg.), Insolvenzrechtsforum, 7. Band, Law Press, Beijing 2012, S. 350–361.
(Zitiert: Tao/Shi, in Wang/Yin(Hrsg.), InsRF (7), S...)

陶希晋
Tao, Xijin

《谈谈民法通则的制定及其他》，载《法学季刊》，1986 年第3期。
Erläuterung der Ausfertigung der AGZR, in Saisonschrift der Rechtswissenschaft, 3. Ausgabe, 1986.
(Zitiert: Tao, in SR 1986 (3), S...)

王保树/崔勤之
Wang, Baoshu/Cui, Qinzhi

《中国公司法原理》，中国社会科学文献出版社，2006 年第三版。
Die Grundsätze des chinesischen Gesellschaftsrechts, 3. Auflage, Literatur der Chinesischen Sozialwissenschaft Verlag, Beijing 2006.
(Zitiert: Wang/Cui, S...)

汪彩华/屈洁
Wang, Caihua/Qu, Jie

《论我国关联企业破产债权人的法律保护》，载《法治研究》，2009 年第7期，第 47-52 页。
Rechtsschutz der Gläubiger bei der Insolvenz der verbundenen Unternehmen in China, in Studie der Nomokratie, 7. Ausgabe, 2009, S. 47–52.
(Zitiert: Wang/Qu, in SNK 2009 (7), S...)

王枫
Wang, Feng

《论公司法人人格否认在我国司法实践中的规范》，载《人民司法》，2009 年第 17 期，第 102-105 页。
Die Regulierung der Rechtssprechungspraxis der Aberkennung der Rechtspersönlichkeit in China, in Volksrechtssprechung, 17. Ausgabe, 2009, S. 102–105.
(Zitiert: Wang, in VRS 2009 (17), S...)

王慧玲
Wang, Huiling

《一人公司的法人人格否认之诉》，载《人民司法》，2009 年第 11 期，第 79-85 页。
Die Klage der Aberkennung der Rechtspersönlichkeit der Einmann-GmbH, in Volksrechtssprechung, 11. Ausgabe, 2009, S. 79–85.
(Zitiert: Wang, in VRS 2009 (11), S...)

王利明
Wang, Liming

《亲历民法通则的制定》，载《中国人大》，2011 年 4 月 10 日，第 26 页。
Persönliche Erfahrungen über die Ausfertigung der AGZR, in Chinesischer Volkkongress, 10.04.2011, S. 26.
(Zitiert: Wang, in CVK 10.04.2011, S. 26)

王利明
Wang, Liming
《破产立法中的若干疑难问题探讨》，载《法学》，2005 年第 3 期，第 3–15 页。
Behandlung einiger schwierigen Fragen in der Gesetzgebung des Insolvenzrechts, in Rechtswissenschaft, 3. Ausgabe, 2005, S. 3–15.
(Zitiert: Wang, in RW 2005 (3), S...)

王永亮/黄杰国
Wang, Yongliang/ Huang, Jieguo
《关联企业破产实体合并的适用条件及审理重点》，载于《人民法院报》2010 年 8 月18 日，第 007 版。
Anwendungsvoraussetzungen der materiellen Konsolidierung in der Insolvenz der verbundenen Unternehmen und die Schlüsselpunkte bei der gerichtlichen Prüfung, in Zeitung des Volksgerichts, 18.08.2010, S. 7.
(Zitiert: Wang/Huang, in ZVG vom 18.08.2010, S. 7)

王永亮/黄杰国/高丽宏
Wang, Yongliang/ Huang, Jieguo/Gao, Lihong
《关联企业破产实体合并的司法实践》，载《人民司法》2010 年第 16 期，第 33–36 页。
Die Judikatur der materiellen Konsolidierung in der Insolvenz der verbundenen Unternehmen, in Volksrechtsprechung, 6. Ausgabe, 2010, S. 33–36.
(Zitiert: Wang/Huang/Gao, in VRS 2010 (16), S...)

王卫国
Wang, Weiguo
《破产法精义》，法律出版社2007年版。
Wesen des Insolvenzgesetzes, Law Press, Beijing 2007.
(*Zitiert: Wg. Wang, S...*)

王新欣
Wang, Xinxin
《试论破产案件中的保证责任问题》，载《法学家》1998 年第 2 期，第 31–36 页，
Einige Fragen über die Bürgschaftshaftung in der Insolvenz, in Zeitschrift für Juristen, 2. Ausgabe, 1998, S. 31–36.
(*Zitiert: Wang, in ZJ 1998 (2), S...*)

王新欣/周薇
Wang, Xinxin/ Zhou, Wei
《论中国关联企业合并破产重整制度之确立》，载《北京航空航天大学学报(社会科学版)》2012 年第 2 期，第 51–59 页，
Einführung der konsolidierten Sanierung bei der Insolvenz der verbundenen Unternehmen in China, in Journal of Beijing University of Aeronautics and Astronautics (Social Sciences Edition), 2. Ausgabe, 2012, S. 51–59.
(Zitiert: Wang/Zhou, in JBUAA 2012 (2), S...)

王新欣/周薇
Wang, Xinxin/
Zhou, Wei
《关联企业的合并破产重整启动研究》，载《政法论坛》，2011 年第 6 期，第 72–81 页。
Studie über die Eröffnung der konsolidierten Sanierung bei der Insolvenz der verbundenen Unternehmen, in Forum für Politik- und Rechtswissenschaft, 6. Ausgabe, 2011, S. 72–81.
(Zitiert: Wang/Zhou, in FPR 2011 (6), S...)

王新欣/周薇
Wang, Xinxin/
Zhou, Wei
《论关联企业破产之规制》，载《政治与法律》，2008 年第 9 期，第 29–35 页。Regulierung der Insolvenz der verbundenen Unternehmen, in Recht und Politik, 9. Ausgabe, 2008, S. 29–35.
(Zitiert: Wang/Cai, in PR 2008 (9), S...)

吴越
Wu, Yue
《德国康采恩法与我国企业集团法之比较》，载《法律科学》，2001 年第 2 期，第 113–128 页。
Ein Vergleich zwischen dem Deutschen Konzernrecht und dem Recht der Unternehmensgruppe in China, in Lehre der Rechtswissenschaft, 2. Ausgabe, 2001, S. 113–118.
(Zitiert: Wu, in LRW 2001 (2), S...)

吴越
Wu, Yue
《公司法先例初探》，法律出版社 2008 年版。
Eine einleitende Untersuchung der Präzedenzfälle im Gesellschaftsrecht, Law Press, Beijing 2008.
(Zitiert: Wu, GesR, S...)

项凡书
Xiang, Fanshu
《实质合并原则在我国关联企业破产中的适用》，载《黑龙江省政法管理干部学院学报》，2012 年第2期，第 89–91 页。
Die Anwendung der materiellen Konsolidierung bei der Insolvenz der verbunden Unternehmen in China, in Journal of Heilongjiang Administrative Cadre College of Politics And Law, 2. Ausgabe, 2012, S. 89–91.
(Zitiert: Xiang, in JHAC 2012 (2), S...)

邢丹
Xing, Dan
《关联企业破产法律制度研究》吉林大学博士论文，2011 年。
Studie des Rechtsinstituts über Insolvenz der verbundenen Unternehmen, zugl. Dissertation von Universität Jilin, 2011.
(Zitiert: Xing, Diss., S...)

邢丹/蒋景坤
Xing, Dan/Jiang, Jingkun

《母子公司破产中的利益衡平》，载《当代法学》2011年第 3 期，第 109–117 页。
Der Ausgleich der Interessen in der Insolvenz der Mutter- und Tochtergesellschaft, in Gegenwärtige Rechtswissenschaft, 3. Ausgabe, 2011, S. 109–117.
(Zitiert: Xing/Jiang, in GRW 2001 (3), S...)

熊卫东
Xiong, Weidong

《关联企业破产的疑难问题及对策》，载王新欣/尹正友（主编），《破产法论坛》第2辑，法律出版社 2009 年，第 320–334 页
Die schwierigen Fragen bei der Insolvenz der verbundenen Unternehmen und die Lösung, in Wang, Xinxin/Yin, Zhengyou (Hrsg.), Insolvenzrechtsforum, 2. Band, Law Press, Beijing 2009, S. 320–334.
(Zitiert: Xiong, in Wang/Yin (Hrsg.) InsRF (2), S...)

许德风
Xu, Defeng

《破产法基本原则再认识》，载《法学》，2009年第8期，第49–59页。
Zum nochmaligen Verständnis der Grundlagen des Insolvenzrechts, in Rechtswissenschaft, 8. Ausgabe, 2009, S. 49–59.
(Zitiert: Xu, in RW 2009 (8), S...)

许娟
Xu, Juan

《浅议我国大陆地区关联企业公司法规制之完善—与我国台湾地区关联企业立法之比较视角》，载《湖北警官学院学报》，2009 年第6期，第54–57页。
Das Vollkommen der gesellschaftsrechtlichen Regulierungen über verbundene Unternehmen im chinesischen Mainland – im Vergleich mit dem Recht der verbundenen Unternehmen in Taiwan, in Journal of Hubei University of Police, 6. Ausgabe, 2009, S. 54–57.
(Zitiert: Xu, in JHUP 2009 (6), S...)

徐晓松（主编）
Xu, Xiaosong (Hrsg.)

《公司法》，中国政法大学出版社，北京 2010 年，第三版。
Gesellschaftsrecht, 3. Auflage, CUPL Verlag, Beijing 2010.
(Zitiert: Bearbeiter, in Xu (Hrsg.), S...)

严嘉明
Yan, Jiaming

《论我国企业集团及其法律问题》，载《现代法学》，1989 年第 5 期，第 31–34 页。
Über chinesische Unternehmensgruppe und ihre rechtliche Problematik, in Moderne Rechtswissenschaft, 5. Ausgabe, 1989, S. 31–34.
(Zitiert: Yan, in MR 1989 (5), S...)

燕磊/李文仲 Yan, Lei/Li, Wenzhong	《关联企业法律问题研究》，载《法制与社会》，2008 年第 2 期，第 139-140 页。 Studie der rechtlichen Problematik der verbunden Unternehmen, in Rechtssystem und Soziologie, 2. Ausgabe, 2008, S. 139–140. *(Zitiert: Yan/Li, in RS 2008 (2), S...)*
袁雯 Yuan, Wen	《论实质合并原则在我国关联企业破产案件中的使用》，载王新欣/尹正友（主编），《破产法论坛》第 7 辑，法律出版社 2012 年，第 372-383 页。 Die Anwendung der materiellen Konsolidierung bei der Insolvenzfälle der Verbundenen Unternehmen in China, in Wang, Xinxin/Yin, Zhengyou (Hrsg.), Insolvenzrechtsforum 7. Band, Law Press, Beijing 2012, S. 372–383. *(Zitiert: Yuan, in Wang/Yin(Hrsg.), InsRF (7), S...)*
张晨颖 Zhang, Chenying	《破产制度价值研究》，载《北京大学学报(哲学社会科学版)》，2003 年第 6 期，第 72-82 页。 Studie der Werte des Insolvenzrechts, in Journal of Peking University (Philosophy and Social Sciences), 6. Ausgabe, 2003, S. 72–82. *(Zitiert: Zhang, in SPU (PS) 2003 (6), S...)*
张国平 Zhang, Guoping	《关联企业的法律特征及其与企业集团的关系》，载《南京师大学报(社会科学版) 》，2007 年第 4 期，第 31-35 页。 Die rechtliche Eigenschaft der verbundenen Unternehmen und ihr Verhältnis zu der Unternehmensgruppe, in Journal of Nanjing Normal University (Social Science), 4. Ausgabe, 2007, S. 31–35. *(Zitiert: Zhang, in JNNU, 2007 (4), S...)*
张军 Zhang, Jun	《论破产管理人的法律地位》，载《武汉大学学报（哲学社会科学版）》2012 年第 4 期，第 77-81 页。 Die rechtliche Stellung des Insolvenzverwalters, in Studienzeitschrift der Universität Wuhan (Philosophie und Soziologie), 4. Ausgabe, 2012, S. 77–81. *(Zitiert: Zhang, in SZW 2012 (4), S...)*

张林
Zhang, Lin

《论法人型联营企业的财产所有权》，载《安徽大学学报(哲学社会科学版)》，1992 年第 3 期，第 59–65 页。
Über das Vermögenseigentum des verbunden Vertriebs in Form der juristischen Person, in Zeitschrift der Anhui-Universität (， Ausgabe für Philosophie-und Soziologiewissenschaft), 3. Ausgabe, 1992, S. 59–65.
(Zitiert: Zhang, in ZAU, 1992 (3), S...)

张一鹏
Zhang, Yipeng

《公司法关联企业认定规则之完善》，载《学术界》，2005 年第 6 期，第 237–242 页。
Das Vollkommen der gesellschaftsrechtliche Voraussetzungen der verbundenen Unternehmen, in Akademische Welt, 6. Ausgabe, 2005, S. 237–242.
(Zitiert: Zhang, in AW 2005 (6), S...)

赵卿
Zhao, Qing

《论我国破产法体系确立衡平居次原则—以立法完善和司法实践为视角》，载王新欣/尹正友（主编），《破产法论坛》第 7 辑，法律出版社 2012 年，第 383–390 页。
Einführung der Equitable Subordination in das chinesische Insolvenzrecht – unter dem Blickwinkel der Gesetzverbesserung und der Gerichtspraxis, in Wang, Xinxin/Yin, Zhengyou (Hrsg.), Insolvenzrechtsforum, 7. Band, Law Press, Beijing 2012.
(Zitiert: Zhao, in Wang/Yin (Hrsg.), InsRF (7), S...)

赵旭东
Zhao, Xudong

《论企业集团的法律问题》，载《法学研究》，1989 年第 6 期。
Die rechtlichen Fragen der Unternehmensgruppe, in Rechtswissenschaftsforschung, 6. Ausgabe, 1989.
(Zitiert: Zhao, in RF 1989 (6), S...)

赵旭东
Zhao, Xudong

《法人人格否认的构成要件分析》，载《人民司法》，2011 年第 17 期，第 108–110 页。
Analyse der Tatbestände der Aberkennung der Rechtspersönlichkeit, in Volksrechtssprechung, 17. Ausgabe, 2011, S. 108–110.
(Zitiert: Zhao, in VRS 2011 (17), S...)

赵旭东
Zhao, Xudong

《公司法人格否认规则适用情况分析》，载《法律适用》，2011 年第 10 期，第 44–47 页。
Analyse der Anwendungsumstände der Aberkennung der Rechtspersönlichkeit, in Rechtsanwendung, 10. Ausgabe, 2011, S. 44–47.
(Zitiert: Zhao, in RA 2011 (10), S...)

赵旭东（主编）
Zhao, Xudong
(Hrsg.)

《公司法》，中国政法大学出版社，2013 年第二版。
Gesellschaftsrecht, 2. Auflage, CUPL Verlag, Beijing 2013.
(Zitiert: Bearbeiter, in Zhao (Hrsg.), S...)

赵振华（主编）
Zhao, Zhenhua
(Hrsg.)

《公司法》，法律出版社2010年第1版。
Gesellschaftsrecht, 1. Auflage, Law Press, Beijing 2010.
(Zitiert: Bearbeiter, in ZH. Zhao (Hrsg.) S...)

赵志刚
Zhao, Zhigang

《公司集团基本法律问题研究》，北京大学出版社 2006 年版。
Studie der Grundfragen der Gesellschaftsgruppe, Peking Universität Verlag, Beijing 2006.
(Zitiert: Zhao, S...)

赵中孚/刘运宏
Zhao, Zhongfu/Liu, Yunhong

《民法通则的制定及其对现今民法典编纂的启示—纪念民法通则颁布 20 周年》，载《法学杂志》，2006 年 11 月，第 18–21 页。
On Formulation Of The "General Principles Of Civil Law" And Its Enlightenment To The Compilation Of China Civil Law, in Zeitschrift der Rechtswissenschaft, 11.2006, S. 18–21.
(Zitiert: Zhao/Liu, in ZR 2006 (11), S...)

朱慈蕴
Zhu, Ciyun

《公司法原论》，清华大学出版社 2011 年第 1 版
Grundlage des Gesellschaftsrecht, Tsinghua-Universität Verlag, 1. Auflage, 2011.
(Zitiert: Zhu, S...)

朱慈蕴
Zhu, Ciyun

《公司法人格否认：从法条跃入实践》，载《清华法学》2007 年第 2 期，第 111–125 页。
Aberkennung der Rechtspersönlichkeit: vom Gesetztext zur Praxis, in Tsinghua-Rechtswissenschaft，2. Ausgabe, 2007, S. 111–125.
(Zitiert: Zhu, in Th-RW 2007 (2), S...)

朱黎
Zhu, Li

《论实质合并破产规则的统一适用》，载《政治与法律》 2014 年第 3 期，第 153–160 页。
Über die einheitliche Anwendung der materiellen Konsolidierung, in Politik und Recht, 3. Ausgabe, 2014, S. 153–160.
(Zitiert: Li, in PR 2014 (3), S...)

《中华人民共和国企业破产法》起草组
Gesetzentwurfsausschuss für Unternehmensinsolvenzgesetz der VR China

《中华人民共和国企业破产法》释义，人民出版社 2006 年版。
Erläuterung zum Unternehmensinsolvenzgesetz der VR China, Volksverlag, Beijing 2006.
(Zitiert: GesetzentAus, Erläuterung zum UInsG, S...)

Einleitung

1. Ausgangspunkt, Problematik und Untersuchungsgegenstand

Die Unternehmensgruppe bezeichnet sowohl in China als auch in Deutschland ein sehr wichtiges Wirtschaftsphänomen. In China haben Unternehmensgruppen seit der Reform- und Öffnungspolitik geboomt. Allein in der Anfangsphase der Reform- und Öffnungspolitik zwischen 1989 und 1995 wurden über 18000 Unternehmensgruppen im Sinne von VB-UGR neu gegründet.[1] Der Grund des Expandierens von Unternehmensgruppen in China liegt einerseits in der staatlichen Förderung,[2] anderseits im raschen Wirtschaftswachstum seit der Reform- und Öffnungspolitik. Viele Unternehmensgruppen in China sind sehr groß, beispielweise gehören drei chinesische Unternehmensgruppen zu den 10 größten Unternehmen im Jahr 2013 in der ganzen Welt.[3] In Deutschland erscheint die Unternehmensverbindung durchaus üblich. Statistisch seien in Deutschland mehr als 50% der Gesellschaften mbH und bis zu 90% Aktiengesellschaften konzernverbunden.[4] Die Unternehmensgruppe stellt sich ferner als ein besonderes Wirtschaftsphänomen dar, wobei Wirtschafts- und Interessenverflechtungen zwischen verschiedenen rechtlich selbstständigen Unternehmen derselben Unternehmensgruppe bestehen. Diese Wirtschafts- und Interessenverflechtungen hängen mit der Struktur der Unternehmensgruppe zusammen. Die Struktur der Unternehmensgruppe kann so gestaltet werden, dass sie in den Markt als eine wirtschaftliche Einheit eintritt, obwohl sie aus mehreren Rechtsträgern gebildet wird. Die Mitglieder der Unternehmensgruppe arbeiten miteinander eng zusammen, wodurch mehr Werte als ohne diese Zusammenarbeit erschaffen werden können. Dieses Zusammenwirken wird als „Synergie-Effekt" bezeichnet.[5] Eine Unternehmensgruppe kann auch so gestaltet sein, dass ihre Mitglieder miteinander locker verbunden sind. Diese Komplexität der Unternehmensgruppe verlangt eine Sonderbeachtung im Gesetz.[6]

---

1 Statistisch siehe Zhao, S. 24.

2 Beispielweise siehe unten 5.1.2.

3 Siehe Fortune Global 500 vom 2013, abrufbar unter: http://money.cnn.com/magazines/fortune/global500/. Abgerufen am 18.01.2014.

4 Koppensteiner, in KK AktG, Vorb. § 291 Rn. 15.

5 Ausführlich siehe Altmeppen, in MünchKomm AktG, Einleitung zu den §§ 291 ff., Rn. 21 f..

6 Vgl. Becker, Diss., S. 1. Beispielweise wird das Konzernrecht in Deutschland schon kodifiziert. In China wird bis jetzt noch keine Kodifizierung eines Konzernrechts eingeleitet. Allerdings gibt es über die Unternehmensgruppe und verbundene Unternehmen bereits Regelungen, die sich verstreut in verschiedenen Gesetzen sowie Verordnungen finden.

Aufgrund der Bedeutung der Unternehmensgruppen für das Wirtschaftsleben zieht deren Krise oder Insolvenz häufig große Aufmerksamkeit in der Gesellschaft auf sich. Die Insolvenz eines Gruppenmitglieds kann wegen der Wirtschafts- und Interessenverflechtungen innerhalb der Unternehmensgruppe die Insolvenzen anderer Gruppenmitglieder mitauslösen. Bei diesem Wirtschaftsphänomen wird bildlich vom „Domino-Effekt“[7] gesprochen, der in der Gesellschaft Beunruhigung auslösen kann.[8] Auch in Deutschland sind seit mehreren Jahrzehnten Insolvenzen von Unternehmensgruppen nicht selten. Als Beispiele sind hier die Insolvenzen von AEG, Babcock Borsig, Opel/General Motors, der PIN-Gruppe und des Arcandor-Konzerns zu nennen.

Trotz der Bedeutung und Komplexität der Unternehmensgruppe wird deren Insolvenz weder in der deutschen InsO[9] noch im chinesischen UInsG[10] geregelt. Sowohl das deutsche als auch das chinesische Insolvenzrecht gehen von Insolvenz des einzelnen Rechtsträgers aus. Eine Unternehmensgruppe, die aus mehreren Rechtsträgern besteht, ist deshalb nicht insolvenzfähig. Gehen mehrere Gruppenmitglieder derselben Unternehmensgruppe gleichzeitig oder nacheinander insolvent, werden mehrere eigenständige Insolvenzverfahren über das Vermögen der jeweiligen Gruppenmitglieder eröffnet und durchgeführt. Sowohl in Deutschland als auch in China gilt das Prinzip „eine Person, ein Vermögen, ein Verfahren“.

Die separate Abwicklung der Insolvenzverfahren kann dazu führen, dass die Kooperation in der Unternehmensgruppe wegfällt, und folglich kann der „Synergie-Effekt“ innerhalb derer nicht bewahrt werden. Der Wegfall der Kooperation und des „Synergie-Effekts“ kann dazu führen, dass die Sanierungschancen des einzelnen insolventen Unternehmens verloren gehen. Die konzerninternen Ressourcen und deren Werte können wegen der separaten und unkoordinierten Verfahrensabwicklung nicht oder nicht in vollem Umfang für die Gläubiger realisiert werden. Wegen der separaten Verfahrensabwicklung werden mehrere Insolvenzverwalter bestellt, die gemäß § 1 InsO oder § 1 UInsG sich verpflichten, die Gläubigerinteressen des von jedem verwalteten Verfahrens wahrzunehmen und ggf. zu vergrößern, was zu kostenträchtigen Rechtsstreitigkeiten wegen konzerninterner Transaktionen führen kann. Die Rechtsstreitigkeiten zwischen den Verfahren verlangsamen deren Abwicklung, erhöhen die Kosten und vernichten die internen Kooperationen in der Unternehmensgruppe. Die Bestellung mehrerer Insolvenzverwalter kann ferner zu unkoordinierter Insolvenzabwicklung bzw. zu verschiedenen Verwertungsstrategien führen, was den „Synergie-Effekt“ und die Nutzung der Konzernressourcen gefährdet und unmittelbar zu Lasten der Gläubiger geht. Als eine weitere Problematik der

7 Rotstegge, Diss., S. 27; Brünkmans, Diss., S. 67 ff.

8 Z. B. hat die Insolvenz der CITIC-Gruppe große Sorge in China ausgelöst. Vgl. Qiu, in IF 2003 (7), S. 46.

9 Allerdings ist ein Gesetzgebungsverfahren bezüglich der Konzerninsolvenzen in Deutschland bereits in Gang gesetzt worden, ausführlich dazu unten 4.3.

10 Vgl. unten Kapitel 7.

Konzerninsolvenz gilt die Vermögensvermischung, die besonders in der chinesischen Unternehmensgruppe nicht selten vorkommt.[11] Liegt eine Vermögensvermischung in der Unternehmensgruppe vor, können die Insolvenzverfahren nicht separat durchgeführt werden, weil die Insolvenzmasse des einzelnen Gruppemitglieds nicht bestimmt werden kann und folglich die Verfahren nicht weiter abgewickelt werden können.[12] Zusammenfassend liegt die Problematik darin, wie die Verfahren in der Konzerninsolvenz gestaltet werden, damit die konzernweit verfügbaren Ressourcen weiter genutzt, der „Synergie-Effekt" innerhalb der Unternehmensgruppe bewahrt, die möglicherweise unproduktiven und kostenträchtigen Rechtsstreitigkeiten vermieden und die Sanierungschancen erhöht werden können, was letztendlich der bestmöglichen Gläubigerbefriedigung dient. Die oben erwähnte Problematik hat der deutsche Gesetzgeber erkannt und das Konzerninsolvenzrecht als dritte Stufe der Reform der InsO angesetzt.[13] Das Gesetzgebungsverfahren über Insolvenzen von Unternehmensgruppen wurde bereits mit einem Diskussionsentwurf eines Gesetzes zur Erleichterung der Bewältigung von Konzerninsolvenzen vom 03.01.2013 (im Folgenden: KIG-DiskE) eingeleitet. Am 28.08.2013 hat die Bundesregierung der 17. Legislaturperiode den Entwurf eines Gesetzes zur Erleichterung der Bewältigung von Konzerninsolvenzen (im Folgenden: KIG-E) beschlossen. Am 11.10.2013 hatte der Bundesrat seine Stellungnahme zum KIG-E[14] abgegeben, die aber von der Bundesregierung der 18. Legislaturperiode erwidert wurde. Anschließend hat die Bundesregierung den KIG-E dem Bundestag zur Beschlussfassung vorgelegt.[15] Der Regierungsentwurf für Konzerninsolvenzen knüpft einerseits an die Praxis der Unternehmensgruppen, andererseits an die Prinzipien des deutschen Gesellschafts- und Insolvenzrechts an und folgt den flexiblen Koordinierungsmechanismen und nicht den Konsolidierungslösungen.[16] Die materielle Konsolidierung wird vom deutschen Gesetzgeber ausdrücklich abgelehnt.[17] Zu den flexiblen Koordinierungsmechanismen gehören vor allem die allgemeine Kooperationspflicht der Insolvenzverwalter und Gerichte (§§ 269a f. KIG-E), ein besonderes Koordinierungsverfahren (§§ 269d ff. KIG-E), ein einheitlicher Gruppen-Gerichtsstand (§§3a ff. KIG-E) und eine einheitliche Verwalterbestellung (§ 56b KIG-E).

Die Konzerninsolvenz und die von dieser ausgelöste Problematik stellen sich in China ebenfalls als ein hoch aktuelles rechtliches Thema dar. Während das Gesetzgebungsverfahren bezüglich der Insolvenz der Unternehmensgruppe in Deutschland bereits mit dem Diskussionsentwurf eingeleitet wird, hat das Chinesische Oberste Volksgericht (im Folgenden: OVG) als ein Quasi-Gesetzgeber in China vor, eine

11 Sun, Diss., S. 161.
12 Wang/Huang/Gao, in VRS 2010 (16), S. 35.
13 http://www.bmj.de/SharedDocs/Reden/DE/2010/20100317_7er_Deutscher_Insolvenzrechtstag.html; abgerufen am 08.09.2010.
14 Abgedruckt in BR-Drucks. 663/13.
15 Siehe BT-Drs. 18/407.
16 KIG-E, BT-Drs. 18/407, S. 16.
17 KIG-E, BT-Drs. 18/407, S. 2.

richterliche Erläuterung hinsichtlich der Insolvenz von Unternehmensgruppe zu erlassen.[18] Das OVG hat bereitsintern über einen Entwurf der richterlichen Erläuterung für Konzerninsolvenzen diskutiert,[19] der allerdings nicht bekanntgemacht wird. Der Grund liegt wohl in den ausgeprägten Meinungsverschiedenheiten.

Aufgrund des Ausgangspunkts und der Problematik der Konzerninsolvenz ergibt sich der Gedanke bzw. ein wissenschaftliches Interesse daran, die Konzerninsolvenz in Deutschland und in China vergleichend zu erforschen. Dahinter steht als Grundgedanke der Versuch, im Licht der deutschen Erfahrungen und Regelungen die Problematik der Konzerninsolvenz in China zu bewältigen und dementsprechend ein Verfahrensgestaltungsmodell für Konzerninsolvenz in China zu entwickeln. Deswegen liegt der Gegenstand der vorliegenden Arbeit in der Insolvenz der Unternehmensgruppe in Deutschland und China, wobei es allein um die Verfahrensgestaltung der Konzerninsolvenz geht. Die grenzübergreifende Konzerninsolvenz kann- obwohl sie ähnliche Probleme wie die inländische Konzerninsolvenz aufweist – in dieser Arbeit nicht berücksichtigt werden, denn sie bildet ein eigenständiges Forschungsfeld.[20] Folglich wird die aktuelle Reform der EuInsVO,[21] obwohl es sich teilweise um grenzübergreifende Konzerninsolvenzen innerhalb der EU handelt, nicht berücksichtigt.

2. Begriffsbestimmung

2.1 Unternehmensgruppen in Deutschland

Der Terminus „Unternehmensgruppe“ in Deutschland ist mit den Begriffen „Corporate Groups“ oder „Les Groups de Sociétés“ in anderen Ländern vergleichbar. Im deutschen AktG und GmbHG findet man den Terminus „Unternehmensgruppe“ nicht,[22] dieser wird erst in modernen deutschen Gesetzen benutzt (vgl. etwa § 10a KWG, der den Begriff „Institutsgruppe“ verwendet).[23]

Man spricht in Deutschland von dem Begriff „Unternehmensgruppe“, der gleichbedeutend mit dem gesetzlichen Begriff der „verbundenen Unternehmen“

18 http://www.court.gov.cn/spyw/mssp/201210/t20121025_178960.htm; abgerufen am 18.01.2014.

19 „Einige Bestimmungen über die Anwendung der materiellen Konsolidierung in der Unternehmenskonkursliquidation (Entwurf)“, abrufbar unter http://www.court.gov.cn/spyw/mssp/201210/t20121025_178960.htm; abgerufen am 18.01.2014.

20 Becker, Diss., S. 5.

21 Vgl. „Vorschlag für eine Verordnung des europäischen Parlaments und des Rates zur Änderung der Verordnung (EG) Nr. 1346/2000 des Rates über Insolvenzverfahren“, COM [2012] 744 final vom 12.12.2012.

22 Vgl. K. Schmidt, KTS 2010, 1, 7.

23 Wiedemann, S. 6.

der §§ 15 ff., 291 ff. AktG verwendet wird.[24] Der Begriff „verbundene Unternehmen“ findet sich außer im AktG auch in anderen Gesetzen.[25] Allerdings wird der Begriff „verbundene Unternehmen“ häufig in abweichendem Sinn in anderen Rechtsgebieten verwendet,[26] und zwar selbst dann, wenn auf die §§ 15ff. AktG verwiesen wird.[27] Beispielsweise ist das „verbundene Unternehmen“ in § 271 Abs. 2 HGB nicht mit dem „verbundenen Unternehmen“ im Sinne der §§ 15 ff. AktG deckungsgleich, und es wird durch die in den Konsolidierungsvoraussetzungen des § 290 Abs. 1 und 2 HGB geprägten Mutter-Tochter-Beziehungen gekennzeichnet.[28] Bezugnehmend auf das Rechtsgebiet des Insolvenzrechts ist es auch vorstellbar, dass der Begriff „verbundene Unternehmen“ bzw. „Unternehmensgruppe“ im Insolvenzrecht auch von dem der „verbundenen Unternehmen“ im Sinne der §§ 15 ff. AktG abweichen könnte.

Der von der deutschen Regierung am 28.08.2013 vorgelegte Gesetzesentwurf versucht, den Begriff „Unternehmensgruppe“ im Insolvenzrecht zu definieren. Gemäß § 3e KIG-E besteht eine Unternehmensgruppe aus rechtlich selbstständigen Unternehmen, die den Mittelpunkt ihrer wirtschaftlichen Tätigkeit im Inland haben und die unmittelbar oder mittelbar durch (1) die Möglichkeit der Ausübung eines beherrschenden Einflusses oder (2) eine Zusammenfassung unter einheitlicher Leitung miteinander verbunden sind.

Die vorliegende Arbeit folgt dieser Definition der Unternehmensgruppe und stellt fest, dass die materiellen Regelungen über Konzerne mit Beherrschungsvertrag (§§ 291 ff. AktG), Eingliederungskonzerne (§§ 319 ff. AktG) und faktische Konzerne (§§ 311 ff. AktG) im Aktiengesetz auch auf die Unternehmensgruppe i. S. v. § 3e KIG-E Anwendung finden.[29] Diese Regelungen stellen sich als materielles Recht der Unternehmensgruppe in Deutschland dar.

Der deutsche Gesetzgeber hat den modernen Terminus „Unternehmensgruppe“ in dem KIG-E verwendet. Allerdings spricht man sowohl in der Literatur als auch in der Begründung des KIG-E üblicherweise von „Konzerninsolvenz“.[30] Hier wird der Begriff des Konzerns im weiteren Sinne verwendet. Der Begriff des Konzerns im weiteren Sinne stimmt nicht mit der Definition des § 18 AktG überein und bedeutet

---

24 Wiedemann, S. 6; K. Schmidt, KTS 2010, 1, 7; Grau, Diss., S. 11.Zum Begriff der verbundenen Unternehmen nach dem deutschen AktG siehe unten 1.1.

25 Beispielsweise in den §§ 8 Abs. 1 S. 3, 11 Abs. 1 S. 4 UmwG und den §§ 32 MitbestG, 15 MitbestErgG oder den §§ 36ff. GWB sowie auch in den bilanzrechtlichen Vorschriften der §§ 266, 268 Abs. 7, 271 Abs. 2, 319 Abs. 2 Nr. 3, Abs. 3 Nr. 1, 323 Abs. 1 HGB.

26 Bayer, in MünchKomm AktG, § 15 Rn. 5; ähnlich auch Hüffer, § 15 Rn. 17.

27 Bayer, in MünchKomm AktG, § 15 Rn. 5; Raiser/Veil, KapGesR, § 51 Rn. 2; Krieger, in MünchHdb AG, § 68 Rn. 2; Koppensteiner, in KK AktG, § 15 Rn. 8.

28 Hüffer, § 15 Rn. 17.

29 Ausführlich siehe unten 4.3.2.

30 Beispielsweise lautet der Titel des KIG-E „Entwurf eines Gesetzes zur Erleichterung der Bewältigung von Konzerninsolvenzen“.

vielmehr das Gleiche wie das verbundene Unternehmen der §§ 15 ff., 291 ff. AktG. Beispielsweise spricht man in Deutschland vom Konzernrecht, was aber das Recht der verbundenen Unternehmen meint. Der faktische Konzern setzt keine einheitliche Leitung wie der Konzern i. S. v. § 18 AktG voraus, sondern die „Abhängigkeit" einer Gesellschaft. Der Begriff „Konzern" wird im weiteren Sinne verwendet und dient vor allem der sprachlichen Vereinfachung.

In dieser Arbeit wird der Begriff „Konzerninsolvenz" zum Zweck der sprachlichen Vereinfachung gleichbedeutend mit dem Begriff „Insolvenz der Unternehmensgruppe" verwendet. Ebenso wird der Begriff „Konzern" im weiteren Sinne verwendet, es sein denn, dass ausdrücklich vom Konzern i. S. v. § 18 AktG die Rede ist.

2.2 Unternehmensgruppe in China

Anders als in Deutschland wurde bisher in China kein Konzernrecht kodifiziert. Unternehmensgruppen werden allein in den „Vorläufigen Bestimmungen zur Registrierung von Unternehmensgruppen" (abgekürzt: VB-UGR) geregelt, die allerdings nicht Gesetz sind, sondern Vorschriften der Regierung. An diesen Vorschriften wird heftig Kritik geübt.[31] Der Begriff „Unternehmensgruppe" i. S. d. VB-UGR entspricht nicht dem Begriff, der sowohl in der Wirtschaft als auch in der Literatur verwendet wird. In der Literatur ist der Begriff „Unternehmensgruppe" gleichbedeutend mit dem Begriff „verbundene Unternehmen".[32] Der Begriff „verbundene Unternehmen" wird gesetzlich nur im chinesischen Steuerrecht definiert. Allerdings ist diese Definition nicht in das Gesellschafts- und Insolvenzrecht übertragbar.[33] In der Literatur kommt keine übereinstimmende Definition von verbundenen Unternehmen vor. In der vorliegenden Arbeit wird versucht, eine eigene Definition zu entwickeln: Verbundene Unternehmen sind die Unternehmen, zwischen denen ein Kontrollverhältnis besteht oder die von ein und demselben Unternehmen kontrolliert werden können.[34] Der Begriff „Konzern" wird in China in der Literatur nicht häufig verwendet. Er wird allerdings zur sprachlichen Vereinfachung in dieser Arbeit gleichbedeutend mit den Begriffen „Unternehmensgruppe" und „verbundene Unternehmen" genutzt.

2.3 Insolvenz der Unternehmensgruppe

Sowohl die deutsche Insolvenzordnung als auch das chinesische Unternehmensinsolvenzrecht gehen von einem einzelnen Rechtsträger aus. Deswegen ist die Unternehmensgruppe gesamt nicht insolvenzfähig. Hier bezeichnet die Insolvenz der Unternehmensgruppe nicht die Insolvenz der gesamten Unternehmensgruppe,

31 Ausführlich siehe unten 5.1.2.
32 Ausführlich siehe unten 5.2.
33 Ausführlich siehe unten 5.1.3.
34 Siehe unten 5.3.

sondern die simultanen oder sukzessiven Insolvenzen einer Mehrzahl der Mitglieder.[35] Während in Deutschland bei einer Insolvenz der Unternehmensgruppe in der Literatur üblicherweise von einer „Konzerninsolvenz"[36] gesprochen wird, nennt man sie in China häufig „Insolvenz der verbundenen Unternehmen".[37] Zur sprachlichen Vereinfachung wird in der vorliegenden Arbeit von „Konzerninsolvenz" oder „Insolvenz der Unternehmensgruppe" gesprochen, beide Begriffe haben jedoch dieselbe Bedeutung.

3. Ziel und Gang der Untersuchung

In der vorliegenden Arbeit wird die Konzerninsolvenz in Deutschland und China untersucht, hauptsächlich beschränkt auf die Verfahrensgestaltung der Konzerninsolvenz. Das Ziel der Arbeit liegt nicht darin, Vorschläge für eine deutsche Konzerninsolvenz zu geben, vielmehr soll im Licht der deutschen Erfahrungen ein Lösungsmodell für chinesische Konzerninsolvenz entwickelt werden. Die Regelungen und Erfahrungen der deutschen Konzerninsolvenzen könnten als Vorbild für die Bewältigung von Konzerninsolvenzen in China herangezogen werden, wobei dies vorerst von zwei wesentlichen Elementen abhängt Erstens muss die Konzerninsolvenz von den beiden Ländern vergleichbar sein. Zweitens sollten das deutsche und chinesische Insolvenzrecht vergleichbare Ziele verfolgen. Es ist bei einer rechtsvergleichenden Arbeit essentiell, dass die Erforschung der grundlegenden Grundlage und Berücksichtigung der Besonderheiten zu einem vergleichenden Ergebnis gekommen sind. Deswegen ist eine Untersuchung des deutschen und chinesischen Konzernrechts unentbehrlich. Ferner sind die Ziele des deutschen und chinesischen Insolvenzrechts zu untersuchen. Können die deutschen Regelungen und Erfahrungen als Vorbild für China gelten, ist in einem weiteren Schritt die Frage zu klären, welche konkreten Regelungen und Erfahrungen in China eingeführt werden können und wie dies genau verwirklicht werden kann. Demzufolge ist ein Überblick über den Verlauf des Insolvenzverfahrens in beiden Ländern zwingend notwendig.

Unter Berücksichtigung des oben erwähnten Zieles wird die vorliegende Arbeit in drei Teile gegliedert. Im ersten Teil wird die Konzerninsolvenz in Deutschland dargelegt. Im zweiten Teil wird die Konzerninsolvenz in China untersucht. Im dritten und letzten Teil werden alle wesentlichen Ergebnisse beider Teile zusammengefasst.

Der erste Teil beginnt in Kapitel 1 mit der Darstellung des deutschen Konzernrechts. Die simultanen oder sukzessiven Insolvenzen einer Mehrzahl von Gruppenmitgliedern derselben Unternehmensgruppe hängen in der Regel von der

35 KIG-E, BT-Drs. 18/407, S. 14; Brünkmans, Diss., S. 18.

36 Nicht nur in der Literatur, sondern auch in dem Gesetzesentwurf wird der Begriff „Konzerninsolvenz" verwendet.

37 Z. B. lauten die Titel zweier Dissertationen in China „Untersuchung des Rechtsinstituts über die Insolvenz der verbundenen Unternehmen" und „Untersuchung der Probleme in der Insolvenz der verbundenen Unternehmen".

Wirtschafts- und Interessenverflechtung der Gruppenmitglieder ab.[38] Hinsichtlich der Wirtschafts- und Interessenverflechtung der Gruppenmitglieder hängt vieles vom Konzernaufbau und dem Grad der leistungs- und finanzwirtschaftlichen Verflechtung ab,[39] die wiederum auf den Konzernaufbau zurückgeführt werden kann. Daher wird im Kapitel 1 ein Überblick über das deutsche Konzernrecht und den Konzernaufbau nach dem deutschen Konzernrecht gegeben. Zu dem Konzernaufbau gehören vor allem die verschiedenen Arten der Konzerne und die Konzernleitung. Die Konzernleitung und die durch die Konzernleitung verursachte Konzernhaftung[40] spielen eine wichtige Rolle für den Eintritt der Insolvenzgründe der anderen Konzernmitglieder. So führt insbesondere die Verlustübernahmepflicht des § 302 AktG beim Vorliegen eines Vertragskonzerns dazu, dass die Überschuldung i. S. v. § 19 Abs. 2 S. 1 InsO der abhängigen Gesellschaft während der Vertragsdauer überhaupt nicht eintritt, solange das herrschende Unternehmen noch solvent ist.[41] Daher werden in Kapitel 1 die Konzernhaftung und -leitung dargestellt. Weil das AktG nur AG-Konzerne regelt, werden GmbH-Konzerne bezüglich der Konzernhaftung und -leitung erforscht.[42] Anschließend wird in Kapitel 2 das deutsche Insolvenzrecht dargestellt. Weil die Gestaltung der Verfahren in der Konzerninsolvenz den Zielen des Insolvenzrechts entsprechen muss, sind zunächst die Ziele der InsO zu erläutern.[43] Mögliche Auswirkungen der Konzernhaftung auf die Konzerninsolvenz werden in Kapitel 3 untersucht. Im vierten Kapitel wird die konkrete Gestaltung der Verfahren in der Konzerninsolvenz untersucht. Zuerst wird dabei die gegenwärtige Gesetzeslage erörtert.[44] In der Praxis gibt es bereits Konzerninsolvenzfälle, wobei ein einziges Gericht für alle Verfahren zuständig ist und nur ein einziger Insolvenzverwalter bestellt wird. Daher sind sowohl der Gerichtsstand als auch der Insolvenzverwalter nach der InsO zu untersuchen.[45] Zusätzlich zu den Praxiserfahrungen gibt es in der Literatur zwei wichtige Lösungsmodelle für Konzerninsolvenzen.[46] Als ein Modell stellt sich die materielle Konsolidierung dar, die allerdings von der h. M. und auch von dem KIG-E abgelehnt wird. Das andere Modell ist die Verfahrenskoordinierung, diesem folgt der KIG-E. Anschließend wird der KIG-E dargestellt,[47] wobei insbesondere auf die Ziele und Ansätze, den Anwendungsbereich und die einzelnen Koordinierungsmechanismen des KIG-E eingegangen wird.

38 Brünkmans, Diss., S. 67 ff.
39 Brünkmans, Diss., S. 68.
40 Vgl. unten 1.2 und 1.3.
41 Vgl. z. B. Hirte, in Uhlenbruck, InsO, § 11 Rn. 399; Berthold, S. 53 ff.; Sämisch/Adam, ZInsO 2007, 520, 521; Veil, in Spindler/Stilz, § 302 Rn. 23; K. Schmidt, S. 953.
42 Siehe Unten 1.4.
43 Siehe unten 2.2.
44 Siehe unten 4.1.
45 Siehe unten 4.1.
46 Siehe unten 4.2.
47 Siehe unten 4.4.

Im zweiten Teil der Arbeit wird die Konzerninsolvenz in China untersucht. Der zweite Teil ist ähnlich wie der erste Teil gegliedert und beginnt im Kapitel 5 mit einer Darstellung der Unternehmensgruppen nach chinesischem Recht. Obwohl in China noch kein Konzernrecht kodifiziert wird, gibt es im chinesischen Recht schon Regelungen über die Unternehmensgruppe. Diese Regelungen werden untersucht, um anschließen deinen möglichen Konzernaufbau in China darstellen zu können und eine Definition der Unternehmensgruppe zu geben. Im Anschluss daran werden im Kapitel 6 die Ziele des chinesischen Insolvenzrechts erörtert und die Regelungen über den Gerichtsstand und den Insolvenzverwalter dargestellt. Im Kapitel 7 wird die Verfahrensgestaltung der Konzerninsolvenz in China untersucht. Das chinesische Insolvenzrecht geht auch von der Insolvenz des einzelnen Rechtsträgers (juristische Unternehmensperson) aus und sieht keine Konzerninsolvenz vor.[48] In der Praxis gibt es aber bereits viele Konzerninsolvenzfälle, wobei die Insolvenzgerichte zuerst streng an das Gesetz eingehalten haben. Mit der Wende in den Ansichten des OVG wird die materielle Konsolidierung nichtüberzeugend von den Insolvenzgerichten in China in Anspruch genommen. Die Wende der Rechtsprechung wird untersucht und mit drei Praxisfällen aufgezeigt.[49] In der Literatur wird die Einführung der materiellen Konsolidierung überwiegend empfohlen. Zu erforschen ist, ob die materielle Konsolidierung in China eingeführt werden soll.[50] Schließlich gilt es, die Verfahrenskoordinierung in der Konzerninsolvenz unter Vorbild der deutschen Erfahrungen und Regelungen zu untersuchen, wodurch ein Modell für die Verfahrensgestaltung in der Konzerninsolvenz in China entwickelt wird.

48 Siehe unten 7.1.
49 Siehe unten 7.2.
50 Siehe unten 7.4.

Teil I. Die Insolvenz der Unternehmensgruppe in Deutschland

Kapitel 1. Die Unternehmensgruppe im deutschen Konzernrecht

1.1 Das deutsche Konzernrecht im Überblick

1.1.1 Die historische Entwicklung des deutschen Konzernrechts

Das Konzernrecht ist eine Folge der Wirtschaftsentwicklung. Die Konzernwirklichkeit in Deutschland ist älter als das deutsche Konzernrecht. Seit dem 19. Jahrhundert stellt die Unternehmensverbindung ein häufiges Phänomen in Deutschland dar,[51] zu dessen Entstehen sowohl wirtschaftliche als auch rechtliche Gründe beigetragen haben.[52] Die Bedeutung von Unternehmensverbindungen in der deutschen Wirtschaft nimmt immer weiter zu: In Deutschland sind mehr als 50 % der Gesellschaften mit beschränkter Haftung und bis zu 90 % der Aktiengesellschaften konzernverbunden.[53] Eine umfassende Kodifizierung des Konzernrechts in Deutschland erfolgte erst im Jahre 1965. Vorher gab es jedoch schon einige Regelungen über Unternehmensverbindungen. Bevor das Aktiengesetz (im Folgenden: AktG) aus dem Handelsgesetzbuch (im Folgenden: HGB) ausgegliedert wurde, nämlich vor dem AktG von 1937, wurde der Begriff „Konzerngesellschaft" ohne nähere Bestimmung in den §§ 246, 260a, 261a HGB genannt. Der Begriff „abhängige Gesellschaft" wurde im § 226 Abs. 4 HGB verwendet und der Begriff „abhängiges Unternehmen" im § 240a HGB.[54] Im AktG von 1937 definierte § 15 schon den „Konzern" und das „Konzernunternehmen". Außerdem sah § 256 des AktG von 1937 ein Quorum (qualifizierte Mehrheit) in der Hauptversammlung der zur Gewinnabführung verpflichteten Gesellschaft für den Abschluss eines Gewinnabführungs- oder Betriebspachtvertrags vor. Eine umfangreiche Reform bzw. Kodifizierung des Konzernrechts erfolgte im AktG von 1965. So wurden in den §§ 15 ff. des AktG besondere Gruppen von Unternehmensverbindungen definiert. Im dritten Buch des AktG von 1965 wurden materielle Regelungen über Unternehmensverbindungen neu geschaffen. Insbesondere stellten die faktischen Konzerne und die in den §§ 319 ff. AktG geregelte Eingliederung eine Neuschöpfung dar.

Nach der Kodifizierung des Konzernrechts im Jahre 1965 entwickelte sich das deutsche Konzernrecht sowohl durch Gesetzesreform als auch durch Rechtsprechung und Lehre. Bei den Gesetzreformen gehören vor allem die Reformen durch das Gesetz zur Bereinigung des Umwandlungsrechts vom 28.10.1994 und das Gesetz

---

51 Zu der Entwicklung der Unternehmensverbindung siehe: Emmerich/Habersack, S. 3 ff.; Hirte, Rn. 8.18 ff.

52 Zu den Gründen der Unternehmensverbindung siehe: Hirte, Rn. 8.5 ff.; Windbichler, in Großkomm AktG, Vor § 15, Rn. 13, 17.

53 Koppensteiner, in KK AktG, Vorb. § 291 Rn. 15.

54 Vgl. Windbichler, in Großkomm AktG, Vor § 15, Rn. 3.

zur Regelung von öffentlichen Angeboten zum Erwerb von Wertpapieren und Unternehmensübernahmen vom 20.12.2001 zu den wichtigsten Reformen des Aktienkonzernrechts.[55] Bei der Reform vom 28.10.1994 ist die Einführung der Berichts- und Prüfungspflicht beim Abschluss von Unternehmensverträgen (§§ 293a bis 293g AktG) hervorzuheben. Das Gesetz zur Regelung von öffentlichen Angeboten zum Erwerb von Wertpapieren und Unternehmensübernahmen vom 20.12.2001 hat nicht nur das WpÜG geschaffen, sondern auch die §§ 327a ff. AktG über „Squeeze Out" in das dritte Buch des AktG eingefügt.[56] Die Rechtsprechung und Lehre haben die Entwicklung des deutschen Konzernrechts noch stärker beeinflusst, insbesondere auf dem Gebiet des GmbH-Konzernrechts. Es gab die Kodifizierungsversuche bei der GmbH-Novelle 1971/1973, ein an das dritte Buch des AktG angelehntes GmbH-Konzernrecht zu schaffen. Dieser Regierungsentwurf ist aber gescheitert. Nach dem Scheitern dieser Reform hat der deutsche Gesetzgeber bewusst auf die Kodifizierung eines GmbH-Konzernrechts verzichtet. Eine eigenständige Kodifizierung des GmbH-Konzernrechts ist nach Auskunft des BMJ (Dezember 2011) auch für die Zukunft nicht geplant.[57] Das GmbH-Konzernrecht wird hauptsächlich durch Rechtsprechung und Lehre entwickelt. Besonders zu nennen ist die Schaffung des „qualifiziert faktischen Konzerns" und der partiell an dessen Stelle getretenen Existenzvernichtung.[58]

1.1.2 Das Konzernrecht als Schutz- und Organrecht

Die Unternehmensverbindung bringt immer Gefahren für Außenstehenden mit sich. Bei der Unternehmensverbindung kann das Interesse des Konzerns an die Stelle des Interesses der abhängigen Gesellschaft treten.[59] „Denn die Beherrschungsmacht wird nicht selten nicht im gemeinsamen Interesse aller Aktionäre, sondern nach den besonderen unternehmerischen Interessen des Großaktionärs ausgeübt werden".[60] Dadurch liegt die sog. „Konzerngefahr" immer vor, wenn Außenstehende, also außenstehende Gesellschafter und Gläubiger, geschädigt werden. Die „Konzerngefahr" gab den Anlass dafür, das Konzernrecht zu kodifizieren, was vor allem darauf abzielte, die „Konzerngefahr" abzuwehren und die außenstehenden Gesellschafter sowie Gläubiger zu schützen. Das deutsche Konzernrecht verfolgt dieses Ziel und wird daher als Schutzrecht angesehen. Das deutsche Konzernrecht begegnet der Konzerngefahr auf zwei Ebenen.[61] Dies geschieht zum einen durch Hürden auf dem Weg zur Bildung von Konzernen, die in der Literatur als „Konzernbildungskontrolle"[62],

55 Vgl. Emmerich/Habersack, S. 6 f.
56 Vgl. Emmerich/Habersack, S. 7.
57 Altmeppen, in Roth/Altmeppen, Anhang § 13 Rn. 1.
58 Vgl. Emmerich/Habersack, S. 7; Näheres dazu auch unten 1.4.1.
59 Vgl. Schall, in Spindler/Stilz, Vorb. zu §§ 15 ff., Rn. 27; Emmerich/Habersack, S. 11 f.
60 Begründung RegE AktG, in Kropff, S. 373.
61 Vgl. Schall, in Spindler/Stilz, Vorb. zu §§ 15 ff., Rn. 27.
62 Statt vieler Emmerich, AG 1991, 303, 303 ff.; Wahlers, Diss., S. 1 ff.

„Konzerneingangsschutz“[63] oder „Konzerneingangskontrolle“[64] bezeichnet werden und zur Beendigung von Konzernen, die durch konzernbezogene Regelungen im UmwG oder im WpÜG flankiert werden;[65] und zum anderen mit Aufklärungs-, Schutz- und Ausgleichsgeboten in bestehenden Unternehmensverbindungen.

Wegen der Konzernleitung beim Vertrags- und Eingliederungskonzern wird die Struktur der beherrschten Gesellschaften wesentlich geändert.[66] Insbesondere wird das im § 76 AktG geregelte Prinzip der eigenverantwortlichen Leitung der Gesellschaft durch das in den §§ 308, 323 Abs. 1 AktG vorgesehene Weisungsrecht der Obergesellschaft wesentlich verdrängt.[67] Im faktischen Konzern ist eine straffe Leitung der herrschenden Gesellschaft auch möglich.[68] Durch die intensive Leitung der Obergesellschaft können die beherrschten Gesellschaften lediglich wie ein Organ der Obergesellschaft funktionieren, was in der Praxis nicht selten ist, obwohl sie durchaus über eine rechtliche Persönlichkeit verfügen. Steuerrechtlich werden die Tochtergesellschaften im Vertragskonzern auch als dessen Organe angesehen. Die steuerliche Organschaft dient dazu, mehrere rechtlich selbstständige Unternehmen, die wirtschaftlich als Einheit angesehen werden, auch steuerlich in gewissem Umfang als eine Einheit zu behandeln und die auf den verschiedenen Konzernebenen entstehenden Gewinne und Verluste miteinander zu saldieren. In der Literatur wird deshalb häufig davon gesprochen, dass ein Konzern sich wirtschaftlich als Einheit, aber rechtlich als Vielheit darstellt. Das Konzernrecht als Organrecht wird in der Literatur größtenteils anerkannt.[69] Aus dem Konzernrecht als Organrecht kann es sich ergeben, dass die Konzerngesellschaften desselben Konzerns im Falle der Konzerninsolvenz nicht separat zu behandeln sind.

1.1.3 Die Systematik des deutschen Konzernrechts

Wie oben bereits dargelegt, steht das deutsche Konzernrecht für das Recht der verbundenen Unternehmen[70] und umfasst die Definitionsnormen der §§ 15 bis 19 AktG, die Mitteilungspflichten nach §§ 20 bis 22 AktG, das materielle Konzernrecht der §§ 291 bis 338 AktG (anstelle der aufgehobenen Normen zur Rechnungslegung der §§ 290 ff. HGB) und die an den Oberbegriff der verbundenen Unternehmen anknüpfenden Einzelvorschriften.[71] Die §§ 15 bis 22 AktG gelten als „allgemeiner Teil“ des

63 Altmeppen, in MünchKomm AktG, Einl. §§ 291 ff. Rn. 27; Müller, in Spindler/Stilz, Vorb. zu den §§ 311 bis 318 Rn. 37 ff.; Kropff, in MünchKomm AktG, Vorb. § 311 Rn. 40; Lübking, Diss., S. 73 ff.; Hommelhoff, in FS Semler, 455, 455 ff.
64 Binnwies, Diss., S. 19 ff.; Schall, in Spindler/Stilz, Vorb. zu §§ 15 ff., Rn. 27.
65 Schall, in Spindler/Stilz, Vorb. zu §§ 15 ff., Rn. 27.
66 Ausführlich siehe unten 1.3.1.
67 Ausführlich siehe unten 1.3.1.
68 Siehe unten 1.3.3.
69 Statt vieler siehe K. Schmidt, S. 491 ff.; Emmerich/Habersack, S. 8 f.
70 Statt vieler siehe Bayer, in MünchKomm AktG, § 15 Rn. 6; K. Schmidt, S. 488.
71 Hüffer, § 15 Rn. 2; vgl. Emmerich/Habersack, S. 27.

deutschen Konzernrechts[72] und finden nicht nur auf AG oder KGaA, sondern auch auf andere Rechtsformen, wie z. B. GmbH und Personengesellschaft, Anwendung, denn der Begriff „Unternehmen“ in den §§ 15–22 AktG ist rechtsformneutral.[73] Es umfasst nicht nur die Gesellschaften, sondern auch unter bestimmten Umständen[74] die natürlichen Personen, Freiberufler und sogar die öffentliche Hand,[75] soweit sie sich als Gesellschafter außerhalb des Unternehmens ebenfalls noch unternehmerisch betätigen und dies zu einer Konfliktlage bzw. einem Konzernkonflikt führen kann.[76] Hier wird der Begriff „Unternehmen“ in erster Line in Anlehnung an den Schutzzweck des Konzernrechts interpretiert. Daher spielt die Rechtsform der Unternehmen des Konzerns keine Rolle.[77] Die Holding wird ebenfalls als Unternehmen im Sinne von § 15 AktG angesehen.[78] Deswegen können die von einer Holding geführten Unternehmen dem Konzernrecht unterliegen.

Das ist allerdings bei den §§ 291 bis 328 AktG nicht der Fall. Die §§ 291 bis 328 AktG werden als besonderer Teil und materielles Recht des deutschen Konzernrechts angesehen. Sie gelten in der Regel ausschließlich für die AG oder KGaA als abhängiges Unternehmen. Eine analoge Anwendung auf die GmbH als abhängiges Unternehmen findet nur in beschränktem Umfang statt.

§ 15 AktG gilt als Sammelbegriff[79] der verbundenen Unternehmen und umfasst fünf verschiedene Unternehmensverbindungen: die Unternehmensverbindung durch Mehrheitsbeteiligung (§ 16 AktG), abhängige und herrschende Unternehmen (§ 17 AktG), Konzernunternehmen (§ 18 AktG), wechselseitig beteiligte Unternehmen (§ 18 AktG) und die Unternehmensverbindung durch Unternehmensvertrag (§§ 291, 292 AktG).

Eine Mehrheitsbeteiligung liegt gemäß § 16 Abs. 1 AktG vor, wenn einem Unternehmen die Mehrheit der Anteile eines rechtlich selbstständigen Unternehmens gehört oder wenn ihm die Mehrheit der Stimmrechte zusteht, so dass die Mehrheit eine Anteils- oder Stimmenmehrheit sein kann. § 16 Abs. 4 AktG sieht darüber hinaus drei Möglichkeiten der Zurechnung der Beteiligung vor: a) Als Anteile eines Unternehmens gelten die Anteile, die ein von ihm abhängiges Unternehmen hält. b) Den Anteilen eines Unternehmens werden die Anteile zugerechnet, die einem anderen Unternehmen für Rechnung des Unternehmens oder eines von diesem abhängigen Unternehmen gehören. c) Falls der Inhaber des Unternehmens ein

---

72 Emmerich/Habersack, S. 27.

73 Hüffer, § 15 Rn. 4; Hirte, Rn. 8.39; Bayer, in MünchKomm AktG, § 15 Rn. 7 ff.; Emmerich/Habersack, S. 28 ff.

74 Vgl. Hüffer, § 15 Rn. 7; Bayer, in MünchKomm AktG, § 15 Rn. 10; K. Schmidt, ZGR 1980, 277, 280.

75 Vgl. Hirte, Rn. 8.41; Hüffer, § 15 Rn. 6; Emmerich/Habersack, S. 34 ff.

76 Emmerich, in Emmerich/Habersack, § 15 Rn. 6 ff.

77 Emmerich, in Emmerich/Habersack, § 15 Rn. 11.

78 Statt vieler Emmerich, in Emmerich/Habersack, § 15 Rn. 16.

79 Hüffer, § 15 Rn. 1; Bayer, in MünchKomm AktG, § 15 Rn. 4.

Einzelkaufmann ist, gelten auch die Anteile, die sonstiges Vermögen des Inhabers sind, als die Anteile seines Unternehmens.

Der Zweck dieser Zurechnungsklausel liegt vor allem darin, die potentiellen Umgehungen der Vorschriften für verbundene Unternehmen durch die künstliche Aufspaltung des Anteilsbesitzes auf verschiedene Rechtsträger zu verhindern.[80]

Gemäß § 17 Abs. 1 AktG sind abhängige Unternehmen rechtlich selbstständige Unternehmen, auf die ein anderes Unternehmen (herrschendes Unternehmen) unmittelbar oder mittelbar einen beherrschenden Einfluss ausüben kann. Das Vorliegen der Mehrheitsbeteiligung nach § 16 AktG wird gemäß § 17 Abs. 2 AktG widerlegbar als das Bestehen der Abhängigkeit vermutet. Die Abhängigkeit stellt sich als der Zentralbegriff des deutschen Konzernrechts dar.[81] Sie wird für das AktG der h. M. nach einheitlich definiert bzw. interpretiert.[82] Laut der Begründung des Regierungsentwurfs reicht die Möglichkeit der Ausübung des beherrschenden Einflusses für die Abhängigkeit aus,[83] die tatsächliche Ausübung des beherrschenden Einflusses ist hier nicht erforderlich.[84] Hier kommt es bei der Möglichkeit der Ausübung der beherrschenden Einflüsse auf die Perspektive des abhängigen Unternehmens an,[85] und daraus folgt, dass die Einflussmöglichkeit beständig, umfassend und gesellschaftsrechtlich sein muss.[86] Eine beständige Einflussmöglichkeit richtet sich in der Regel nach der Dauer der Einflussmöglichkeit,[87] allerdings ist eine Mindestdauer nicht erforderlich. Vielmehr reicht eine gewisse Beständigkeit, nämlich eine verlässliche Einflussmöglichkeit auf einen absehbaren Zeitraum, aus.[88] Mit dem Tatbestandsmerkmal „umfassend" wird der Fall der lediglich punktuellen Einflussmöglichkeit sowohl in der Literatur als auch in der Rechtsprechung von der Abhängigkeit i. S. d. § 17 Abs. 1 AktG ausgeschlossen.[89] Allerdings bedarf die Abhängigkeit keiner Einflussmöglichkeit in allen Tätigkeitsbereichen, eine Einflussmöglichkeit in einem gewissen Bereich bzw. beschränkt auf

---

80 Begründung RegE AktG, in Kropff, S. 30; Hüffer, § 16 Rn. 12; Bayer, in MünchKomm AktG § 16 Rn. 43; Bork, ZGR 1994, 237, 246.

81 Vgl. Hüffer, § 17 Rn. 1; Emmerich, in Emmerich/Habersack, § 17 Rn. 2; Maier-Reimer, in Henssler/Strohn, AktG § 17, Rn. 1; Bayer, in MünchKomm AktG, § 17 Rn. 2; Schall, in Spindler/Stilz, § 17 Rn. 1.

82 Bayer, in MünchKomm AktG, § 17 Rn. 4; Hüffer, § 17 Rn. 3.

83 Begründung RegE AktG, in Kropff, S. 31.

84 Vgl. Hüffer, § 17 Rn. 4.

85 Hüffer, § 17 Rn. 4; „Abhängig ist nur, wer sich abhängig fühlt" – Zitat Emmerich, in Emmerich/Habersack, § 17 Rn. 11.

86 Vgl. Hüffer, § 17 Rn. 6 f.; Emmerich, in Emmerich/Habersack, § 17 Rn. 11 f.

87 Hüffer, § 17 Rn. 7; Emmerich, in Emmerich/Habersack, § 17 Rn. 13; Bayer, in MünchKomm AktG, § 17 Rn. 13.

88 Vgl. Hüffer, § 17 Rn. 7; Emmerich, in Emmerich/Habersack, § 17 Rn. 13.

89 Vgl. Hüffer, § 17 Rn. 7; Emmerich, in Emmerich/Habersack, § 17 Rn. 9; BGHZ 135, 107, 114 = NJW 1997, 1855, 1856 = AG 1997, 374; Henze, S. 11 f.; Krieger, in MünchHdb. AG, § 68 Rn. 38; Windbichler, in GroßkommAktG § 17 Rn. 17.

wesentliche unternehmerische Teilfunktionen ist ausreichend.[90] Die Möglichkeit der Ausübung eines beherrschenden Einflusses muss ferner gesellschaftsrechtlich vermittelt werden. Damit reichen rein wirtschaftliche Abhängigkeiten nicht aus, die auf externen Austauschbeziehungen, wie Liefer- oder Kreditverträgen, beruhen.[91] Der Gesetzgeber hat auf eine Aufzählung der Grundlagen des Beherrschungseinflusses verzichtet.[92] Allerdings ergeben sich die Mindestanforderungen des beherrschenden Einflusses aus § 17 Abs. 2 AktG.[93] Die Mehrheitsbeteiligung dient folglich als Maßstab für andere Beherrschungsgrundlagen. Der Einfluss eines Unternehmens ist stets als beherrschender Einfluss qualifiziert, wenn er seiner Art nach dem Einflusspotential einer Mehrheitsbeteiligung entspricht.[94] Eine Minderheitsbeteiligung kann – ähnlich wie eine Mehrheitsbeteiligung – beherrschenden Einfluss begründen, wenn durch die Satzung oder auf sonstige Weise die Position der Mehrheit entsprechend ausgestaltet ist.[95] Darüber hinaus können die Satzung bzw. der Gesellschaftsvertrag sowie satzungsüberlagernde Unternehmensverträge die Möglichkeit schaffen, einen der Mehrheitsbeteiligung entsprechenden Einfluss auszuüben. Hier ist der Beherrschungsvertrag gemäß § 291 Abs. 1 AktG hervorzuheben, der die Ausübung des herrschenden Einflusses nicht nur ermöglicht, sondern auch legitimiert.[96] Die personelle Verflechtung zwischen den Unternehmen kann unter bestimmten Umständen auch die Möglichkeit zur Ausübung des beherrschenden Einflusses begründen.[97]

Der Begriff „Konzern" wird in § 18 AktG definiert. Gemäß § 18 Abs. 1 S. 1 AktG liegt ein Konzern vor, wenn mehrere rechtlich selbstständige Unternehmen unter einheitlicher Leitung zusammengefasst werden. Die einheitliche Leitung stellt damit

---

90 Hüffer, § 17 Rn. 7; Emmerich, in Emmerich/Habersack, § 17 Rn. 10; OLG Karlsruhe, Urteil vom 11.12.2003 – 12 W 11/02 = NZG 2004, 334, 335 = AG 2004, 147, 148 („... zumindest die wichtigen Geschäftsbereiche ..."); Dierdorf, Diss., S. 32, 41, 66 ff.; Koppensteiner, KK AktG, § 17 Rn. 26 ff.; Sura, Diss., S. 52, 64 ff.; Rittner, DB 1976, 1465, 1513; Werner, Diss., S. 30 ff.

91 Vgl. Hüffer, § 17 Rn. 8; Emmerich, in Emmerich/Habersack, § 17 Rn. 16; Hirschmann, in Hölters, § 17 Rn. 5; Oetker, in ErfK, § 17 AktG Rn. 2; BGHZ 90, 381, 395 f. = NJW 1984, 1893, 1896 f.; ferner OLG KA 11.12.2003 = NZG 2004, 334, 335; Windbichler, in GroßKomm AktG, §17 Rn. 12 f.; offen BAG 09.02.2011 = NZA 2011, 866, 867 f.

92 Begründung RegE AktG, in Kropff, S. 31.

93 Hüffer, § 17 Rn. 5; Bayer, in MünchKomm AktG § 17 Rn. 25; Hirschmann, in Hölters, § 17 Rn. 3.

94 Hüffer, § 17 Rn. 5; Bayer, in MünchKomm AktG § 17 Rn. 25; Hirschmann, in Hölters, § 17 Rn. 3; Koppensteiner, in KK AktG, § 17 Rn. 21; Windbichler, in Großkomm AktG, § 17 Rn. 11; Ulmer, ZGR 1978, 457, 461.

95 Hüffer, § 17 Rn. 9; Windbichler, in Großkomm AktG, § 17 Rn. 23.

96 Siehe unten 1.3.1.

97 Ob die personelle Verflechtung allein die Beherrschungsmöglichkeit begründen kann, ist streitig. Vgl. Oetker, in ErfK, § 17 AktG Rn. 3; Bayer, in MünchKomm AktG § 17 Rn. 26 f.; eingehend siehe Windbichler, in GroßKomm AktG, § 17 Rn. 43 ff.

das zentrale Tatbestandsmerkmal[98] des Konzerns dar. Eine gesetzliche Definition des Merkmals „einheitliche Leitung“ wird zwar bewusst nicht gegeben,[99] richtet sich aber nach der wirtschaftlichen Einheit[100]. Im Schrifttum wird zwischen einem engen und einem weiten Begriff der einheitlichen Leitung unterschieden. Zutreffend ist der Begriff der h. M. folgend im weiteren Sinne auszulegen.[101] Das Merkmal „rechtlich selbstständiges Unternehmen“ geht auf die Definitionsnorm des § 15 AktG zurück. Das Merkmal der „Zusammenfassung“ stammt aus dem § 15 Abs. 1 des AktG von 1937 und ist für den Begriff „Konzern“ der h. M. nach entbehrlich.[102] Der Begriff „Konzern“ umfasst gemäß § 18 AktG zwei Arten von Konzernen, nämlich Unterordnungs- und Gleichordnungskonzerne, die durch das Merkmal der „Abhängigkeit der Konzernunternehmen“ unterscheidbar sind. In der Praxis stellt sich der Unterordnungskonzern als der Regelfall dar.[103] Ferner sieht § 18 AktG zwei unwiderlegliche Konzernvermutungen vor. Beim Abschluss eines Beherrschungsvertrags i. S. v. § 291 AktG und im Falle der Eingliederung (§ 319 AktG) handelt es sich stets um eine Zusammenfassung mehrerer rechtlich selbstständiger Unternehmen unter eine einheitliche Leitung. Es entsteht deshalb immer ein Konzern bzw. ein Unterordnungskonzern. Eine widerlegliche Konzernvermutung liegt im Falle der Abhängigkeit i. S. d. § 17 Abs. 1 AktG vor.

Eine wechselseitige Beteiligung liegt gemäß § 19 Abs. 1 S. 1 AktG vor, wenn die Unternehmen mit Sitz im Inland in der Rechtsform einer Kapitalgesellschaft in der Weise verbunden sind, dass jedem Unternehmen mehr als der vierte Teil der Anteile des anderen Unternehmens gehört. Hier steht der inländische Sitz für den inländischen Verwaltungssitz.[104] Bei der Definition geht man auch davon aus, dass die wechselseitige Beteiligung i. S. d. § 19 AktG nur für inländische Kapitalgesellschaften (AG, KGaA und GmbH) gilt. Wechselseitige Beteiligungen mit anderen Unternehmen (Personengesellschaften mit Auslandssitz) werden nicht unmittelbar erfasst und sind wegen des eindeutigen Wortlauts sowie der vollen Problemerfassung durch den Gesetzgeber weder einer erweiternden noch einer analogen Anwendung des § 19 AktG zugänglich.[105] Allerdings wird Kritik an dieser grundsätzlichen Beschränkung auf inländische Kapitalgesellschaften – nämlich die Abkehr von der

---

98 Vgl. Emmerich, in Emmerich/Habersack, § 18 Rn. 9; Hüffer, § 18 Rn. 8; Oetker, in ErfK, § 18 AktG Rn. 2.

99 RegBegr, in Kropff, S. 33.

100 Hüffer, § 18 Rn. 8; RegBegr, in Kropff, S. 436.

101 Vgl. Emmerich, in Emmerich/Habersack, § 18 Rn. 10 ff.; Oetker, in ErfK, § 18 AktG Rn. 2 f.; Bayer, in MünchKomm AktG, § 18 Rn. 33; RegBegr, in Kropff, S. 33; andere Ansicht, dass bezüglich der „einheitlichen Leitung“ zwischen Unterordnungs- und Gleichordnungskonzernen zu differenzieren ist, siehe Schall, in Spindler/Stilz, § 18 Rn. 13 ff.

102 Vgl. Emmerich, in Emmerich/Habersack, § 18 Rn. 16; Hüffer, § 18 Rn. 7.

103 Hirte, Rn. 8.33; Hüffer, § 18 Rn. 2.

104 Vgl. Hüffer, § 19 Rn. 2; Windbichler, in Großkomm AktG, § 19 Rn. 14.

105 Hüffer, § 19 Rn. 2.

Rechtsformneutralität der Unternehmen i. S. v. § 15 AktG – geübt, da auch bei wechselseitiger Beteiligung von Aktiengesellschaften mit Personengesellschaften und ausländischen Gesellschaften die gleichen Gefahren wie bei wechselseitiger Beteiligung nur unter Aktiengesellschaften auftreten können.[106] Die wechselseitige Beteiligung zweier Unternehmen kann zur geschäftsstrategischen Kooperation der Unternehmen beitragen. Außerdem wird die wechselseitige Beteiligung häufig als Abwehrmittel gegen feindliche Übernahmen genutzt.[107] Allerdings bringt eine wechselseitige Beteiligung immer auch eine Gefahr mit sich. Die wechselseitige Beteiligung zweier Unternehmen gefährdet die Aufbringung und Erhaltung sowie den richtigen Ausweis des Kapitals (Kapitalverwässerung). Sie kann ferner zu einer den Grundsätzen des Gesellschaftsrechts widersprechenden Herrschaft der Verwaltung in der Gesellschaftsversammlung führen (Verwaltungsherrschaft).[108] Um den Gefahren zu begegnen, sind die §§ 20 f., 71 ff. und 328 AktG zu erwähnen. In § 19 Abs. 2 und 3 AktG werden einseitig qualifizierte wechselseitige Beteiligungen und beidseitig qualifizierte wechselseitige Beteiligungen geregelt. Eine einseitig qualifizierte wechselseitige Beteiligung liegt nach § 19 Abs. 2 AktG vor, wenn einem wechselseitig beteiligten Unternehmen an dem anderen Unternehmen eine Mehrheitsbeteiligung gehört oder das eine auf das andere Unternehmen unmittelbar oder mittelbar einen beherrschenden Einfluss ausüben kann. Beidseitig qualifizierte wechselseitige Beteiligungen liegen nach § 19 Abs. 3 AktG vor, wenn jedem wechselseitig beteiligten Unternehmen an dem anderen Unternehmen eine Mehrheitsbeteiligung gehört oder jedes auf das andere unmittelbar oder mittelbar einen beherrschenden Einfluss ausüben kann.

Im dritten Buch des AktG (§§ 291–328 AktG) wird das materielle Recht des deutschen Konzernrechts geregelt. Das dritte Buch des AktG besteht aus fünf Teilen. Zentrale Bedeutung haben die ersten beiden Teile, welche einerseits die Unternehmensverträge (§§ 291–307 AktG) und andererseits die faktische Abhängigkeit der AG (§§ 311–318 AktG) regeln. Im dritten Teil wird die Eingliederung vorgesehen (§§ 319–327 AktG). Beim vierten Teil handelt es sich um den Ausschluss von Minderheitsaktionären (§§ 327a – f AktG). Der fünfte Teil enthält nur eine Vorschrift über die wechselseitige Beteiligung.

1.1.4 Vertrags- und Eingliederungskonzern sowie faktischer Konzern im dritten Buch des deutschen AktG

Der dritte Teil des AktG (§§ 291 ff. AktG) regelt das materielle Recht des deutschen Konzernrechts bzw. Aktienkonzernrechts und sieht drei wichtige Konzernarten

106 Windbichler, in GroßkommAktG, § 19 Rn. 12; Koppensteiner, in KK AktG, § 19 Rn. 8.

107 Vgl. Bayer, in MünchKomm AktG, § 19 Rn. 8; näher siehe Emmerich, in Emmerich/Habersack, § 19 Rn. 25 f.

108 Ausführlich siehe RegBegr, in Kropff, S. 43 ff.; Bayer, in MünchKomm AktG, § 19 Rn. 1 ff.; Hüffer, § 19 Rn. 1.

vor: Vertragskonzern, Eingliederungskonzern und faktischer Konzern. Bei diesen drei Konzernarten spiegelt sich das Konzept des „Konzernrechts als Schutzrecht“ an mehreren Stellen durch „Konzerneingangskontrollen“ sowie „Aufklärungs-, Schutz- und Ausgleichsgebote“ wider.

1.1.4.1 Vertragskonzern

Bei den Vertragskonzernen handelt es sich um folgende Unternehmensverträge: Beherrschungsvertag und Gewinnabführungsvertrag (§ 291 AktG) – beide als Organverträge, Gewinngemeinschaftsvertrag (§ 291 Abs. 1 Nr. 1 AktG), Teilgewinnabführungsvertrag (§ 291 Abs. 1 Nr. 2 AktG) und Betriebspachtvertrag oder -überlassungsvertrag (§ 291 Abs. 1 Nr. 3 AktG). Der Begriff „Unternehmensvertrag“ ist ein Oberbegriff und dient lediglich der sprachlichen Vereinfachung.[109]

1.1.4.1.1 Auf dem Beherrschungs- oder Gewinnabführungsvertrag beruhender Konzern

Ein Beherrschungsvertrag ist nach § 291 Abs. 1 S. 1 1. Fall AktG ein Vertrag, wodurch eine Aktiengesellschaft oder Kommanditgesellschaft auf Aktien die Leitung ihrer Gesellschaft einem anderen Unternehmen unterstellt. Liegt ein Beherrschungsvertrag vor, wird die Zusammenfassung von rechtlich selbstständigen Unternehmen unter einheitlicher Leitung unwiderleglich vermutet. Deshalb entsteht gemäß § 18 Abs. 1 S. 2 AktG ein Konzern. Die AG oder KGaA muss laut § 291 Abs. 2 AktG von dem anderen Unternehmen abhängig sein. Dass die Abhängigkeit der AG oder KGaA schon vor dem Abschluss des Beherrschungsvertrags bestand, ist rechtlich nicht erforderlich.[110] Die AG oder KGaA als abhängiges Unternehmen muss eine deutsche Gesellschaft sein, während das andere Unternehmen (herrschendes Unternehmen) seinen Sitz auch im Ausland haben darf.[111] Die Rechtsform des anderen Unternehmens richtet sich einerseits nach dem Begriff „rechtlich selbstständiges Unternehmen“ des § 15 AktG und daher ist das andere Unternehmen hier auch rechtsformneutral. Andererseits wird die Rechtsform der abhängigen Unternehmen nach dem AktG auf inländische AG und KGaA beschränkt. Allerdings ist weder in der Rechtsprechung noch in der Literatur eine GmbH als ein abhängiges Unternehmen zum Abschluss eines Beherrschungsvertrags i. S. v. § 291 Abs. 1 S. 1 AktG abzulehnen.[112] In diesem Fall sind §§ 291 ff. AktG von Fall zu Fall analog anwendbar.[113]

109 RegBegr., in Kropff, S. 376.

110 Hüffer, § 291 Rn. 5; Altmeppen, in MünchKomm AktG, § 291 Rn. 16.

111 Vgl. Emmerich/Habersack, S. 199; Altmeppen, in MünchKomm AktG, § 291 Rn. 15.

112 Vgl. Hüffer, § 291 Rn. 6; Lutter/Hommelhoff, in Lutter/Hommelhoff, Anh. § 13 Rn. 46 f. Koppensteiner, in KK AktG, Vorb § 291 Rn. 172; Timm GmbHR 1989, 11, 19; BGHZ 105, 324, 330 f. = NJW 1989, 295, 295 ff.

113 Vgl. Emmerich/Habersack, S. 199; Hüffer, § 291 Rn. 6.

Die Entstehung eines Beherrschungsvertrags verändert die Struktur der abhängigen AG oder KGaA wesentlich. Durch den Abschluss des Beherrschungsvertrags tritt ganz oder teilweise das Unternehmensinteresse des herrschenden Unternehmens an die Stelle der Interessen, die der andere Vertragspartner (hier AG oder KGaA) bis zum Abschluss des Beherrschungsvertrags für sich selbst oder für seine Aktionäre verfolgte. Der Beherrschungsvertrag erstreckt sich in seinen Wirkungen viel weiter als ein schuldrechtlichen Vertrag und verfügt deshalb nach h. M. über einen organisationsrechtlichen Charakter.[114] Sein organisationsrechtlicher Charakter zeigt sich nicht nur durch die Verlagerung der wirtschaftlichen Interessen der abhängigen Gesellschaft, sondern auch durch die grundlegenden Veränderungen ihrer rechtlichen Struktur, ihrer Verfassung und der Rechtsverhältnisse ihrer Gesellschafter untereinander.[115] Gemäß § 308 Abs. 2 AktG hat der Vorstand der (abhängigen) Gesellschaft wesentlich abweichend von § 76 Abs. 1 AktG die Weisungen des herrschenden Unternehmens zu befolgen. Ebenso ändert sich die rechtliche Stellung des Aufsichtsrats. Seine Zustimmung zu Geschäften (§ 111 Abs. 4 S. 2 AktG) wird gemäß § 308 Abs. 3 AktG unter bestimmten (relativ leichten) Voraussetzungen entbehrlich. Darüber hinaus setzt das Vorliegen des Beherrschungsvertrags nach § 291 Abs. 3 AktG die Kapitalerhaltungsregeln außer Kraft. Die von dem Beherrschungsvertrag ausgelösten Strukturveränderungen und die Eingriffsrechte des beherrschenden Unternehmens sowie die Versagung der Kapitalerhaltungsregeln geben den Ansatz, die Konzernhaftung bzw. Verlustübernahmepflicht i. S. v. § 302 AktG zu statuieren.[116]

Gemäß § 291 Abs. 1 S. 1 2. Fall AktG liegt ein Gewinnabführungsvertrag vor, wenn sich eine AG oder KGaA verpflichtet, ihren ganzen Gewinn an ein anderes Unternehmen abzuführen. Gleichermaßen gilt nach § 291 Abs. 1 S. 2 AktG der Geschäftsführungsvertrag, wodurch eine AG oder KGaA es übernimmt, ihr Unternehmen für Rechnung eines anderen Unternehmens zu führen. Wie ein Beherrschungsvertrag setzt ein Gewinnabführungsvertrag ebenfalls die §§ 57, 58 und 60 AktG außer Kraft. Die Pflicht zur Verlustübernahme wird beim Vorliegen des Gewinnabführungsvertrags nach § 302 Abs. 1 AktG begründet. Allerdings steht dem Unternehmen im Fall eines Gewinnabführungsvertrags keine Weisungsbefugnis zu.

In der Praxis verbindet sich der Beherrschungsvertrag fast immer mit einem Gewinnabführungsvertrag. Ein isolierter Beherrschungsvertrag ist selten.[117] Obwohl die steuerlichen Ziele allein mit einem Gewinnabführungsvertrag erreichbar sein können, ist ein Beherrschungsvertrag – abgesehen von der Reformüberlegung der Vertragskonzernbildung durch einseitige „Konzern-Erklärung“ des herrschenden

---

114 Vgl. Hüffer, § 291 Rn. 17; Altmeppen, in MünchKomm AktG, § 291 Rn. 25.

115 Vgl. Altmeppen, in MünchKomm AktG, vor § 291 Rn. 4.

116 Vgl. Hüffer, § 302 Rn. 1 ff.; Altmeppen, in MünchKommAktG, § 302 Rn. 8 ff.; Näheres siehe auch unten 1.2.1.

117 Vgl. Altmeppen, in MünchKomm AktG, § 291 Rn. 51 f.; Hirte, Rn. 8.67; Emmerich/Habersack, S. 198.

Unternehmens mit Zustimmung des Grundorgans der Muttergesellschaft[118] – deshalb unentbehrlich, weil er erst dem herrschenden Unternehmen die Möglichkeit legaler Usurpation der beherrschten Gesellschaft i. S. d. Konzerninteresses bzw. der gesetzlichen Leitungsbefugnisse verschafft.[119]

1.1.4.1.2 Andere Vertragskonzerne

Außer den auf Beherrschungs- oder Gewinnabführungsvertrag beruhenden Vertragskonzernen gibt es, wie oben bereits erwähnt,[120] noch andere Vertragskonzerne, die auf einem Gewinngemeinschaftsvertrag, Teilgewinnabführungsvertrag, Betriebspachtvertrag oder Betriebsüberlassungsvertrag basieren. Die anderen Unternehmensverträge sind in § 292 AktG geregelt. Sie werden vom Gesetzgeber als schuldrechtliche Verträge bezeichnet, bei denen ein Austausch von Leistung und Gegenleistung erfolgt.[121] Daher sind die anderen Unternehmensverträge i. S. v. § 292 AktG streng von den Beherrschungs- oder Gewinnabführungsverträgen abzugrenzen. Sie bringen die zentrale Rechtsfolge mit sich, dass ihr Abschluss wie der Abschluss der Beherrschungs- oder Gewinnabführungsverträge nicht allein in der Kompetenz des Vorstands liegt, sondern der Zustimmung der Hauptversammlung bedarf.[122] Anders als Beherrschungsverträge begründen die anderen Unternehmensverträge kein Weisungsrecht. Die anderen Unternehmensverträge führen ferner zu keiner Lockerung der gesetzlichen Vermögensbindung auf Grund der §§ 57, 58 und 60 AktG.[123] Nicht zuletzt ist zu erwähnen, dass bei anderen Unternehmensverträgen grundsätzlich keine Verlustübernahmepflicht besteht. Eine Ausnahme davon bietet § 302 Abs. 2 AktG beim Vorliegen von Betriebspachtverträgen oder Betriebsüberlassungsverträgen an: Wenn eine abhängige Gesellschaft den Betrieb ihres Unternehmens an das herrschende Unternehmen verpachtet oder sonst überlassen hat, so hat das herrschende Unternehmen jeden während der Vertragsdauer entstehenden Jahresfehlbetrag auszugleichen, soweit die vereinbarte Gegenleistung das angemessene Entgelt nicht erreicht.

1.1.4.2 Eingliederungskonzern

Die Eingliederung wird in den §§ 319 bis 327 AktG geregelt. Der Begriff „Eingliederung" ist eine Neuschöpfung des AktG von 1965. Sie bezieht sich nur auf den Fall, dass eine AG in eine andere AG mit Sitz im Inland (Hauptgesellschaft) eingegliedert wird. Das Gesetz sieht zwei Arten von Eingliederung vor: Eingliederung der 100 %

---

118 Vgl. Hirte, Rn. 8.67; Forum Europaeum Konzernrecht, ZGR 1998, 672, 740 ff.;

119 Vgl. Altmeppen, in MünchKomm AktG, § 291 Rn. 52; Altmeppen, ZHR 171 (2007), 320, 324 ff.; Näheres siehe auch unten 1.3.1.

120 Siehe oben 1.1.4.1.

121 Vgl. RegBegr., in Kropff, S. 378.

122 Hüffer, § 292 Rn. 1; vgl. RegBegr., in Kropff, S. 378.

123 Emmerich, in Emmerich/Habersack, § 292 Rn. 4.

Tochtergesellschaft (§ 319 AktG) und Eingliederung durch Mehrheitsbeschluss (§ 320 AktG), die erfolgen kann, selbst wenn sich mindestens 95 % der Aktien der einzugliedernden Aktiengesellschaft in der Hand der zukünftigen Hauptgesellschaft befinden. Die beiden Gesellschaften bilden nach § 18 Abs. 1 S. 2 AktG einen Konzern bzw. einen Unterordnungskonzern.

Während die Eingliederung wirtschaftlich der Verschmelzung nahekommt,[124] bleibt die eingegliederte Gesellschaft rechtlich selbstständig.[125] Im Vergleich zu einer Verschmelzung bringt die Eingliederung folgende Vorteile mit sich. Zuerst kann die eingegliederte Gesellschaft mit ihrer Firma und damit ihrem *good will* weiterhin am Markt tätig sein.[126] Zweitens wird der Erhalt der Organe der eingegliederten Gesellschaft als Vorteil genannt. Nicht zu vergessen ist, dass die Eingliederung deutlich leichter wieder rückgängig gemacht werden kann.[127] Im Vergleich zum Vertragskonzern, insbesondere zum Konzern mit Beherrschungsvertrag, erlangt die Hauptgesellschaft durch die Eingliederung ein noch umfangreicheres Weisungsrecht.[128] Dagegen kann die eingegliederte Gesellschaft gegenüber der Hauptgesellschaft nur ein sehr eingeschränktes „Eigeninteresse" wahrnehmen. Die Eingliederung setzt wie ein Beherrschungsvertrag die Kapitalerhaltungsvorschriften außer Kraft (§ 323 Abs. 2 AktG). Anders als § 302 AktG sieht § 322 AktG eine gesamtschuldnerische Mithaftung der Hauptgesellschaft für die Verbindlichkeiten der eingegliederten Gesellschaft vor, wodurch die Gläubiger der eingegliederten Gesellschaft einen direkten Anspruch gegen die Hauptgesellschaft erlangen.[129] Die Altgläubiger der eingegliederten Gesellschaft haben überdies noch einen Anspruch auf Sicherheitsleistung (§ 321 Abs. 1 AktG).

1.1.4.3 Der faktische Konzern

Die Konzernherrschaft kann nicht nur auf „vertraglicher", sondern auch auf tatsächlicher Grundlage fußen.[130] § 17 Abs. 1 AktG beschreibt eine Art der verbundenen Unternehmen: Das herrschende Unternehmen kann unmittelbar oder mittelbar beherrschende Einflüsse auf das abhängige Unternehmen ausüben. Wegen der Beherrschungsmöglichkeit kann es nicht ausgeschlossen werden, dass das herrschende Unternehmen ohne einen Beherrschungsvertrag und eine Eingliederung den beherrschenden Einfluss auf das abhängige Unternehmen tatsächlich ausübt. Die Ausübung der Einflüsse kann dazu führen, dass die Willensbildung und die

---

124 Vgl. Hirte, Rn. 8.157; *Hirte* meint, der Sache nach bilde sie damit eine „Fast-Fusion"; auch Emmerich/Habersack, S. 154.
125 Vgl. Emmerich/Habersack, S. 154; Hirte, Rn. 8.157 f.; Grunewald, in MünchKomm AktG, vor § 319, Rn. 3.
126 Hirte, Rn. 8.158; Grunewald, in MünchKomm AktG, Vor § 319, Rn. 4.
127 Hirte, Rn. 8.158; Grunewald, in MünchKomm AktG, Vor § 319, Rn. 4.
128 Vgl. Hirte, Rn. 8.164.
129 Siehe unten 1.2.2.
130 Vgl. K. Schmidt, S. 499.

unternehmerische Autonomie der abhängigen Gesellschaft benachteiligt werden und dadurch ein Konzernkonflikt, in Form eines Gleichlaufs von Gesellschafter- und Gesellschaftsinteresse, entsteht.[131] Dieser Problematik begegnen die §§ 311 ff. AktG durch Schranken des Einflusses (§ 311 AktG), durch die Schadensersatzpflicht des herrschenden Unternehmens sowie seiner gesetzlichen Vertreter (§ 317 AktG) und durch die Verantwortlichkeit der Verwaltungsmitglieder der abhängigen Gesellschaft (§ 318 AktG). Die §§ 311 ff. AktG bilden ein Schutzsystem, dessen Zweck darin besteht, die Außenseite der Gesellschaft vor einer Benachteiligung durch die Einflussnahme des herrschenden Unternehmens zu schützen.[132]

Durch das Schutzsystem der §§ 311 ff. AktG wird die faktische Konzernherrschaft heute nach der h. M. legitimiert.[133] Sogar nachteilige Einflussnahmen des herrschenden Unternehmens auf eine AG oder KGaA, was nach allgemeinen Grundsätzen unzulässig wäre, sind unter den Voraussetzungen der §§ 311 AktG gestattet.[134] Das herrschende Unternehmen darf nachteilige Maßnahmen unter Nachteilsausgleich auch ohne Zustimmung der Aktionäre der abhängigen Gesellschaft veranlassen und der Vorstand der Gesellschaft darf die für sich nachteiligen Maßnahmen gegen Nachteilsausgleich hinnehmen.[135] Zutreffend wird die Meinung vertreten, dass ein einfach faktischer Konzern gesetzlich zulässig sei,[136] wobei es keine Rolle spiele, ob die Zulässigkeit als rechtliche Billigung oder bloße Hinnahme von Tatsachen verstanden werde.[137] Ferner stellt sich die Zulässigkeit der faktischen Konzerne als zutreffende legislative Auslegung dar.[138] Deshalb steht das auf das „Vertragsprinzip"[139] zurückgehende Konzept mit den Regelungen der §§ 311 ff. AktG nicht im Einklang.[140] Durch die gesetzliche Zulassung der faktischen Konzerne sowie die rechtliche Billigung oder bloße Hinnahme der nachteiligen Einflussnahmen unter dem Einzelausgleich enthalten die §§ 311 ff. AktG organisationsrechtliche Elemente.[141] Ähnlich wie ein Beherrschungsvertrag verdrängt die faktische Konzernierung nach der h. M.

131 Habersack, in Emmerich/Habersack, § 311 Rn. 2.

132 Vgl. RegBegr., Kropff, S. 407; Hüffer, § 311 Rn. 1.

133 Statt vieler K. Schmidt, S. 960; Altmeppen, in MünchKomm AktG, Vor § 311, Rn. 4.

134 K. Schmidt, S. 960.

135 Vgl. K. Schmidt, S. 961; Habersack, in Emmerich/Habersack, § 311, Rn. 2.

136 Hüffer, § 311 Rn. 6; vgl. auch Habersack, in Emmerich/Habersack, § 311, Rn. 2 und 8.

137 Hüffer, § 311 Rn. 6; Müller, in Spindler/Stilz, Vorb. zu den §§ 311 bis 318, Rn. 5; Koppensteiner, in KK AktG, Vorb. § 311 Rn. 9 ff.; Krieger, in MünchHdb AG, § 69 Rn. 22; Geßler, FS Westermann, 1974, 145, 150 ff.; Habersack ZIP 2006, 1327, 1328; Henze BB 1996, 489, 498; Hommelhoff, Konzernleitungspflicht, S. 110 ff.; auch OLG Köln, Urt. v. 15.01.2009 = AG 2009, 416 ff.

138 Ausschussbericht, Kropff, S. 409 f.

139 Das Konzept wurde von *Schilling,* in FS Hefermehl, 1976, S. 383, 391, in die Diskussion eingebracht.

140 Vgl. Hüffer, § 311 Rn. 6.

141 Vgl. Hüffer, § 311 Rn. 7; K. Schmidt, S. 491 f.; K. Schmidt, in FS Lutter, 1167, 1179 ff.; Habersack, in Emmerich/Habersack, § 311, Rn. 2, 3, 77, 87.

die Kapitalerhaltungsregeln.[142] Allerdings setzt die Konzernleitung im faktischen Konzern unter dem Schutzsystem der §§ 311 ff. AktG laut der h. M. die Anwendung des § 76 Abs. 1 AktG anders als bei der Entstehung eines Beherrschungsvertrags nicht außer Kraft.[143] Folglich steht dem herrschenden Unternehmen kein Anspruch auf eine einheitliche Leitung zu.[144] Die Konzernleitung im faktischen Konzern soll in einer begrenzten, dezentralisierten und lockeren Weise durchgesetzt werden.[145] Ein weiterer Unterschied zwischen dem Konzern mit Beherrschungsvertrag und dem faktischen Konzern zeigt sich durch das Haftungsmodell. Bei den faktischen Konzernen gilt kein pauschales Schutzsystem wie nach § 302 AktG, sondern ein Einzelausgleich für die nachteiligen Einzelmaßnahmen gemäß § 311 Abs. 1 AktG (Prinzip des Einzelausgleichs). Jede Einzelmaßnahme bedarf danach einer gesonderten Überprüfung mit dem Ziel, von ihr ausgehende Nachteile und deren Ausgleich festzustellen.[146]

Der faktische Konzern ist eine Neuschöpfung im AktG von 1965. Die Regelungen der §§ 311 ff. AktG haben zunächst viel Kritik geerntet und werden jetzt positiver bewertet.[147] Der Zwangsversuch zum Abschluss des Unternehmens- bzw. Beherrschungsvertrags wurde vom Gesetzgeber abgelehnt und ist auch in der Praxis gescheitert: Die meisten Konzerne sind faktische Konzerne.[148] Ausgehend von der Realität kann man die Meinung teilen, dass faktische Konzerne im Mittelpunkt des Konzernrechts stehen sollten.

1.1.4.4 Die Komplexität der Unterordnungskonzernen

Aufgrund der oben dargestellten Arten von Unterordnungskonzernen kann man darauf schließen, dass der Unterordnungskonzern in drei Stufen geregelt wird in der Praxis vier verschiedenen Konzernausgestaltungsmodelle (je nach Leitungsdichte)

---

142 Habersack, in Emmerich/Habersack, § 311, Rn. 2 und 82; BGH, Urt. v. 01.12.2008 = NJW 2009, 850, 851 = ZIP 2009, 70, 71.

143 Hüffer, § 311 Rn. 8, 48; Habersack, in Emmerich/Habersack, § 311, Rn. 10, 78 f.; KG, Beschl. v. 03.12.2002 = ZIP 2003, 1042, 1049; Koppensteiner in KK AktG, § 311 Rn. 139.

144 Vgl. Hüffer, § 311 Rn. 8; Altmeppen, in MünchKomm AktG, vor § 311, Rn. 4; Habersack, in Emmerich/Habersack, § 311, Rn. 77.

145 Vgl. K. Schmidt, S. 960 f.; Hüffer, § 311 Rn. 2; Kropff, ZGR 1984, 112, 117 f.; Altmeppen, in MünchKomm AktG, Vor § 311, Rn. 4; Allerdings meint *Altmeppen* weiter, die Ansicht, nach der die §§ 311 ff. AktG nur eine „dezentrale Konzernführung" zulassen sollen, sei offenbar noch von der überholten Lehre vom „qualifiziert faktischen" Konzern beeinflusst. – siehe Altmeppen, in MünchKomm AktG, § 311 Rn. 403.

146 RegBegr, Kropff, S. 409.

147 Statt vieler eingehend Altmeppen, in MünchKomm AktG, vor § 311 Rn. 21 ff.

148 Vgl. Altmeppen, in MünchKomm AktG, Einl. §§ 291 ff. Rn. 19; Emmerich, in Emmerich/Habersack § 291 Rn. 5.

zur Verfügung stehen.[149]: a) Das herrschende Unternehmen verzichtet auf die Ausübung der Einflussnahme bzw. die Leitung der abhängigen Gesellschaft (hier entsteht kein Konzern i. S. v. § 18 AktG); b) Das herrschende Unternehmen nimmt auch ohne Beherrschungsvertrag oder Eingliederung Einfluss auf die abhängige Gesellschaft (hier finden die §§ 311 ff. AktG Anwendung); c) Das herrschende Unternehmen schließt mit der abhängigen Gesellschaft einen Beherrschungsvertrag (hier gelten die §§ 291 ff. AktG); und d) Die abhängige Gesellschaft wird in das herrschende Unternehmen eingegliedert (dies unterliegt den §§ 319 ff. AktG). Die qualifizierte Abhängigkeit einer AG ohne Beherrschungsvertrag, namentlich der qualifiziert faktische Aktienkonzern, wird verboten,[150] und er sollte in der Praxis selten sein.[151] Falls ein qualifiziert faktischer Aktienkonzern vorliegt, finden die Haftungsregeln beim Konzern mit Beherrschungsvertrag nach den §§ 302 f. AktG analog Anwendung.[152]

Diese vier Ausgestaltungsmodelle bzw. -möglichkeiten stellen die Komplexität der Konzerne dar, was nicht nur in dem Gesellschaftsrecht, sondern auch in dem Insolvenzrecht eine Sonderbeachtung verlangt.

1.2 Die Konzernhaftung im deutschen Konzernrecht

Der Tatbestand eines Konzerns ändert nichts an dem Grundsatz der eigenen und ausschließlichen Haftung jeder so verbundenen Gesellschaft für die von ihr eingegangenen Verbindlichkeiten.[153] Im Konzern gilt weiterhin das „Trennungsprinzip". Eine Einstandspflicht eines Konzernunternehmens für die Verbindlichkeiten anderer Konzernunternehmen (Konzernhaftung) ist nicht der Regelfall.[154] Es bedarf besonderer Umstände, seien es rechtsgeschäftliche Grundlagen, seien es rechtliche Regelungen, sei es das Bestehen eines Beherrschungs- oder Gewinnabführungsvertrag oder eines faktischen Konzerns, damit ein Konzernunternehmen für die Verbindlichkeiten anderer Konzernunternehmen einzustehen hat.[155] Zu den rechtsgeschäftlichen Grundlagen, die zur Einstandspflicht eines Konzernunternehmens

149 Vgl. Habersack, in Emmerich/Habersack, § 311, Rn. 8.

150 Vgl. K. Schmidt, S. 964 ff.; Knoll, in MAH AktG, § 52 Rn. 24 f; Emmerich/Habersack, S. 521.

151 Vgl. K. Schmidt, S. 964; Müller, in Spindler/Stilz, Vorb. zu den §§ 311 bis 318 Rn. 28.

152 Vgl. K. Schmidt, S. 965; Habersack, in Emmerich/Habersack, § 317 Anh. Rn. 5a; Müller, in Spindler/Stilz, Vorb. zu den §§ 311 bis 318 Rn. 25; Bayer, in MünchKomm AktG, § 18 Rn. 14; Habersack, in Emmerich/Habersack Anh § 317 Rn. 23; a. A. siehe Hüffer, § 1 Rn. 26; der meint, „dass sich Haftung analog § 302, ..., wegen qualifizierter faktischer Konzernierung oder wegen qualifizierter Nachteilzufügung auch im Aktienrecht überholt hat."; eingehend siehe ders., in FS Goette 2011, S. 192, 200 ff.

153 Wimmer-Leonhardt, Konzernhaftungsrecht, S. 12.

154 Emmerich, in Emmerich/Habersack, § 302 Rn. 5.

155 Vgl. Wimmer-Leonhardt, Konzernhaftungsrecht, S. 12; Emmerich/Habersack, S. 340 ff.; Emmerich, in Emmerich/Habersack, § 302 Rn. 5 ff.

für die Verbindlichkeiten der anderen Konzernunternehmen führen können, gehören vor allem die Bürgschaft (§ 765 BGB), der Schuldbeitritt und die Garantie (§ 311 Abs. 1 BGB) sowie Patronatserklärungen, Liquiditätszusagen und Organschaftserklärungen.[156] Besondere Haftungsbestände im Bereich der Produkt- oder Umwelthaftung können auch zur Konzernhaftung führen.[157] Doch die oben genannten rechtsgeschäftlichen Grundlagen und besonderen Haftungsbestände gehen auf die Regelungen im BGB oder Umweltrecht zurück und sind deshalb hier nicht zu untersuchen. Der deutsche Gesetzgeber hat ein besonderes Schutzsystem für die Gläubiger der Tochtergesellschaft auf dem Rechtsgebiet des Konzernrechts geschaffen, wobei die Verlustübernahme (§ 302 AktG) und Sicherheitsleistung (§ 303 AktG) im Vertragskonzern, die Mithaftung bei der Eingliederung (§ 322 AktG) und der Einzelausgleich im faktischen Konzern (§ 311 AktG) zu unterscheiden sind.

1.2.1 Verlustübernahme und Sicherheitsleistung im Vertragskonzern

Gemäß § 302 Abs. 1 AktG hat die Obergesellschaft beim Vorliegen eines Beherrschungs- oder Gewinnabführungsvertrags jeden während der Vertragsdauer sonst entstehenden Jahresfehlbetrag der AG oder KGaA auszugleichen, soweit dieser nicht dadurch ausgeglichen wird, dass den anderen Gewinnrücklagen Beträge entnommen werden, die während der Vertragsdauer in sie eingestellt worden sind. Dieser Paragraph bestimmt die Verlustübernahmepflicht der Obergesellschaft für die AG oder KGaA als Tochtergesellschaft beim Vorliegen des Beherrschungs- oder Gewinnabführungsvertrags. Diese Verlustübernahmepflicht führt dazu, dass die AG oder KGaA während der Vertragsdauer unter Solvenz der Obergesellschaft nicht zu einem Jahresfehlbetrag und damit nicht zu einer Überschuldung i. S. v. § 19 InsO kommen kann.[158] Ob eine Zahlungsunfähigkeit und eine daraus wahrscheinlich folgende Insolvenz der Gesellschaft bei Solvenz der Obergesellschaft eintreten können, ist sehr streitig.[159]

Diese Verlustübernahmepflicht bezweckt im Allgemeinen den Schutz der beherrschten AG oder KGaA und ihrer Gläubiger. Ihre Aufnahme im Gesetz schien für den Gesetzgeber selbstverständlich. Die Verlustübernahmepflicht konnte schon vor dem Erlass des § 302 AktG „aus allgemeinen Rechtsgrundsätzen“[160] folgen. Der

---

156 Ausführlich siehe Emmerich/Habersack, S. 340 ff.; Emmerich, in Emmerich/Habersack, § 302 Rn. 7 ff.

157 Vgl. Wimmer-Leonhardt, Konzernhaftungsrecht, S. 12.

158 Statt vieler siehe Emmerich/Habersack, S. 344; K. Schmidt, S. 953; ausführlich siehe unten 3.1.

159 Bejaht: Hirte, Rn. 8.77; Hirte, in Großkomm AktG, § 302 Rn. 62; Koppensteiner in KK AktG, § 302 Rn. 57; abgelehnt: Altmeppen, in MünchKomm AktG, § 302 Rn. 36 f.; Altmeppen DB 1999, 2453, 2455 f.; Schneider, ZGR 1984, 497, 533 f.; Emmerich, in Emmerich/Habersack, § 302 Rn. 41; Emmerich/Habersack, S. 278, 349 f.

160 RegBegr., in Kropff, S. 390.

Gesetzgeber verwies auf den Grund: „Wer die Geschicke der Gesellschaft bestimmen kann oder ihren ganzen Gewinn erhält, muss auch für Verluste einstehen".[161] Die gesetzliche Regelung des § 302 AktG bezweckt, „den Kreis der Verträge, die eine Pflicht zur Verlustübernahme auslösen, schärfer zu umschreiben, den zu übernehmenden Verlust zu bestimmen...".[162] Heutzutage wird der Rechtsgrund der Verlustübernahmepflicht des § 302 AktG im Schrifttum näher untersucht und ungleich beurteilt. Nach wohl überwiegender Ansicht liegt der Zweck der Verlustübernahmepflicht in der Kapitalerhaltung der Gesellschaft, weil § 291 Abs. 3 AktG die Kapitalerhaltungsregeln bei Beherrschungs- und Gewinnabführungsverträgen außer Kraft setzt.[163] In der Literatur vertreten viele die Ansicht, dass die Verlustübernahmepflicht als Korrelat für die umfassenden Eingriffsrechte der Obergesellschaft zu sehen ist.[164] Nach einer anderen Meinung dient die Verlustübernahmepflicht als Aufwendungsersatz für eine Fremdgeschäftsführung (*negotiorum gestio*).[165]

Hier ist der zweiten Meinung zu folgen. Der Rechtsgrund der Verlustübernahmepflicht geht über den Kapitalerhaltungsschutz hinaus. Ein Beherrschungs- oder Gewinnabführungsvertrag kann auch mit Nichtaktionären geschlossen werden. Der Rechtsgrund der Verlustübernahmepflicht ist der Begründung des Gesetzgebers nochmal zu entnehmen: „Wer die Geschicke der Gesellschaft bestimmen kann oder ihren ganzen Gewinn erhält, muss auch für Verluste einstehen."[166] Ferner entsteht die Verlustübernahmepflicht, weil die Gesellschaft nur noch im Fremdinteresse wirtschaftet.[167] Darüber hinaus wird ein Beherrschungs- oder Gewinnabführungsvertrag

---

161 RegBegr., in Kropff, S. 391.

162 RegBegr., in Kropff, S. 390.

163 Statt vieler BGHZ 103, 1, 10 = NJW 1988, 1326, 1328; BGHZ 107, 7, 18 = NJW 1989, 1800, 1802 Hüffer, § 302 Rn. 3; Hirte, in Großkomm AktG, § 302 Rn. 4; Kritisch: Emmerich, in Emmerich/Habersack, § 302 Rn. 17; seine interessante Begründung lautet: „Die strikte Beachtung der Kapitalerhaltungsvorschriften ist jedoch die Voraussetzung für die Anerkennung der Haftungsbeschränkung bei der juristischen Person. Wo dies wie im Eingliederungs- und im Vertragskonzern für den Regelfall nicht mehr gewährleistet ist, ist danach auch kein Raum mehr für eine Beschränkung der Haftung auf das Vermögen der abhängigen juristischen Person. Die gebotenen Folgerungen hieraus ziehen – mit unterschiedlicher Akzentsetzung – die §§ 302, 303, 321 und 322 für den Vertrags- und den Eingliederungskonzern. Zu beachten bleibt jedoch, dass tatsächlich mit der Verlustausgleichspflicht nicht eigentlich ein Ersatz für die Aufhebung der Kapitalbindung im Vertrags- und Eingliederungskonzern bezweckt ist, § 302 vielmehr davon unabhängig ein eigenständiges System des Gläubigerschutzes im Vertragskonzern geschaffen hat."; kritisch auch Altmeppen, in Münchkomm AktG, § 302 Rn. 8 f.

164 Ausführlich siehe Altmeppen, in Münchkomm AktG, § 302 Rn. 10 f.; Emmerich, in Emmerich/Habersack, § 302 Rn. 18.

165 Ausführlich siehe Altmeppen, in MünchKomm AktG, § 302 Rn. 12; Wimmer-Leonhardt, Konzernhaftungsrecht, S. 17 ff.

166 RegBegr., in Kropff, S. 391.

167 Altmeppen, in MünchKomm AktG, § 302 Rn. 11.

als Organvertrag klassifiziert,[168] woraus sich ergeben kann, dass die Ansicht der Weiterentwicklung des auftragsrechtlichen Prinzips nicht überzeugen kann. Zutreffend meint *Emmerich*, dass § 302 AktG ein eigenständiges System des Gläubigerschutzes im Vertragskonzern geschaffen habe.[169]

Die Verlustübernahmepflicht i. S. v. § 302 AktG begründet keinesfalls eine Außenhaftung des anderen Vertragsteils, sondern eine Innenhaftung zwischen den beiden Parteien,[170] die von den Gläubigern der Gesellschaft nicht unmittelbar geltend gemacht werden kann. Dasselbe gilt auch für den Fall der Insolvenz der Gesellschaft. Die Übernahmepflicht des § 302 AktG ist keine Vertragshaftung, sondern ein gesetzliches Dauerschuldverhältnis.[171] Hier wird der Beherrschungs- oder Gewinnabführungsvertrag nur als Tatbestandmerkmal dieser gesetzlichen Verpflichtung und nicht als Verpflichtungsgrund gekennzeichnet.[172] Daher kann die Verlustübernahmepflicht des § 302 AktG nicht durch vertragliche Vereinbarung abgeändert werden.[173] Die Verlustübernahmepflicht braucht ebenfalls nicht in den Vertrag aufgenommen zu werden.[174] Die Verlustübernahmepflicht des anderen Vertragsteils für die Gesellschaft i. S. v. § 302 AktG stellt sich als Zustands- oder Strukturhaftung dar,[175] die nicht von der fehlerhaften Konzernleitung abhängig gemacht werden soll.[176]

Diese Verlustübernahmepflicht erstreckt sich nach § 302 Abs. 2 AktG auf ein herrschendes Unternehmen, wenn die von ihm abhängige Gesellschaft ihren Betrieb dem herrschenden Unternehmen verpachtet oder sonst überlassen hat. Diese Variante wird als Ausnahmefall angesehen.[177]

Die Verlustübernahmepflicht des § 302 AktG gilt nur während der Vertragsdauer. Endet der Beherrschungs- oder Gewinnabführungsvertrag, sind die Gläubiger der Gesellschaft, wenn ihre Forderungen vor der Bekanntmachung der Beendigung des Vertrags begründet worden sind und sie sich nach der Bekanntmachung innerhalb von sechs Monaten melden, durch die Sicherheitsleistung gemäß § 303 AktG geschützt. Ein bereits ausreichend gesichteter Gläubiger hat dieses Recht nicht. Die Arten der Sicherheitsleistung richten sich nach § 232 BGB. Statt einer Sicherheitsleitung ist eine Bürgschaft gemäß § 303 Abs. 3 AktG zulässig.

---

168 Statt vieler Altmeppen, in MünchKomm AktG, § 291 Rn. 25; Hüffer, § 291 Rn. 17; Emmerich, in Emmerich/Habersack, § 291 Rn. 25; Kort, NZG 2009, 364, 366.

169 Emmerich, in Emmerich/Habersack, § 302 Rn. 17.

170 Vgl. RegBegr., in Kropff, S. 390; Hüffer, § 302 Rn. 5; Emmerich, in Emmerich/Habersack, § 302 Rn. 1.

171 Statt vieler K. Schmidt ZGR 1983, 513, 516 ff.; Hüffer, § 302 Rn. 4.

172 Hüffer, § 302 Rn. 4.

173 Altmeppen, in MünchKomm AktG, § 302 Rn. 3.

174 RegBegr., in Kropff, S. 391.

175 Vgl. Hüffer, § 302 Rn. 6; Hirte, in Großkomm AktG, § 302 Rn. 6; in diesem Sinne auch K. Schmidt, S. 953.

176 Andere Ansicht: Lutter ZIP 1985, 1425, 1433 f.

177 Vgl. Emmerich/Habersack, S. 346.

1.2.2 Mithaftung im Eingliederungskonzern

Die Eingliederung geht viel weiter als der Vertragskonzern und kommt der Verschmelzung nahe.[178] Für die Eingliederung, eine Zwischenstellung zwischen schlichter Beherrschung und Verschmelzung,[179] gilt ein noch schärferer Gläubigerschutz als beim Vertragskonzern. Neben der Verlustübernahme (§ 324 Abs. 3 AktG) und Sicherheitsleistung (§ 321 AktG) regelt das Gesetz in § 322 AktG eine Mithaftung der Hauptgesellschaft für die Verbindlichkeiten der eingegliederten Gesellschaft, gleich, ob sie vor oder während der Eingliederung begründet worden sind. Die Mithaftung stellt sich als Kernstück des Schutzes der Gläubiger der eingegliederten Gesellschaft dar und bildet damit den entscheidenden Ausgleich dafür, dass die Gläubiger in einem sehr weiten Umfang Eingriffe der Hauptgesellschaft in das Vermögen der eingegliederten Gesellschaft hinnehmen müssen.[180] Durch den § 322 AktG wird den Gläubigern der eingegliederten Gesellschaft das Recht eingeräumt, einen direkten Anspruch gegen die Hauptgesellschaft geltend machen zu können.

1.2.3 Einzelausgleich im faktischen Konzern

Im faktischen Konzern gilt kein Pauschalvergleich wie im Konzern mit Beherrschungs- oder Gewinnabführungsvertrag nach § 302 AktG, sondern der Einzelausgleich. Gemäß § 311 Abs. 1 AktG darf ein herrschendes Unternehmen seinen Einfluss nicht dazu benutzen, eine abhängige AG oder KGaA zu veranlassen, ein für sie nachteiliges Rechtsgeschäft vorzunehmen oder Maßnahmen zu ihrem Nachteil zu treffen oder zu unterlassen, wenn kein Beherrschungsvertrag besteht, es sei denn, dass die Nachteile ausgeglichen werden. Der Einzelausgleich dient wie der Pauschalvergleich in § 302 AktG dem Schutz der Gläubiger und Minderheitsaktionäre (Außenseiter) der abhängigen Gesellschaft.

Der Einzelausgleich setzt zunächst die Abhängigkeit voraus, die gemäß § 17 Abs. 1 AktG vorliegt, wenn ein Unternehmen unmittelbar oder mittelbar einen beherrschenden Einfluss auf andere rechtlich selbstständige Unternehmen ausüben kann. Eine Abhängigkeit wird außerdem nach § 17 Abs. 2 AktG vermutet, wenn ein Unternehmen an einem anderen Unternehmen mit einer Mehrheit beteiligt ist. Aktionäre, die kein Unternehmen im Sinne vom § 15 AktG sind, unterliegen bei der Ausübung ihres Einflusses nicht dem § 311 AktG, sondern der allgemeinen Schadensersatzpflicht des § 117 AktG.[181] Darüber hinaus unterliegen sie dem § 826 BGB, wenn § 117 AktG die Gesellschaft nicht ausreichend schützt. Des Weiteren müssen kein Beherrschungsvertrag und keine Eingliederung bei der Anwendung des § 311 ff. AktG vorliegen. Ferner setzt § 311 AktG voraus, dass das herrschende

178 Hirte, Rn. 8.157; zudem siehe oben 1.4.1.2.

179 Grunewald, in MünchKomm AktG, vor § 319 Rn. 3.

180 Grunewald, in MünchKomm AktG, § 322 Rn. 1; vgl. RegBegr., in Kropff, S. 426; Hüffer, § 322 Rn. 1.

181 Vgl. Altmeppen, in MünchKomm AktG, § 311 Rn. 49.

Unternehmen die abhängige Gesellschaft durch Benutzung seines Einflusses zu einem nachteiligen Rechtsgeschäft oder einer nachteiligen Maßnahme veranlasst. Die Veranlassung ist hier als weit zu interpretieren. Jedes Verhalten des herrschenden Unternehmens reicht aus, wenn es zu diesem Ergebnis führt[182] oder es mit verursacht.[183] Die Art und Weise der Veranlassung ist unerheblich. Ob sie als Ratschlag, Anregung, Erwartung eines bestimmten Verhaltens oder als Weisung vorgebracht werden, ist gleichgültig. Es macht auch keinen Unterschied, ob sie sich auf den Einzelfall bezieht oder in Gestalt von Richtlinien erfolgt.[184] Das Bewusstsein der Veranlassung von dem herrschenden Unternehmen ist nicht erforderlich, vielmehr kommt es beim Vorliegen der Veranlassung auf die Perspektive der abhängigen Gesellschaft an.[185] Veranlassende können nicht nur Organmitglieder sein, sondern auch Angestellte des herrschenden Unternehmens oder sogar ein Dritter, soweit dem herrschenden Unternehmen die Veranlassung aus Sicht der abhängigen Gesellschaft zurechenbar ist.[186] Als Veranlassungsempfänger gelten sowohl der Vorstand als auch der Angestellte der abhängigen Gesellschaft.[187] Die Veranlassung muss zu einem für die abhängige Gesellschaft nachteiligen Rechtsgeschäft oder einer nachteiligen Maßnahme führen. Hier reicht jede Geschäftsführungshandlung aus, die Auswirkungen auf die Ertrags- oder Vermögenslage der Gesellschaft haben kann.[188] Das Unterlassen einer Maßnahme, die für die abhängige Gesellschaft vorteilhaft ist, kann auch dem § 311 AktG unterliegen.[189] Schließlich findet § 311 Abs. 1 AktG nur Anwendung, wenn die von dem herrschenden Unternehmen veranlassten Rechtsgeschäfte oder Maßnahmen für die abhängige Gesellschaft nachteilig sind. Der Nachteilsbegriff ist entsprechend dem auf den Schutz der Gläubiger und Minderheitsaktionäre gerichteten Regelungszweck zu bestimmen. Er erfasst daher jede Minderung oder konkrete Gefährdung der Vermögens- oder Ertragslage der Gesellschaft ohne Rücksicht auf die Quantifizierbarkeit, soweit sie als Abhängigkeitsfolge

---

182 Hüffer, § 311, Rn. 16; Altmeppen, in MünchKomm AktG, § 311 Rn. 76; Habersack, in Emmerich/Habersack, § 311 AktG Rn. 22; Müller, in Spindler/Stilz, § 311 Rn. 12.

183 Hüffer, § 311, Rn.16; Altmeppen, in MünchKomm AktG, § 311 Rn. 84; Bödeker, in Henssler/Strohn, § 311 AktG Rn. 8.

184 Hüffer, § 311, Rn. 16; Altmeppen, in MünchKomm AktG, § 311 Rn. 76 ff.; Habersack, in Emmerich/Habersack, § 311 AktG Rn. 22 ff.; Koppensteiner, in KK AktG, § 311 Rn. 16; Krieger, in MünchHdb AG, § 69 Rn. 74.

185 Hüffer, § 311, Rn. 16; Müller, in Spindler/Stilz, § 311 Rn. 14; Leuering/Goertz, in Hölters, § 311 Rn. 40; Eine andere Ansicht vertritt Altmeppen, in MünchKomm AktG, § 311 Rn. 80. Er meint: „Für die Haftung ist es irrelevant, ob ‚unverbindliche Diskussionsbeiträge' aus Sicht des abhängigen Unternehmens einen ‚Wunsch' auf Seiten des herrschenden Unternehmens durchschimmern lassen oder nicht".

186 Ausführlich siehe: Hüffer, § 311 Rn. 17 f.; Altmeppen, in MünchKomm AktG, § 311 Rn. 81 f.

187 Ausführlich siehe: Hüffer, § 311 Rn. 19; Altmeppen, in MünchKomm AktG, § 311 Rn. 83.

188 Koppensteiner, in KK AktG, § 311 Rn. 14; Hüffer, § 311 Rn. 24.

189 Vgl. Hüffer, § 311 Rn. 24.

eintritt.[190] Nicht ausgleichfähig sind damit solche finanziellen Einbußen, die sich als Realisierung des allgemeinen und unvermeidlichen unternehmerischen Risikos darstellen.[191] Der „Nachteil" ist hier ferner von dem Verlust des § 302 AktG zu unterscheiden, denn nachteilig kann auch das Auslassen einer Gewinnchance sein.[192]

Der Einzelausgleich muss nach § 311 Abs. 2 AktG spätestens am Ende des Geschäftsjahrs, in dem der abhängigen Gesellschaft der Nachteil zugefügt worden ist, erfolgen. Gemäß § 311 Abs. 2 AktG kann der Einzelausgleich entweder durch tatsächlichen Ausgleich oder durch Begründung eines Rechtsanspruchs verwirklicht werden. Der Ausgleich durch Begründung eines Rechtsanspruchs ist nach h. M. nur durch den Abschluss eines Vertrags möglich, der mindestens Leistungszeit, Art und Umfang der Leistung enthalten muss.[193] Falls der tatsächliche Ausgleich oder die Rechtsanspruchsgewährung nicht bis zum Ende des Geschäftsjahres geschehen ist, greift § 317 AktG ein, wonach das herrschende Unternehmen gegenüber der abhängigen Gesellschaft zum Ersatz des ihr daraus entstehenden Schadens verpflichtet ist.

1.3 Die Konzernleitung im deutschen Konzernrecht

Die Leitung einer Aktiengesellschaft liegt gemäß § 76 Abs. 1 AktG ausschließlich in der Kompetenz ihres Vorstands. Gemäß § 76 Abs. 1 AktG hat der Vorstand unter eigener Verantwortung die AG zu leiten,[194] es sei denn, dass zwischen der Aktiengesellschaft und einem anderen Unternehmen ein Beherrschungsvertrag oder eine Eingliederung vorliegt. Die Leitung im faktischen Konzern ist unter der Voraussetzung der Kompensation jedes einzelnen Eingriffs (§ 311 Abs. 1 AktG) stets möglich, allerdings steht dem herrschenden Unternehmen kein Anspruch auf eine

---

190 Hüffer, § 311 Rn. 25; ferner vgl. BGHZ 141, 79, 84 = NJW 1999, 1706, 1708; BGHZ 179, 71 = NJW 2009, 850, 851; Lutter, FS Peltzer, 2001, S. 241, 244 f.; Mülbert/Leuschner NZG 2009, 281, 284; Wimmer-Leonhard, Konzernhaftungsrecht, S. 87; Habersack, in Emmerich/Habersack, § 311 Rn. 39.

191 Müller, in Spindler/Stilz, § 311 Rn. 28.

192 Habersack, in Emmerich/Habersack, § 311 Rn. 45; Hüffer, § 311, Rn. 26; J. Vetter, in K. Schmidt/Lutter, § 311 Rn. 42; Müller, in Spindler/Stilz, § 311 Rn. 28.

193 Vgl. Hüffer, § 311 Rn. 46 f.; Habersack, in Emmerich/Habersack, § 311 Rn. 72 f.; Müller, in Spindler/Stilz, § 311 Rn. 57 f.; Koppensteiner, in KK AktG, § 311, Rn. 129 f.

194 Es gibt doch manche Rechtsgeschäfte oder Maßnahmen, die gemäß Gesetz oder Satzung der Zustimmung des Aufsichtsrats (§ 111 Abs. 4 S. 2 AktG) bedürfen oder zu den Kompetenzen der Hauptversammlung (§ 119 Abs. 1 AktG) gehören. Allerdings werden solche Fälle durch Gesetz eng beschränkt. Prinzipiell darf die Leitung des Vorstands nicht an den Aufsichtsrat übertragen werden (§ 111 Abs. 4 S. 1 AktG) und die Hauptversammlung über die Frage der Geschäftsführung außerhalb ihrer Rechte (§ 119 Abs. 1 AktG) nicht entscheiden, wenn der Vorstand es nicht verlangt (§ 119 Abs. 2 AktG). Deswegen bleibt die Leitung einer AG prinzipiell ausschließlich in der Hand ihres Vorstands.

einheitliche Leitung bzw. eine Leitung des Konzerns zu.[195] Die Leitung im Konzern kann zur Konzernhaftung führen,[196] und deshalb ist sie hier zu untersuchen. Ferner könnte eine straff durchgeführte Konzernleitung auf die Verfahrensgestaltung der Konzerninsolvenz einwirken. Beispielsweise kann eine Gerichtskonzentration oder eine einheitliche Verwalterbestellung bei der Insolvenz der Unternehmensgruppe in Betracht kommen, in der die der Unternehmensgruppe angehörenden Gesellschaften zentral straff geleitet werden.[197]

Der Begriff „Leitung“ wird rechtlich nicht definiert. Allerdings wird im Schrifttum sowohl durch die Unterscheidung von der Geschäftsführung als auch durch die Prägung der betriebswirtschaftlichen Erkenntnisse verdeutlicht, dass beim Begriff „Leitung“ auf Unternehmensplanung, -koordination, -kontrolle und Besetzung der Führungsstellen abzustellen ist.[198] Die Leitung im Konzern kann entweder wegen des Beherrschungsvertrags oder der Eingliederung straff durchgeführt werden oder wegen faktischer Abhängigkeit (§ 17 AktG) in lockerer Weise vorgenommen werden.

1.3.1 Konzernleitung beim Bestehen eines Beherrschungsvertrages

Gemäß § 291 Abs. 1 S. 1 1. Var. AktG unterstellt bei einem Beherrschungsvertrag eine AG oder KGaA die Leitung einem anderen Unternehmen. Dadurch wird § 76 Abs. 1 AktG beim Vorliegen eines Beherrschungsvertrags wesentlich verdrängt. Der Konkretisierung[199] dieses Merkmals bzw. Vertragsinhalts dient gemäß § 308 AktG einerseits dazu, dass das herrschende Unternehmen demnach berechtigt ist, dem Vorstand der Gesellschaft hinsichtlich der Leitung der Gesellschaft Weisung und auch – wenn nicht anders vereinbart – nachteilige Weisung zu erteilen. Andererseits ist der Vorstand der Gesellschaft gemäß § 308 Abs. 2 S. 1 AktG verpflichtet, die Weisung des herrschenden Unternehmens zu befolgen. Eine rechtliche Definition des Begriffs „Weisung“ wird nicht gegeben. In der Literatur wird als „Weisung“ jede

---

195 Vgl. Bayer, in MünchKomm AktG, § 18, Rn. 9 f.; Hüffer, § 311 Rn. 8; Altmeppen in MünchKomm AktG, § 311 Rn. 401; Koppensteiner, in KK AktG, § 311 Rn. 4; Vetter, ZHR 171 (2007), 342, 345; andere Ansicht: Hommelhoff, Die Konzernleitungspflicht, 1982, S. 109 ff.; weitergehend Luchterhandt, ZHR 133 (1970), 1, 13.

196 Ausführlich siehe oben 1.2.

197 Vgl. unten 4.1.1.3und auch die Konzerninsolvenzfälle: Insolvenz der PIN-Gruppe, siehe AG Köln, Beschluss vom 1.2.2008 – 73 IN 682/07 = NZI 2008, 254, 254 ff. = ZInsO 2008, 215, 215 ff., und Insolvenz der Arcandor-Gruppe, siehe AG Essen, Beschluss vom 1.9.2009 – 166 IN 119/09 = NZI 2009, 810, 810 f.

198 Ausführlich siehe Hüffer, § 76 Rn. 8; Spindler, in MünchKomm AktG, § 76 Rn. 16 f.; Fleischer, in Spindler/Stilz, § 76 Rn. 12 ff.; Weber, in Hölters, § 76 Rn. 8 ff.; Fleischer, ZIP 2003, 1, 4 ff.; Kort, in GroßKomm AktG, § 76 Rn. 28 ff.; Mertens/Cahn, in KK AktG, § 76 Rn. 5; Semler, Rn. 7 ff.

199 Vgl. Hüffer, § 308 Rn. 1; Koppensteiner, in KK AktG, § 308 Rn. 3; Kort, NZG 2009, 364, 365.

Maßnahme des herrschenden Unternehmens verstanden, durch die das Unternehmen über den Vorstand der abhängigen Gesellschaft Einfluss auf deren Leitung nehmen will.[200] Jede Willensäußerung des herrschenden Unternehmens ist ohne Rücksicht auf deren Formen oder Gattungen (Befehl, Empfehlung, Anordnung, Instruktion, Direktive usw.) als „Weisung" anzusehen, wenn sie aus der Perspektive des Vorstands der Untergesellschaft für den Einzelfall oder generell in der Erwartung erfolgt, dass er sein Verhalten danach ausrichtet.[201] Gemäß § 308 Abs. 1 S. 1 AktG beschränkt sich die „Weisung" nur auf die Leitung der Gesellschaft, die nach § 76 Abs. 1 zu interpretieren ist;[202] dasselbe gilt auch, wenn der Vertrag keine Beschränkung des Weisungsrechts enthält.[203] Daher kann das herrschende Unternehmen nur in die Kompetenz des Vorstands der Gesellschaft eingreifen. Folglich bleibt die Zuständigkeit des Aufsichtsrats und der Hauptversammlung der Gesellschaft von dem Weisungsrecht unberührt. Zu der Zuständigkeit des Aufsichtsrats gehört die Zustimmung des Aufsichtsrats für bestimmte Geschäfte nach § 111 Abs. 4 S. 2 AktG, die hier deshalb zu betonen ist, weil die Zustimmung des Aufsichtsrats unter der Voraussetzung des § 308 Abs. 3 AktG nicht mehr erforderlich ist, wenn ohne Erteilung der Zustimmung in einer angemessenen Frist oder nach der Verweigerung[204] des Aufsichtsrats das herrschende Unternehmen dieselbe Weisung wiederholt. Dadurch wird die Zustimmung des Aufsichtsrats in der Tat entbehrlich. Darüber hinaus gelten die anderen aktienrechtlichen zwingenden Vorschriften, wodurch das Aktiengesetz die Leitung der Gesellschaft einschränkt, ebenfalls für das Weisungsrecht.[205]

Allerdings räumt das Gesetz in § 291 Abs. 3 AktG und § 308 Abs. 1 S. 2 AktG zwei Ausnahmen ein, die prinzipiell nicht in die Kompetenz des Vorstands der Gesellschaft fallen und nicht von ihrem Vorstand vorgenommen werden dürfen. Gemäß § 291 Abs. 3 AktG verstößt die Leitung der Gesellschaft bei Bestehen eines Beherrschungsvertrags nicht gegen die §§ 57, 58 und 60 AktG (Vermögenserhaltung). Die Suspendierung der Kapitalerhaltungsregeln geht weit über die Freistellung der Dividendengarantie hinaus. Damit kann die Gesellschaft grundsätzlich Vermögensgeschäfte jeder Art zugunsten des herrschenden Unternehmens oder des mit ihm verbundenen Konzernunternehmens vornehmen, falls das herrschende

200 Altmeppen, in MünchKomm AktG, § 308 Rn. 9; vgl. Emmerich, in Emmerich/Habersack, § 308 Rn. 23; Hirte/Schall, Konzern 2006, 243, 245.

201 Vgl. Hüffer, § 308 Rn. 10; Altmeppen, in MünchKomm AktG, § 308 Rn. 9; Emmerich, in Emmerich/Habersack, § 308 Rn. 24; Hirte/Schall, Konzern 2006, 243, 245; Koppensteiner, in KK AktG, § 308 Rn. 22; Hirte, in Großkomm AktG, § 308 Rn. 18.

202 Vgl. Altmeppen, in MünchKomm AktG, § 308 Rn. 83; Emmerich, in Emmerich/Habersack, § 308 Rn. 38; Koppensteiner, in KK AktG, § 308 Rn. 27.

203 Altmeppen, in MünchKomm AktG, § 308 Rn. 84.

204 Vgl. Hüffer, § 308 Rn. 23; Emmerich, in Emmerich/Habersack, § 308 Rn. 71; Altmeppen, in MünchKomm AktG, § 308 Rn. 158; Koppensteiner, in KK AktG, § 308 Rn. 76.

205 Vgl. Altmeppen, in MünchKomm AktG, § 308 Rn. 94; ausführlich und mit Beispielen Altmeppen, in MünchKomm AktG, § 308 Rn. 83 ff.

Unternehmen es fordert.[206] Ein wichtiges Beispiel ist das Cash Pooling, das nicht selten im Konzern stattfindet. Die andere Ausnahme bildet § 308 Abs. 1 S. 2 AktG dadurch, dass das herrschende Unternehmen berechtigt ist, auch für die Gesellschaft nachteilige Weisungen zu erteilen, soweit sie den Belangen des herrschenden Unternehmens oder der mit ihm und der Gesellschaft konzernverbundenen Unternehmen dienen. Der Begriff „Nachteil“ ist hier i. S. d. § 311 AktG auszulegen.[207] Der Nachteil dürfte nach der h. M. im Vergleich zum Konzernvorteil, der dieselbe Weisung bewirkt, nicht unverhältnismäßig sein.[208] Die Belange des herrschenden Unternehmens oder die Belange der mit ihm und der Gesellschaft konzernverbundenen Unternehmen werden in der Literatur als „Konzerninteresse“[209] bezeichnet. Darin ist die Überlegung versteckt, dass ein Unternehmensverbund wirtschaftlich gesehen als ein Gesamtunternehmen erscheint, bei welchem die Interessen der einzelnen Konzernunternehmen mit demjenigen des „Gesamtunternehmens“ verschmelzen.[210] Ob das begünstigte Unternehmen mit dem herrschenden Unternehmen vertraglich oder faktisch konzernverbunden ist, spielt dabei der h. M. nach keine Rolle. Es genügt auch ein nur faktisches Konzernverhältnis zwischen dem begünstigten und dem herrschenden Unternehmen, da nach Wortlaut, Sinn und Zweck des § 308 AktG nichts anderes geboten sind.[211]

Sehr streitig ist in der Literatur, ob existenzgefährdende Weisungen während der Vertragsdauer zulässig sind. Die herrschende Meinung geht von der Unzulässigkeit existenzgefährdender Weisungen aus.[212] Entscheidend sei, dass die §§ 300 ff., 304 ff.

---

206 Vgl. Altmeppen, in MünchKomm AktG, § 308 Rn. 95.

207 Hüffer, § 308 Rn. 15; Koppensteiner, in KK AktG, § 308 Rn. 39; Clemm, ZHR 141 (1977), 197, 201; vgl. oben 1.2.3.

208 Vgl. Hüffer, § 308 Rn. 17; Emmerich, in Emmerich/Habersack, § 308 Rn. 49; Hirte in Großkomm AktG, § 308 Rn. 51; Krieger, in MünchHdb AG, § 70 Rn. 148 f.; Veil, in Spindler/Stilz, § 308 Rn. 26; Clemm, ZHR 141 (1977), 197, 204; Sina AG 1991, 1, 7; a. A. Altmeppen, in MünchKomm AktG, § 308 Rn. 110 f.

209 Altmeppen. in MünchKomm AktG, § 308 Rn. 101 ff.; Emmerich/Habersack, S. 442; Geßler, ZHR 140 (1976), 433, 436 ff.; Sina AG 1991, 1, 4 f.; str. Koppensteiner, in KK AktG, § 308 Rn. 38; Zöllner, S. 79 ff. Hier wird der Ausdruck „Konzerninteresse“ trotz Streitigkeit als eine Abkürzung hingenommen und benutzt. – ebenso auch Hüffer, § 308 Rn. 16.

210 Vgl. Altmeppen, in MünchKomm AktG, § 308 Rn. 103; Hüffer, § 308 Rn. 16; Emmerich, in Emmerich/Habersack, § 308 Rn. 46; Geßler, ZHR 140 (1976), 433, 437 f.; Immenga, ZHR 140 (1976), 301, 304 ff.; Veil, in Spindler/Stilz, § 308 Rn. 23; Hirte, in Großkomm AktG, § 308 Rn. 49; Sina AG 1991, 1, 4 ff.; Zöllner, S. 81 ff.

211 Altmeppen, in MünchKomm AktG, § 308 Rn. 108, 109; Hüffer, § 308 Rn. 18; Krieger, in MünchHdb AG, § 70 Rn. 148; Hirte in Großkomm AktG, § 308 Rn. 49; Veil, in Spindler/Stilz, § 308 Rn. 25; Langenbucher, in K. Schmidt/Lutter Rn. 28; Emmerich, in Emmerich/Habersack, § 308 Rn. 47a.

212 Statt vieler Clemm, ZHR 141 (1977), 197, 204 ff.; Geßler ZHR 140 (1976), 433, 438 f.; Habersack, FS Schaumburg, 2009, S. 1291, 1298 f.; Hommelhoff, Konzernleitungspflicht, S. 150, 307 ff.; Hirte in Großkomm AktG, § 308 Rn. 42 f.; Hüffer, § 308 Rn. 19;

AktG – und hier besondere der § 303 AktG – vom Fortbestand der beherrschten Gesellschaft ausgehe und dies jedenfalls im Interesse des Gläubigerschutzes auch müsse.[213] Vielmehr sei eine Weisung, die den Fortbestand der Gesellschaft während des Beherrschungsvertrags gefährde, unverhältnismäßig, so dass ihre Befolgung vom Vorstand der Gesellschaft abzulehnen sei.[214] Die Gegenansicht argumentiert, dass nach dem Wortlaut des § 308 AktG keinerlei zusätzliche Anforderungen an eine erlaubte Weisung über die Förderung des „Konzerninteresses" hinaus gestellt werden.[215] Darüber hinaus würden die Gläubiger durch die §§ 302, 303 AktG hinreichend geschützt.[216] Daher gebe es kein Bedürfnis für eine solche Schranke des Weisungsrechts.[217] Eine andere Konzeption hat *Altmeppen* entwickelt. Danach sind existenzgefährdende Weisungen zulässig, solange das herrschende Unternehmen solvent ist.[218] Dieser Meinung ist hier zu folgen, insbesondere angesichts dessen, dass die abhängige Gesellschaft bei Vorliegen eines Beherrschungsvertrags nicht insolvent sein kann, solange das herrschende Unternehmen solvent ist.[219] Daher ist von einer „Existenzbedrohung während der Dauer des Beherrschungsvertrages" keine Rede, wenn und solange das herrschende Unternehmen solvent ist und alle künftigen Jahresfehlbeträge der beherrschten Gesellschaft ausgleichen kann.[220] Im Falle der Insolvenz bzw. des Auftretens der Insolvenzdrohung des herrschenden Unternehmens braucht die abhängige Gesellschaft den nachteiligen Weisungen inklusive der existenzbedrohenden Weisungen nicht zu folgen.[221]

Vertragliche Schranken des Weisungsrechts sind nach dem Wortlaut des § 308 Abs. 1 S. 2 AktG möglich, aber in der Praxis sehr selten.[222]

1.3.2 Konzernleitung bei der Eingliederung

Gemäß § 323 Abs. 1 AktG steht der Hauptgesellschaft das Weisungsrecht zu, das allerdings weit über das Weisungsrecht des herrschenden Unternehmens bei

---

Immenga, ZHR 140 (1976), 301, 395 f.; Krieger, in MünchHdb. AG, § 70 Rn. 148 f.; Langenbucher, in K. Schmidt/Lutter, § 308 Rn. 31 ff.; Raiser/Veil, KapGesR, § 54 Rn. 36; Semler, FS Stiefel, 719, 750 f.; Sina AG 1991, 1, 7 f.; Wiedemann/Hirte, FT 50 Jahre BGH, Bd. II, 2000, 337, 383; Wimmer-Leonhardt, Konzernhaftungsrecht, S. 21, 39, 275 ff.

213 Hüffer, § 308 Rn. 19.

214 Leuering/Goertz, in Hölters, § 308 Rn. 36; vgl. Emmerich, in Emmerich/Habersack, § 308 Rn. 36.

215 Koppensteiner, in KK AktG, § 308 Rn. 50.

216 Koppensteiner, in KK AktG, § 308 Rn. 50; Veil, in Spindler/Stilz, § 308 Rn. 31.

217 Veil, in Spindler/Stilz, § 308 Rn. 31.

218 Vgl. Altmeppen, in MünchKomm AktG, § 308 Rn. 118 ff.

219 Vgl. unten 3.1.

220 Altmeppen, in MünchKomm AktG, § 308 Rn. 120.

221 Vgl. Altmeppen, in MünchKomm AktG, § 308 Rn. 122; Veil, in Spindler/Stilz, § 308 Rn. 31.

222 Vgl. Altmeppen, in MünchKomm AktG § 308 Rn. 132.

Vorliegen eines Beherrschungsvertrags hinausgeht und keiner Rechtfertigung durch die Belange der Hauptgesellschaft oder durch ein übergreifendes Konzerninteresse bedarf, wenn nachteilige Weisungen von der Hauptgesellschaft erteilt werden.[223] Das Weisungsrecht der Hauptgesellschaft ist nahezu grenzenlos.[224] Die existenzvernichtenden Weisungen sind nach der h. M. zulässig.[225] Unzulässig sind sitten- oder gesetzeswidrige Weisungen.[226]

1.3.3 Konzernleitung im faktischen Konzern

Wie oben bereits erwähnt,[227] ist eine Konzernleitung im faktischen Konzern stets möglich. Das kann durch die Konzernvermutungsklausel des § 18 Abs. 1 S. 3 AktG bestätigt werden. Daraus ergibt sich, dass eine einheitliche Konzernleitung im faktischen Konzern auch gestattet wird. Außerdem verbietet der § 311 AktG die faktische Konzernierung nicht. Er geht allein von dem Schutz der Außenstehenden aus und räumt auch die nachteiligen Weisungen unter Einzelausgleich ein. Mit dem Einzelausgleich wird eine straffe Leitung im faktischen Konzern ermöglicht. Allerdings gilt der § 76 Abs. 1 AktG bei faktischer Konzernierung weiter, so dass der Vorstand der abhängigen Gesellschaft im faktischen Konzern die Gesellschaft weiter unter eigener Verantwortung zu leiten hat. Das herrschende Unternehmen hat folglich keine Leitungsbefugnis. Eine Folgepflicht der abhängigen Gesellschaft ist ebenfalls nicht gegeben,[228] was sowohl die nachteiligen als auch die nichtnachteiligen Weisungen betrifft. Vielmehr hat der Vorstand der abhängigen Gesellschaft in eigener Entscheidungsbefugnis und nur im Interesse des eigenen Unternehmens zu entscheiden, ob den Weisungen zu folgen ist. Nachteiligen Weisungen darf er gemäß § 311 Abs. 1 AktG nur unter Einzelausgleich folgen. Unzweifelhaft darf er existenzbedrohenden Weisungen nicht nachkommen. Falls er Weisungen befolgt, hat der Vorstand der abhängigen Gesellschaft dies nach § 312 AktG in einem Bericht aufzuführen.

In der Literatur unterscheidet man „einfach faktische Konzerne“ und „qualifiziert faktische Konzerne“. Der Begriff „qualifiziert faktischer Konzern“ wurde vom

223 Vgl. Hüffer, § 323 Rn. 3; Leuering/Goertz, in Hölters, § 323 Rn. 4; Habersack, in Emmerich/Habersack, § 323 Rn. 2; Grunewald, in MünchKomm AktG, § 323 Rn. 2; Singhof, in Spindler/Stilz, § 323 Rn. 2; Drüke, Diss., S. 102; Koppensteiner, in KK AktG, § 323 Rn. 2.

224 Grunewald, in MünchKomm AktG, § 323 Rn. 2.

225 Vgl. Grunewald, in MünchKomm AktG, § 323 Rn. 3; Hüffer, § 323 Rn. 3; Leuering/Goertz, in Hölters, § 323 Rn. 4; Habersack, in Emmerich/Habersack, § 323 Rn. 2; Krieger, in MünchHdb AG, § 73 Rn. 56; Koppensteiner, in KK AktG, § 323 Rn. 4; a. A. Singhof, in Spindler/Stilz, § 323 Rn. 2.

226 Vgl. Grunewald, in MünchKomm, § 323 Rn. 5; Hüffer, § 323 Rn. 3; Leuering/Goertz, in Hölters, § 323 Rn. 4; Habersack, in Emmerich/Habersack, § 323 Rn. 2.

227 Siehe oben 1.3.

228 Hüffer, § 311, Rn. 8; Kort, in GroßKomm AktG, § 76 Rn. 145 ff.

Arbeitskreis GmbH-Reform im Jahre 1972 geprägt.[229] Er beschreibt die Konstellation, dass sich infolge der Breite, Stärke und Dauer der intensiven Einflussnahmen des herrschenden Unternehmens die Nachteilszufügungen nicht mehr isolieren lassen, was dazu führt, dass die Umsetzung der gesetzlichen Konzeption der Nachteilszufügung gemäß § 311 AktG und der Schadensersatzhaftung gemäß § 317 AktG praktisch unmöglich ist.[230] Die abhängige Gesellschaft wird im qualifiziert faktischen Konzern *de facto* wie eine bloße Betriebsabteilung von dem herrschenden Unternehmen geführt.[231] Das Eigeninteresse der abhängigen Gesellschaft wird durch den vom herrschenden Unternehmen ausgeübten Einfluss so nachteilig beeinträchtigt, wie dies beim Vorliegen eines Beherrschungsvertrags der Fall wäre.[232] Hier basiert der qualifiziert faktische Konzern auf die qualifiziert faktische Abhängigkeit, aber ohne Beherrschungsvertrag, nämlich auf die straffe Konzernleitung, nicht auf die qualifizierte Nachteilzufügung. Nach dieser Ansicht wird der qualifiziert faktische Konzern wohl passender als „durchgeführt faktischer Konzern"[233] bezeichnet. Obwohl sich die qualifizierte Nachteilzufügung häufig als die Folge des qualifiziert faktischen Konzerns darstellt, reicht sie allein aber für das Entstehen eines qualifiziert faktischen Konzerns deshalb nicht, weil sie nicht nur bei umfassender und dichter Leitung, sondern auch bei der Veranlassung zu Einzelmaßnahmen nachteiliger Art entstehen kann.[234] Beim qualifiziert faktischen AG-Konzern gilt nach der h. M. § 302 AktG analog als Ausgleichsmechanismus.[235] Ein qualifiziert faktischer AG-Konzern ist in der Praxis sehr selten,[236] weil jeder Aktionär der abhängigen Gesellschaft durch Beseitigungs- oder Unterlassungsklagen eine derartige straffe Konzernleitung vermeiden kann.[237] Außerdem müssen die Verwaltungsorgane sowohl des herrschenden Unternehmens als auch der abhängigen Gesellschaft bei einer derartig straffen

---

229 Arbeitskreis GmbH-Reform (Hueck, Lutter, Mertens, Rehbinder, Ulmer, Wiedemann, Zöllner), in Thesen und Vorschläge zur GmbH-Reform Bd. II, 1972, S. 49 ff.

230 Bayer, in MünchKomm AktG, § 18 Rn. 11 ff.; vgl. K. Schmidt, S. 502 f., 964 ff.; 1214 f.; Altmeppen, in MünchKomm AktG, § 317 Anh., Rn. 1 ff.; Kort, in GroßKomm AktG, § 76 Rn. 148 f.

231 K. Schmidt, S. 964; Bayer, in MünchKomm AktG, § 18 Rn. 11.

232 K. Schmidt, S. 503.

233 Vgl. K. Schmidt, S. 502 f.

234 Vgl. Habersack, in Emmerich/Habersack, Anh. § 317, Rn. 2.

235 Habersack, in Emmerich/Habersack, Anh. § 317 Rn. 1 ff, 16 ff; Bayer, in MünchKomm AktG, § 18 Rn. 11; Vetter, in K. Schmidt/Lutter, § 317 Rn. 50 ff.; K. Schmidt, S. 503, S. 964 f. Nach a. A. wird eine analoge Anwendung im qualifiziert faktischen Konzern abgelehnt. Die Vertreter dieser Ansicht gehen davon aus, dass der qualifiziert faktische Konzern überholt sei. – so z. B. Hüffer, § 311 Rn. 11; Koppensteiner, in KK AktG, § 317 Rn. 22 ff.; Altmeppen, in MünchKomm AktG, § 317 Anh., Rn. 13 ff.; Heider, in MünchKomm AktG, § 1 Rn. 68.

236 Müller, in Spindler/Stilz, Vorb. § 311 Rn. 28.

237 Vgl. Bayer, in MünchKomm AktG, § 18 Rn. 14; K. Schmidt, S. 964 f.; Habersack, in Emmerich/Habersack, Anh. § 317, Rn. 2.

Konzernleitung mit einer Schadensersatzpflicht rechnen.[238] Der Begriff „einfach faktischer Konzern“ beschreibt den Fall einer Konzernierung, bei der die nachteiligen Einflussnahme noch einzeln isoliert feststellbar sind und die Tochtergesellschaft nicht wie eine bloße Betriebsabteilung des Mutterunternehmens geführt wird.[239] Der einfach faktische Konzern richtet sich an die einfache Abhängigkeit des § 17 Abs. 1 AktG. Er liegt vor, wenn ein herrschendes Unternehmen unmittelbar oder mittelbar auf ein anderes Unternehmen einen herrschenden Einfluss ausüben kann.

Folglich können die Gestaltungen der faktischen Konzerne sehr verschiedenartig sein: Sei es, dass das herrschende Unternehmen über die Möglichkeit der Ausübung der herrschenden Einflüsse verfügt, aber diese in Wirklichkeit nicht umsetzt. Sei es, dass das herrschende Unternehmen seinen herrschenden Einfluss auf seine abhängige Gesellschaft in einer lockeren Weise ausübt, die eigentlich zu einer lockeren konzerninternen Koordinierung oder Kooperation führt. Sei es, dass das herrschende Unternehmen die abhängige Gesellschaft wie eine bloße Betriebsabteilung führt und damit ein qualifiziert faktischer Konzern vorliegt. Theoretisch sind alle drei Konzernleitungsgestaltungen möglich, aber in der Praxis kommen der erste und der dritte Fall beim AG-Konzern nicht häufig vor.

1.4 GmbH-Konzern

Die Definitionsnormen der §§ 15 bis 19 AktG sind rechtsformneutral gefasst und finden deshalb auch auf GmbH Anwendung.[240] In der Praxis kommt die GmbH wegen der Weisungsbefugnis der Gesellschafter häufig als verbundenes Unternehmen i. S. d. §§ 15 ff. AktG bzw. als Konzerntochter vor.[241] Allerdings sieht das GmbH-Gesetz keine Regelungen für den GmbH-Konzern vor. Es gab Rechtsreformentwürfe in den Jahren 1969 und 1971/73, die aber gescheitert sind. Eine eigenständige Kodifizierung des GmbH-Konzernrechts ist nach Auskunft des Bundesministeriums der Justiz (BMJ) im Dezember 2011 für die Zukunft nicht geplant.[242] Daher wird das GmbH-Konzernrecht bisher durch die ständige Rechtsprechung und Lehre geprägt und entwickelt.

In der Rechtsprechung und Lehre über das GmbH-Konzernrecht spielen die Regelungen des AktG-Konzernrechts eine wichtige Rolle. Das wird nicht nur durch die Geltung der begrifflichen Grundlagen der §§ 15 ff. AktG, sondern auch durch eine grundsätzlich analoge Anwendung der §§ 291 ff. AktG auf GmbH-Konzern verdeutlicht.[243] Daher werden GmbH-Konzerne auch in Vertragskonzerne und

---

238 Vgl. K. Schmidt, S. 964 f.; Müller, in Spindler/Stilz, Vorb. § 311, Rn. 29 ff.
239 Kort, in GroßKomm AktG, § 76 Rn. 145.
240 Emmerich/Habersack, S. 413; Altmeppen, in Roth/Altmeppen, Anh. § 13 Rn. 1.
241 Altmeppen, in Roth/Altmeppen, Anh. § 13 Rn. 1; vgl. K. Schmidt, S. 1210 f.
242 Altmeppen, in Roth/Altmeppen, Anh. § 13 Rn. 1.
243 Vgl. K. Schmidt, S. 1214; Altmeppen, in Roth/Altmeppen, Anh. § 13 Rn. 2; Altmeppen, in MünchKomm AktG, § 291 Rn. 17; BGH, Beschluss vom 30.01.1992 – II ZB 15/91 = NJW 1992, 1452, 1452 ff.; BGHZ 105, 324 ff. = NJW 1989, 295, 295 ff.;

faktische Konzerne untergliedert. Allerdings finden die Regelungen der §§ 311 ff. AktG nach der h. M. keine analoge Anwendung auf faktische GmbH-Konzerne, wobei primär auf allgemeine Grundsätze des Kapitalgesellschaftsrechts, insbesondere solche des GmbH-Rechts zurückgegriffen wird.[244] Darüber hinaus kann ein GmbH-Vertragskonzern nicht nur durch einen Unternehmensvertrag i. S. v. § 291 AktG, sondern auch durch einen Gesellschaftervertrag entstehen, der Beherrschungs- oder Gewinnabführungsklauseln enthält.

1.4.1 Haftung im GmbH-Konzern

Spricht man von der Haftung im GmbH-Konzern, dann sind die Haftung im GmbH-Konzern mit Beherrschungsvertrag und die Haftung im faktischen GmbH-Konzern zu unterscheiden. Wird ein GmbH-Konzern durch einen Beherrschungs- oder Gesellschaftervertrag der abhängigen GmbH, der eine Beherrschungsklausel enthält, gegründet, gilt § 302 AktG analog. Dabei geht es um einen Pauschalausgleich.[245]

Beim faktischen GmbH-Konzern gelten die §§ 311 ff. AktG der h. M. nach nicht analog. Die Anspruchsgrundlage der Haftung im faktischen GmbH-Konzern geht auf die allgemeinen Regelungen bzw. Grundsätze des GmbH-Rechts zurück. Das wird insbesondere durch den Abschied des qualifiziert faktischen GmbH-Konzerns geprägt. An deren Stelle tritt heute der Grundsatz von der „Existenzvernichtungshaftung“ nach § 826 BGB,[246] wobei es sich weder um eine Konzernhaftung noch um eine Durchgriffshaftung, sondern um eine Innenhaftung[247] handelt.

1.4.2 Leitung im GmbH-Konzern

Im GmbH-Konzern mit Beherrschungsvertrag verfügt das herrschende Unternehmen gegenüber der abhängigen GmbH analog § 308 AktG über ein umfassendes Weisungsrecht.[248]

Wegen der Weisungsgebundenheit des Geschäftsführers der abhängigen GmbH[249] ist es immer möglich, dass das herrschende Unternehmen die abhängige GmbH entweder locker oder straff leitet. Die Weisungsbefugnis wird erst dort begrenzt, wo die Geschäftsführer die im Allgemein- und vor allem im Gläubigerinteresse

---

ausführlich siehe Liebscher, in MünchKomm GmbHG, Anh. zu § 13 Rn. 628 ff; Kropff, FS Semler, 1993, S. 517 ff; Zöllner ZGR 1992, 173, 173 ff.

244 Vgl. Altmeppen, in Roth/Altmeppen, Anh. § 13 Rn. 2; Müller, in Spindler/Stilz, Vorb. zu den §§ 311 bis 318 Rn. 21 f.

245 Näheres siehe oben 1.2.1.

246 Zuerst im Urteil „Bremer Vulkan“ (BGHZ 149, 10).

247 Vgl. BGHZ 173, 246 = NJW 2007, 2689; bestätigt durch BGHZ 176, 204 „Gamma“-Fall.

248 Vgl. oben 1.3.1.

249 Das ergibt sich mittelbar aus den §§ 6 Abs. 3, 37 Abs. 1, 38 Abs. 1, 46 Nr. 5 und 6 GmbHG.

bestehenden Gesetzespflichten zu erfüllen haben,[250] zu der insbesondere die Pflicht zur Kapitalerhaltung (§ 30 GmbHG), zur rechtzeitigen Stellung des Insolvenzantrags (§ 15a InsO) sowie zu keinen Zahlungen nach Eintreten der Zahlungsunfähigkeit oder Überschuldung (§ 64 GmbHG) gehören. Gesetzeswidrige oder existenzvernichtende Weisungen sind ebenfalls von der Weisungsbefugnis ausgeschlossen. Darüber hinaus bleibt die ausschließliche Zuständigkeit der Geschäftsführer unberührt.[251] Eine weitere Beschränkung geht von dem Grundsatz der Gleichbehandlung aus, der jede sachlich nicht gerechtfertigte Ungleichbehandlung der Gesellschafter, insbesondere die Privilegierung des herrschenden Unternehmens, verbietet und im faktischen GmbH-Konzern uneingeschränkt anwendbar ist.[252] Die Weisungsbefugnis wird noch weiter durch die Stimmverbote gemäß § 47 Abs. 4 S. 2 GmbHG eingeschränkt, wonach der Mehrheitsgesellschafter der GmbH kein Stimmrecht bei der Beschlussfassung ausüben darf, wenn die Beschlussfassung die Vornahme eines Rechtsgeschäfts ihm gegenüber betrifft. Eine wesentliche Einschränkung der Leitungsbefugnis ergibt sich aus der Treuepflicht der Gesellschafter. Gesprochen ist hier ein umfassendes Schädigungsverbot für den herrschenden Gesellschafter gegenüber der abhängigen GmbH und den Mitgesellschaftern.[253] Nachteilige Weisungen gegen sofortige Nachteilsausgleiche sind nach der h. M. nicht zugelassen.[254] Allerdings wird das Schädigungsverbot im Falle des Einverständnisses sämtlicher Mitgesellschafter oder beim Vorliegen der Einmann-GmbH wesentlich eingeschränkt, wobei der Gesellschafter nur für existenzvernichtende Eingriffe haftet.[255]

---

250 Altmeppen, in Roth/Altmeppen, § 37 Rn. 6; vgl. Stephan/Tieves, in MünchKomm GmbHG, § 37 Rn. 25 ff., 118; BGHZ 31, 258, 278 = NJW 1960, 285, 289; OLG Nürnberg Urt. v. 09.06.1999 – 12 U 4408/98 = NZG 2000, 154, 155 = NJW-RR 2001, 104, 105; Geißler, GmbHR 2009, 1071, 1074.

251 Vgl. Altmeppen, in Roth/Altmeppen, § 37 Rn. 6; Stephan/Tieves, in MünchKomm GmbHG, § 37 Rn. 118.

252 Liebscher, in MünchKomm GmbHG, Anh. zu § 13 Rn. 339; Habersack, in Emmerich/Habersack, § 318 Anh. Rn. 25; Casper, in GroßKomm GmbHG, § 77 Anh. Rn. 73.

253 Vgl. Hüffer, § 311 Rn. 51; Emmerich/Habersack, S. 419 f.; Habersack, in Emmerich/Habersack, § 318 Anh. Rn. 23; Emmerich, in Scholz GmbHG, Anh. § 44 Rn. 68 ff.; Römermann, in Römermann, § 20 Rn. 130 f.; Servatius, in Ziemons/Jaeger, Konzernrecht, Rn. 522; Servatius, in Michalski GmbHG, Konzernrecht, Rn. 402; Liebscher, in MünchKomm GmbHG, Rn. 338; Casper, in GroßKomm GmbHG, Anh § 77 Rn. 76 ff.; BGHZ 95, 330, 340 = NJW 1986, 188, 190; Assmann, in FS 100 Jahre GmbHG, 657, 695 ff.; Ulmer ZHR 148 (1984), 391, 411 ff.

254 Emmerich/Habersack, S. 536 f.; Habersack, in Emmerich/Habersack, § 318 Anh. Rn. 23; Wicke, GmbHG, § 13 Anh. Rn. 11; Liebscher, in MünchKomm GmbHG, Anh. zu § 13 Rn. 360. Offen gelassen hat dies K. Schmidt, S. 1221.

255 Vgl. BGHZ 149, 10 = NJW 2001, 3266; BGH, NJW 2002, 1803 = ZIP 2002, 848; K. Schmidt, S. 1223; Emmerich/Habersack, S. 536; vgl. Liebscher, in MünchKomm GmbHG, Anh. zu § 13 Rn. 460 ff.

Darüber hinaus kann das Schädigungsverbot durch Einschränkung im Satzungszweck oder Unternehmensgegenstand nur sehr begrenzt gelten.[256]

Eine GmbH als abhängige Gesellschaft im Konzern kann wegen eines Beherrschungsvertrags straff vom herrschenden Unternehmen geleitet werden. Fehlt ein Beherrschungsvertrag, ist eine straffe Leitung der abhängigen GmbH (wie eine Betriebsabteilung des herrschenden Unternehmens) durch das herrschende Unternehmen ebenfalls möglich, insbesondere, wenn es sich dabei um eine Einmann-GmbH handelt oder der Satzungszweck oder Unternehmensgegenstand der GmbH dazu führt.

1.5 Gleichordnungskonzern

In § 18 Abs. 2 AktG wird der Gleichordnungskonzern folgendermaßen geregelt: „Sind rechtlich selbstständige Unternehmen, ohne dass das eine Unternehmen von dem anderen abhängig ist, unter einheitlicher Leitung zusammengefasst, so bilden sie auch einen Konzern". Der Gleichordnungskonzern unterscheidet sich von dem Unterordnungskonzern durch das Merkmal „ohne Abhängigkeit". Er wurde zuerst wirtschaftlich unterschätzt.[257] Jetzt gewinnt er sowohl im Wirtschaftsleben (insbesondere im Bereich der Versicherungswirtschaft) als auch in der Literatur immer mehr an Bedeutung.[258] Für seine Entstehung braucht der Gleichordnungskonzern ebenfalls eine einheitliche Leitung, die allerdings im weiteren Sinne auszulegen ist.[259] Eine einheitliche Leitung im Gleichordnungskonzern kann entweder durch Vertrag (Gleichordnungsvertrag) oder faktisch (ohne Vertragsgrundlage) begründet werden. Gemäß § 291 Abs. 2 AktG ist der Gleichordnungsvertrag kein Beherrschungsvertrag und deshalb nach der h. M. auch kein Unternehmensvertrag i. S. d. §§ 291 ff. AktG.[260] Der Gleichordnungsvertrag wird rechtlich – so die h. M. – als Gesellschaftsvertrag i. S. d. §§ 705 ff. BGB qualifiziert.[261] Deshalb bedarf er keiner

256 Vgl. Habersack, in Emmerich/Habersack, § 318 Anh. Rn. 9, 23. Er meint: „Dabei beurteilt sich das Vorliegen einer unerlaubten Einflussnahme am Maßstab des satzungsmäßigen Zwecks und Unternehmensgegenstands der Gesellschaft." Ferner siehe ders, in Emmerich/Habersack, Anh. § 317 Rn. 12; § 311 Rn. 9, 42.

257 Vgl. Bayer, in MünchKomm AktG, § 18 Rn. 49; Lutter/Drygala, ZGR 1995, 557, 557. Er meint: „Der Gleichordnungskonzern ist ein eher seltenes Phänomen der Rechtspraxis."

258 Vgl. Bayer, in MünchKomm AktG, § 18 Rn. 49; Hirschmann, in Hölters AktG, § 18 Rn. 22; Gromann, Diss., S. 10 ff.

259 Vgl. Bayer, in MünchKomm AktG, § 18 Rn. 49; Hirschmann, in Hölters AktG, § 18 Rn. 24.

260 Altmeppen, in MünchKomm AktG, § 291 Rn. 212; Hüffer, § 291 Rn. 34; Gromann, Diss., S. 33 ff.; Koppensteiner, in KK AktG, § 291 Rn. 104.

261 Altmeppen, in MünchKomm AktG, § 291 Rn. 212 f.; K. Schmidt, S. 945 f.; Bayer, in MünchKomm AktG, § 18 Rn. 52; Hirschmann, in Hölters AktG, § 18 Rn. 26; Hüffer,

Form.[262] Ein faktischer Gleichordnungskonzern kann insbesondere durch die personelle Verflechtung der Leitungsorgane oder die Gründung eines gemeinsamen Verwaltungsrats erfolgen.[263] Was die Nachteilszufügung angeht, wird im Gesetz nichts geregelt. Nach der wohl vorherrschenden Meinung kann die Nachteilszufügung trotz des „Schädigungsverbots"[264] wegen der Treuepflichtverletzung des Gesellschaftsvertrags der GbR[265] eine Schadensersatzpflicht begründen. Bei dem Gleichordnungskonzern auf vertraglicher Grundlage oder bei dem „qualifiziert faktischen Gleichordnungskonzern" kommt eine analoge Anwendung der §§ 302, 303 AktG in Betracht.[266]

1.6 Zusammenfassung

Das deutsche Konzernrecht wird einerseits als Schutzrecht, andererseits als Organrecht zugeordnet. Aus dem Konzernrecht als Organrecht kann sich der Gedanke ergeben, dass die Insolvenzverfahren der Konzerngesellschaften desselben Konzerns im Falle der Konzerninsolvenz nicht separat abzuwickeln sind. Die Konzernleitung, die oben schon dargestellt wird, schafft den „Synergie-Effekt", und könnte auch in der Konzerninsolvenz Vorteile hervorbringen. Um bei der Konzerninsolvenz weiter von dem „Synergie-Effekt" profitiert zu werden, entsteht derselbe Gedanke, dass die Insolvenzverfahren der Konzerngesellschaften desselben Konzerns nicht separat zu behandeln sind. Ferner stellt sich die Frage, ob die Konzernleitung in der Konzerninsolvenz beibehaltet werden sollte, worauf im Kapitel 3 weiter eingegangen ist. Nicht zu vergessen ist die Komplexität der Konzerne, was immer eine Herausforderung für die Verfahrensgestaltung der Konzerninsolvenz darstellt, und zur keinen einheitlichen Lösung der Konzerninsolvenz führt.

---

§ 291 Rn. 35; Hüffer, § 18 Rn. 20; Emmerich, in Emmerich/Habersack, § 291 Rn. 73; Koppensteiner, in KK AktG, § 291 Rn. 98.

262 Altmeppen, in MünchKomm AktG, § 291 Rn. 213; K. Schmidt, S. 945 f.; Bayer, in MünchKomm AktG, § 18 Rn. 54; Hirschmann, in Hölters AktG, § 18 Rn. 27; Hüffer, § 18 Rn. 21.

263 Vgl. Hüffer, § 18 Rn. 21; Bayer, in MünchKomm AktG, § 18 Rn. 54; K. Schmidt, S. 945; Emmerich, in Emmerich/Habersack, § 18 Rn. 30; BGHZ 121, 137, 146 f. = NJW 1993, 2114 f.; Lutter/Drygala, ZGR 1995, 557, 558 m. w. N.; Grüner, NZG 2000, 598, 602.

264 Vgl. Emmerich/Habersack, S. 70; Altmeppen, in MünchKomm AktG, § 291 Rn. 218; Emmerich, in Emmerich/Habersack, § 18 Rn. 37.

265 Hüffer, § 291 Rn. 35; Emmerich/Habersack, S. 70.

266 Vgl. Emmerich/Habersack, S. 70; Emmerich, in Emmerich/Habersack, § 18 Rn. 37; Lutter/Drygala, ZGR 1995, 557, 571; K. Schmidt, ZHR 155 (1991), 417, 436 ff.; Krieger, in MünchHdb AG, § 68 Rn. 89 f.

Kapitel 2. Das deutsche Insolvenzrecht

2.1 Die geschichtliche Entwicklung der deutschen Insolvenzordnung

Die deutsche Insolvenzordnung (InsO) wurde am 05.10.1994[267] erlassen, sie trat aber erst am 01.01.1999 in Kraft. Vorher galten in Deutschland die Konkursordnung und Vergleichsordnung sowie die nur für die neuen Bundesländer geltende Gesamtvollstreckungsordnung. Die Konkursordnung wurde am 10.02.1877 ausgefertigt[268] und trat am 01.10.1879 in Kraft. Die Konkursordnung regelte damals nur ein reines Liquidations- und Abwicklungsverfahren,[269] was als unzureichend für das Wirtschaftsleben angesehen wurde.[270] Der vom Konkursverfahren abweichende Vergleich wurde erstmals in der Vergleichsordnung vom 26.02.1935 festgelegt.[271] Seitdem waren Sanierungen über den Weg der Vergleichsordnung möglich. Nach Inkrafttreten blieben die zwei Gesetze, abgesehen von arbeits- und sozialrechtlichen Neuregelungen, bis zur Entstehung der Insolvenzordnung im Wesentlichen unverändert.[272] Allerdings war die Reformbedürftigkeit der beiden Gesetze inzwischen immer größer geworden, besonders groß war diese Bedürftigkeit insbesondere in den 70er Jahren des letzten Jahrhunderts und zwar nach der ersten Ölkrise des Jahres 1973.[273] Der Begriff „Konkurs des Konkurses“[274] machte damals die Runde. Seine Bedeutung lässt sich insbesondere durch die damaligen Insolvenzstatistiken verdeutlichen: Die Zahl der Vergleichsverfahren sank von 30 % in der Weimarer Zeit auf unter 1 %. Über 80 % der Verfahren wurden damals wegen Massearmut entweder nicht eröffnet oder eingestellt. Kam es zur Verteilung der Masse, betrug die Quote durchschnittlich nur zwischen 3 und 5 %.[275] Im Jahr 1978 setzte der Bundesminister der Justiz eine

267 BGBl. I S. 2886.
268 RGBl. I S. 351.
269 Vgl. Verhoeven, Diss., S. 47; Gottwald, in Gottwald, § 1 Rn. 7.
270 Vgl. Stürner, in MünchKomm InsO, Einl. Rn. 32; Gottwald, in Gottwald, § 1 Rn. 14 ff.
271 RGBl. I S. 321.
272 Vgl. Henckel, in Jaeger InsO, Einleitung, Rn. 22; bzgl. der ausführlichen Entwicklungsgeschichte vor dem Erlass der Insolvenzordnung vgl. Prütting, in Kübler/Prütting/Bork, Einleitung, Rn. 7 ff.; Henckel, in Jaeger InsO, Einleitung, Rn. 10 ff.
273 Vgl. Prütting, in Kübler/Prütting/Bork, Einleitung, Rn. 16 f.; Henckel, in Jaeger InsO, Einleitung, Rn. 25.
274 So der Titel des Beitrages von Kilger, KTS 1975, S. 142 ff.
275 Vgl. Stürner, in MünchKomm InsO, Einleitung, Rn. 33; Bork, Rn. 8; ausführlich zum Ersten Bericht der Kommission für Insolvenzrecht, 1985, S. 457 ff.; ähnlich die Allgemeine Begründung des Regierungsentwurfs zur InsO in Balz/Landfermann, S. 4 ff. m. w. N.; bzgl. der Gründe der Funktionsverluste der Konkursordnung und Vergleichsordnung vgl. Gottwald, in Gottwald, § 1 Rn. 10 ff.

unabhängige Sachverständigen-Kommission für Insolvenzrecht ein, die mit ihrem Ersten Bericht (1985) und einem ergänzenden Zweiten Bericht (1986) das Modell einer neuen Insolvenzordnung vorlegte. Danach veröffentlichte das BMJ im Jahr 1988 den Diskussionsentwurf und anschließend 1989 den Referentenentwurf. Wegen der Wiedervereinigung Deutschlands sollte die Insolvenzordnung auch in den neuen Bundesländern gelten. Die in den neuen Bundesländern geltende Gesamtvollstreckungsordnung sollte abgeschafft werden. Mit dem Regierungsentwurf zur InsO vom 15.04.1992 wurde das förmliche Gesetzgebungsverfahren eingeleitet.[276] Am 05.10.1994 wurde die InsO ausgefertigt. Die InsO trat am 01.01.1999 in Kraft. Durch die neue Insolvenzordnung wurde das deutsche Insolvenzrecht wesentlich geändert. Wichtige Änderungen sind beispielsweise: Die Insolvenzordnung bietet verschiedene Maßnahmen gegen die Massearmut an,[277] und verschafft ein einheitliches Verfahren[278] in Deutschland. Die Sanierung wird durch die InsO erleichtert,[279] und sie verstärkt weiter die Gläubigerautonomie.[280] Die Insolvenzordnung bemüht sich ferner um eine gerechtere Verteilung der Insolvenzmasse.[281] Die Eigenverwaltung wird in Anlehnung an das Modell der Vergleichsordnung in der InsO geschaffen[282]. Nicht zuletzt ist darauf hinzuweisen, dass das Verbraucherinsolvenzverfahren und die Restschuldbefreiung erstmals in das deutsche Insolvenzrecht eingeführt wurden.

Die deutsche Insolvenzordnung hat nach ihrem Inkrafttreten zahlreiche Änderungen erfahren. Zu nennen sind das Gesetz zur Änderung der Insolvenzordnung und anderer Gesetze vom 26.10.2001[283], das Gesetz zur Reform des Zivilprozesses vom 27.07.2001[284], das Gesetz zur Neuregelung des internationalen Insolvenzrechts vom 14.03.2004[285], das Gesetz zur Vereinfachung des Insolvenzverfahrens vom 13.04.2007[286], das Gesetz zur Modernisierung des GmbH-Rechts und zur Bekämpfung von Missbräuchen (MoMiG) vom 01.11.2008[287], das Gesetz zur weiteren Erleichterung

276 Bork, Rn. 10.

277 Ausführlich siehe Bork, Rn. 12; Schmerbach, in FK-InsO, Vorb. vor §§ 1 ff. Rn. 34 f.; Gottwald, in Gottwald, § 1, Rn. 42; Beck/Depré, in Beck/Depré, Einleitung, I 3 b); Haarmeyer, FS Fischer, 193, 196 ff.

278 Bork, Rn. 13; Gottwald, in Gottwald, § 1 Rn. 34; Schmerbach, in FK-InsO, vor §§ 1 ff. Rn. 38; Beck/Depré, in Beck/Depré, Einleitung, I 3 b); Balz, in KS InsO, Rn. 19; Becker, Rn. 52; Häsemeyer, Insolvenzrecht, Rn. 4.04.

279 Bork, Rn. 12; Gottwald, in Gottwald, § 1 Rn. 47; Beck/Depré, in Beck/Depré, Einleitung, I 3 b).

280 Bork, Rn. 15; Gottwald, in Gottwald, § 1 Rn. 45; Beck/Depré, in Beck/Depré, Einleitung, I 3 b).

281 Bork, Rn. 16; Schmerbach, in FK-InsO, Vorb. vor §§ 1 ff. Rn. 33; Beck/Depré, in Beck/Depré, Einleitung, I 3 b).

282 GestzE., BT-Drucks. 12/2443, S. 223.

283 BGBl. I 2001 S. 2710 ff.

284 BGBl. I 2001 S. 1887 ff.

285 BGBl. I 2003 S. 345 ff.

286 BGBl. I 2007 S. 509 ff.

287 BGBl. I 2008 S. 2026 ff.

der Sanierung von Unternehmen (ESUG) vom 07.12.2011[288] und das Gesetz zur Verkürzung des Restschuldbefreiungsverfahrens und zur Stärkung der Gläubigerrechte vom 15.07.2013[289], mit dessen Erlass die zweite Stufe der Insolvenzreform vollendet wurde. Am 03.01.2013 wurde ein Diskussionsentwurf eines Gesetzes zur Erleichterung der Bewältigung von Konzerninsolvenzen (im Folgenden abgekürzt: KIG-DiskE) vom BMJ vorgelegt.[290] Damit wurde die dritte Stufe der in dieser Legislaturperiode vorgesehenen Reform im Insolvenzrecht eingeleitet.[291] Am 28.08.2013 wurde der Gesetzesentwurf zur Erleichterung der Bewältigung von Konzerninsolvenzen (im Folgenden abgekürzt: KIG-E) von der Regierung beschlossen. Am 30.01.2014 hat die Bundesregierung den KIG-E dem Bundestag zur Beschlussfassung vorgelegt.

2.2 Die Ziele des deutschen Insolvenzverfahrens

Die Ziele des deutschen Insolvenzverfahrens werden in § 1 InsO bestimmt. § 1 InsO lautet: „Das Insolvenzverfahren dient dazu, die Gläubiger eines Schuldners gemeinschaftlich zu befriedigen, indem das Vermögen des Schuldners verwertet und der Erlös verteilt oder in einem Insolvenzplan eine abweichende Regelung insbesondere zum Erhalt des Unternehmens getroffen wird. Dem redlichen Schuldner wird Gelegenheit gegeben, sich von seinen restlichen Verbindlichkeiten zu befreien."

Aus dieser Vorschrift ergeben sich zwei Ziele des deutschen Insolvenzverfahrens: Gläubigerbefriedigung und Restschuldbefreiung.[292] Die Restschuldbefreiung wird im Vergleich zur Gläubigerbefriedigung als nachgeordnetes Ziel[293] angesehen. Sie begünstigt entweder durch das gesetzliche Restschuldbefreiungsverfahren (§§ 286 ff. InsO) oder durch den Insolvenzplan nur die natürlichen Personen, deren Umfang sich sowohl auf Verbraucher als auch auf Unternehmer erstreckt. Sie findet auf juristische Personen und die Gesellschaft ohne Rechtspersönlichkeit keine Anwendung.[294] Daher ist das Ziel der Restschuldbefreiung hier nicht weiter zu erläutern.

---

288 BGBl. I 2011 S. 2582 ff.

289 BGBl. I 2013 S. 2379 ff.

290 Siehe Beilage 1 zu ZIP 2/2013.

291 Leutheusser-Schnarrenberger, ZIP 2013, 97.

292 In der Literatur ist es umstritten, ob die „Restschuldbefreiung" auch zu den Zielen des deutschen Insolvenzverfahrens gehören soll. Teilweise wird das verneint, vgl. Henckel, in Jaeger InsO, § 1 Rn. 20; allerdings spricht sich die herrschende Meinung dafür aus, vgl. Schmerbach, in FK-InsO, § 1 Rn. 13; A. Schmidt, in HambK-InsO, § 1 Rn. 3, 35; Adam, DZWIR 2006, 495, 495 ff; Anlauf, DZWIR 2007, 146, 146 ff. Hier ist der herrschenden Meinung zu folgen.

293 Häsemeyer, Rn. 1.12; Ganter, in MünchKomm InsO, § 1 Rn. 98; a. A. vgl. Pape, NZI 1999, 89, 91; auch Schmerbach, in FK-InsO, § 1 Rn. 13, der meint: „Sie ist in § 1 gleichberechtigt mit dem Ziel der Gläubigerbefriedigung genannt."

294 Bork, Rn. 411.

2.2.1 Ziel der Gläubigerbefriedigung

Das deutsche Insolvenzverfahren dient der Befriedigung der Gläubiger und zwar der gemeinschaftlichen Befriedigung der Gläubiger (*par conditio creditorum*) und der bestmöglichen Befriedigung der Gläubiger.[295] Durch das Element der gemeinschaftlichen Befriedigung unterscheidet sich das Insolvenzverfahren von der Einzelzwangsvollstreckung,[296] die dem Prioritätsprinzip folgt. Das Ziel der bestmöglichen Befriedigung der Gläubiger fordert die für die Gläubiger möglichst vorteilhafte Gestaltung des Insolvenzverfahrens und entsprechende Entscheidungen, die innerhalb des Verfahrens zu treffen sind.

2.2.1.1 Gemeinschaftliche Gläubigerbefriedigung

Das deutsche Insolvenzverfahren dient der Verwirklichung der Vermögenshaftung in den Fällen, in denen der Schuldner zur vollen Befriedigung aller Gläubiger nicht mehr in der Lage ist.[297] In diesen Fällen gilt nicht mehr die Einzelzwangsvollstreckung, sondern die Gesamtvollstreckung, in der alle (Insolvenz-)Gläubiger gleichmäßig mit derselben Quote befriedigt werden (Prinzip der Gleichbehandlung aller Insolvenzgläubiger),[298] sofern keine besonderen Umstände vorliegen, die eine Ungleichbehandlung rechtfertigen.[299] Die besonderen Umstände ergeben sich hauptsächlich aus den §§ 53 ff. InsO (Masseverbindlichkeiten), §§ 47 f. InsO (Aussonderungsrechte) und §§ 49 f. InsO (Absonderungsrechte). Darüber hinaus räumt eine Aufrechnungslage (§§ 94 f. InsO) die Möglichkeit der bevorzugten Befriedigung der Gläubiger ein. Schließlich können die nachrangigen Gläubiger (§ 39 InsO) nur für den Fall befriedigt werden, dass nach Aufteilung der Insolvenzmasse durch den Verwalter noch Restmasse übrig bleibt.

Aus diesem Ziel folgt insbesondere der starke Einfluss, der den Gläubigern auf den Beginn, den Ablauf und die Beendigung des Verfahrens eingeräumt wird.[300] Die Einflussnahme der Gläubiger erfolgt in Gläubigergremien (Gläubigerversammlung und Gläubigerausschuss). Die Gläubiger spielen eine wichtige Rolle bei der Entscheidung der Verwertungsart und insbesondere bei der Bestimmung des Insolvenzplans.[301] Auch die Tätigkeit des Insolvenzverwalters und die

---

295 GesetzEnt., BT-Drucks, 12/2443, S. 108.
296 Ganter, in MünchKomm InsO, § 1 Rn. 51.
297 GesetzEnt., BT-Drucks, 12/2443, S. 108.
298 A. A. Henckel, in Jaeger, InsO, § 1 Rn. 6; er meint: „Denn die Gläubiger der Masseverbindlichkeiten, die in § 1 auch erfasst sind, werden grundsätzlich nicht gemeinschaftlich befriedigt, sondern nur ausnahmsweise bei Unzulänglichkeit der Insolvenzmasse (§ 209)."
299 Hier werden die unterschiedlichen Gläubigergruppen genannt, die entweder gesetzlich Vorrang haben oder nachrangig betrachtet werden. Vgl. Bork, Rn. 2.
300 GesetzEnt, BT-Drucks, 12/2443, S. 108.
301 Ausführlich Ganter, in MünchKomm InsO, § 1 Rn. 53 ff.

Aufsichts- und Eingriffsbefugnisse des Gerichts sind in erster Linie auf dieses Ziel auszurichten.[302]

2.2.1.2 *Bestmögliche Gläubigerbefriedigung*

Das Ziel der bestmöglichen Gläubigerbefriedigung stellt sich als das Hauptziel[303] des deutschen Insolvenzverfahrens dar. Es ist in erster Linie maßgeblich für die Entscheidungen, die innerhalb des Verfahrens zu treffen sind.[304] Das Insolvenzverfahren strebt nach der Maximierung des haftenden Schuldnervermögens,[305] und sucht eine ökonomisch vernünftige Haftungsverwirklichung. Die Befriedigungschancen für die Gesamtheit der Gläubiger zu optimieren, gehört auch zur bestmöglichen Gläubigerbefriedigung.[306] Das Ziel der bestmöglichen Gläubigerbefriedigung lässt sich auch durch das folgende Verständnis bzw. durch die folgende Leitidee des deutschen Insolvenzrechts verstärken. Das Insolvenzverfahren dient der Haftungsverwirklichung und stellt weder ein Umverteilungsverfahren[307] noch ein Erkenntnisverfahren[308] dar. Das Insolvenzrecht wird den Anforderungen der Betriebswirtschaftslehre gerecht.[309] Die ökonomische Funktionsbestimmung des Insolvenzverfahrens impliziert zugleich die Aufgabe, die in dem insolventen Unternehmen gebundenen Ressourcen der wirtschaftlich produktivsten Verwendung zuzuführen.[310] Die Gläubiger sollen aufgrund der Gläubigerautonomie im Wettbewerb um die beste Verwertungsart die optimale Masseverwertung entdecken und durchsetzen.[311]

---

302 GesetzEnt, BT-Drucks, 12/2443, S. 108.

303 GesetzEnt, BT-Drucks, 12/2443, S. 108.

304 Vgl. GesetzEnt, BT-Drucks, 12/2443, S. 108; Ganter, in MünchKomm InsO, § 1 Rn. 20. In der Begründung des Gesetzesentwurfs wird das Ziel der bestmöglichen Gläubigerbefriedigung als „Hauptziel“ genannt. Im Vergleich zu dem Ziel der gemeinschaftlichen Gläubigerbefriedigung stellt sich das Ziel der bestmöglichen Gläubigerbefriedigung als ein untergeordnetes Ziel dar. Die bestmögliche Gläubigerbefriedigung ist unter dem Gesichtspunkt einer gemeinschaftlichen Gläubigerbefriedigung zu erreichen. Das kann insbesondere durch § 245 Abs. 2 Nr. 3 InsO bestätigen lassen. Eine bestmögliche Gläubigerbefriedigung unter Einhaltung des Prinzips der Gleichbehandlung entspricht genau den Interessen aller Insolvenzgläubiger.

305 Pape, in Uhlenbruck, § 1 Rn. 1; Eidenmüller, Unternehmungssanierung, S. 17.

306 Pape, in Uhlenbruck, § 1 Rn. 1; Henckel, in FSMerz, 197, 202.

307 Pape, in Uhlenbruck, § 1 Rn. 1.

308 Pape, in Uhlenbruck, § 1 Rn. 2.

309 Pape, in Uhlenbruck, § 1 Rn. 1; Hax, in RWS-Forum 3, 21 ff.; ähnlich siehe Balz, in KS InsO, Rn. 5 ff.

310 Pape, in Uhlenbruck, § 1 Rn. 1; GesetzEnt, BT-Drucks. 12/2443, S. 77; Smid, in Smid, § 1 Rn. 7.

311 Pape, in Uhlenbruck, § 1 Rn. 1; Allgemeine RegEBegr., in Uhlenbruck, Das neue Insolvenzrecht, S. 233 = BR Drucks.1/92, S. 78.

Basierend auf der oben genannten Leitideen wird das Ziel der bestmöglichen Gläubigerbefriedigung insbesondere durch die folgenden Maßnahmen verwirklicht: Erstens ermöglicht die Insolvenzordnung eine rechtzeitige Eröffnung des Insolvenzverfahrens, sei es durch die Einführung des neuen Insolvenzgrunds der drohenden Zahlungsunfähigkeit (§ 18 InsO), sei es durch das Herabsetzen der Kostenschwelle für den Zugang zum Verfahren,[312] sei es durch mehrere Anreize[313] für den Schuldner zur frühzeitigen Stellung des Antrags. Eine erleichterte und rechtzeitige Eröffnung des Insolvenzverfahrens schafft Masse und damit Quoten[314] und dient somit der bestmöglichen Gläubigerbefriedigung. Zur bestmöglichen Gläubigerbefriedigung gehören außerdem auch zahlreiche Maßnahmen[315] zur Maximierung der Verteilungsmasse, z. B. die Einbeziehung des Neuerwerbs, die Einbeziehung von Forderungen aus Dauerschuldverhältnissen und die Verschärfung des Anfechtungsrechts. Die deutsche Insolvenzordnung bietet ferner die Möglichkeit, mit der Abwicklung des Insolvenzverfahrens durch Gläubigerautonomie von der gesetzlichen Zwangsverwertung abzuweichen. In der Literatur spricht man daher von einer „Deregulierung" des Insolvenzverfahrens.[316] Mit einer starken Gläubigerautonomie wird versucht, die beste Verwertungsart sowie die optimale Masseverwertung zu entdecken und durchzusetzen.[317] Nicht zuletzt trägt eine effiziente ökonomische Abwicklung des Insolvenzverfahrens zum Erreichen dieses Ziels bei, wobei nicht nur der Insolvenzverwalter, sondern auch das betreffende Insolvenzgericht und die Gläubigergremien die vorteilhaftesten Maßnahmen für die Insolvenzgläubiger im Verfahren ergreifen sollen.

2.2.2 Die Verwirklichung des Ziels der Gläubigerbefriedigung

Das Insolvenzverfahren dient der Gläubigerbefriedigung, die durch die Verwertung des Schuldnervermögens erfolgt.[318] Für die Verwertung des Schuldnervermögens stehen die Liquidation und Sanierung zur Verfügung.[319]

Die Liquidation ist die Zerschlagung[320] des Unternehmens mit dem Ziel, die Gläubiger zu befriedigen und den Resterlös an die Gesellschafter zu verteilen. Bezogen

312 Vgl. § 26 Abs. 1 S. 1 InsO.
313 Ausführlich siehe Ganter, in MünchKomm InsO, § 1 Rn. 26 f.
314 Pape, in Uhlenbruck, § 1 Rn. 8.
315 Ausführlich siehe Ganter, in MünchKomm InsO, § 1 Rn. 28 ff.; vgl. auch Pape, in Uhlenbruck, § 1 Rn. 27.
316 Vgl. Henckel, KTS 1989, 477, 477 ff.; Dorndorf, in FS Merz, 31, 33; Balz, in KS InsO, Rn. 8 ff.; Pape, in Uhlenbruck, § 1 Rn. 9; Ganter, in MünchKomm InsO, § 1 Rn. 46.
317 Vgl. Pape, in Uhlenbruck, § 1 Rn. 1.
318 Vgl. Bork, Rn. 3.
319 Liquidation und Sanierung werden zum Teil in der Literatur als „sekundäre Verfahrenszwecke" bezeichnet, siehe: Stürner, in MünchKomm InsO, Einleitung, Rn. 2; Pape, in Uhlenbruck, § 1 Rn. 7.
320 Becker, Rn. 133.

auf das Insolvenzrecht werden bei der Liquidation die Aktiva veräußert und der Erlös an die Gläubiger quotengemäß verteilt. Ein Resterlös für die Gesellschafter existiert in der Insolvenz normalerweise nicht. In der Praxis kommt es nicht selten vor, dass ein insolventes Unternehmen ganz oder zum Teil auf einen anderen Rechtsträger übertragen und anschließend der Kaufpreis als Erlös an die Gläubiger des insolventen Unternehmens verteilt wird. Das nennt man „sanierende Liquidation" oder „übertragende Sanierung".[321]

Der Begriff „Sanierung" ist kein Rechtsbegriff.[322] Unter Sanierung versteht man, dass ein sich in der Krise befindendes Unternehmen durch unternehmenspolitische, führungstechnische, organisatorische, finanzwirtschaftliche oder andere Maßnahmen wieder geheilt wird.[323] Durch eine erfolgreiche Sanierung kann ein existenzgefährdetes Unternehmen weiter fortgeführt werden und wieder Erträge erwirtschaften, aus denen dessen Gläubiger befriedigt werden können.[324] Die Sanierung entspricht genau dem „Erhalt des Unternehmens" im § 1 S. 1 InsO. Sie kann die bedrohten Arbeitsplätze – wenigstens zum Teil – retten. Darüber hinaus kann eine Sanierung den Wettbewerb eines (gesundeten) Marktteilnehmers bewahren. Außerdem können die Gläubiger bei Fortführung eines lebenden Unternehmens regelmäßig eine höhere Quote erhalten als bei dessen Zerschlagung in Einzelteile.[325] Die Sanierung orientiert sich vorrangig an dem Ziel der Gläubigerbefriedigung.[326] Sie hat keinesfalls eine bevorzugte Stellung als Liquidation. Das deutsche Insolvenzrecht kennt keinen Typenzwang der Verwertungsarten.[327] Es bietet vielmehr einen neutralen Rechtsrahmen an, in dem die Beteiligten die für sie vorteilhafteste Lösung finden und durchsetzen können.[328]

2.3 Das Insolvenzverfahren in der deutschen Insolvenzordnung

Die neue deutsche Insolvenzordnung hat die drei Verfahrensarten nach dem alten deutschen Insolvenzrecht abgeschafft und stellt stattdessen ein einheitliches

---

321 Vgl. Bork, Rn. 4, 375 ff.; ausführlich siehe, Wellensiek, NZI 2002, 233, 233 ff.; Hagebusch/Oberle, NZI 2006, 618, 618 ff.

322 Verhoeven, Diss., S. 51.

323 Vgl. Verhoeven, Diss., S. 51; Bork, Rn. 4, 355; Bausch/Matthes, in Thierhoff/Müller/Illy/Liebscher, S. 90; Portisch, S. 9.

324 Vgl. Bork, Rn. 4.

325 Vgl. Bork, Rn. 355; BGH, Urteil vom 14.11.1996 – IX ZR 339/95 = NJW 1997, 524, 525.

326 Falls die Sanierung als ein Ziel des Verfahrens bezeichnet wird, stellt sie im Vergleich zu dem Ziel der Gläubigerbefriedigung einen sekundären Verfahrenszweck dar, der dem übergeordneten Zweck der Gläubigerbefriedigung dient. Vgl. Stürner, in MünchKomm InsO, Einleitung Rn. 2.

327 Vgl. RegE, Drucksache 12/2443, S. 78.

328 Vgl. RegE, Drucksache 12/2443, S. 78.

Verfahren zur Verfügung,[329] in dem wegen der unterschiedlichen Schuldnerarten oder Massearten verschiedene Verfahrensvarianten angeboten werden, zu denen das Regelinsolvenzverfahren (§§ 1–303 InsO), Kleininsolvenzverfahren (§§ 304–314 InsO) und Sonderinsolvenzverfahren (§§ 315–334 InsO) gehören.[330]

Dem Regelinsolvenzverfahren gehören das Insolvenzplanverfahren, die Eigenverwaltung und das Restschuldbefreiungsverfahren an. Das Restschuldbefreiungsverfahren (§§ 286–303 InsO) ist ein weiteres Verfahren, das sich an ein durchgeführtes Insolvenzverfahren anschließt.[331] Es bezieht sich nur auf natürliche Personen. Die Eigenverwaltung (§§ 270 ff. InsO) ist eine besondere Variante des Regelinsolvenzverfahrens.[332] Das Insolvenzplanverfahren ist eine Folge der Gläubigerautonomie, wodurch das Verfahren abweichend von den Vorschriften der InsO abgewickelt werden kann.

Im Folgenden werden das Regelinsolvenzverfahren, in dem Schuldnervermögen nach den allgemeinen Vorschriften der InsO liquidiert werden,[333] das Insolvenzplanverfahren und die Eigenverwaltung kurz dargestellt. Die Restschuldbefreiung gilt nur für natürliche Personen, so dass eine Darstellung hier entbehrlich ist.

2.3.1 Liquidationsverfahren[334]

Jedes Insolvenzverfahren beginnt gemäß § 13 Abs. 1 InsO mit einem schriftlichen Antrag des Schuldners oder eines Gläubigers. In dem von diesem Antrag eingeleiteten Eröffnungsverfahren i. S. d. §§ 11 ff. InsO entscheidet das Gericht über das Vorliegen der Verfahrensvoraussetzungen. Gemäß § 16 InsO setzt die Eröffnung des Insolvenzverfahrens einen Eröffnungsgrund voraus. Eröffnungsgründe können zum Beispiel sein: die Zahlungsunfähigkeit nach § 17 InsO, die drohende Zahlungsunfähigkeit beim Schuldnerantrag gemäß § 18 InsO oder die Überschuldung einer juristischen Person nach § 19 InsO. Bereits im Eröffnungsverfahren kann das Gericht Sicherungsmaßnahmen ergreifen, zu denen insbesondere die Bestellung eines vorläufigen Insolvenzverwalters gehört. Die Verfahrenseröffnung wird abgelehnt, wenn die Insolvenzgründe nicht vorliegen oder das Vermögen des Schuldners voraussichtlich nicht ausreichen wird, um die Kosten des Verfahrens zu decken. Das ergibt sich aus § 26 Abs. 1 InsO. Liegen die Eröffnungsvoraussetzungen vor,

---

329 Vgl. RegE, Drucksache 12/2443, S. 1 ff. m. w. N.; Stürner, in MünchKomm InsO, Einleitung, Rn. 6.

330 Vgl. Becker, Rn. 142 ff.

331 Pape, in Uhlenbruck, § 1 Rn. 3.

332 Vgl. Pape, in Uhlenbruck, § 1 Rn. 3.

333 Vgl. Pape, in Uhlenbruck, § 1 Rn. 3.

334 Liquidationsverfahren steht hier für das Regelinsolvenzverfahren, in dem Schuldnervermögen nach den allgemeinen Vorschriften der InsO liquidiert werden. Hier wird allein wegen sprachlicher Vereinfachung dieses Verfahren als „Liquidationsverfahren" bezeichnet. Zu berücksichtigen ist, dass das Insolvenzplanverfahren auch für die Liquidation verwendet werden kann.

wird das Insolvenzverfahren durch einen Eröffnungsbeschluss i. S. d. §§ 27 ff. InsO eingeleitet. In diesem wird der Insolvenzverwalter ernannt. Wichtige Termine, z. B. der Berichts- und Prüfungstermin, werden bestimmt. Mit dem Eröffnungsbeschluss geht das Verwaltungs- und Verfügungsrecht über das zur Insolvenzmasse gehörende Schuldnervermögen gemäß § 80 Abs. 1 InsO auf den Insolvenzverwalter über. Verfügungen des Schuldners sind danach grundsätzlich unwirksam gemäß § 81 InsO. Außerdem gilt das Vollstreckungsverbot der §§ 88, 89 InsO. Die Insolvenzgläubiger können gemäß §§ 87, 147 ff. InsO ihre Ansprüche nur noch durch Anmeldung im Verfahren verfolgen.

In dem Berichtstermin beschließt die Gläubigerversammlung vor allem, ob das Verfahren mittels einer Liquidation oder Sanierung abgewickelt wird (§ 29 Abs. 1 Nr. 1 InsO). Falls die Gläubigerversammlung im Berichtstermin die Liquidation beschließt, ist das Schuldnervermögen zu verwerten und anschließend an die Gläubiger zu verteilen. Bevor der Erlös verteilt wird, ist ein Feststellungsverfahren i. S. d. §§ 174 ff. InsO durchzuführen, in dem die von den Insolvenzgläubigern schriftlich beim Insolvenzverwalter zur Eintragung in einer Tabelle angemeldeten Forderungen zu prüfen und festzustellen sind. Dem Feststellungsverfahren folgt die Erlösverteilung, wobei Abschlags-, Schluss- und Nachtragsverteilung zu unterscheiden sind. Nach Vollzug der Schlussverteilung wird das Insolvenzverfahren durch das Insolvenzgericht aufgehoben. Nach der Aufhebung des Insolvenzverfahrens kann noch eine Nachtragsverteilung[335] in Betracht kommen, sofern Barmittel oder Vermögensgegenstände entdeckt oder erhalten werden.

2.3.2 Insolvenzplanverfahren

Das Insolvenzplanverfahren ist eine neue Option an Stelle des Vergleichs und Zwangsvergleichs. Der Zweck des neuen Rechtsinstituts liegt darin, den Beteiligten einen Rechtsrahmen für die einvernehmliche Bewältigung der Insolvenz in Form von Verhandlungen und privatautonomen Austauschprozessen zu ermöglichen.[336] Mit dem Insolvenzplan kann die Gläubigerautonomie in dem Insolvenzverfahren wesentlich verstärkt werden. Durch den Insolvenzplan kann ein Insolvenzverfahren abweichend von den Vorschriften der InsO abgewickelt werden (§ 217 InsO).[337] Es wird versucht, die für die Gläubiger günstigste Art der Insolvenzabwicklung festzustellen und durchzusetzen.[338] Der Insolvenzplan dient jedenfalls zur gemeinschaftlichen Gläubigerbefriedigung, insbesondere zur bestmöglichen Gläubigerbefriedigung.

Gemäß § 217 InsO können die Befriedigung der absonderungsberechtigten Gläubiger und der Insolvenzgläubiger, die Verwertung der Insolvenzmasse und deren Verteilung an die Beteiligten sowie die Verfahrensabwicklung und die Haftung

335 Zu beachten ist, dass eine Nachtragsverteilung schon nach dem Schlusstermin entstehen kann, § 203 Abs. 1 InsO.

336 RegE, Drucksache 12/2443, S. 90.

337 Sog. „Deregulierung des Insolvenzverfahrens“, siehe oben 2.2.1.2.

338 Vgl. Drucksache 12/2443, S. 90.

des Schuldners nach der Beendigung des Insolvenzfahrens in einem Insolvenzplan abweichend von den Vorschiften der InsO geregelt werden. Nicht betroffen ist das Eröffnungsverfahren.[339] Beteiligte des Insolvenzplans sind gemäß § 217 InsO die absonderungsberechtigten Gläubiger, die Insolvenzgläubiger, der Schuldner und auch die Gesellschafter des Schuldners. Aussonderungsberechtigte, Massegläubiger und Dritte können sich freiwillig an dem Plan beteiligen und ihren Beitrag zur Sanierung des Unternehmens leisten, etwa indem ein Aussonderungsberechtigter Gegenstände der Masse zur Nutzung überlässt, ein Massegläubiger Stundung bewilligt oder ein Dritter Sicherheit leistet.[340] Allerdings kann die Rechtsstellung der Aussonderungsberechtigten und der Massegläubiger nicht durch den Insolvenzplan abgeändert bzw. darin durch ihn eingegriffen werden. Die Rechte Dritter können ebenfalls nicht beeinträchtigt werden.[341] Der Eingriff in die Gesellschafterrechte durch einen Insolvenzplan wird durch das ESUG vom 07.12.2011 (in Kraft getreten am 01.03.2012) gestattet. Die *„Debt-Equity-Swap-Transaktion“* wird durch den Eingriff in die Gesellschafterrechte ermöglicht.

Zur Vorlage eines Plans sind gemäß § 218 Abs. 1 S. 1 InsO der Insolvenzverwalter und der Schuldner berechtigt. Gläubiger können dem Gericht keinen Plan vorlegen, aber sie können laut § 218 Abs. 2 InsO in der Gläubigerversammlung den Insolvenzverwalter beauftragen, einen Insolvenzplan auszuarbeiten. Der Insolvenzplan besteht gemäß § 219 InsO aus einem darstellenden und einem gestaltenden Teil. Der Inhalt des darstellenden Teils ergibt sich aus § 220 InsO. Danach soll er alle schon ergriffenen Maßnahmen und zu ergreifenden Maßnahmen beschreiben und alle Angaben zu den Grundlagen und den Auswirkungen des Plans enthalten, die für die Entscheidung der Beteiligten über die Zustimmung zum Plan und für dessen gerichtliche Bestätigung erheblich sind. Zu dem Inhalt des darstellenden Teils gehören vor allem die Vermögens-, Finanz- und Ertragslage, Insolvenzursachenanalyse und Art der Verwertung, eine Vergleichsrechnung, Betriebsänderung sowie organisatorische und personelle Maßnahmen und ein Sanierungskonzept, falls eine Sanierung geplant ist.[342] In dem gestaltenden Teil wird gemäß § 221 InsO festgelegt, wie die Rechtsstellung der Beteiligten durch den Plan geändert werden soll.

---

339 Vgl. Lüer, in Uhlenbruck, § 217 Rn. 2. Dort heißt es: „Soweit ein Insolvenzverfahren unzulässig ist, kann gleichfalls kein Insolvenzplanverfahren beantragt und durchgeführt werden.“ Wohl a. A. Braun/Frank, in Braun InsO, § 217 Rn. 3: „Verfahrensrechtlich gelten zwingend alle Vorschriften der InsO mit der Maßgabe, dass ein Planvorlageberechtigter schon mit Einreichung des Antrags und bis zum Schlusstermin eine Abweichung verfahrensrechtlich durch den dann vorrangig zu behandelnden, ggf. zu beschließenden Plan erzwingen kann.“

340 Bork, Rn. 320.

341 Vgl. Bork, Rn. 320; ausführlich vgl. Eidenmüller, in MünchKomm InsO, § 217 Rn. 56 ff.; Lüer, in Uhlenbruck, § 217 Rn. 8 ff.

342 Ausführlich siehe, Bork, Rn. 315 ff.; Eilenberger, in MünchKomm InsO, § 220 Rn. 4 ff.; Jaffé, in FK-InsO, § 220 Rn. 35 ff.; Spliedt, in K. Schmidt InsO, § 220 Rn. 6 ff.; Maus, in Uhlenbruck, § 220 Rn. 2 ff.

In dem Plan sind die Beteiligten nach ihrer Rechtsstellung in unterschiedliche Gruppen eingeordnet. Das ergibt sich aus § 222 Abs. 1 InsO. Aus den Beteiligten mit gleicher Rechtsstellung können nach § 222 Abs. 2 S. 1 InsO Gruppen gebildet werden, in denen Beteiligte mit gleichartigen wirtschaftlichen Interessen zusammengefasst werden. Die Arbeitnehmer sollen gemäß § 222 Abs. 3 InsO eine besondere Gruppe bilden, wenn sie als Insolvenzgläubiger mit nicht unerheblichen Forderungen beteiligt sind. Nach Vorlage des Plans wird dieser gemäß § 231 InsO von dem Insolvenzgericht geprüft. Wird der Insolvenzplan nicht zurückgewiesen, dann leitet das Insolvenzgericht den Plan dem Gläubigerausschuss sowie dem Schuldner und dem Insolvenzverwalter zur Stellungnahme zu, soweit letztere nicht selbst den Plan vorgelegt haben (§ 232 Abs. 1 InsO). Mit den eingegangenen Stellungnahmen und den Anlagen ist der Insolvenzplan gemäß § 234 InsO in der Geschäftsstelle zur Einsichtnahme der Beteiligten niederzulegen. Nach Niederlegung des Plans bestimmt das Insolvenzgericht nach § 235 Abs. 1 InsO den Erörterungs- und Abstimmungstermin, in dem der Insolvenzplan und das Stimmrecht der Beteiligten erörtert werden und anschließend über den Plan abgestimmt wird. Allen Gläubigern und Anteilsinhabern steht nach den §§ 237, 238, 238a InsO ein Stimmrecht zu, soweit deren Forderungen oder Anteilsrechte durch den Plan beeinträchtigt werden. In jeder Gruppe wird über den Insolvenzplan abgestimmt. Der Insolvenzplan ist angenommen, wenn alle Gruppen zustimmen und in jeder Gruppe eine Kopf- und Summenmehrheit i. S. d. § 244 InsO erreicht ist. Die Annahme des Plans durch die Anteilsinhaber wird in dem durch das ESUG neu eingeführten § 246a InsO geregelt. Sie gilt als erteilt, wenn sich keines der Mitglieder einer Gruppe der Anteilsinhaber an der Abstimmung beteiligt.[343] Auch wenn die erforderlichen Mehrheiten nicht erreicht worden sind, gilt die Zustimmung einer Abstimmungsgruppe nach dem Obstruktionsverbot des § 245 InsO als erteilt, wenn die Gläubiger der betreffenden Gruppe durch den Plan nicht schlechter gestellt werden als sie ohne den Plan stünden – was als Werterhaltungsprinzip[344] bezeichnet wird – und wenn diese Gläubiger angemessen am Erlös teilhaben sollen – was als Gleichbehandlungsprinzip[345] bezeichnet wird. Nach der Annahme des Insolvenzplans durch die Beteiligten und der Zustimmung des Schuldners gemäß § 247 InsO bedarf der Plan laut § 248 InsO noch der Bestätigung durch das Insolvenzgericht. Der Plan wird vom Insolvenzgericht durch Beschluss bestätigt oder versagt. Dieser Beschluss soll gemäß § 252 InsO bekannt gemacht werden. Mit der Rechtskraft der Bestätigung des Insolvenzplans treten gemäß § 254 Abs. 1 InsO die im gestaltenden Teil festgelegten Wirkungen für und gegen alle Beteiligten ein. Anschließend beschließt das Insolvenzgericht die

343 Der Gesetzgeber nimmt an, dass das Interesse der Anteilsinhaber an einer Abstimmung häufig gering ist, weil deren Anteile durch die Insolvenz wertlos geworden sind und der Plan in der Regel keine Leistungen an die Anteilsinhaber vorsieht. Siehe EUSG RegE, BT-Drucks.17/5712, S. 34. Diese Annahme wird hier als zweifelhaft angesehen.

344 Vgl. Bork, Rn. 338; Seagon, in Buth/Hermanns, § 27 Rn. 106.

345 Vgl. Bork, Rn. 338; Seagon, in Buth/Hermanns, § 27 Rn. 106.

Aufhebung des Insolvenzverfahrens nach § 258 Abs. 1 InsO, falls der Insolvenzplan nicht etwas anderes vorsieht. Mit der Aufhebung des Planverfahrens erlöschen die Ämter des Insolvenzverwalters und der Mitglieder des Gläubigerausschusses, falls keine Überwachung der Planerfüllung im gestaltenden Teil des Plans vorgesehen wird (§§ 260 i. V. m. 261 InsO). Mit der Aufhebung des Insolvenzplanverfahrens erhält der Schuldner gemäß § 259 Abs. 1 S. 2 InsO das Recht zurück, über die Insolvenzmasse frei zu verfügen.

2.3.3 Eigenverwaltung

Eine besondere Variante des Regelinsolvenzverfahrens – die „Eigenverwaltung" – wird in den §§ 270–285 InsO geregelt. Abweichend von dem Regelfall des Insolvenzverfahrens, bei dem der Schuldner die Verwaltungs- und Verfügungsbefugnisse über sein Vermögen verliert und an seine Stelle ein Insolvenzverwalter tritt, sind die Verwaltungs- und Verfügungsbefugnisse bei der Eigenverwaltung dem Schuldner weiter zu belassen. Entsprechend wird kein Insolvenzverwalter bestellt. Bei der Eigenverwaltung ist der Schuldner berechtigt, unter der Aufsicht eines Sachwalters die Insolvenzmasse zu verwalten und über sie zu verfügen (§ 270 Abs. 1 S. 1 InsO). Die Eigenverwaltung dient der Gläubigerbefriedigung bzw. bestmöglichen Gläubigerbefriedigung, insbesondere in dem Fall, in dem die Eigenverwaltung günstiger erscheint als das Plan- und Liquidationsverfahren, weil die Kenntnisse und Erfahrungen der bisherigen Geschäftsleitung in der Eigenverwaltung am besten genutzt werden können, die von Fremdverwaltern benötigende Einarbeitungszeit vermieden werden kann und weniger Aufwand und Kosten verursacht werden können. Außerdem bietet es einen erheblichen Anreiz für den Schuldner, rechtzeitig einen Insolvenzantrag zu stellen, wenn er damit rechnen kann, auch nach der Verfahrenseröffnung nicht völlig aus der Geschäftsführung verdrängt zu werden.[346] Trotzdem gilt die Eigenverwaltung nur im Ausnahmefall.[347] Von der Eigenverwaltung wurde bis zum Inkrafttreten des ESUG in der Praxis wenig Gebrauch gemacht.[348] Durch das ESUG wird der Zugang zur Eigensanierung wesentlich erleichtert. Ansteigende Anwendungen der Eigenverwaltung in der Praxis können zukünftig wegen des Inkrafttretens des ESUG erwartet werden.

Zur Antragstellung bezüglich der Eigenverwaltung ist der Schuldner berechtigt. Der Antrag muss bis zum Zeitpunkt der Eröffnung des Insolvenzverfahrens vorgelegt werden. Die Anordnung der Eigenverwaltung setzt gemäß § 270 Abs. 2 InsO voraus, dass die Eigenverwaltung von dem Schuldner beantragt wird und die Anordnung

---

346 Vgl. RegE, BT-Drucks 12/2443, S. 222 ff.

347 Vgl. RegE, BT-Drucks 12/2443, S. 226; Bork, Rn. 401; Wittig/Tetzlaff, in MünchKomm InsO, Vorb. vor §§ 270 bis 285, Rn. 8; Uhlenbruck, in Uhlenbruck, § 270 Rn. 2; Riggert, in Nerlich/Römermann, Vorb. vor §§ 270 bis 285, Rn. 6.

348 Vgl. RegE, BT-Drucks. 17/5712, S. 1; Wittig/Tetzlaff, in MünchKomm InsO, Vorb. vor §§ 270 bis 285, Rn. 8; Riggert, in Braun, Vorb. vor §§ 270 bis 285, Rn. 2.

nicht zu Nachteilen für die Gläubiger führen wird. Wird der Antrag von einem einstimmigen Beschluss des vorläufigen Gläubigerausschusses unterstützt, gilt die Anordnung nicht als nachteilig für die Gläubiger. Das ergibt sich aus § 270 Abs. 3 S. 2 InsO. Eine nachträgliche Beantragung der Eigenverwaltung steht gemäß § 271 InsO nur der Gläubigerversammlung zu. Wenn ein nachträglicher Antrag von der Gläubigerversammlung mit Summen- und Kopfmehrheit gestellt wird, hat das Gericht die Eigenverwaltung anzuordnen, sofern der Schuldner zustimmt. Gemäß § 270 Abs. 1 S. 2 InsO ändert die Anordnung der Eigenverwaltung nichts daran, dass ein Insolvenzverfahren stattfindet.[349] Nach Beschluss der Eröffnung des Insolvenzverfahrens mit Anordnung einer Eigenverwaltung setzt sich das Insolvenzverfahren entweder in einer Liquidation oder Sanierung weiter fort, aber in einer günstigeren Weise, so dass der Schuldner unter Aufsicht des Sachwalters die Insolvenzmasse selbst verwaltet und über sie verfügt. Wird die Eigenverwaltung angeordnet, ist kein Insolvenzverwalter, sondern ein Sachwalter zu bestellen.

Durch den neuen § 270a InsO wird ein spezifisches vorläufiges Eigenverwaltungsverfahren während des Eröffnungsverfahrens ermöglicht.[350] Damit werden die wesentlichen Hürden zur Eigenverwaltung abgeschafft. Zu den Hürden gehörten vor allem der tatsächliche Einfluss des vorläufigen Insolvenzverwalters auf die spätere Anordnung der Eigenverwaltung und die Wiederherstellung der Verwaltungs- und Verfügungsmacht des Schuldners.[351] Der neue durch das ESUG eingefügte § 270b InsO regelt das Schutzschirmverfahren, wobei dem Schuldner im Zeitraum zwischen dem Eröffnungsantrag und der Verfahrenseröffnung unter Beschluss des Insolvenzgerichts ein eigenständiges Sanierungsverfahren zur Verfügung gestellt wird. Der Schuldner hat deshalb die Chance, im Schutz eines besonderen Verfahrens in Eigenverwaltung einen Sanierungsplan zu erstellen, der anschließend durch einen Insolvenzplan umgesetzt werden soll. Damit wird das Vertrauen des Schuldners in das Insolvenzverfahren gestärkt. Gleichzeitig wird ein Anreiz geschaffen, frühzeitig einen Eröffnungsantrag zu stellen, um rechtzeitig die Weichen für eine Sanierung des schuldnerischen Unternehmens zu stellen.[352]

Ordnet das Insolvenzgericht die Eigenverwaltung an, wird das Verfahren, wie oben erwähnt, unter Aufsicht des Sachwalters von dem Schuldner selbst entwickelt. Allerdings kann die Eigenverwaltung später durch einen Aufhebungsantrag vom Schuldner, von der Gläubigerversammlung mit der Summen- und Kopfmehrheit oder von jedem Gläubiger aufgehoben werden. Wird die Eigenverwaltung aufgehoben, ist ein Insolvenzverwalter zu bestellen. Folglich verliert der Schuldner – wie im Regelfall – die Verwaltungs- und Verfügungsmacht über die Insolvenzmasse.

---

349 Bork, Rn. 404.

350 Vgl. Riggert, in Nerlich/Römermann, § 270a Rn. 2; Undritz, in K. Schmidt InsO, § 270a Rn. 1; Foltis, in FK-InsO, § 270a Rn. 3 ff.; Merten, S. 137.

351 Vgl. Riggert, in Nerlich/Römermann, § 270a Rn. 2.; Riggert, in Braun, § 270a Rn. 1.

352 RegE, BT-Drucks, 17/7512, S. 40; vgl. auch Riggert, in Nerlich/Römermann, § 270b Rn. 1.; Riggert, in Braun, § 270b Rn. 1.

Kapitel 3. Die Konzernhaftung und -leitung in der Konzerninsolvenz

Der Konzern ist, wie bereits erwähnt,[353] eine Folge der wirtschaftlichen Entwicklung. Er stellt sich als ein besonderer Gegenstand des Gesellschaftsrechts dar. Die Besonderheiten des Konzerns im Gesellschaftsrecht liegen vor allem in der Konzernhaftung und in der durch die Abhängigkeit ermöglichten Einflussnahme bzw. (Konzern-) Leitung des herrschenden Unternehmens.

Die Konzernhaftung des deutschen Konzernrechts war oben bereits Gegenstand der vorliegenden Arbeit.[354] Insbesondere soll das herrschende Unternehmen gemäß § 302 AktG beim Vorliegen eines Beherrschungsvertrags jeden Verlust seiner Tochtergesellschaften übernehmen. Diese Verlustübernahmepflicht wird als ein gesetzliches Dauerschuldverhältnis qualifiziert.[355] Außerdem wird sie als eine Zustands- oder Strukturhaftung angesehen.[356] Zu untersuchen ist hier, welche insolvenzverfahrensrechtlichen Auswirkungen die materiell-rechtliche Konzernhaftung nach dem geltenden Recht auslösen kann.

Liegt ein Beherrschungsvertrag vor, wird die Leitung einer abhängigen Aktiengesellschaft dem herrschenden Unternehmen unterstellt, wodurch die selbstständige Leitung der abhängigen AG gemäß § 76 Abs. 1 AktG wesentlich verdrängt wird. Im faktischen Konzern ist die Einflussnahme bzw. die Konzernleitung von dem herrschenden Unternehmen unter Einzelausgleich stets möglich. Die von dem deutschen Konzern gestattete Konzerngestaltungsmöglichkeit ist deshalb vielfältig. Die abhängige Gesellschaft kann so straff geleitet werden, dass sie bloß als eine Abteilung des herrschenden Unternehmens betrachtet werden kann, obwohl sie rechtlich noch über Rechtspersönlichkeit verfügt. Das Phänomen wird durch den Begriff „wirtschaftliche Einheit, rechtliche Vielheit" beschrieben, so dass ein Konzern wirtschaftlich als Einheit, aber rechtlich als Vielheit betrachtet wird. Eine dezentrale Leitung und eine bloß einmalige Einflussnahme sind im Konzern möglich. Nicht zu übersehen sind die Fälle, in denen die obere Gesellschaft trotz Bestehens der Möglichkeit der Einflussnahme davon nicht Gebrauch gemacht hat. Die zahlreichen Gestaltungsmöglichkeiten der Konzerne spiegeln sich in der Praxis. Durch die Konzernleitung können Zusammenarbeit und Kooperation zwischen den Gesellschaften desselben Konzerns geschaffen werden, wodurch mehr Werte erschaffen werden können als sie getrennt ohne Zusammenarbeit erreicht hätten. Dieser „Synergie-Effekt" kann auch in der Konzerninsolvenz einen Gewinn versprechen. Daher stellt

353 Vgl. oben 1.1.1.

354 Vgl. oben 1.2.

355 Statt vieler K. Schmidt, ZGR 1983, 513, 516ff; Hüffer, § 302 Rn. 4.

356 Vgl. Hüffer, § 302 Rn. 6; Hirte, in Großkomm AktG, § 302 Rn. 6; in diesen Sinne auch K. Schmidt, S. 953.

sich hier die Frage, ob die „Synergie-Effekt" hervorbringende Konzernleitung, insbesondere die Konzernleitungsmacht i. S. v. § 308 AktG, aufrechterhalten werden soll, und ob eine Koordinierung bzw. Kooperation der Einzelverfahren auf der Ebene der Insolvenzverwaltung und der Verfahrensabwicklung durch die Ausübung der Konzernleitung möglich ist.

3.1 Mögliche Auswirkung der Konzernhaftung in der Konzerninsolvenz

Die Konzernhaftung wird in der Konzerninsolvenz als nichts Besonderes angesehen. Deren Inhaber (in der Regel die Tochtergesellschaft) wird als normaler Insolvenzgläubiger klassifiziert, was darauf hindeutet dass im Falle der Mutter- und Tochterinsolvenz der Insolvenzverwalter der Tochtergesellschaft deren Forderungen aus der Konzernhaftung bei dem Insolvenzverwalter der Muttergesellschaft anmelden soll. Damit erhält die Tochtergesellschaft eine Quote von der Insolvenzmasse der Muttergesellschaft, die weiter an deren Insolvenzgläubiger verteilt wird. Allerdings kann sich die Konzernhaftung, insbesondere die Verlustübernahme gemäß § 302 AktG, als eine Hürde für das Eintreten der Insolvenzgründe der Tochtergesellschaft wirken.

Die Verlustübernahmepflicht des § 302 AktG kann dazu führen, dass eine Überschuldung i. S. v. § 19 Abs. 2 S. 1 InsO der Gesellschaft während der Vertragsdauer überhaupt nicht eintritt, solange das herrschende Unternehmen noch solvent ist.[357] Eine Überschuldung liegt gemäß § 19 Abs. 2 S. 1 InsO vor, wenn das Vermögen des Schuldners die bestehenden Verbindlichkeiten nicht mehr deckt, es sei denn, dass die Fortführung des Unternehmens nach den Umständen überwiegend wahrscheinlich ist. Streitig ist, ob die Zahlungsunfähigkeit der beherrschten Gesellschaft i. S. v. § 17 Abs. 2 InsO eintreten kann, obwohl das herrschende Unternehmen noch solvent ist.

Im Schrifttum wird ein Schutz der Tochtergesellschaft vor Zahlungsunfähigkeit überwiegend verneint.[358] Nach der h. M. sei im Übrigen keiner der zu § 302 AktG diskutierten Normzwecke spezifisch genug, um den Anspruch auf Beseitigung des Insolvenzgrunds der Zahlungsunfähigkeit zu begründen.[359] Einen Anspruch auf

357 Vgl. Hirte, in Uhlenbruck, § 11 Rn. 399; Berthold, S. 53 ff.; Sämisch/Adam, ZInsO 2007, 520, 521; Veil, in Spindler/Stilz, § 302 Rn. 23; K. Schmidt, S. 953; Würdinger, S. 329; Böcker, GmbHR 2004, 1257, 1258; Lutter/Timm, ZGR 1983, 269, 279 f; Meister, WM 1976, 1182, 1188; Paulus, ZIP 1996, 2141, 2142; K. Schmidt, ZGR 1983, 513, 526; Wellensiek, ZIP 1984, 541, 542.

358 Statt vieler Hirte, in Uhlenbruck, § 11 Rn. 399; Hirte, Rn. 8.76, 8.77; Hirte, in GroßKomm AktG, § 302 Rn. 62; Koppensteiner, in KK AktG, § 302 Rn. 57; Immenga, ZHR 140 (1976), 301, 303; Zeidler, NZG 1999, 692, 695; Krieger, in MünchHdb AG, § 70 Rn. 74; Krieger, in FS Metzeler, 139, 148; Meister, WM 1976, 1182, 1188; K. Müller, ZGR 1977, 1, 6 f.; Wellensiek, ZIP 1984, 541, 543.

359 Koppensteiner, in KK AktG, § 302 Rn. 57.

eine kontinuierliche Versorgung mit Liquidität gebe die Verlustübernahmepflicht des § 302 AktG nicht.[360] Die Verlustübernahmepflicht verschaffe wegen des erst nachträglichen Ausgleichs dem abhängigen Unternehmen keine aktuelle Liquidität.[361] Die wenig vertretene Gegenauffassung geht von der Verpflichtung aus, dass die Muttergesellschaft die Tochter mit Liquidität auszustatten hat. Aus der Verlustausgleichpflicht i. S. d. § 302 AktG ergebe sich ein Anspruch der Gesellschaft auf Beseitigung des Insolvenzgrundes der Zahlungsunfähigkeit.[362]

Hier ist die Gegenauffassung zu vertreten. Solvenz des herrschenden Unternehmens vorausgesetzt, liegt keine Zahlungsunfähigkeit während der Dauer des Beherrschungsvertrags vor. Die h. M. stimmt in der Tat nicht mit dem Zweck des § 302 AktG überein. Die Verlustübernahmepflicht bezweckt im Allgemeinen den Schutz der beherrschten AG oder KGaA sowie deren Gläubiger und wird als Korrelat für die umfassenden Eingriffsrechte der Obergesellschaft gesehen.[363] Wäre ein Insolvenzverfahren über das Vermögen der beherrschten Gesellschaft wegen der Zahlungsunfähigkeit zulässig, würden die außenstehenden Aktionäre der Gesellschaft wesentlich beeinträchtigt werden, auch wenn es nach dem Verfahren noch eine übrige Masse geben würde, weil man durch die Verwertung keinen marktüblichen Preis für das zu verwertende Vermögen erhält und das ursprüngliche Vermögen wegen der Beteiligung der Masseschulden gemindert ist. Bei einer Gesellschaft ohne außenstehende Aktionäre kann es auch Schädigungen des Vermögens des herrschenden Unternehmens herbeiführen, weil das herrschende Unternehmen einerseits eine Sicherheit für die Gläubiger der insolventen Gesellschaft nach § 303 AktG gewährleisten muss, andererseits die durch die Verfahrenseröffnung entstehenden Masseschulden tragen soll. Das führt zum sinnlosen Verlustwirtschaftlicher Werte, weil einerseits die Gläubiger bereits durch die Gewährung der Sicherheiten befriedigt werden, andererseits die Masseschulden nicht entstehen sollten. Der sinnlose Verlust der wirtschaftlichen Werte und die Benachteiligung der Aktionäre ist deswegen dadurch zu vermeiden, dass sich die Tochtergesellschaft Liquidität beschafft.[364] Auf Grund des sinnlosen Verlusts der wirtschaftlichen Werte und der dadurch herbeigeführten Benachteiligung für das herrschende Unternehmen kommt wohl eine Sorgfaltspflichtverletzung des Vorstands der beherrschenden AG nach § 93 AktG oder des Geschäftsführers der beherrschenden GmbH gemäß § 43 GmbHG in Betracht. In diesem Sinne soll das herrschende Unternehmen dafür sorgen, dass die wegen eines Beherrschungsvertrags von ihm beherrschte

360 Hirte, Rn. 8.77.

361 BGH, Urteil vom 19.09.1988 – II ZR 255/87 = NJW 1988, 3143, 3145 ff.; Hirte, in GroßKomm AktG, § 302 Rn. 62; Zeidler, NZG 1999, 692, 695.

362 Vgl. Altmeppen, in MünchKomm AktG, § 302, Rn. 36; Emmerich, in Emmerich/Habersack, § 302 Rn. 41; Priester, ZIP 1989, 1301, 1307 f.; U. H. Schneider, ZGR, 1984, 497, 533 f.; Emmerich/Habersack, S. 349 f.; Hommelhoff, Konzernleitungspflicht S. 151.

363 Siehe oben 1.2.1.

364 Berthold, S. 74.

Gesellschaft nicht zur Zahlungsunfähigkeit kommt, sofern es selbst noch solvent ist. Darüber hinaus ist es im Falle der Solvenz des herrschenden Unternehmens sowie der darunter nicht eintreten dürfenden Überschuldung der Gesellschaft stets möglich, dass die Gesellschaft durch Aufnahme von Krediten den Liquiditätsmangel überwinden kann.[365] Der Ansicht, dass die Verlustübernahmepflicht wegen des erst nachträglichen Ausgleichs dem abhängigen Unternehmen keine aktuelle Liquidität verschaffe,[366] ist nicht zu folgen, denn die Verlustübernahmepflicht stellt sich als ein gesetzliches Dauerschuldverhältnis dar. Daraus ist im Interesse des umfassenden Schutzes der Lebensfähigkeit der abhängigen Gesellschaft der Schluss zu ziehen, dass sie schon während des Laufs des Geschäftsjahres Abschlagszahlungen auf den mit Ende des Geschäftsjahres fällig werdenden Verlustausgleich verlangen kann, sofern ihre Zahlungsfähigkeit oder Kreditwürdigkeit ernsthaft bedroht ist.[367] Die Verlustübernahmepflicht kann auch dazu führen, dass keine drohende Zahlungsunfähigkeit im Falle der Solvenz der Muttergesellschaft bei der Tochtergesellschaft eintreten kann,[368] weil die Verlustübernahmepflicht eine Liquiditätslücke von mehr als 10 Prozent in der Liquidationsprognose[369] stets vermeiden kann.

Zusammenfassend ist hier die Meinung zu vertreten, dass während der Vertragsdauer des Beherrschungsvertrags die Gesellschaft nicht insolvent gehen kann, solange das herrschende Unternehmen solvent ist.

3.2 Konzernleitung in der Konzerninsolvenz

3.2.1 Konzernleitungsmacht beim Vertragskonzern in der Insolvenz

Als die Konkursordnung noch galt, ging der BGH davon aus, dass der Unternehmensvertrag mit der Insolvenz des herrschenden Unternehmens automatisch endete.[370] Die Begründung des BGH lautete in dem Fall „Familienheim", dass der Unternehmenszweck nur auf Abwicklung gerichtet sei und die Ausübung der Konzernleitung nicht zu den Aufgabenbereichen des Konkursverwalters gehöre.[371] Somit endete automatisch die Konzernleitung. Dasselbe galt auch für die Insolvenz der beherrschten Gesellschaft.[372] Mit Einführung der Insolvenzordnung wird in der

365 Vgl. Berthold, S. 74.

366 BGH, Urteil vom 19.09.1988 – II ZR 255/87 = NJW 1988, 3143, 3145 ff.; Hirte, in GroßKomm AktG, § 302 Rn. 62; Zeidler, NZG 1999, 692, 695.

367 Emmerich, in Emmerich/Habersack, § 302 Rn. 41; Altmeppen, in MünchKomm AktG, § 302, Rn. 36, 71; Veil, in Spindler/Stilz, § 302 Rn. 23; Kleindiek, ZGR 2001, 479, 492 ff.; Wimmer-Leonhardt, Konzernhaftungsrecht S. 35 ff.

368 A. A. Böcker GmbHR 2004, 1257, 1257; Hirte, in Uhlenbruck, § 11 Rn. 399.

369 BGHZ 163, 134 = NZI 2005, 547 = ZInsO 2005, 807.

370 BGHZ 103, 1, 6 = BGH NJW 1988, S. 1326 ff.

371 BGHZ 103, 1, 7.

372 BGHZ 103, 1, 7.

Literatur die h. M. vertreten, dass die Unternehmensverträge im Falle der Insolvenz des beherrschenden Unternehmens oder der Insolvenz der Tochtergesellschaft weiter fortbestehen, aber ein Kündigungsrecht aus wichtigen Gründen gemäß § 297 AktG entsteht.[373] Das Hauptargument für diese Ansicht ist die geänderte, sanierungsfreundliche Konzeption der Insolvenzordnung.[374] Insbesondere braucht der Unternehmensvertrag im Falle der Fortführung aufgrund der Sanierung nicht neu geschlossen zu werden.[375] Außerdem gewinnt die Fortführung der Unternehmensverträge in der Eigenverwaltung eine wichtige Bedeutung.[376] Obwohl die Unternehmensverträge in der Konzerninsolvenz weiter fortbestehen dürfen, kann die Konzernleitung nach der h. M. während des Insolvenzverfahrens nicht ausgeübt werden.[377] Eine andere Ansicht geht davon aus, dass die Muttergesellschaft die Konzernleitung sowohl im Falle der Mutterinsolvenz als auch im Falle der Tochterinsolvenz bei einer Sanierung oder Eigenverwaltung ausüben darf.[378]

Untersucht man das Schicksal der Konzernleitungsmacht der Obergesellschaft im Falle der Insolvenz, sind hier zwei Fälle separat zu behandeln. Wie oben bereits erwähnt, kann eine Untergesellschaft im Falle der Solvenz der Obergesellschaft im Vertragskonzern nicht insolvent gehen.[379] Somit sind hier die alleinige Insolvenz der Obergesellschaft und die Doppelinsolvenz zu unterscheiden.

Im Falle der alleinigen Insolvenz der Muttergesellschaft besteht in der Literatur Einvernehmen, dass der Insolvenzverwalter der Muttergesellschaft bei der Liquidation über keine Leitungsmacht verfügt. Wird die Muttergesellschaft weiter fortgeführt und keine Kündigung des Beherrschungsvertrags ausgesprochen, brauche die solvente Tochtergesellschaft die Weisungen von der Mutter nicht zu befolgen, weil die nachteiligen Weisungen im Konzern stets die Liquidierbarkeit des Ausgleichsanspruchs nach § 302 AktG voraussetzen.[380] Außerdem gehöre die Konzernführung

---

373 Vgl. Hirte, in Uhlenbruck, § 11 Rn. 398, 407; K. Schmidt, S. 957; K. Schmidt, Weg zum Insolvenzrecht, S. 227 f.; Häsemeyer, Rn. 32.09; K. Schmidt ZGR 1983, 513, 530 f.; Wilken/Ziems, in FS Metzeler, 153, 156 f.; Meister, WM 1976, 1182, 1186; Samer, Diss., S. 178 ff., 208; Acher, Diss., S. 97 ff.; Böcker, GmbHR 2004, 1257, 1258; Zeidler, NZG 1999, 692, 697; Trendelenburg, NJW 2002, 647, 648 ff.; a. A. siehe Altmeppen, in MünchKomm AktG, § 297 Rn. 106; Hüffer, § 297 Rn. 7; Koppensteiner, in KK AktG, § 297 Rn. 47 f.; Berthold, S. 225; Sämisch/Adam ZInsO 2007, 520, 521 f.

374 Berthold, S. 28; Müller, ZIP 2008, 1701, 1702.

375 K. Schmidt, S. 958; K. Schmidt, Wege zum Insolvenzrecht, S. 228; Hirte, in Uhlenbruck, § 11 Rn. 398; Müller, ZIP 2008, 1701, 1702; Piepenburg, NZI 2004, 231, 235 f.

376 Emmerich, in Emmerich/Habersack, § 297, Rn. 52b; Trendelenburg, NJW 2002, 647, 648 ff.

377 K. Schmidt, S. 957; Hirte, in Uhlenbruck, § 11 Rn. 398; Hirte, in GroßKomm AktG, § 308 Rn.84; Grüner, Diss., S. 156 ff.; Häsemeyer, Rn. 32.09.

378 Vgl. Bous, Diss., S. 227 ff., 267 f., 291 ff.; Acher, Diss., S. 117 ff.

379 Siehe oben 3.1.

380 Vgl. Verhoeven, Diss., S. 92; Hommelhoff, WM 1984, 1105, 1113; Emmerich, in Emmerich/Habersack, § 308 Rn. 63.

überhaupt nicht zu den Aufgaben des Insolvenzverwalters der Muttergesellschaft.[381] Auch der Zweck der gleichmäßigen Gläubigerbefriedigung überlagere eben die Wirkung der grundsätzlich fortwirkenden Unternehmensverträge auf ihn.[382]

Der h. M. ist hier nicht zu folgen. Obwohl der Insolvenzverwalter im Falle der Insolvenz der Obergesellschaft und keiner Insolvenz der Untergesellschaften den Konzern nicht zu leiten hat, soll man jedoch nicht übersehen, dass die Konzernleitung zur Insolvenzmasse gehören und zur bestmöglichen Gläubigerbefriedigung dienen kann.[383] Somit gehört die Konzernleitung, die allerdings durch das Insolvenz- und Gesellschaftsrecht weiter eingeschränkt werden soll, auch zum Aufgabenkreis des Insolvenzverwalters. Allerdings darf der Insolvenzverwalter die Konzernleitung allein im Rahmen der bestmöglichen Gläubigerbefriedigung ausüben. Die solventen Tochtergesellschaften haben die nachteiligen Weisungen nicht zu befolgen. Zu unterscheiden sind hier die gesellschaftsrechtlichen „Einflussnahmemöglichkeiten" der insolventen Muttergesellschaft auf die solventen Tochtergesellschaften. Die gesellschaftsrechtlichen „Einflussnahmemöglichkeiten" bleiben von der Eröffnung des Insolvenzverfahrens der Muttergesellschaft unberührt.[384] Sie ergeben sich aus dem Bereich der Schuldnerzuständigkeit, z. B. Anteilsinhaberrechte.[385]

Bei der Doppelinsolvenz, wenn also die Muttergesellschaft und mindestens eine deren Tochtergesellschaften in Insolvenz gehen, ist hier die Meinung zu vertreten, dass die Konzernleitung sowohl in der Liquidation als auch in der Sanierung oder Eigenverwaltung suspendiert wird.[386] Der wichtigste Grund gegen eine Konzernleitung in diesem Fall ist die Unabhängigkeit des Insolvenzverwalters. Somit scheidet der Insolvenzverwalter als Adressat beherrschungsvertraglicher Weisungen aus.[387] Hier ist allerdings eine intensive Koordinierung der Insolvenzverwalter bzw. Bestellung eines einheitlichen Insolvenzverwalters in Betracht zu kommen, um den

381 BGHZ 103, S. 7 = NJW 1988, 1326, 1327; Verhoeven, Diss., S. 92; Rotstegge, Diss., S. 271; a. A. siehe Häsemeyer, Rn. 32.09; Bous, Diss., S. 172 ff. – er meint: „Da die beherrschungsvertragliche Leitungskompetenz Bestandteil der Insolvenzmasse ist, darf der Insolvenzverwalter das Weisungsrecht ausüben."; siehe ders., Diss., S. 268.

382 Verhoeven, Diss., S. 92; vgl. auch Hirte, in Uhlenbruck, § 11 Rn. 398; Rotstegge, Diss., S. 271; K. Schmidt, S. 957.

383 Ausführlich siehe, Bous, Diss., S. 172 ff., 268.

384 Vgl. Rotstegge, Diss., S. 271; Verhoeven, Diss., S. 92.

385 Verhoeven, Diss., S. 92.

386 Vgl. BGHZ 103, S. 7 = BGH NJW 1988, 1326, 1327; Verhoeven, Diss., S. 92; Rotstegge, Diss., S. 271; Häsemeyer, Rn. 32.09; Hirte, in Uhlenbruck, § 11 Rn. 398, 410; Hirte, GroßKomm AktG, § 308 Rn. 84; a. A. siehe: Bous, Diss., S. 291 ff.; Acher, Diss., S. 117 ff.

387 Mertens, ZGR 1984, 542, 550; ähnlich Bork, ZIP 2013, 145, 145 ff.; vgl. auch Verhoeven, Diss., S. 90; Rotstegge, Diss., S. 260 ff.

Synergie-Effekt in der Doppelinsolvenz des Vertragskonzerns weiter nutzen zu können.[388]

3.2.2 Konzernleitung in der Insolvenz des faktischen Konzerns

Anders als im Vertragskonzern kann die abhängige Gesellschaft im faktischen Konzern allein insolvent gehen. Daher ist die Insolvenz der faktischen Konzerne in der Praxis noch komplizierter. Allerdings verfügt die Obergesellschaft im faktischen Konzern über keine Leitungsmacht.[389] Mit der Eröffnung des Insolvenzverfahrens, gleich, ob auf Seiten des abhängigen oder herrschenden Unternehmens, endet die faktische Konzernbeziehung. Denn die Ausübung oder Erduldung der Leitung ist nur den Gesellschaftsorganen zugewiesen; für eine Wahrnehmung durch den Insolvenzverwalter an deren Stelle ist kein Raum.[390]

3.3 Zusammenfassung

Die Konzernhaftung insb. die Verlustübernahmepflicht des § 302 AktG bei dem Vertragskonzern stellt sich als ein besondere Haftung dar, und schafft ein eigenständiges System für den Gläubigerschutz. Liegt Verlustübernahmepflicht vor, geht die beherrschte Gesellschaft nicht insolvent, solange das herrschende Unternehmen solvent bleibt.

Geht allein die Muttergesellschaft eines Vertragskonzerns insolvent, darf der Insolvenzverwalter der Muttergesellschaft die Konzernleitungsmacht gemäß § 308 AktG weiter ausüben, sofern es zur bestmöglichen Gläubigerbefriedigung dienen kann und keine nachteilige Weisung für die solventen Tochtergesellschaften hervorbringt. Bei der Doppelinsolvenz kann die Konzernleitungsmacht gemäß 308 AktG nicht mehr ausgeübt werden. Dasselbe Ergebnis findet auf die Insolvenz des Eigliederungskonzerns analoge Anwendung.

Im faktischen Konzern endet die Konzernleitung mit der Eröffnung des Insolvenzverfahrens. Zusammenfassend scheidet eine Koordinierung bzw. Kooperation der Einzelverfahren auf der Ebene der Insolvenzverwaltung und der Verfahrensabwicklung durch die Ausübung der Konzernleitung aus.[391]

---

388 Siehe unten 4.1.2.2.

389 Siehe oben 1.3.3.

390 Hirte, in Uhlenbruck, § 11 Rn. 413; ähnlich auch Böcker, GmbHR 2004, 1257, 1259; Kort, ZIP 1988, 681, 687 f.

391 Verhoeven, Diss., S. 97; Rotstegge, Diss., S. 271.

Kapitel 4. Die Verfahrensgestaltung der Konzerninsolvenz in Deutschland

4.1 Die Verfahrensgestaltung der Konzerninsolvenz nach geltendem deutschen Insolvenzrecht

Sowohl die damalige Konkursordnung als auch die geltende Insolvenzordnung regeln die Konzerninsolvenz nicht. Das deutsche Insolvenzrecht geht von der einzelnen Gesellschaft oder Person aus. Dabei gilt das Prinzip „eine Person, ein Vermögen, ein Verfahren". Obwohl die Konzerne in vielen Fällen eine wirtschaftliche Einheit sind, werden sie rechtlich aber als Vielheit betrachtet. Der Konzern an sich stellt keinen Gegenstand des deutschen Insolvenzrechts dar. Er selbst ist nach den §§ 11 f. InsO nicht insolvenzfähig. Gehen mehrere Gesellschaften desselben Konzerns gleichzeitig insolvent, werden mehrere Insolvenzverfahren separat eröffnet und abgewickelt. Dadurch gehen die vorherigen Zusammenarbeiten, insbesondere der „Synergie-Effekt", in demselben Konzern verloren. Dies kann zum Verlust der Sanierungschancen der insolventen Gesellschaften führen. Außerdem kann dies im Falle der Insolvenz mehrerer oder aller Gesellschaften desselben Konzerns die Folge haben, dass der gesamte Konzern unkontrolliert auseinanderfällt. Mit dieser Problematik wurde sich bereits in den 80er Jahren des letzten Jahrhunderts in der Literatur auseinandergesetzt.[392] Damals wurde teilweise die Meinung vertreten, dass mindestens eine Gerichtskonzentration in der Konzerninsolvenz erlaubt werden sollte.[393] Nach Inkrafttreten des neuen deutschen Insolvenzrechts haben *Braun* und *Uhlenbruck* es immer als bedauerlich angesehen, dass es darin nicht zu einer Regelung der Konzerninsolvenz kommen soll bzw. gekommen ist.[394] Zurzeit wird die Konzerninsolvenz sowohl in der Literatur als auch in der Praxis heftig diskutiert. Das Konzerninsolvenzrecht wird als die dritte Stufe der Insolvenzrechtsreform in Deutschland gesetzt. Am 03.01.2013 wurde ein Diskussionsentwurf eines Gesetzes zur Erleichterung der Bewältigung von Konzerninsolvenzen[395] (im Folgenden abgekürzt: KIG-DiskE) erlassen, damit wurde das Gesetzgebungsverfahren über die Konzerninsolvenz eingeleitet. Am 28.08.2013 hat der Regierungsentwurf eines Gesetzes zur Erleichterung der Bewältigung von Konzerninsolvenzen[396] (im Folgenden:

392 Siehe K. Schmidt, ZGR 1983, 513, 513 f.; Kübler, ZGR 1984, 560, 560 ff.; Mertens, ZGR 1984, 542, 542 ff.; Uhlenbruck, BB 1983, 1485, 1485 ff.

393 Kübler, ZGR 1984, 560, 587 f.; Mertens, ZGR 1984, 542, 559; Uhlenbruck, BB 1983, 1485, 1488.

394 Braun, in Braun/Uhlenbruck, Unternehmensinsolvenz, S. 521.

395 Siehe Beilage 1 zu ZIP 2/2013.

396 Siehe Beilage 4 zu ZIP 37/2013.

KIG-E) beschlossen. Der Bundesrat hat am 11.10.2013 seine Stellung genommen.[397] Anschließend hat die Bundesregierung erwidert und am 30.01.2014 den InsO dem Bundestag zur Beschlussfassung vorgelegt.[398]

Laut der damaligen Bundesjustizministerin *Sabine Leutheusser-Schnarrenberger* fehle in der Konzerninsolvenz eigentlich die Koordinierung der Verfahren. Eines der größten Hindernisse für die koordinierte Durchführung eines Insolvenzverfahrens sei bislang die Verteilung der einzelnen Konzerngesellschaften auf unterschiedliche Gerichte und verschiedene Verwalter. Dies führe nicht nur zu rechtlichen Problemen, sondern auch zu wirtschaftlichen Verlusten, die oft vermeidbar seien.[399]

Im Folgenden werden die gegenwärtige Rechtslage unter Berücksichtigung der Praxiserfahrungen, die Anregungen in der Literatur und der KIG-E dargestellt. Im Anschluss daran folgt eine Zusammenfassung.

4.1.1 Gerichtsstand nach der gegenwärtigen Rechtslage

Die Konzerninsolvenz wird, wie oben bereits erwähnt, im deutschen Insolvenzrecht nicht geregelt.[400] Nach dem geltenden Recht gilt der Grundsatz „eine Person, ein Vermögen, ein Verfahren" auch in der Konzerninsolvenz.[401] Hieraus ergibt sich, dass über das Vermögen jeder insolventen Gesellschaft desselben Konzerns ein eigenes Verfahren eröffnet werden darf. In Bezug auf den Gerichtsstand sieht das geltende Insolvenzrecht in der Konzerninsolvenz weder eine Zuständigkeitskonzentration noch eine Zusammenarbeit der Gerichte vor. Eine Konzentration oder Zusammenarbeit der Insolvenzgerichte wird nur im § 348 InsO für grenzübergreifende Insolvenzverfahren geregelt. Jedoch könnte eine Gerichtskonzentration in der Konzerninsolvenz *de lege lata* zufälligerweise stattfinden.[402] Nach dem geltenden Recht wird für jedes einzelne Verfahren ein Insolvenzverwalter bestellt. Allerdings ist ein einheitlicher Insolvenzverwalter für mehrere Verfahren nach geltendem Gesetz nicht verboten. Außerdem kann eine Pflicht zur Kooperation oder Zusammenarbeit zwischen den Verwaltern der insolventen Gesellschaften desselben Konzerns gemäß den Zielen[403] des deutschen Insolvenzrechts entstehen.[404]

---

397 Siehe BR-Drs. 663/13.

398 Siehe BT-Drs. 18/407.

399 Bundesjustizministerin Sabine Leutheusser-Schnarrenberger, MdB beim 7. Deutschen Insolvenzrechtstag der Arbeitsgemeinschaft Insolvenzrecht im Deutschen Anwaltverein am 17. März 2010 in Berlin, http://www.bmj.de/SharedDocs/Reden/DE/2010/20100317_7er_Deutscher_Insolvenzrechtstag.html, abgerufen am 08.09.2010; vgl. auch Hirte, ZIP 2008, 444, 444.

400 Kießner, in Braun InsO, § 3 Rn. 18; Uhlenbruck, NZI 1999, 41, 42.

401 Vgl. Knof/Mock, ZInsO 2008, 253, 258; Ehricke, in Jaeger InsO, § 11 Rn. 32; Hirte, in Uhlenbruck, § 11 Rn. 394.

402 Siehe unten 4.1.1.3.

403 Siehe oben 2.2.

404 Siehe unten 4.1.2.3.

4.1.1.1 Allgemeiner Gerichtsstand nach dem geltenden deutschen Insolvenzrecht

Der örtliche Gerichtsstand des Insolvenzverfahrens wird im § 3 InsO geregelt,[405] soweit dieser nicht durch Art. 102 Abs. 1, 3 EGInsO und Art. 3 Abs. 1 EuInsVO verdrängt wird.[406] Gemäß § 3 Abs. 1 S. 1 InsO ist das Insolvenzgericht ausschließlich örtlich zuständig, in dessen Bezirk der Schuldner seinen allgemeinen Gerichtsstand hat, soweit der Mittelpunkt einer selbstständigen wirtschaftlichen Tätigkeit des Schuldners nicht an einem anderen Ort liegt. Liegt der Mittelpunkt der selbstständigen wirtschaftlichen Tätigkeit des Schuldners an einem anderen Ort, so ist nach § 3 Abs. 1 S. 2 InsO ausschließlich das Insolvenzgericht zuständig, in dessen Bezirk dieser Ort liegt. Maßgeblicher Zeitpunkt für die Begründung der örtlichen Zuständigkeit ist grundsätzlich der Eingang des Insolvenzantrages bei Gericht, gleich, ob es sich hier um einen Schuldner- oder Gläubigerantrag handelt.[407] Nachträgliche Veränderungen von zuständigkeitsbegründenden Umständen verändern die schon zutreffend begründete örtliche Zuständigkeit nicht.[408]

Der allgemeine Gerichtsstand richtet sich nach den Regelungen der Zivilprozessordnung (im Folgenden: ZPO)[409], die über § 4 InsO auf das Insolvenzverfahren entsprechende Anwendung findet.[410] Gemäß § 17 ZPO bestimmt sich der allgemeine Gerichtsstand einer juristischen Person nach deren Sitz,[411] der satzungsmäßig

---

405 Hier wird der örtliche Gerichtsstand für Nachlassinsolvenzverfahren nach § 315 InsO nicht berücksichtigt.

406 Innerhalb der Mitgliedstaaten der Europäischen Union (Dänemark ist nicht inbegriffen) ist Art. 3 EUInsVO vorrangig zu beachten. Nach Art. 3 Abs. 1 EUInsVO ist für die Eröffnung des Insolvenzverfahrens das Gericht zuständig, in dessen Bezirk im Zeitpunkt der Antragstellung der Mittelpunkt des hauptsächlichen Interesses des Schuldners liegt (Center of Main Interests –„COMI").

407 Ganter/Lohmann, in MünchKomm InsO, § 3 Rn. 5; Pape, in Uhlenbruck, § 3 Rn. 3; Schmerbach, in FK-InsO, § 3 Rn. 25; Rüther, in HambKomm InsO, § 3 Rn. 7; Kießner, in Braun, § 3 Rn. 2; Kexel, in Graf-Schlicker, § 3 Rn. 10; Gerhardt, in Jaeger, § 3 Rn. 40; Kirchhof, in HK-InsO, § 3 Rn. 5; Becker, in Nerlich/Römermann, § 3 Rn. 43; Andres, in Andres/ Leithaus, § 3 Rn. 10; Hess, in Hess, § 3 Rn. 31; BGH, Beschluss vom 22.03.2007 – IX ZB 164/06 = NZI 2007, 344, 344; Splittgerber, Diss. S. 146; BayObLG, Beschluss vom 13.08.2003 – 1Z AR 83/03 = NZI 2004, 90, 91; OLG Hamm, Beschluss vom 14.01.2000 = NZI 2000, 220, 221 OLG Frankfurt a.M., Beschluss vom 21.05.2002 – 21 AR 113/01 = NZI 2002, 499, 499; OLG Köln, Beschluss vom 21.05.2003 – 2 W 60/03 = NZI 2003, 567, 568; OLG Schleswig, Beschluss vom 04.02.2004 – 2 W 14/04 = NZI 2004, 264, 264.

408 Bush, in Haarmeyer/Wutzke/Förster, § 3 Rn. 7.

409 §§ 13–19 ZPO.

410 Pape, in Uhlenbruck, § 3, Rn. 3.

411 Pape, in Uhlenbruck, § 3, Rn. 3; OLG Braunschweig, Beschluss vom 13.04.2000 – 1 W 29/00 = NZI 2000, 266, 266; OLG Köln, Beschluss vom 22.03.2000 – 2 W 49/00 = NZI 2000, 232; Kirchhof, in HK-InsO, § 3 Rn. 16.

festgelegt und im Register eingetragen ist (§§ 5, 278 AktG, § 3 Abs. 1GmbHG, §§ 24, 57, 80 BGB, § 6 Nr. 1 GenG, § 18 VAG).[412] Allerdings ist bei der Bestimmung des Insolvenzgerichtsstands des Schuldners immer vorrangig zu prüfen, ob er eine selbstständige wirtschaftliche Tätigkeit ausübt. Bei der Insolvenz der Konzerngesellschaften ist dies nicht anders. Obwohl es nicht selten ist, dass es innerhalb eines Konzerns eine reine Verwaltungstätigkeiten ausübende Gesellschaft, z. B. die Holding-Gesellschaft, gibt, geht man von deren Ausübung einer wirtschaftlichen Tätigkeit aus.[413] Deshalb findet der § 3 Abs. 1 S. 2 InsO immer Anwendung bei Bestimmung des Insolvenzgerichtsstands der Konzerngesellschaft. Danach ist für die Bestimmung des Gerichtsstands einer insolventen Konzerngesellschaft der Ort entscheidend, an dem der Mittelpunkt ihrer Tätigkeit liegt.[414] Im Gesetz wird allerdings keine Definition zu dem Merkmal „der Mittelpunkt der selbstständigen wirtschaftlichen Tätigkeit" gegeben. Dieses Merkmal wird durch Auslegung bestimmt.

4.1.1.2 Auslegung des Merkmals „Mittelpunkt der selbstständigen wirtschaftlichen Tätigkeit"

Der Mittelpunkt der selbstständigen wirtschaftlichen Tätigkeit des Schuldners ist unter Ausschluss des allgemeinen Gerichtsstands allein einschlägig, wenn sich ein solcher Tätigkeitsmittelpunkt an einem vom allgemeinen Gerichtsstand abweichenden Ort befindet.[415] Unter einer selbstständigen wirtschaftlichen Tätigkeit ist jede auf Gewinnerzielung gerichtete Tätigkeit in nicht abhängiger Stellung zu verstehen, ohne dass Gewinn erzielt werden muss.[416] Die Konzerngesellschaften sind selbstständige Unternehmen,[417] für die das Merkmal „selbstständige wirtschaftliche Tätigkeit" keine Bedeutung hat, weil sie anders schwerlich tätig werden können.[418] Daher spielt in der Konzerninsolvenz der Begriff „Mittelpunkt" bei der Auslegung des Merkmals „Mittelpunkt der selbstständigen wirtschaftlichen Tätigkeit" allein die entscheidende Rolle.

Der Mittelpunkt der selbstständigen wirtschaftlichen Tätigkeit liegt dort, wo die tatsächliche Willensbildung stattfindet, die grundlegenden Entscheidungen der

412 Pape, in Uhlenbruck, § 3, Rn. 3; Ganter/Lohmann, in MünchKomm InsO, § 3 Rn. 19.
413 Siehe oben 1.1.3.
414 Vgl. Pape, in Uhlenbruck, § 3, Rn. 3; Ganter/Lohmann, in MünchKomm InsO, § 3 Rn. 4; Gerhardt, in Jaeger InsO, § 3 Rn. 14 f.
415 Gerhardt, in Jaeger InsO, § 3 Rn. 14.
416 Kießner, in Braun InsO, § 3 Rn. 4. Vgl. auch Schmerbach, in FK-InsO, § 3 Rn. 4; OLG Hamm, ZInsO 1999, 533, 534; Andres, in Andres/Leithaus InsO, § 3 Rn. 4.
417 Vgl. Gerhardt, in Jaeger InsO, § 3 Rn. 38.
418 Ganter/Lohmann, in MünchKomm InsO, § 3 Rn. 9a. Vgl. Wienberg, in Hess/Weis/Wienberg InsO, § 3 Rn. 20; Becker, in Nerlich/Römermann, § 3 Rn. 39; Knof/Mock, ZInsO 2008, 253, 258; a. A. vgl. Splittgerber, Diss, S. 151.

Unternehmensleitung in der laufenden Geschäftstätigkeit getroffen und umgesetzt werden.[419] Dabei sei losgelöst von inneren Abhängigkeiten die Geschäftstätigkeit nach außen maßgeblich, so dass auf den Ort abzustellen sei, an dem Entscheidungen der Unternehmensleitung in laufende Geschäftsführungsakte nach außen umgesetzt werden.[420] Die Bestimmung des wirtschaftlichen Mittelpunkts wird nach den Umständen des Einzelfalles vorgenommen. Indizien hierfür seien der Ort, an dem sich die Geschäftsräume und Geschäftsunterlagen befänden, an dem sich das zuständige Finanzamt befinde, an dem die Gewerbeerlaubnis erteilt sei, an dem die Eintragung im Handelsregister erfolgt sei und an dem die Gesellschaft satzungsmäßig ihren Sitz habe.[421] Diese tatsächlichen Verhältnisse allein seien weder nötig noch genug.[422] Sie verfügten aber über indizielle Funktionen. Die bloßen Betriebsstätten sind dagegen nicht entscheidend.[423] Orte, die bestimmungsgemäß nur verhältnismäßig kurzfristig benutzt werden sollen, bleiben außer Betracht.[424] Schließlich darf nicht vergessen werden, dass sich die Auslegung dieses Merkmals nach dem Normzweck des § 3 InsO richtet. Der Zweckmäßigkeitsgedanke ist ausschlaggebend für die Auslegung jener Vorschrift.[425] Durch Abwicklung des Verfahrens an dem Ort, an dem der

419 Kießner, in Braun InsO, § 3 Rn. 7; Wienberg, in Hess/Weis/Wienberg InsO, § 3 Rn. 24; Kirchhof, in HK-InsO, § 3 Rn. 9; Pape/Uhlenbruck/Voigt-Salus, Kapital 13, Rn. 7; Kexel, in Graf-Schlicker InsO, § 3 Rn. 7; Anders, in Andres/Leithaus InsO, § 3 Rn. 5; Ehricke, ZInsO 2002, 393, 396; Becker, in Nerlich/Römermann InsO, § 3 Rn. 23 f.; vgl. auch Schmerbach, in FK-InsO, § 3 Rn. 5; Pape, in Uhlenbruck, § 3 Rn. 4; Ellrich/Hage, in Pape/Uhländer, § 3 Rn. 13; Knof/Mock, ZInsO 2008, 253, 259; Frind, ZInsO 2008, 261, 262 f.; ders., ZInsO 2008, 363, 364 f.

420 Rüther, in HambKomm InsO, § 3 Rn. 13; Kießner, in Braun, § 3 Rn. 7; Kexel, in Graf-Schlicker, § 3 Rn. 7; Andres, in Andres/Leithaus, § 3 Rn. 5; Kirchhof, in HK-InsO, § 3 Rn. 9; Rotstegge, Diss. S. 399 f.; Knof/Mock, ZInsO 2008, 253, 259; Häsemeyer, Rn. 6.03; OLG Brandenburg, Beschluss vom 19.06.2002 – 1 AR 27/02 = NZI 2002, 438; a. A. vgl. Ganter/Lohmann, in MünchKomm InsO § 3 Rn. 10, sie meinen: „Anknüpfend an den Zweck des Gesetzes, durch ortsnahe Abwicklung die Effizienz zu erhöhen, wird man den Tätigkeitsmittelpunkt richtigerweise dort verorten müssen, wo die Entscheidungen manifest werden, wo sie somit dokumentiert werden und in Gestalt von nachvollziehbaren Geschäftsunterlagen ihren Niederschlag finden. Das muss nicht zwingend die Stelle sein, wo die Entscheidungen Außenwirkung erlangen, etwa Vertragsabschlüsse getätigt werden“. Wohl auch Gerhardt, in Jaeger, § 3 Rn. 16 f.

421 Vgl. Pape, in Uhlenbruck, § 3 Rn. 4 f.; Kirchhof, in HK-InsO, § 3 Rn. 10; Rüther, in HambKomm InsO, § 3 Rn. 13; Kexel, in Graf-Schlicker, § 3 Rn. 8; Ellrich/Hage, in Pape/Uhländer, § 3 Rn. 14; Splittgerber, Diss., S. 154.

422 Kirchhof, in HK-InsO, § 3 Rn. 10; vgl. auch Schmerbach, in FK-InsO, § 3 Rn. 5.

423 Vgl. Kirchhof, in HK-InsO, § 3 Rn. 9; Gerhardt, in Jaeger, § 3 Rn. 10.

424 Kirchhof, in HK-InsO, § 3 Rn. 9; Splittgerber, Diss., S. 154.

425 Gerhardt, in Jaeger, § 3 Rn. 14.

wirtschaftliche Schwerpunkt des Schuldners liegt, realisieren sich Bürgernähe und Schutz der Gläubigerschaft.[426]

4.1.1.3 *Gerichtstand in der Konzerninsolvenz* de lege lata

Das deutsche Insolvenzrecht hat die Konzerninsolvenz nicht berücksichtigt. Der Konzern allein ist nicht insolvenzfähig und begründet daher keinen Konzerninsolvenzgerichtsstand.[427] Ein einheitlicher Gerichtsstand für Konzerninsolvenzverfahren existiert *de lege lata* ebenfalls nicht.[428] Zur Bestimmung des Gerichtsstands ist bei jeder konzernverbundenen Gesellschaft gesondert zu prüfen, wo der Mittelpunkt ihrer wirtschaftlichen Tätigkeit liegt. Dieser ist immer von der bloßen Zweigniederlassung zu unterscheiden. Die bloße Zweigniederlassung ist rechtlich unselbstständig und somit begründet diese Niederlassung selbst keinen eigenständigen insolvenzrechtlichen Gerichtsstand. Maßgeblich ist stets die Hauptniederlassung des Schuldners.[429]

Die gesonderte Bestimmung des Mittelpunkts der wirtschaftlichen Tätigkeit einer konzernverbundenen Gesellschaft ist, wie oben bereits erwähnt, immer auf die tatsächlichen Verhältnisse ausgerichtet. Der Konzern stellt sich als ein besonderes wirtschaftliches Gebilde dar, in dem durch die Konzernleitung der Mittelpunkt der wirtschaftlichen Tätigkeit der einzelnen Tochtergesellschaft an den Ort des Gerichtsstands der Muttergesellschaft verlagert werden könnte. Die Muttergesellschaft eines Beherrschungsvertragskonzerns ist nach § 308 AktG berechtigt, den beherrschten Gesellschaften verbindliche Weisungen zu erteilen.[430] Im GmbH-Konzern, insbesondere im Falle der Einmann-GmbH, ist der Geschäftsführer der Tochtergesellschaft an die Weisungen der herrschenden Gesellschaft gebunden, sofern nichts anders in dem Anstellungsvertrag geregelt wird.[431] Im faktischen AG-Konzern hat die Muttergesellschaft auch die Möglichkeit, ihre Tochtergesellschaft straff zu leiten.[432] Im Konzern ist es stets möglich und in der Praxis nicht selten, dass die Muttergesellschaft die Tochtergesellschaften wie eigene Abteilungen straff leitet, obwohl die Tochtergesellschaften noch über eigene Rechtsselbstständigkeit verfügen. Auf

---

426 Pape, in Uhlenbruck, § 3 Rn. 2; Rüther, in HambKomm InsO, § 3 Rn. 1; vgl. Ganter/Lohmann, in MünchKomm InsO, § 3 Rn. 2; Kexel, in Graf-Schlicker, § 3 Rn. 2.

427 Pape, in Uhlenbruck, § 3 Rn. 13.

428 Schmerbach, in FK-InsO, § 3 Rn. 6a; Gerhart, in Jaeger, § 3 Rn. 34; Kirchhof, in HK-InsO, § 3 Rn. 9; Hirte, ZIP 2008, 444, 444 f.; Hirte, in Uhlenbruck, § 11 Rn. 394; Ellrich/Hage, in Pape/Uhländer, § 3 Rn. 18; AG Essen, Beschluss vom 01.09.2009 – 166 IN 119/09 = NZI 2009, 810, 810.

429 RegEBegr., BT-Drucks 12/2443, S. 110; Pape, in Uhlenbruck, § 3 Rn. 4; Ganter/Lohmann, in MünchKomm InsO, § 3 Rn. 11; Ellrich/Hage, in Pape/Uhländer, § 3 Rn. 17.

430 Siehe oben 1.3.1.

431 Siehe oben 1.4.2.

432 Siehe oben 1.3.3.

Grund der zentralen Lenkung der Tochtergesellschaft durch die Muttergesellschaft kommt die insolvenzrechtliche Gerichtszuständigkeit der Tochtergesellschaft am Sitz der Muttergesellschaft in Betracht.[433] Allein die Weisungserteilung am Sitz der Muttergesellschaft reicht ebenso wie die reine Mitgliedschaft oder Konzernleitungsmacht nicht aus, um einen Insolvenzgerichtsstand der Tochtergesellschaft am Sitz der Muttergesellschaft zu begründen.[434] Der Tätigkeitsmittelpunkt i. S. d. § 3 Abs. 1 S. 2 InsO der Tochtergesellschaft liegt an dem Ort, an dem deren Geschäftsleiter die wesentlichen betrieblichen Entscheidungen für die Tochtergesellschaft treffen und gegebenenfalls einer Weisung des herrschenden Unternehmens nachkommen.[435] Somit ist der Ort ausschlaggebend, an dem die tatsächliche Willensbildung stattfindet und die Richtlinien der Unternehmenspolitik sowie die Weisungen der Muttergesellschaft ins Tagesgeschäft umgesetzt werden.[436]

In der Gerichtspraxis wird angenommen, dass der Insolvenzgerichtsstand der Tochtergesellschaft am Gerichtsstand der Muttergesellschaft liegt, wenn die Abrechnungen, die Vertragsgestaltungen und alle Zahlungen durch die Muttergesellschaft erfolgen.[437] Beim Insolvenzverfahren des Postdienstleisters *PIN-Group* ist dies vom Amtsgericht Köln bejaht worden.[438] Zur Begründung des Gerichtsstands in Köln für die in Bremen ansässige Tochtergesellschaft stellte das Amtsgericht Köln auf die tatsächlichen Verhältnisse ab, nämlich, dass der Geschäftsführer dieser Tochtergesellschaft von „einem zentralen Lenkungsausschuss" in Köln wöchentlich Weisungen einholte,[439] „Entscheidungen der Personalfragen" von Köln aus gesteuert wurden,[440] und „der Abschluss von Verträgen mit Briefkunden" von Köln aus erfolgte.

---

433 Vgl. Ehricke, ZInsO 2002, 393, 397; Wienberg, in Hess/Weis/Wienberg InsO, § 3 Rn. 24; Kirchhof, in HK-InsO, § 3 Rn. 12; Ganter/Lohmann, in MünchKomm InsO, § 3 Rn. 14; Pape, in Uhlenbruck, § 3 Rn. 13; Schmerbach, in FK-InsO, § 3 Rn. 6a; Kießner, in Braun InsO, § 3 Rn. 18, 20; Gerhardt, in Jaeger InsO, § 3 Rn. 34 f.; Ellrich/Hage, in Pape/Uhländer, § 3 Rn. 18; LG Dessau, ZIP 1998, 1006, 1007.

434 Vgl. Kirchhof, in HK-Kommentar, § 3 Rn. 9 f.; Gerhardt, in Jaeger, § 3 Rn. 36 f.; Rüther, in HAM-InsO, § 3 Rn. 15; OLG Brandenburg, ZInsO 2002, 767, 767; a. A. Kießner, in Braun, § 3 Rn. 19.

435 Gerhardt, in Jaeger, § 3 Rn. 37; Kirchhof, in HK-InsO, § 3 Rn. 9; vgl. auch Schmerbach, in FK-InsO, § 3 Rn. 6a.

436 Schmerbach, in FK-InsO, § 3 Rn. 6a; Kirchhof, in HK-InsO, § 3 Rn. 12; Gerhardt, in Jaeger, § 3 Rn. 37.

437 LG Dessau, Beschluss vom 30.03.1998 - 7 T 123/98 = ZIP 1998, 1006, 1006 f.

438 AG Köln, Beschluss vom 01.02.2008 – 73 IN 682/07 = NZI 2008, 254, 254 ff. = ZInsO 2008, 215, 215 ff. Zust., Knof/Mock, ZInsO 2008, 253, 253 ff.; Knof/Mock, ZInsO 2008, 499, 499 ff.; Rotstegge, ZIP 2008, 955, 955 ff; a. A.: Frind, ZInsO 2008, 261, 261 ff.; Frind, ZInsO 2008, 363, 363 ff.; Frind, ZInsO 2008, 614, 614 f.; Kirchhof, in HK-InsO, § 3 Rn. 9.

439 Kritisch: Kirchhof, in HK-InsO, § 3 Rn. 9; Frind, ZInsO 2008, 261, 262 f.

440 Dies schien aber kurz vor dem Insolvenzantrag und könnte zum „forum shopping" bzw. zu einer Zuständigkeitserschleichung oder -manipulation führen. Vgl. Frind, ZInsO 2008, 261, 261 ff.

Im Insolvenzverfahren des *Arcandor-Konzerns* wurde aufgrund der tatsächlichen Verhältnisse – dass die tatsächliche Willensbildung der Schuldnerin, deren Dokumentation und Umsetzung im Bezirk des AG Essen, nämlich am Sitz der Muttergesellschaft, erfolgte – angenommen, dass der Insolvenzgerichtsstand der Tochtergesellschaft am Sitz der Muttergesellschaft lag.[441]

Obwohl eine Gerichtskonzentration in der Konzerninsolvenz durch Auslegung des § 3 Abs. 1 S. 2 InsO möglich ist, handelt es sich hier vielmehr um eine zufällige Gerichtskonzentration.[442] Wirft man einen Blick auf die sich stark voneinander unterscheidenden Konzernstrukturen, sollte man zu demselben Ergebnis kommen. Zu betonen ist hier, dass es nach dem geltenden deutschen Insolvenzrecht *bis dato* keinen einheitlichen Konzerninsolvenzgerichtsstand gibt.[443] Sind mehrere Insolvenzgerichte für die Insolvenzverfahren der Gesellschaften desselben Konzerns zuständig, ist die Kooperation oder Abstimmung der Gerichte, insbesondere im Insolvenzplanverfahren, immer von großer Bedeutung.[444] Jedoch sieht das geltende Insolvenzrecht keine ausdrückliche Kooperationspflicht der Insolvenzgerichte vor. Folglich wird man *de lege lata* einen Insolvenzrichter nicht dazu verpflichten können, sich mit anderen Richtern zu beraten oder abzustimmen.[445]

4.1.2 Bestellung des Insolvenzverwalters

Die Bestellung des Insolvenzverwalters wird in den §§ 56 f. InsO geregelt. Durch das ESUG können die Gläubiger nun viel aktiver bei der Bestellung des Verwalters mitwirken. Gemäß § 56 Abs. 1 S. 1 InsO kann nur eine geeignete, natürliche Person zum Insolvenzverwalter bestellt werden. Durch den neu eingeführten § 56 Abs. 1 S. 3 InsO wird ausdrücklich geklärt, dass Vorschläge zur Person des Verwalters entweder vom Schuldner oder von einem Gläubiger zulässig sind und den Vorgeschlagenen nicht *per se* für das Amt disqualifizieren.[446] Nach dem ebenfalls neu einfügten § 56a Abs. 1 InsO wird den Gläubigern die Gelegenheit gegeben, sich im vorläufigen Gläubigerausschuss zu den Anforderungen und zur Person des Verwalters zu äußern, soweit dies nicht offensichtlich zu einer nachteiligen Veränderung der Vermögenslage des Schuldners führt. Die vom vorläufigen Gläubigerausschuss beschlossenen Anforderungen an die Person des Verwalters sind für das Gericht bindend, solange der vorläufige Gläubigerausschuss mit Kopfmehrheit nach § 72 InsO den Beschluss gefasst hat.[447] Dabei darf das beschlossene Anforderungsprofil

441 AG Essen, Beschluss vom 01.09.2009 – 166 IN 119/09 = NZI 2009, 810, 810 f.

442 Vgl. Knof/Mock, ZInsO 2008, 253, 258.

443 Hirte, ZIP 2008, 444, 444 f.; Kirchhof, in HK-InsO, § 3 Rn. 9.

444 Vgl. Uhlenbruck, NZI 1999, 41, 43 f; Eidenmüller, ZHR 169 (2005), 528, 546; Pape, in Uhlenbruck, § 3 Rn. 13; Ehricke, in DZWIR 1999, 353, 361.

445 Ehricke, in DZWIR 1999, 353, 361; vgl. auch Graeber, NZI 2007, 265, 266. A. A. siehe Eidenmüller, ZHR 169 (2005), 528, 553 f.

446 BT-Drucks. 17/5712, S. 26.

447 BT-Drucks. 17/5712, S. 26; Blümle, in Braun, § 56a Rn. 8.

jedoch selbstverständlich nur solche Anforderungen enthalten, die den Kriterien für die Bestellung des Verwalters gemäß § 56 Abs. 1 S. 1 InsO nicht widersprechen.[448] Letztlich bleibt die Auswahl des Verwalters eine Entscheidung des Gerichts.[449] Außer Anforderungen zu stellen, kann der vorläufige Gläubigerausschuss auch die Person des Verwalters vorschlagen. Allerdings soll das Gericht in diesem Fall nur dann gebunden sein, wenn der Beschluss einstimmig gefasst worden ist und auch nur dann, wenn der Vorschlag nicht im Widerspruch zu den Kriterien der Eignung des Verwalters nach § 56 Abs. 1 S. 1 InsO steht, die vorgeschlagene Person also für die Übernahme des Amtes im konkreten Fall nicht ungeeignet ist.[450] Gemäß § 57 InsO können schließlich die Gläubiger in der ersten Gläubigerversammlung mit Summenmehrheit (§ 76 Abs. 2 InsO) und Kopfmehrheit einen anderen Verwalter als den bestellen Verwalter wählen, solange die Auswahl des neuen Verwalters den Kriterien der Eignung des Verwalters nach § 56 Abs. 1 S. 1 InsO nicht widerspricht.

Durch die Auseinandersetzung mit den §§ 56 f. InsO ergibt sich, dass die Kriterien für die Bestellung des Verwalters nach § 56 Abs. 1 S. 1 InsO in allen Fällen gelten und die entscheidende Rolle spielen. Das in dem vorläufigen Gläubigerausschuss beschlossene Anforderungsprofil, das nur Extra-Kriterien von Gläubigern enthält,[451] darf dazu nicht im Widerspruch stehen. Andere in der Literatur oder durch Rechtsprechung entwickelte Kriterien für die Bestellung des Insolvenzverwalters, z. B. das „Regionalprinzip“[452], ist hier nicht relevant und deshalb entbehrlich.

4.1.2.1 Kriterien für die Bestellung des Insolvenzverwalters nach § 56 Abs. 1 S. 1 InsO

Gemäß § 56 Abs. 1 S. 1 InsO ist zum Insolvenzverwalter eine für den jeweiligen Einzelfall geeignete, insbesondere geschäftskundige und von den Gläubigern und dem Schuldner unabhängige natürliche Person zu bestellen, die aus dem Kreis aller zur Übernahme von Insolvenzverwaltungen bereiten Personen auszuwählen ist. Daher kann nur eine natürliche, voll geschäftsfähige Person zum Insolvenzverwalter bestellt werden.[453] Ferner sind Geschäftskundigkeit und Unabhängigkeit des Insolvenzverwalters besonders wichtig. Schließlich ist immer den Besonderheiten jedes einzelnen Verfahrens bei der Bestellung eines Verwalters Rechnung zu tragen.

448 Vgl. BT-Drucks. 17/5712, S. 26.
449 Blümle, in Braun, § 56a Rn. 8.
450 Vgl. BT-Drucks. 17/5712, S. 26; Blümle, in Braun, § 56a Rn. 9; Delhaes, in Nerlich/Römermann, § 56a Rn. 11 ff.
451 Ausführlich siehe Delhaes, in Nerlich/Römermann, § 56a Rn. 7.
452 Vgl. Eickmann, in HK-InsO, § 56 Rn. 20 ff.; Graeber, in MünchKomm InsO, § 56 Rn. 68; Frind, in HambKomm, § 56 Rn. 14; Frind/Schmidt, NZI 2004, 533, 534; Henssler, ZIP 2002, 1053, 1057; Köster, NZI 2004, 538, 540; OLG Koblenz, ZIP 2005, 1283, 1283 ff.; OLG München, ZIP 2005, 670, 670 f.; OLG Schleswig, NJW 2005, 1664, 1664 f.; Rotstegge, Diss., S. 178 f.;
453 Andres, in Andres/Leithaus, § 56 Rn. 3; Graeber, in MünchKomm InsO, § 56 Rn. 15.

4.1.2.1.1 Geschäftskundigkeit

Das Kriterium der Geschäftskundigkeit erfordert, dass die als Insolvenzverwalter zu bestellende Person in der Lage sein muss, das Amt des Insolvenzverwalters ordnungsgemäß bekleiden zu können und die sich daraus ergebenden Verpflichtungen wahrzunehmen.[454] Daher muss diese Person über die erforderlichen juristischen und wirtschaftlichen Kenntnisse verfügen.[455] Außer fachlichen Kenntnissen werden auch praktische Erfahrungen in der Insolvenzverwaltung verlangt.[456]

4.1.2.1.2 Unabhängigkeit

Der Insolvenzverwalter muss sowohl dem Schuldner als auch dem Gläubiger gegenüber neutral und unabhängig sein, denn er kann nicht mehr die Gewähr der Wahrung der gemeinsamen Gläubigerinteressen bieten, wenn seine Tätigkeit die Gefahr von Sondervorteilen oder sogar tatsächliche Sondervorteile mit sich bringt.[457] Die Unabhängigkeit des Insolvenzverwalters ergibt sich aus seinem neutralen Amt und kann zur gerechten Gläubigerbefriedigung beitragen. Abhängigkeit kann schon eintreten, wenn nach allgemeinen prozessrechtlichen Voraussetzungen die Schwelle der Besorgnis der Befangenheit erreicht ist.[458]

Daher darf der Insolvenzverwalter nicht identisch mit dem Schuldner oder einer dem Schuldner nahestehenden Person sein. Auch Gläubiger bzw. deren gesetzliche Vertreter können nicht zum Insolvenzverwalter bestellt werden. Gleiches gilt für die Gesellschafter der Beteiligten sowie die Belegschaft des schuldnerischen Unternehmens.[459] Zweifel an der Unabhängigkeit einer Person können nicht allein damit begründet werden, dass die Person von einem Gläubiger oder Schuldner als

---

454 Rotstegge, Diss., S. 175; Graeber, in MünchKomm InsO, § 56 Rn. 17; Uhlenbruck, in Uhlenbruck, § 56 Rn. 15.

455 Uhlenbruck, in Uhlenbruck, § 56 Rn. 16 f.; Graeber, in MünchKomm InsO, § 56 Rn. 18; Eickmann, in HK-InsO, § 56 Rn. 17; Blümle, in Braun, § 56 Rn. 13; Frind, in HambKomm InsO, § 56 Rn. 13; Kind, in FK-InsO, § 56 Rn. 33; Röpke, in Hess, § 56 Rn. 54; Delhaes, in Nerlich/Römermann, § 56 Rn. 16; Andres, in Andres/Leithaus, § 56 Rn. 5.

456 Uhlenbruck, in Uhlenbruck, § 56 Rn. 18; Graeber, in MünchKomm InsO, § 56 Rn. 19; Eickmann, in HK-InsO, § 56 Rn. 18; Frind, in HambKomm InsO, § 56 Rn. 13; Röpke, in Hess, § 56 Rn. 56; Delhaes, in Nerlich/Römermann, § 56 Rn. 16; Andres, in Andres/Leithaus, § 56 Rn. 5; Lüke in: Kübler/Prütting/Bork, InsO, § 56 Rn. 41. Graeber, DZWIR 2005, 177, 185; Graf-Schlicker, in Graf-Schlicker §§ 56 56a Rn. 17.

457 Vgl. Graeber, in MünchKomm InsO, § 56 Rn. 25; Schumann, FS Geimer, 1043, 1071.

458 Gerhart, in Jaeger, § 56 Rn. 43; vgl. auch Graeber, in MünchKomm InsO, § 56 Rn. 25; Frind, in HambKomm InsO, § 56 Rn. 708; Schumann, FS Geimer, 1043, 1071. A. A. Uhlenbruck, in Uhlenbruck, § 56 Rn. 79, er meint: „Die Tatsache, dass der Insolvenzverwalter unter der Aufsicht des Insolvenzgerichts steht (§ 51 Abs. 1 Satz 1) sowie die in § 59 Abs. 1 vorgesehene Möglichkeit der Entlassung aus wichtigem Grund machen eine Ablehnung wegen Befangenheit oder Interessenkollision überflüssig."

459 Smid, in Smid, § 56 Rn. 11; Graeber, in MünchKomm InsO, § 56 Rn. 26.

Insolvenzverwalter vorgeschlagen wird. Die Unabhängigkeit des Insolvenzverwalters bedarf auch der wirtschaftlichen Unabhängigkeit von der Insolvenzmasse. Folglich dürfen der Insolvenzverwalter oder ein Sozius auch keine Gegenstände aus der Insolvenzmasse erwerben.[460] Eine andere hier zu erwähnende Konstellation, die die Unabhängigkeit des Insolvenzverwalters gefährden kann, ist die Interessenkollision.[461] Bei der Prüfung einer möglichen Interessenkollision sei es allein entscheidend, ob aus der Sicht eines anderen Beteiligten eine Verbindung des Verwalters zu einer anderen Person vorliege, die eine Beeinflussung als möglich erscheinen lasse.[462] Eine Interessenkollision kann häufig im Falle der Pool-Verwaltung entstehen. Ist ein Verwalter als Pool-Verwalter tätig gewesen, kann er nicht mehr als unabhängig angesehen werden, wenn Beteiligte des von ihm in einem anderen Verfahren verwalteten Pools als Beteiligte in seinem Insolvenzverfahren auftreten.[463] Bei der Gefahr von Interessenkollisionen ist von einer Bestellung zum Insolvenzverwalter abzusehen.[464]

4.1.2.2 *Möglichkeit der Bestellung eines einheitlichen Verwalters in der Konzerninsolvenz* de lege lata

Um die Synergie-Effekte innerhalb desselben Konzerns bei der Konzerninsolvenz zu erhalten, kommt die Bestellung eines einheitlichen Insolvenzverwalters in Betracht.[465] Die Bestellung eines einzelnen Insolvenzverwalters in der Konzerninsolvenz bringt außer der Erhaltung der Synergie-Effekte noch viele Vorteile mit sich, wie z. B. Zeitersparnis oder Kostenminderung.[466] Das deutsche Insolvenzrecht hat allerdings die Konzerninsolvenz nicht berücksichtigt und folglich auch keine Regelung für die Bestellung eines einheitlichen Verwalters in der Konzerninsolvenz vorgesehen. Umgekehrt ist es nicht verboten, denselben Insolvenzverwalter für mehrere Insolvenzverfahren der miteinander konzernverbundenen Gesellschaften zu bestellen, solange bei der Bestellung desselben Insolvenzverwalters in der Konzerninsolvenz die Kriterien der §§ 56 f. InsO unter gesonderter Prüfung für die jeweiligen einzelnen Verfahren erfüllt werden. Allerdings ist bei der Bestellung desselben Insolvenzverwalters eine Gefährdung der Unabhängigkeit wegen der

---

460 Vgl. Kind, in FK-InsO, § 56 Rn. 8; Andres, in Andres/Leithaus, § 56 Rn. 4; Eickmann, in HK-InsO, § 56 Rn. 12; wohl auch Graeber, in MünchKomm InsO, § 56 Rn. 27.

461 A. A. vgl. Uhlenbruck, in Uhlenbruck, § 56 Rn. 79.

462 Graeber, in MünchKomm InsO, § 56 Rn. 36.

463 Graeber, in MünchKomm InsO, § 56 Rn. 35; Eickmann, in HK-InsO, § 56 Rn. 11; Graeber, NZI 2002, 345, 348; Prütting, ZIP 2002, 1965, 1971; Frind, ZInsO 2002, 745, 746; OLG Zweibrücken ZInsO 2000, 398, 398.

464 Graeber, in MünchKomm InsO, § 56 Rn. 36; Andres, in Andres/Leithaus, § 56 Rn. 4; AG Potsdam NZI 2002, 391, 392; Schumann, FS Geimer, 1043, 1066.

465 Statt vielen siehe Ehricke, S. 465 ff.; Ehricke, DZWIR 1999, 353, 356 f.; Hirte, ZIP 2008, 444, 446 f.; Frind, in HambKomm InsO, § 56 Rn. 41a.

466 Ausführlich siehe Ehricke, S. 465 ff.; Ehricke, DZWIR 1999, 353, 356.

Interessenkollision bzw. des Selbstkontrahierens gemäß § 181 BGB nicht zu übersehen. Eine Interessenkollision bzw. ein Selbstkontrahieren liegt insbesondere dann vor, wenn der einheitliche Verwalter die Rechte und Forderungen einer insolventen Konzerngesellschaft gegenüber sich selbst geltend machen oder eine Anfechtung gegen sich ausüben muss.[467] Wegen der Konzernstruktur und -haftung gerät der einheitliche Konzerninsolvenzverwalter in eine ständige Interessenkollision.[468]

Eine derartige Interessenkollision bzw. das Selbstkontrahieren könnten aber durch die Bestellung eines Sonderverwalters vermieden werden.[469] Der Sonderverwalter wird in der Insolvenzordnung nicht ausdrücklich vorgesehen. Der im § 77 des Regierungsentwurfs der InsO aufgeführte Sonderverwalter[470] wurde in der Beschlussempfehlung des Rechtsausschusses[471] als überflüssig angesehen und folglich nicht in die InsO aufgenommen. Allerdings sollte man davon ausgehen, dass die Bestellung eines Sonderinsolvenzverwalters auch ohne ausdrückliche Regelung möglich und zulässig sei.[472] Die Bestellung eines Sonderverwalters zeigt sich auch in den Insolvenzverfahren der *PIN-Group* und des *Arcandor-Konzerns.* Allerdings ist es streitig, ob für jede insolvente Konzerngesellschaft im Falle der Bestellung eines einheitlichen Insolvenzverwalters in der Konzerninsolvenz jeweils

---

467 Statt vieler vgl. Graeber, NZI 2007, 265, 266; Frind, in HambKomm InsO, § 56 Rn. 41a; Eidenmüller, ZHR 169 (2005), 528, 541; Hirte, ZIP 2008, 444, 446; Ehricke, DZWIR 1999, 353, 356 f.; Knof/Mock, ZInsO 2008, 253, 260; Graeber, in MünchKomm InsO, § 56 Rn. 47.

468 Graeber, in MünchKomm InsO, § 56 Rn. 47; Graeber, NZI 2007, 265, 269; Smid, in Smid, § 56 Rn. 23.

469 Statt vieler K.Schmidt, KTS 2010, 1, 28; Ehricke, S. 465 ff.; Ehricke, DZWIR 1999, 353, 357; Graeber, in MünchKomm InsO, § 56 Rn. 49 f.; Graeber, NZI 2007, 265, 269; Uhlenbruck, in Uhlenbruck, § 56 Rn. 68; Eickmann, in HK-InsO, § 56 Rn. 51; Graf-Schlicker, in Graf-Schlicker, §§ 56, 56a Rn. 86; Frind, in HambKomm InsO, § 56 Rn. 41a; Rotstegge, Diss., S. 202; Paulus, ZGR 2010, 270, 286; Delhaes, in Nerlich/Römermann InsO, § 56 Rn. 30; Lüke, in Kübler/Prütting/Bork, InsO, § 56 Rn. 75; Dahl, ZInsO 2004, 1014, 1015; Kögel/Loose ZInsO 2006, 17, 18 f. Die Bestellung eines Sonderverwalters im Falle der „Arcandor-Insolvenz“: Bekanntmachung des Amtsgerichts Essen, Az. 166 IN 119/09 vom 10.06.2009. In der Insolvenz der PIN-Group wurde ebenfalls ein Sonderverwalter eingestellt. Zweifelnd, siehe Eidenmüller, ZHR 169 (2005), 528, 541; Adam/Poertzgen, ZInsO 2008, 281, 286; wohl auch Verhoeven, Diss., S. 140.

470 RegEnt InsO, Drucksache 12/2443, S. 20.

471 Beschl. Empfehlung des RechtsA zu § 77 RegE, BT-Drucks. 12/7302, S. 162, abgedruckt in: Uhlenbruck, Das neue Insolvenzrecht, S. 377.

472 Vgl. Beschl. Empfehlung des RechtsA zu § 77 RegE, BT-Drucks. 12/7302, S. 162, abgedruckt in: Uhlenbruck, Das neue Insolvenzrecht, S. 377; Gerhardt, in Jaeger, § 56 Rn. 76; Delhaes, in Nerlich/Römermann, § 56 Rn. 29.

ein einzelner Sonderverwalter,[473] oder für alle insolventen Konzerngesellschaften nur ein einheitlicher Sonderverwalter,[474] einzusetzen ist.

In dieser Arbeit wird die Auffassung vertreten, dass grundsätzlich nur ein Sonderverwalter für mehrere Verfahren bestellt wird, damit die wirtschaftlichen Vorteile der Bestellung desselben Insolvenzverwalters hier ebenfalls nutzbar gemacht werden können.[475] Zu den wirtschaftlichen Vorteilen gehören z. B. die Reduzierung der Honorar der Sonderverwalter, die Effizienz der Verfahrensabwicklung und die Zeitersparnis. Außerdem können zwischen mehreren Sonderverwaltern weitere Konflikte entstehen, insbesondere wenn die insolventen Konzernunternehmen sich wirtschaftlich eng miteinander verbunden sind. Mit anderem Wort, die Interessenkonflikte zwischen mehreren Insolvenzverwaltern wird durch Einsetzung mehrerer Sonderverwalter auf eine andere Ebene transportiert.[476]

Spricht man für Bestellung eines Sonderverwalters aus, ist weiter zu untersuchen, welche Befugnisse dem Sonderverwalter zustehen sollen, was allerdings in der Literatur keine Übereinstimmung findet. Die wohl überwiegende Meinung geht davon aus, dass dem Sonderverwalter eine eigene Vermögensposition zuzuordnen sei und dass er die Rechte der einzelnen Gesellschaft gegenüber den anderen Gesellschaften desselben Konzerns ausübe.[477] Im Fall der „Arcandor-Insolvenz" hat das Insolvenzgericht ähnlich entschieden, nämlich, dass die „Anmeldung von Insolvenzforderungen der Schuldnerin gegen andere insolvente Gesellschaften des *Arcandor-Konzerns* und die Überprüfung, Verhandlung und gegebenenfalls Neuvereinbarung der Preise für Lieferungen und Leistungen der Schuldnerin an andere insolvente Gesellschaften des *Arcandor-Konzerns*" dem Sonderverwalter zur Verfügung standen.[478] Einer anderen Ansicht nach verfüge der Sonderverwalter über keine aktiven Rechte und müsse nur zur Forderungsprüfung bestellt werden.[479] Hier ist m. E. der letzten Meinung zu folgen. Stehen dem Sonderverwalter aktive Rechte zu, kann der Insolvenzverwalter an der umfassenden Ausübung seines Amtes gehindert werden, insbesondere wenn die insolventen Gruppeangehörigen wirtschaftlich eng miteinander abhängig waren und der konzerninterne Leistungsaustausch intensiv durchgeführt wurde. Folglich kann der Sonderverwalter mit aktiven Rechten als einen anderen „Insolvenzverwalter" in demselben Verfahren funktionieren. Dadurch wird das Amt des Insolvenzverwalter wesentlich eingeschränkt. Ferner können die

---

473 Graeber, NZI 2007, 265, 269; Graeber, in MünchKomm InsO, § 56 Rn. 50; wohl auch Uhlenbruck, in Uhlenbruck, § 56 Rn. 68.

474 Rotstegge, Diss., S. 205.

475 Vgl. auch Rotstegge, Diss., S. 205.

476 Vgl. Adam/Peortzgen, ZInsO 2008, 281, 286.

477 Graeber, NZI 2007, 265, 269; Graeber, in MünchKomm InsO, § 56 Rn. 50; Smid, in Smid, § 56 Rn. 25; Bornheimer, in Pape/Uhländer, § 56 Rn. 62; wohl auch Lüke, in Kübler/Prütting/Bork, § 56 Rn. 78; Eickmann, in HK-InsO, 3 56 Rn. 51; Ehricke, DZWIR 1999, 353, 357.

478 Bekanntmachung des Amtsgerichts Essen, Az. 166 IN 119/09 vom 10.06.2009.

479 K. Schmidt, KTS 2010, 1, 28.

beiden Verwalter wieder in dieselbe Konstellation bzw. Interessenkollision geraten wie bei der Bestellung mehrerer Insolvenzverwalter.[480]

Allerding gibt es weiteres Bedanken, ob die Bestellung eines Sonderverwalters, der nicht über aktives Recht verfügt, die Interessekollision des einzelnen Insolvenzverwalters beseitigen kann. In dieser Konstellation gerät der Insolvenzverwalter wieder ins Selbstkontrahieren, wenn er gegen sich Forderungen anmeldet oder eine Anfechtung ausübt. Daher kann die Einsetzung des Sonderverwalters den Zweifel an der Interessenkollision nicht beseitigen. *De lege ferenda* kommt wohl für die Konzerninsolvenz eine Befreiung vom Selbstkontrahieren des § 181 BGB vom Insolvenzverwalter in Betracht.[481] Zu beachten ist jedoch, dass die Befreiung vom Selbstkontrahieren sich nur auf die Amtsausübung für mindestens zwei ihm fremde Vermögensmassen beschränkt. Die Befreiung vom Selbstkontrahieren in der Person des Insolvenzverwalters wird ausgeschlossen. Außerdem kommt die Bestellung eines Insolvenzverwalters bei Interessenkollision in seiner Person gemäß § 56 InsO außer Betracht. Zusammenfassend ist *de lege lata* die Bestellung eines einheitlichen Konzerninsolvenzverwalters unter der zusätzlichen Einsetzung des Sonderverwalters möglich und auch der Praxis nicht fremd. Allerdings kann die Interessenkollision dadurch nicht ausgeschlossen werden, wenn keine Befreiung des Insolvenzverwalters vom Selbstkontrahieren des § 181 BGB gestattet wird. Angesichts der unterschiedlichen Konzernstrukturen ist die Bestellung eines einheitlichen Insolvenzverwalters in der Konzerninsolvenz nicht erzwingt. Für die Bestellung eines einheitlichen Insolvenzverwalters fehlen noch gesetzliche Kriterien. In der Insolvenz der von der Muttergesellschaft straff geleiteten Konzerne kommt die Bestellung eines einheitlichen Insolvenzverwalters eher in Betracht. In der Insolvenz der Konzerne, deren Konzerngesellschaften nicht von der Muttergesellschaft geleitet werden, besteht wohl ein geringer Bedarf, was den Einsatz eines einheitlichen Insolvenzverwalters anbelangt.

4.1.2.3 Kooperationsmöglichkeit der Verwalter in der Konzerninsolvenz de lege lata

Werden mehrere Insolvenzverwalter in der Konzerninsolvenz bestellt, kommt eine Kooperation der Verwalter in Betracht, um die Synergie-Effekte fortsetzen zu können. *De lege lata* wird in der Insolvenzordnung ausdrücklich keine Kooperationspflicht der Insolvenzverwalter vorgesehen. Der Insolvenzverwalter arbeitet vielmehr unabhängig und selbstständig. Die Kooperations- bzw. Zusammenarbeitspflicht der Insolvenzverwalter gemäß § 357 InsO und Art. 31 EuInsO findet wegen der unterschiedlichen Sach- und Interessenlagen keine analoge Anwendung auf den

480 Vgl. Kögel/Loose, ZInsO 2006, 17, 19 f.; Adam/Peortzgen, ZInsO 2008, 281, 286; Frind, in HambKomm InsO, § 56 Rn. 41a.

481 Ausführlich siehe Kögel/Loose, ZInsO 2006, 17, 17 ff.; auch Brünkmanns, Diss., S. 148 f.

Fall der Konzerninsolvenz in Deutschland.[482] Eine Kooperationspflicht des Insolvenzverwalters könnte sich aber aus den Zielen des Insolvenzverfahrens des § 1 S. 1 InsO ergeben. Das Insolvenzverfahren dient zur bestmöglichen Gläubigerbefriedigung. Der Insolvenzverwalter ist deshalb verpflichtet, die für die Insolvenzgläubiger vorteilhaftesten Maßnahmen im Verfahren zu ergreifen.[483] Solange das Zusammenarbeiten der Insolvenzverwalter zur bestmöglichen Gläubigerbefriedigung beiträgt, kann es als Pflicht des einzelnen Insolvenzverwalters eingestuft werden.[484] Mittels der Kooperation der Insolvenzverwalter kann man in der Konzerninsolvenz die Massevermehrung eines einzelnen Insolvenzverfahrens bzw. gute Ergebnisse für die Gesamtunternehmung erwarten. Allerdings ist jeder Insolvenzverwalter nur zur bestmöglichen Verwertung der von ihm selbst verwalteten Masse verpflichtet und daraus folgt nicht zugleich, dass eine Kooperation zwingend mit der bestmöglichen Verwaltung für das andere Einzelverfahren gleichzusetzen ist, weil eine für ein Verfahren vorteilhafte Kooperation nicht unbedingt gleichfalls Positiveffekte für andere Verfahren auslösen muss und sogar zu einer negativen Folge für die anderen Verfahren führen kann.[485] Daher entsteht *de lege lata* nur dann eine Kooperationspflicht der Insolvenzverwalter wegen einer bestmöglichen Gläubigerbefriedigung in der Konzerninsolvenz, wenn die Kooperation für das jeweilige Einzelverfahren vorteilhaft ist. Aus einer neutralen Kooperation ergibt sich keine Kooperationspflicht, jedoch dürfen die Verwalter in diesem Fall zusammenarbeiten. Problematisch wäre es, dass ein Insolvenzverwalter ohne ausreichende Informationen über die anderen insolventen Konzerngesellschaften nicht in der Lage wäre zu entscheiden, ob eine Kooperation seinem Verfahren zugutekommen kann. Somit beruht die Kooperation in erster Linie auf einem Informationsaustausch. Wird *de lege ferenda* eine gesetzliche Kooperationspflicht der Insolvenzverwalter in der Konzerninsolvenz eingeführt, ist hier vorzuschlagen, dass die Kooperationspflicht zumindest eine Informationspflicht beinhaltet.

Zusammenfassend lässt sich feststellen, dass eine Kooperation der Insolvenzverwalter in der Konzerninsolvenz wegen der bestmöglichen Gläubiger in den jeweiligen Verfahren gerechtfertigt werden kann, aber ohne ausreichende Informationen könnte eine Kooperation von Anfang an nicht möglich sein.

Weitere Kooperationsmöglichkeiten entstehen durch Abschluss der Insolvenzverwaltungsverträge[486] oder durch Protokolle (protocols)[487]. Die Befugnis zum Abschluss der Insolvenzverwaltungsverträge resultiert für Insolvenzverwalter aus

---

482 Ausführlich siehe, Rotstegge, Diss., S. 225 ff.

483 Siehe oben 2. 2; vgl. auch: Uhlenbruck, in Uhlenbruck, § 60, Rn. 16.

484 Vgl. Eidenmüller, ZHR 169 (2005), 528, 551 f.; Rotstegge, Diss., S. 215.

485 Vgl. auch Rotstegge, Diss., S. 216.

486 Vgl. Eidenmüller, in MünchKomm InsO, vor §§ 217 bis 269 Rn. 36; Eidenmüller, ZHR 169 (2005), 528, 542; Eidenmüller, ZZP 114 (2001), 3, 10 ff.; Ehricke, WM 2005, 397, 402; Wittinghofer, Diss., S. 31 ff.; Rotstegge, Diss., S. 217 f.

487 Ausführlich siehe Paulus, ZIP 1998, 977, 979 ff.; Paulus, ZIP 2000, 2189, 2193 f.; Ehricke, WM 2005, 397, 403 f.; Wittinghofer, Diss., S. 55 ff.; Rotstegge, Diss., S. 220.

§ 159 InsO, wobei gemäß § 160 Abs. 1 S. 1 InsO die Zustimmung des Gläubigerausschusses erforderlich ist.[488] Beide Möglichkeiten setzen die Privatautonomie des Insolvenzverwalters voraus, und daraus ergibt sich, dass kein Kontrahierungszwang besteht. Darüber hinaus muss sich der Abschluss der Insolvenzverwaltungsverträge oder die Teilnahme an den Protokollen immer an der bestmöglichen Gläubigerbefriedigung orientieren. *De lege lata* gibt es bei diesen zwei Möglichkeiten noch viel Ungeklärtes und Unsicheres.[489] Allerdings stellen die Insolvenzverwaltungsverträge als eine Kooperationsmöglichkeit dar. Und bislang ist nicht erkennbar geworden, dass das geltende Recht dieser Praxis wesentliche Hindernisse in den Weg legt.[490]

4.1.3 Zwischenergebnisse

Konzerninsolvenz wird *de lege lata* nicht geregelt. Nach dem geltenden Recht gilt weiterhin das Prinzip „eine Person, ein Vermögen, ein Verfahren". Allerdings können sich die Insolvenzverfahren der Unternehmen derselben Gruppe durch Auslegung des § 3 Abs. 1 S. 2 InsO zufälligerweise auf dasselbe Gericht konzentrieren. Eine Pflicht der gerichtliche Zusammenarbeit gibt es *de lege lata* nicht.

Insolvenzverwalter sind sich wegen bestmöglicher Befriedigung der Gläubiger verpflichtet, die für die Insolvenzgläubiger vorteilhaftesten Maßnahmen im Verfahren zu ergreifen. Die Pflicht zur Zusammenarbeit zwischen den Insolvenzverwaltern in der Konzerninsolvenz besteht, soweit die Zusammenarbeit zwischen den Insolvenzverwaltern die bestmögliche Befriedigung für die Insolvenzgläubiger im einzelnen Verfahren gewährleitstet, was allerdings ohne ausreichende Information schwierig oder nicht möglich zu beurteilen ist. *De lege ferenda* ist vorzuschlagen, dass eine Informationspflicht zwischen den Insolvenzverwaltern in der Konzerninsolvenz einzuführen.

Wird ein einzelner Insolvenzverwalter für mehrere insolventen Unternehmen derselben Gruppe bestellt, gerät er ständig in Interessenkollision, die durch Einsetzung des Sonderverwalters nicht vollständig vermieden werden kann. Daher kommt *de lege ferenda* wohl in Betracht, dass der einzelne Insolvenzverwalter in der Konzerninsolvenz vom Selbstkontrahieren des § 181 BGB befreit wird.

---

488 Vgl. Eidenmüller, in MünchKomm InsO, vor §§ 217 bis 269 Rn. 36; Eidenmüller, ZZP 114 (2001), 3, 3 ff.; Eidenmüller, ZHR 169 (2005), 528, 543; Ehricke, WM 2005, 397, 403; Rotstegge, Diss., S. 217.

489 Ausführlich siehe Ehricke, WM 2005, 397, 402 ff.

490 Siehe Begründung des KIG-E, Beilage zu ZIP 37/2013, S. 3. Allerdings lehnt der deutsche Gesetzgeber eine ausdrückliche Regelung der Insolvenzverwaltungsverträge im KIG-E ab. Die Gründe dafür sind zu finden in: Begründung des KIG-E, Beilage zu ZIP 37/2013, S. 3.

4.2 Wichtige Modelle für die Verfahrensausgestaltung der Konzerninsolvenz *de lege ferenda*

Das deutsche Insolvenzrecht hat die Konzerninsolvenz nicht berücksichtigt. Eines der größten Hindernisse für die koordinierte Durchführung eines Insolvenzverfahrens ist die Verteilung der einzelnen Konzerngesellschaften auf verschiedene Gerichte und Verwalter.[491] Für einen einheitlichen Insolvenzgerichtsstand und eine einheitliche Verwalterbestellung in der Konzerninsolvenz fehlen noch die gesetzlichen Grundlagen. Die Zusammenarbeit mehrerer Gerichte oder Insolvenzverwalter ist *de lege lata* möglich, aber sie wird ebenfalls nicht ausdrücklich geregelt. Es gibt noch vieles zu klären. In der Literatur wird sich mit der Konzerninsolvenz heftig auseinandergesetzt. Zur Bewältigung von Konzerninsolvenzen stehen in der Literatur hauptsächlich zwei wichtige Modelle – materielle Konsolidierung und Verfahrenskoordinierung -zur Verfügung.

4.2.1 Materielle Konsolidierung (substantive consolidation)

In der Literatur gibt es den Ansatz, eine materielle Konsolidierung, die im US-amerikanischen Rechtsinstitut der „substantive consolidation" angelegt ist,[492] eingeschränkt in das deutsche Insolvenzrecht einzuführen.[493] Unter materieller Konsolidierung ist hinsichtlich des Konzernverbunds die Zusammenfassung von Aktiva und Passiva der insolventen Gesellschaften desselben Konzerns zu verstehen.[494] Durch die materielle Konsolidierung wird die selbstständige rechtliche Existenz der Konzerngesellschaften durchbrochen, wobei die Gesellschaften desselben Konzerns als rechtliche Einheit behandelt werden.[495] Aus der einheitlichen Masse werden die Gläubiger aller konsolidierten Gesellschaften, deren Ansprüche zur gleichen Rangklasse gehören, mit derselben Quote befriedigt.

Durch die materielle Konsolidierung können der Arbeits- und Zeitaufwand des Gerichts und Insolvenzverwalters wesentlich reduziert werden, insbesondere der Aufwand zur Feststellung und Durchsetzung der Ansprüche zwischen den insolventen Konzernunternehmen finden nicht statt,[496] denn derartige Ansprüche existieren durch die Zusammenfassung der Masse nicht mehr. Ferner kann eine materielle Konsolidierung zur weiteren Wertschöpfung beitragen.[497] Beispielsweise kann sich der Wert einzelner Patente durch die Verbindung mit anderen Patenten oder Lizenzen vielfach

491 Vgl. Begründung des KIG-E, Beilage zu ZIP 37/2013, S. 1.

492 Eidenmüller, ZHR 169 (2005), 528, 532; ausführlich siehe, Scheel, Diss., S. 241 ff.

493 Vgl. Paulus, ZGR 2010, 270, 291; ders., ZIP 2005, 1948, 1953 f.; ders., DB 2008, 2523, 2525; wohl auch Hirte, in FS K. Schmidt, 641, 645.

494 Vgl. Ehricke, ZInsO 9/2002, 393, 393; vgl. Vallender/Dezda, NZI 2009, 825, 826; Hirte, in FS K. Schmidt, 641, 643.

495 Scheel, Diss., S. 242.

496 Vgl. Adam/Poertzgen, ZInsO 2008, 347, 350.

497 Hirte, in FS K. Schmidt, S. 645.

steigern.[498] Darüber hinaus lässt sich durch eine materielle Konsolidierung vermeiden, dass die Einzelverwertung solcher Vermögenswerte im Rahmen gesonderter Verfahren zwangsläufig zu einer Zerschlagung des Geschäftsbetriebs führt und zudem einen schädigenden Effekt für die Gläubiger mit sich bringt.[499] Ein noch größerer Vorteil der materiellen Konsolidierung liegt darin, dass dadurch die Sanierungschance im Wesentlichen verbessert werden kann. Durch den Verkauf der gesamten Unternehmensgruppe statt nur der Einzelunternehmen einiger ihrer Mitglieder könne ein höherer Fortführungswert erzielt werden.[500] Nicht zuletzt kann eine materielle Konsolidierung einen weiteren Vorteil in sich bergen, nämlich, wenn die Gläubiger darauf vertraut hatten, dass die Konzerngesellschaften ein einheitliches Unternehmen bildeten.[501]

Außer Vorteilen gibt es bei der materiellen Konsolidierung auch große Nachteile. Die materielle Konsolidierung führt zur Massekonsolidation, die der Rechtspersönlichkeit der jeweiligen Konzerngesellschaft widerspricht. Des Weiteren wird das Trennungsprinzip durchbrochen. Das Prinzip „eine Person, eine Insolvenzmasse, ein Insolvenzverfahren" wird bei der materiellen Konsolidierung wesentlich abgeändert. Es gilt hierbei folglich „eine Konzerneinheit, eine Insolvenzmasse, ein Insolvenzverfahren". Während das Vertrauen mancher Gläubiger durch Konsolidierung geschützt werden kann, kann das Vertrauen anderer Gläubiger wesentlich beeinträchtigt werden, insbesondere, wenn die Gläubiger auf die fortbestehende Selbstständigkeit der Gesellschaften vertraut haben.[502] Ferner verstößt die materielle Konsolidierung gegen den Grundsatz der Gläubigergleichbehandlung (*par conditio creditorum*), der sich zunächst nur auf die Masse des Schuldners bezieht, mit welchem der Gläubiger ein Rechtsgeschäft abgeschlossen hat.[503] Ein Gläubiger, der eigentlich eine höhere Quote erwerben kann, könnte wegen einer materiellen Konsolidierung eine niedrigere Quote für seine Forderung erhalten. Im Innenverhältnis der konzerngebundenen Unternehmen führt eine materielle Konsolidierung im Übrigen zum Verlust der wechselseitigen Forderungen und damit auch gegebenenfalls zum Verlust von Sicherungsobjekten.[504]

Wegen dieser Vielzahl von Nachteilen wird die Einführung der materiellen Konsolidierung ins deutsche Insolvenzrecht der h. M. nach abgelehnt.[505] *Paulus* und *Brünkmans* sprechen sich für eine materielle Konsolidierung aus, die allerdings nur sehr beschränkt verwendet werden soll.[506] *Hirte* geht davon aus, dass eine materielle

---

498 Adam/Poertzgen, ZInsO 2008, 347, 350.
499 Adam/Poertzgen, ZInsO 2008, 347, 350.
500 Paulus, Texas Int. L.J. Vol. 42 2007, 819, 826, 828.
501 Scheel, Diss., S. 275.
502 Scheel, Diss., S. 277.
503 Adam/Poertzgen, ZInsO 2008, 347, 350.
504 Paulus, ZIP 2005, 1948, 1953.
505 Statt vieler vgl. K. Schmidt, KTS 2010, 1, 13 f.; Ehricke, DZWIR 1999, 353, 357 f.; Rotstegge, Diss., S. 148 f.; Eidenmüller, ZHR 169 (2005), 529, 531 f.
506 Vgl. Paulus, ZIP 2005, 1948, 1953, 1955 (für die Fälle „nach außen dokumentierter" und „funktional aufeinander abgestimmter Zusammengehörigkeit"); ders.,

Konsolidierung materiell-rechtlich von dem Entstehen „eines ‚Durchgriffs' (‚*piercing the corporate veil*')" abhängen sollte.[507] In den USA stellt sich die materielle Konsolidierung (substantive consolidation) als ein Ausnahmefall dar.[508] Der dritte Teil der „Legislative Guide on Insolvency Law" von UNCITRAL befasst sich mit der Insolvenz der Unternehmensgruppe und hält die materielle Konsolidierung für selten.[509]

4.2.2 Verfahrenskoordinierung

Als ein anderes Modell stellt sich die Verfahrenskoordinierung dar. Darunter versteht man, dass die Insolvenzverfahren gruppenangehöriger Schuldner durch eine Zusammenarbeit der Gerichte, Insolvenzverwalter oder Gläubiger abgestimmt abgewickelt werden. Die abgestimmte Verfahrensabwicklung beruht auf einer Kooperation und Zusammenarbeit zwischen den Gerichten, Insolvenzverwaltern oder Gläubigern. Anders als bei der materiellen Konsolidierung ändern sich die materiellen Rechte der am Insolvenzverfahren Beteiligten bei der Verfahrenskoordinierung nicht. Das materiell-rechtliche Rechtsträgerprinzip wird bei der Verfahrenskoordinierung eingehalten. Prozessrechtlich gelten weiter die Prinzipien „eine Person, eine Insolvenzmasse, ein Verfahren" und die „Gläubigergleichbehandlung" (*par conditio creditorum*). Bei einer Verfahrenskoordinierung findet keine Massenkonsolidierung statt.

Verfahrenskoordinierung birgt viele Vorteile in sich. Ein wichtiger Vorteil der Verfahrenskoordinierung liegt darin, dass die Synergie-Effekte in der Konzerninsolvenz durch Koordination bewahrt werden können. Durch Koordination kann die vorherige Zusammenarbeit zwischen den Konzerngesellschaften fortgesetzt werden, insbesondere können auf der Konzernebene Ressourcen weiter genutzt werden. Damit können sich die Sanierungschancen erhöhen. Die Konflikte zwischen den einzelnen Insolvenzverfahren, z. B. gegenseitiger Streit, können sich durch eine Zusammenarbeit wesentlich verringern. Durch eine Zusammenarbeit kann auch der Arbeits- und Zeitaufwand abgebaut werden. Außerdem können die eben erwähnten Vorteile weiter zur Wertschöpfung beitragen.

Doch hat auch die Verfahrenskoordinierung ihre Schattenseite. Durch die Koordinierung können mögliche Konflikte zwischen den Insolvenzverfahren nicht völlig

---

DB 2008, 2523, 2525 (für Sanierungsverfahren). Brünkmans, Diss., S. 296 ff. Er ist der Meinung, dass sich die materielle Konsolidierung auf das Planverfahren beschränkt.

507 Hirte, in FS K. Schmidt, 641, 645. Er meint: „Die verfahrensmäßige Zusammenfassung der Insolvenzverfahren über verschiedene konzernzugehörige Unternehmen wird nur und erst dann gestattet, wenn gleichzeitig in materiellrechtlicher Hinsicht die Voraussetzungen eines ‚Durchgriffs' (‚piercing the corporate veil') vorliegen." Damit sympathisiert Verhoeven, Diss., S. 117 ff.

508 Ausführlich siehe Scheel, Diss., S. 245 ff., 282 f..

509 UNCITRAL 2012, S. 60 = Rn. 106. "The circumstances that would support a substantive consolidation order are, nevertheless, very limited."

beseitigt werden, eine enge Koordinierung, z. B. die Bestellung eines Insolvenzverwalters für alle Verfahren, kann zu einem neuen Interessenkonflikt des Insolvenzverwalters führen. Ferner könnte die einzelne Konzerngesellschaft wegen der Verfahrenskoordinierung Nachteile erleiden, wenn sie z. B. bei der Koordinierung die Chance zu einer übertragenden Sanierung verliert.

Der Koordinierungsmechanismus braucht noch eine Konkretisierung. Im „Legislative Guide on Insolvency Law" von UNCITRAL werden Koordinierungen sowohl bei der Verfahrenseröffnung[510] als auch bei der Verfahrensabwicklung[511] empfohlen. Weiterhin wird dort bei der Koordinierung die Möglichkeit der einzelnen Verwalterbestellung sowie eines einheitlichen Insolvenzgerichts vorgesehen.[512] Eine Verfahrenskonzentration an demselben Gericht und durch die Verwaltung von einem Insolvenzverwalter in der Konzerninsolvenz wird auch in der deutschen Literatur als eine mögliche enge Koordinierung hervorbracht. Hier handelt es sich nicht um eine zufällige Konzentration, die schon nach dem geltenden Insolvenzrecht möglich ist,[513] sondern um konkrete gesetzliche Regelungen über eine solche Konzentration. Die Verfahrenskonzentration an demselben Gericht oder bei demselben Insolvenzverwalter sollte nicht als der einzige Weg zur Koordinierung angesehen werden. Die Konzernstrukturen sind in der Praxis sehr verschiedenen gestaltet. Es gibt Konzerne, deren Konzerngesellschaften von der Zentrale des Konzerns aus so straff wie eine Einheit geleitet werden. Dabei funktionieren beispielsweise die Tochtergesellschaften nur wie eine bloße Abteilung der Muttergesellschaft, obwohl jede noch über eine rechtliche Persönlichkeit verfügt. Derartige Konzerne existieren häufig aufgrund eines Beherrschungsvertrags, einer Eingliederung oder einer qualifiziert faktischen Leitung. Andererseits können die Tochtergesellschaften selbstständig von sich selbst geleitet werden, obwohl sie gesellschaftsrechtlich von der Muttergesellschaft abhängig sind. Ihre Muttergesellschaft übt die Möglichkeit zur Einflussnahme in der Tat selten oder gar nicht aus. In diesem Fall ist eine zwingende Verfahrenskonzentration nicht sachgerecht und der Bedarf an einer Verfahrenskoordinierung ist wohl gering. Somit soll sich die konkrete Gestaltung der Verfahrenskoordinierung nach dem Einzelfall richten. Mit verschiedenen Koordinierungsmechanismen soll sowohl die Möglichkeit einer engen Koordinierung – bei der z. B. die Verfahren gruppenangehöriger Schuldner unter Aufsicht eines Gerichts von einem Insolvenzverwalter verwaltet werden – als auch einer lockeren Koordinierung – bei der es z. B. um den Informationenfluss geht – geschaffen werden. Außer des einheitlichen Insolvenzgerichtsstands und der einheitlichen

510 UNCITRAL 2012, S. 20 ff. = Rn. 5 ff.

511 UNCITRAL 2012, S. 27 ff. = Rn. 22 ff.

512 UNCITRAL 2012, S. 27 = Rn. 23. Einheitlicher Insolvenzverwalter: "Streamlining may also be facilitated by the appointment of a single or the same insolvency representative to administer the insolvency proceedings". Einheitlicher Gerichtsstand: "when permitted by domestic law, administration of the multiple proceedings concerning group members in a single court."

513 Vgl. oben 4.1.1.3.

Verwalterbestellung stehen noch Insolvenzverwaltungsverträge und koordinierte Insolvenzpläne als Koordinierungsmechanismen in der Konzerninsolvenz zur Verfügung. Die Insolvenzverwaltungsverträge wurden bereits erörtert,[514] und sind deshalb hier nicht mehr zu wiedergeben.

4.2.2.1 Einheitlicher Insolvenzgerichtsstand – eine enge Koordinierung auf der Ebene der Gerichte

Die Konzentration mehrerer Insolvenzverfahren bei einem Gericht bzw. Richter kann als eine enge Verfahrenskoordinierung in der Konzerninsolvenz eingesetzt werden. Die Verfahrenskonzentration auf ein Gericht kann zu einer besseren Verfahrenskoordinierung führen.[515] Dadurch kann der Konzern als eine wirtschaftliche Einheit von der Gerichtsseite aus besser betrachtet werden. Ferner kann die Konzentration bei einem Gericht zur Erleichterung der Koordinierung beitragen. Es gibt dadurch keinen Zeit- und Kostenaufwand für die zwischengerichtliche Zusammenarbeit. Statt des Informationenaustausches zwischen verschiedenen Gerichten entsteht hier eine Informationsbündelung. Die Verzögerung in der Verfahrensdauer wird durch die Verfahrenskonzentration wesentlich reduziert und die Gefahr widersprüchlicher Entscheidung wegen der Zuständigkeit mehrerer Gerichte ist ausgeschlossen.[516] Die Konzentration bei einem Gericht kann deshalb die Verfahrenseffektivität erhöhen und Kosten ersparen. Zu bedenken ist allerdings, dass eine Verfahrenskonzentration an einem Gericht nicht mit der ortsnahen Verfahrensabwicklung in Einklang stehen könnte. Abgesehen davon bringt die Verfahrenskonzentration auf der Ebene der Gerichte viele Vorteile mit sich. In der Literatur stehen folgende Ansätze bzw. Kriterien für die Bestimmung des einheitlichen Gerichtsstands zur Verfügung.

4.2.2.1.1 Das Prioritätsprinzip

Der Gedanke des Prioritätsprinzips kann auf § 3 Abs. 2 InsO zurückgreifen.[517] Sind mehrere Gerichte zuständig, ist gemäß § 3 Abs. 2 InsO das Gericht ausschließlich zuständig, bei dem zuerst die Eröffnung des Insolvenzverfahrens beantragt worden ist. Aus dem Wortlaut des § 3 Abs. 2 InsO ergibt sich, dass das Prioritätsprinzip auf den ersten Eröffnungsantrag abstellt. *Hirte* spricht sich für das Prioritätsprinzip aus und vertritt die Auffassung, dass das Prioritätsprinzip im Falle einer Gerichtskonzentration nicht auf den ersten Antrag, sondern auf die erste Verfahrenseröffnung bezogen sei.[518] Das Prioritätsprinzip kann folgende Vorteile mit sich bringen: Zunächst kann das Prioritätsprinzip eine verlässliche und klar bestimmbare Zuständigkeitsregelung

---

514 Siehe oben 4.1.2.3.
515 Vallender/Deyda, NZI 2009, 825, 828; Ehricke, S. 461; Bezelgues, Diss., S. 67.
516 Ehricke, S. 462.
517 Vgl. Vallender, in FS Runkel, 373, 383.
518 Hirte, ZIP 2008, 444, 445.

bewirken.[519] Darüber hinaus kann die ausschließliche Zuständigkeit des ersten Gerichts der Gefahr von Anfang an vorbeugen, dass verschiedene Personen als Sachverständiger, vorläufiger Insolvenzverwalter bzw. Insolvenzverwalter bestellt würden.[520]

Nicht zu verkennen sind auch die Nachteile, die eine an das Prioritätsprinzip anknüpfende Regelung mit sich bringen kann. Zuerst besteht die Gefahr, dass der Gerichtsstand für alle insolventen Konzerngesellschaften am Sitz einer unbedeutenden Tochter liegt.[521] Diese Gerichtsverlegung an den Sitz einer unbedeutenden Tochter kann zu einer viel schwierigeren Verfahrensabwicklung führen, insbesondere, wenn diese unbedeutende Tochter von der Muttergesellschaft straff wie eine Abteilung geleitet wird. Darüber hinaus kann eine auf dem Prioritätsprinzip basierende Regelung die Gefahr eines „Forum Shopping“ nicht nur durch den Antrag, sondern auch durch eine vorsätzliche Sitzverlegung hervorbringen.[522] Zu einer vorsätzlichen Sitzverlegung gehört ferner, dass die Muttergesellschaft aus einem bestimmten Interesse den Insolvenzgrund einer Gesellschaft beseitigt, um den Gerichtsstand an den ihrer Ansicht nach geeigneten Sitz zu verlegen.[523]

4.2.2.1.2 Der Vorrang des Mutter-Gerichtsstands

Einem anderen Kriterium zufolge orientiert sich der Gerichtsstand im Falle der Gerichtskonzentration an dem Sitz der Muttergesellschaft. Es sollte auch in dem Fall gelten, dass die Muttergesellschaft selbst nicht in Insolvenz geht (zwingende Zuständigkeit am Sitz der Mutter).[524] Zur Begründung des Mutter-Gerichtsstands weist *Vallender/Deyda* darauf hin, dass die Muttergesellschaft – falls sie wirtschaftlich überhaupt dazu in der Lage sei – den Insolvenzgrund der Tochtergesellschaft beseitigen könne, wenn die Konzerninsolvenz an dem ihrer Ansicht nach ungeeigneten Insolvenzgericht durchgeführt werde.[525] Aus Sicht der Sanierungspraxis erscheine es kontraproduktiv, wenn insbesondere bei Großinsolvenz das Verfahren nicht am Konzerngericht (Sitz der Muttergesellschaft) durchgeführt werde.[526]

In der Literatur wird schon Kritik an diesem Kriterium geübt. *Hirte* hat sich darum gesorgt, dass dem Kriterium nach der Gerichtsstand an einem Ort liegen

519 Hirte, ZIP 2008, 444, 445.
520 Vallender/Deyda, NZI 2009, 825, 828; Vallender, in FS Runkel, 373, 382.
521 K. Schmidt, KTS 2010, 1, 20 f.; Vallender/Deyda, NZI 2009, 825, 828; Vallender, in FS Runkel, 373, 383; auch Hirte, ZIP 2008, 444, 445.
522 K. Schmidt, KTS 2010, 1, 20.
523 Vallender/Deyda, NZI 2009, 825, 828; Vallender, in FS Runkel, 373, 383.
524 Vgl. Jaffé/Friedrich, ZIP 2008, 1849, 1852; Vallender/Deyda, NZI 2009, 825, 828; Vallender, in FS Runkel, 373, 385.
525 Vallender/Deyda, NZI 2009, 825, 828.
526 Vallender/Deyda, NZI 2009, 825, 828; dieselbe Meinung vertritt auch Jaffé/Friedrich, ZIP 2008, 1849, 1852.

könne, an dem sich überhaupt kein einziges insolventes Unternehmen befinde.[527] Außerdem könne der Sitz der Muttergesellschaft manipuliert werden.[528] Um diesen Nachteil zu vermeiden, wird in der Literatur vorgeschlagen, dass es bei Sitzverlegung der Gesellschaft innerhalb des letzten Jahres vor Antragstellung bei der Bestimmung des Gerichtsstands nicht auf den aktuellen Sitz, sondern auf den früheren Sitz ankommt.[529] Eine weitere Befürchtung liegt darin, dass nach diesem Kriterium bei internationalen Konzernen die Gefahr besteht, dass die deutschen Gerichte die Zuständigkeit für die sich in Deutschland befindenden konzernangehörigen Unternehmen verlieren. Um dem zu begegnen, wird vorgeschlagen, eine Zwischenholding im Inland zu gründen.[530]

4.2.2.1.3 Prorogation oder die Zulassung eines Wahlgerichtsstands

Beide Modelle hat *K. Schmidt* ausführlich analysiert und zutreffend kritisiert.[531] Das Prorogationsmodell lehnt sich an § 38 ZPO an. Bei dem Prorogationsmodell stellt sich zuerst die Frage, wem das Recht für eine Gerichtsstandsvereinbarung zusteht.[532] Eine Gerichtsstandsvereinbarung in der Konzerninsolvenz kann nur sehr schwer und in der Praxis fast unmöglich getroffen werden.

In Anlehnung an § 35 ZPO wird über die Zulassung eines Wahlgerichtsstands nachgedacht. Die Voraussetzung für die Zulassung eines Wahlgerichtsstands ist zunächst, dass mehrere Gerichte örtlich zuständig sind, was mit dem geltenden § 3 InsO nicht übereinstimmt.[533] Wer das Wahlrecht ausüben soll, ist ebenfalls sehr fragwürdig. Darüber hinaus kann die Zulassung eines Wahlgerichtsstands zu einer unverlässlichen und unklaren Zuständigkeit führen.

Bei diesen beiden Modellen kann sich nicht nur eine Unklarheit über den Gerichtsstands, sondern auch ein sehr kompliziertes Bestimmungsverfahren ergeben.

4.2.2.1.4 Sitz- und Verweisungslösung

Nach Bewertung der oben erwähnten vier Kriterien hat *K. Schmidt* festgestellt, dass keines dieser Modelle überzeugend sei.[534] Anschließend unterbreitet er zur Bestimmung des einheitlichen Gerichtsstands in der Konzerninsolvenz einen eigenen

---

527 Hirte, ZIP 2008, 444, 445; dieselbe Meinung siehe auch K. Schmidt, KTS 2010, 1, 20.

528 Hirte, ZIP 2008, 444, 445.

529 Vgl. Eidenmüller, ZHR 169 (2005), 528, 539; Jaffé/Friedrich, ZIP 2008, 1849, 1852; Vallender/Deyda, NZI 2009, 825, 828; Vallender, in FS Runkel, 373, 385.

530 Vgl. Jaffé/Friedrich, ZIP 2008, 1849, 1852; Vallender/Deyda, NZI 2009, 825, 828; Vallender, in FS Runkel, 373, 384.

531 Ausführlich siehe K. Schmidt, KTS 2010, 1, 18 f.

532 Vgl. K. Schmidt, KTS 2010, 1, 18.

533 Vgl. oben 4.1.1, auch K. Schmidt, KTS 2010, 1, 19.

534 Vgl. K. Schmidt, KTS 2010, 1, 17 ff.

Vorschlag, namentlich die Sitz- und Verweisungslösung.[535] Danach könne jedes Verfahren nur am Sitz der Gesellschaft beantragt werden und auf Antrag vom Vertretungsorgan mit Einstimmigkeit oder vom (vorläufigen) Insolvenzverwalter an das Gericht einer anderen Konzerngesellschaft verwiesen werden.[536] Die Verweisung könne sich nur auf den Gesichtspunkt stützen, dass sich der Mittelpunkt der Tätigkeit an einem anderen als dem Registerort befinde.[537] Diese Verweisungslösung basiere auf einer Rückbesinnung auf den ausschließlichen Gerichtsstand nach § 3 Abs. 1 S. 1 InsO. Diese habe den Vorteil größtmöglicher Klarheit und sei zudem in der Insolvenzrechtsgeschichte angelegt.[538] Die von ihm vorgeschlagene Verweisungslösung solle von Fall zu Fall erlauben, die örtliche Zuständigkeit aus sachlichen Gründen auf Antrag der Schuldnerin oder des Verwalters zu berichtigen.[539]

In der Literatur ist die Verweisungslösung auch dahingehend kritisiert worden, dass ihre Begründung fehlgehe.[540] Außerdem widerspreche dieser Vorschlag der seit über 100 Jahren geltenden Insolvenzrechtstradition der Anknüpfung an den Mittelpunkt des wirtschaftlichen Daseins des Gemeinschuldners und sei als Rückkehr zu einer formalistischen Betrachtungsweise abzulehnen.[541] Nicht zuletzt eröffne die Normierung dieser Sitz- und Verweisungslösung erhebliche Möglichkeiten zur Vornahme einer Zuständigkeitserschleichung ohne einschränkende Voraussetzungen.[542] Die Verweisungsmöglichkeit könnte ferner die Rechtsunsicherheit und damit die Transaktionskosten erhöhen.[543]

4.2.2.2 Einheitlicher Insolvenzverwalter – eine enge Koordinierung auf der Ebene der Insolvenzverwalter

Die zentrale Figur des Insolvenzverfahrens ist der Insolvenzverwalter, dessen Auswahl die Schicksalsfrage des Insolvenzverfahrens darstellt.[544] Gemäß § 80 Abs. 1 InsO geht das Recht des Schuldners, das zur Insolvenzmasse gehörende Vermögen zu verwalten und darüber zu verfügen, durch die Eröffnung des Insolvenzverfahrens auf den Insolvenzverwalter über. Ferner hat der Verwalter gemäß § 148 Abs. 1 InsO nach der Eröffnung des Insolvenzverfahrens das gesamte zur Insolvenzmasse gehörende Vermögen sofort in Besitz und Verwaltung zu nehmen. Betrachtet man den Konzern als eine Einheit, entsteht der Ansatz in der Konzerninsolvenz, einen einzelnen Insolvenzverwalter zu bestellen, damit der Konzern nicht in eine Vielzahl

535 K. Schmidt, KTS 2010, 1, 22 ff.; ders., ZIP 2012, 1053, 1057.
536 K. Schmidt, KTS 2010, 1, 22, 23; ders., ZIP 2012, 1053, 1057.
537 K. Schmidt, KTS 2010, 1, 23.
538 K. Schmidt, KTS 2010, 1, 23; vgl. auch ders., ZIP 2012, 1053, 1057.
539 K. Schmidt, KTS 2010, 1, 25.
540 Splittgerber, Diss., S. 279 f.
541 Splittgerber, Diss., S. 281.
542 Splittgerber, Diss., S. 281.
543 Splittgerber, Diss., S. 282.
544 Vgl. Bork, Rn. 50; Graeber, NZI 2003, 569, 569; Vallender, DZWIR 1999, 265, 266.

rechtlich selbstständiger Entscheidungen zerlegt wird.[545] Der einzelne Insolvenzverwalter kann die Gesamtstruktur und Interna des Konzerns besser berücksichtigen[546] und dadurch eine Gesamtstrategie in der Konzerninsolvenz entwickeln. Dadurch kann sich die Sanierungschance des Konzerns wesentlich erhöhen. Ähnlich wie die Gerichtskonzentration bringt ein personenidentischer Insolvenzverwalter in der Konzerninsolvenz Zeit- und Kostenersparnis mit sich.[547] Der einheitliche Insolvenzverwalter kann sich in praktischer Hinsicht am einfachsten die Informationen verschaffen, die er braucht.[548] Die Koordinierung bzw. abgestimmte Verfahrensabwicklung wird durch die Bestellung eines einzelnen Insolvenzverwalters wesentlich erleichtert. Durch die Verfahrenskonzentration auf einen Insolvenzverwalter kann auch vermieden werden, dass mehrere Verwalter wegen der internen Geschäfte einander in Anspruch nehmen, was dazu führen kann, dass das Verfahren wesentlich verschoben wird.

Die Einsetzung eines einheitlichen Insolvenzverwalters bringt auch Nachteile mit sich. Wie oben bereits erwähnt,[549] kann die einheitliche Verwalterbestellung zum Interessenkonflikt führen, was die Abhängigkeit des Insolvenzverwalters in Frage stellt. Darüber hinaus ist zu überlegen, ob der einzelne Insolvenzverwalter in der Lage ist, rechtzeitig Maßnahmen im Falle der Insolvenz der Konzerne, insbesondere der Großkonzerne, zu ergreifen.

4.2.2.3 Koordinierung durch Insolvenzpläne

Das Insolvenzplanverfahren gewinnt seine wichtige Bedeutung bei der Sanierung. Damit jede einzelne insolvente Konzerngesellschaft weiter erhalten bleibt, ist für jede ein eigenständiges Planverfahren durchzuführen. Obwohl der Konzern in der Praxis häufig als wirtschaftliche Einheit betrachtet wird, gibt es nach dem geltenden Recht in Deutschland kein einheitliches Konzerninsolvenzplanverfahren.[550] Der Insolvenzplan schafft Privatautonomie im Insolvenzverfahren.[551] Durch den Insolvenzplan kann ein Insolvenzverfahren von den Vorschriften der InsO abweichend abgewickelt werden, damit die für Gläubiger günstigste Art der Insolvenzabwicklung entdeckt und durchgesetzt werden kann.[552] Ein für ein einzelnes Insolvenzverfahren vorgelegter Insolvenzplan soll sich immer nach bestmöglicher

545 Vgl. Brünkmans, Diss., S. 127.
546 Jaffé/Friedrich, ZIP 2008, 1849, 1851; vgl. Ehricke, S. 465.
547 Ausführlich siehe Ehricke, S. 465; Brünkmans, Diss., S. 129.
548 Brünkmans, Diss., S. 130.
549 Siehe oben 4.1.2.2.
550 Vgl. Eidenmüller, in Münchkomm InsO, Vorb. vor §§ 217 bis 269 Rn. 34; Eidenmüller, ZHR 169 (2005), 528, 546; Hirte, in Uhlenbruck, § 11 Rn. 414; Brünkmans, Diss., S. 286. In der Literatur wird dies teilweise als bedauerlich angesehen, vgl. Brünkmans, Diss., S. 286 f.
551 Siehe oben 2.3.2.
552 RegE, Drucksache 12/2443, S. 90.

Gläubigerbefriedigung dieses einzelnen Verfahrens richten. Um dieses Ziel zu erreichen, kommt in der Konzerninsolvenz das Erhalten bzw. das weitere Profitieren von den Synergie-Effekten des Konzerns immer in Betracht, insbesondere, wenn man die Konstellation berücksichtigt, dass jede Neuausrichtung eines Konzernunternehmens oder aber seine Liquidation zwangsläufig Auswirkungen auf den Konzern hat.[553] Daraus ergibt sich der Ansatz, die Insolvenzplanverfahren in der Konzerninsolvenz zu koordinieren. Das kann durch Vorlage der inhaltlich aufeinander abgestimmten Insolvenzpläne durchgesetzt werden.[554]

Ein konsolidierter einheitlicher Insolvenzplan wird in der Literatur als eine weitere Kooperationsmöglichkeit vorgebracht.[555] Dafür wird in der Literatur vorgebracht, dass es nicht um eine „substantive consolidation", sondern um eine „verfahrensmäßige Konsolidation" gehe.[556] Außerdem wird die Meinung vertreten, dass der Gesetzgeber sich für die Gewährung eines erheblichen Freiraums für kreative Lösungen der Beteiligten entschieden habe, dass bei der inhaltlichen Ausgestaltung des Insolvenzplans der Gläubigerautonomie nur durch das Verbot der Schlechterstellung eine Grenze gesetzt sei.[557]

Diesen Meinungen ist hier nicht zu folgen. Eine „verfahrensmäßige Konsolidation" kann ohne „substantive consolidation" nicht erfolgen, weil die Ausübung der Stimmrechte bei der „verfahrensmäßigen Konsolidation" genau auf der „substantive consolidation" beruht, insbesondere, wenn „alle ungesicherten Gläubiger der konsolidierten Insolvenzschuldnerin in einer Abstimmungsgruppe zusammengefasst werden und über den Plan abstimmen"[558]. Die letzte Begründung überzeugt ebenfalls wenig. Einerseits ist die „substantive consolidation" nach deutscher Insolvenzordnung nicht gestattet. Andererseits darf das Prinzip „eine Person, ein Vermögen, ein Verfahren" nicht durch Gläubigerautonomie durchgebrochen werden.[559]

553 Eidenmüller, in Münchkomm InsO, Vorb. vor §§ 217 bis 269 Rn. 34.

554 Ausführlich siehe Eidenmüller, ZHR 169 (2005), 528, 546 f.; Eidenmüller, in MünchKomm InsO, Vorb. vor §§ 217 bis 269 Rn. 34 ff.; Ehricke, ZInsO 2002, 393, 393 ff.; Rotstegge, Diss., S. 349 ff.; Brünkmans, Diss., S. 286 ff.; Hirte, in Uhlenbruck, § 11, Rn. 414 f.; Uhlenbruck, NZI 1999, 41, 41 ff.

555 Uhlenbruck, NZI 1999, 41, 43 f.; Brünkmans, Diss., S. 296 ff.; dagegen sprechen Eidenmüller, ZHR 169 (2005), 528, 546 f.; Eidenmüller, in MünchKomm InsO, Vorb. vor §§ 217 bis 269 Rn. 34 ff.; Rotstegge, Diss., S. 352 ff.

556 Uhlenbruck, NZI 1999, 41, 43.

557 Brünkmans, Diss., S. 305.

558 Uhlenbruck, NZI 1999, 41, 43.

559 Im diesen Sinne siehe Eidenmüller, ZHR 169 (2005), 528, 546 f.; Rotstegge, Diss., S. 353.

4.3 Der Gesetzentwurf für ein Gesetz zur Erleichterung der Bewältigung von Konzerninsolvenzen

Am 03.01.2013 hat das deutsche Bundesjustizministerium den „Diskussionsentwurf für ein Gesetz zur Erleichterung der Bewältigung von Konzerninsolvenzen" vorgelegt.[560] Damit ist die dritte Stufe der in der 17. Legislaturperiode vorgesehenen Reformen im Insolvenzrecht eingeleitet worden.[561] Der Diskussionsentwurf stößt in der Literatur überwiegend auf Zustimmung.[562] Nach dem Erlass des Diskussionsentwurfs wurde der Regierungsentwurf für ein Gesetz zur Erleichterung der Bewältigung von Konzerninsolvenzen[563] am 28.08.2013 erlassen. Der KIG-E basiert auf dem Diskussionsentwurf. Zwischen den beiden gibt es keine großen Veränderungen. Am 11.10.2013 hat der Bundesrat seine Stellungnahme zum KIG-E[564] abgegeben, die aber von der Bundesregierung erwidert wurde. Anschließend hat die Bundesregierung den KIG-E dem Bundestag zur Beschlussfassung vorgelegt.[565]

Der KIG-E ist im Folgenden zu erklären, weil er die Zukunft der Verfahrensgestaltung der Konzerninsolvenz in Deutschland aufzeigen kann. Einerseits ist der KIG-E unter Berücksichtigung und Abwägung der bislang in der Praxis und Literatur heftig geführten Diskussionen, eingehender Untersuchungen und Empfehlungen von der Kommission der Vereinten Nationen für Internationales Handelsrecht (UNCITRAL) zum Konzerninsolvenzrecht[566] sowie von Rechtsänderungsvorschlägen zur Konzerninsolvenz der Europäischen Kommission[567] erarbeitet worden. Andererseits wird die Konzernpraxis, die durch eine Vielzahl unterschiedlicher Formen

560 Abgedruckt als Beilage 1 zu ZIP 2/2013.

561 Leutheusser-Schnarrenberger, ZIP 2013, 97, 97.

562 Vgl. Brünkmans, ZIP 2013, 193, 202; ders., Der Konzern 2013, 169, 181; Graeber, ZInsO 2013, 409, 413; Eidenmüller/Frobenius, Beilage 3 zu ZIP 22/2013, 1, 8, 10, 11; Fölsing, ZInsO 2013, 413, 420; Lienau, Der Konzern 2013, 157, 162; Vallender, Der Konzern 2013, 162; 169; Dellit, Der Konzern 2013, 190, 197; Stellungnahme der NIVD e. V., ZInsO 2013, 434, 439; Stellungnahme des DAV, ZInsO 10/2013, III. Begrüßung zu dem KIG-E siehe Beck, DStR 2013, 2468, 2472. A. A. siehe Frind, ZInsO 2013, 429, 429 ff. – er meint: „Es steht zu erwarten, dass der Entwurf der Diskontinuität zum ‚Opfer' fallen wird. Ein tragischer Verlust wäre es nicht."; wohl auch Andres/Möhlenkamp, BB 2013, 579, 587. Sie meinen: „Die aktuellen Formulierungen im DiskE können dazu führen, die Konzerninsolvenzverfahren weiter zu vergrößern. Es besteht damit letztlich auch die Gefahr, dass die Gläubiger von Konzernunternehmen insgesamt mit einer noch geringeren Quote befriedigt werden als heute."

563 Abgedruckt in Beilage 4 zu ZIP 37/2013.

564 Abgedruckt in BR-Drucks. 663/13.

565 Siehe BT-Drs. 18/407.

566 UNCITRAL, Legislative Guide on Insolvency Law, Part three: Treatment of enterprise groups in insolvency, 2012.

567 Vgl. Europäische Kommission, COM (2012) 744, final vom 12. Dezember 2012, Abschnitt IVa – Insolvenz von Mitgliedern einer Unternehmensgruppe.

von Konzernen gekennzeichnet ist, im KIG-E richtig betrachtet. Nicht zuletzt knüpft der KIG-E eng an das geltende Insolvenzrecht an.

4.3.1 Ziel und Ansätze des KIG-E

Ziel des KIG-E sei es, die im Falle einer Konzerninsolvenz zu eröffnenden Einzelverfahren über die Vermögen konzernangehöriger Unternehmen besser aufeinander abzustimmen.[568] Dadurch soll eine angemessene Insolvenzbewältigung im Konzernkontext erreicht werden. Der KIG-E verfolgt den Grundsatz „eine Person, ein Vermögen, eine Insolvenz" weiter und geht bewusst von flexiblen Koordinierungsmechanismen aus. Von den Konsolidierungsmodellen wird in dem KIG-E abgesehen.[569] Dazu gehört zuerst die materielle Konsolidierung (substantive consolidation), unter der eine Zusammenfassung der Aktiva und Passiva aller insolventen Gesellschaften desselben Konzerns zu verstehen ist.[570] Außerdem wird die verfahrensmäßige Konsolidierung ebenfalls von dem KIG-E nicht empfohlen.[571] Nach dem KIG-E ist unter verfahrensmäßiger Konsolidierung zu verstehen, dass alle insolventen Konzerngesellschaften ohne Konsolidierung der Aktiva und Passiva einem einheitlichen Konzernverfahren unterstellt werden. Damit wird nur ein Insolvenzverfahren für alle insolventen Konzerngesellschaften bei einem Gericht eröffnet und nur ein Insolvenzverwalter bestellt.[572] Außerdem bedeutet verfahrensmäßige Konsolidierung noch die Bildung eines Gläubigerausschusses für alle insolventen Konzerngesellschaften.[573]

Die Koordinierungsmechanismen dienen der Gläubigerbefriedigung. Die Grundsätze und Zielbestimmungen des geltenden Insolvenzrechts (§ 1 InsO) sollten dadurch nicht in Frage gestellt oder abgeändert werden.[574] Eine Koordinierung sollte keine Schlechterstellung von Gläubigern einzelner Konzerngesellschaften mit sich bringen.[575] Unter Berücksichtigung der Konzernpraxis, die durch eine Vielzahl unterschiedlicher Formen von Konzernen gekennzeichnet ist, spricht der KIG-E gegen eine gesetzliche Einheitslösung und stattdessen für einen differenzierten und

---

568 KIG-E, BT-Drs. 18/407, S. 17; vgl. auch Leutheusser-Schnarrenberger, ZIP 2013, 97, 98.

569 KIG-E, BT-Drs. 18/407, S. 17. Die Ablehnung der materiellen Konsolidierung wird in der Literatur meistens begrüßt. Statt vieler siehe nur: Eidenmüller/Frobenius, Beilage 3 zu ZIP 22/2013, S. 8; Lienau, Der Konzern 2013, 157, 158; Brünkmans, Der Konzern 2013, 169, 171; Stellungnahme des DAV, ZInsO 10/2013, III; Stellungnahme der NIVD e. V., ZInsO 10/2013, 434, 434. Kritisiert: Humbeck, NZI 2013, 957, 957 ff.

570 Siehe oben 4.2.1.

571 KIG-E, Beilage 4 zu ZIP 37/2013, S. 2; Brünkmans, Der Konzern 2013, 169, 172. A. A. siehe Eidenmüller/Frobenius, Beilage 3 zu ZIP 22/2013, S. 6 f., 11 ff.

572 Vgl. KIG-E, BT-Drs. 18/407, S. 17; Brünkmans, Der Konzern 2013, 169, 172.

573 Brünkmans, Der Konzern 2013, 169, 172.

574 KIG-E, BT-Drs. 18/407, S. 16.

575 KIG-E, BT-Drs. 18/407, S. 16.

flexiblen rechtlichen Rahmen, der eine dem jeweiligen Einzelfall gerecht werdende Koordinierung der Verfahren erlaubt.

Hinsichtlich der flexiblen Koordinierungsmechanismen verfolgt der KIG-E zwei aufeinander aufbauende Ansätze: Zum einen knüpft der KIG-E an die Praxis unter dem geltenden Recht an und schafft die bislang noch nicht oder nur unzulänglich vorhandenen Rechtsgrundlagen, die für eine koordinierte Insolvenzabwicklung im Konzernkontext benötigt werden.[576] Dazu gehören vor allem die Schaffung eines Gruppengerichtsstands und der Möglichkeit der Bestellung eines einheitlichen Insolvenzverwalters sowie ausdrücklicher Rechtsgrundlagen der Kooperationspflichten von Gerichten, Insolvenzverwaltern und Gläubigerausschüssen. Zum anderen ergänzt der KIG-E diese allgemeinen Regelungen durch ein Koordinierungsverfahren zur Verbesserung der Abstimmung der Einzelverfahren untereinander, ohne deren Selbstständigkeit in Frage zu stellen.[577]

4.3.2 Anwendungsbereich

Der KIG-E gilt für die Insolvenzen von Schuldnern, die zu derselben Unternehmensgruppe gehören. Der Begriff „Unternehmensgruppe" wird in § 3e KIG-E definiert.[578] Danach besteht eine Unternehmensgruppe aus rechtlich selbstständigen Unternehmen, die den Mittelpunkt ihrer wirtschaftlichen Tätigkeit im Inland haben und die unmittelbar oder mittelbar miteinander verbunden sind durch (1) die Möglichkeit der Ausübung eines beherrschenden Einflusses oder (2) eine Zusammenfassung unter einheitlicher Leitung.

Der Anwendungsbereich knüpft an das COMI (*center of main interest*) an und gilt nur für die konzernzugehörigen Gesellschaften, deren Insolvenzgerichtsstand im Inland liegt. Dadurch wird es kein Überschneiden zwischen deutschem Insolvenzrecht und europäischen Insolvenzregelungen geben. Der Begriff des Konzerns richtet sich hier nicht nach § 18 AktG, sondern lehnt sich an die handelsbilanzrechtlichen Regelungen zum Konzernabschluss (§ 290 HGB) an. Zur Prüfung der Möglichkeit der Ausübung eines beherrschenden Einflusses dienen die Kriterien des § 290 Abs. 2 HGB, welche unwiderlegliche Vermutungen aufstellen.[579] Im KIG-E ist der Begriff „Unternehmensgruppe" allerdings umfangreicher zu verstehen als der Begriff der „Unternehmensgruppe" des § 290 HGB. Anders als in § 290 Abs. 1 HGB setzt die „Unternehmensgruppe" im KIG-E nicht voraus, dass das Mutterunternehmen als Kapitalgesellschaft verfasst ist.[580] Darüber hinaus ist hier der Gleichordnungskonzern des § 18 Abs. 2 inbegriffen. Im Hinblick auf das materielle Konzernrecht[581] umfasst der Begriff

576 KIG-E, BT-Drs. 18/407, S. 17.
577 Vgl. DiskE., Beilage zu ZIP 2/2013, S. 3.
578 Im KIG-DiskE wird der Begriff „Unternehmensgruppe" im § 3a Abs. 4 InsO-DiskE geregelt.
579 KIG-E, BT-Drs. 18/407, S. 29.
580 KIG-E, BT-Drs. 18/407, S. 29.
581 Vgl. oben Kapitel 1.

der Unternehmensgruppe im KIG-E eigentlich die Konzerne im Sinne von §§ 17, 18 AktG. Folglich gelten für diesen Begriff der Unternehmensgruppe die Regelungen über Konzerne auf Beherrschungsvertrag (§§ 291 ff. AktG), Eingliederungskonzerne (§§ 319 ff. AktG) und faktische Konzerne (§§ 311 ff. AktG).

Diese Bestimmung des Anwendungsbereichs ist ausnahmslos zu begrüßen. Einerseits trägt der Konzernbegriff des KIG-E der durch unterschiedlichste Formen von Unternehmensverbindungen geprägten Praxis Rechnung. Es werden Konzerne mit straffer Leitung bis hin zu den Konzernen mit bloßen Beteiligungsverhältnissen erfasst. Obwohl eine tatsächliche Ausübung des herrschenden Einflusses erforderlich wäre,[582] lässt die Anwendung der konzernrechtlichen Regelungen dies einfach und schnell von dem Gericht feststellen.[583] Darüber hinaus kann es auch nicht zu einer Schädigung führen, wenn im Einzelfall die Möglichkeit des herrschenden Einflusses tatsächlich nicht ausgeübt wurde und folglich kein Bedarf an Koordinierung entsteht, weil eine koordinierte Abwicklung der Verfahren nur erfolgt, wenn dies von den Beteiligten gewollt bzw. möglich und sinnvoll ist.[584] Andererseits folgt dieser Konzernbegriff der Definition der „Unternehmensgruppe" des Kommissionsentwurfs zur Reform der EuInsVO[585] und den Vorschlägen der UNCITRAL[586], damit zeigt er einen internationalen Standard bzw. eine Tendenz. Dadurch können die möglichen Hürden für die Koordinierung der Insolvenzverfahren der grenzübergreifenden Unternehmensgruppe von Anfang an vermieden werden.

4.3.3 Die Koordinierungsmechanismen im KIG-E im Einzelnen

4.3.3.1 Einheitlicher Konzerngerichtsstand

Um die Verfahren über gruppenangehörige Schuldner effektiver abzustimmen, sieht der KIG-E die Möglichkeit vor, mehrere oder alle Verfahren der gruppenangehörigen Schuldner bei einem Gericht zu führen. Zur Bestimmung des Gruppen-Gerichtsstands wird nach § 3a Abs. 1 S. 1 KIG-E nur der Schuldnerantrag von dem Gericht berücksichtigt. Dem Gläubiger steht ein solches Antragsrecht nicht zu. Nach Eröffnung des Insolvenzverfahrens oder Bestellung eines vorläufigen Insolvenzverwalters geht das Antragsrecht des Schuldners gemäß § 3a Abs. 3 KIG-E auf diesen über. Ein erfolgreicher Schuldnerantrag setzt zunächst voraus, dass in Bezug auf den Schuldner ein zulässiger Eröffnungsantrag (§ 3a Abs. 1 S. 1 KIG-E) vorliegt. Weiter soll der antragstellende Schuldner gemäß § 3a Abs. 1 S. 1 KIG-E nicht offensichtlich von

582 Fölsing, ZInsO 2013, 413, 414; in diesen Sinne auch Leutheusser-Schnarrenberger, ZIP 2013, 97, 100; Brünkmans, ZIP 2013, 193, 195; Lienau, Der Konzern 2013, 157, 159.

583 Vgl. Leutheusser-Schnarrenberger, ZIP 2013, 97, 100; Brünkmans, ZIP 2013, 193, 195; Lienau, Der Konzern 2013, 157, 159; Fölsing, ZInsO 2013, 413, 414.

584 Leutheusser-Schnarrenberger, ZIP 2013, 97, 100.

585 Siehe Artikel 2, (i) und (j) des Kommissionsentwurf zur Reform der EuInsVO.

586 Siehe UNCITRAL, 2012, S. 6 ff. = Rn. 6 ff.

untergeordneter Bedeutung für die gesamte Unternehmensgruppe sein. Die untergeordnete Bedeutung ist gemäß § 3a Abs. 1. S. 2 KIG-E in der Regel nicht anzunehmen, wenn die Bilanzsumme und Umsatzerlöse des Schuldners im vorangegangenen abgeschlossenen Geschäftsjahr mehr als zehn Prozent der zusammengefassten Bilanzsumme und Umsatzerlöse der Unternehmensgruppe ausmachten und wenn die Zahl der vom Schuldner im Jahresdurchschnitt beschäftigten Arbeitnehmer mehr als zehn Prozent der in der Unternehmensgruppe im Jahresdurchschnitt beschäftigten Arbeitnehmer ausmachte.[587] Ferner soll statt des Vorliegens einer positiven Voraussetzung im KIG-DiskE, dass eine Verfahrenskonzentration am angerufenen Insolvenzgericht im gemeinsamen Interesse der Gläubiger liegt,[588] kein negatives Ausschlusskriterium gegeben sein. Es soll kein Zweifel daran bestehen, dass eine Verfahrenskonzentration am angerufenen Insolvenzgericht im gemeinsamen Interesse der Gläubiger liegt. Falls dies der Fall ist, kann das Gericht nach § 3a Abs. 2 KIG-E den Antrag ablehnen. Der KIG-E verfolgt das Prioritätsprinzip und stellt auf den ersten Antrag ab. Haben mehrere gruppenangehörige Schuldner zeitgleich einen Antrag gestellt oder ist bei mehreren Anträgen unklar, welcher Antrag zuerst gestellt worden ist, ist derjenige Antrag des Schuldners nach § 3a Abs. 1 S. 3 KIG-E maßgeblich, der die größere Bilanzsumme aufweist.

Der Gruppen-Gerichtsstand ist kein ausschließlicher Gerichtsstand. Er steht neben dem Gerichtsstand nach § 3 Abs.1 InsO. Daher besteht in den späteren Verfahren über gruppenangehörige Schuldner die Wahl, entweder am Gruppen-Gerichtsstand oder am eigenen Gerichtsstand nach § 3 Abs. 1 InsO die Eröffnung der Verfahren zu beantragen. Dadurch verliert der Gerichtsstand nach § 3 Abs. 1 InsO in der Konzerninsolvenz seinen Charakter als ausschließlicher Gerichtsstand und greift § 3 Abs. 2 InsO entsprechend ein. Wird die Eröffnung eines Insolvenzverfahrens über das Vermögen eines gruppenangehörigen Schuldners bei einem anderen Insolvenzgericht als dem Gericht des Gruppen-Gerichtsstands beantragt, kann das angerufene Gericht gemäß § 3d Abs. 1 KIG-E auf Antrag das Verfahren an das Gericht des Gruppen-Gerichtsstands verweisen. Antragsberechtigt sind darüber hinaus der Schuldner, dessen vorläufiger Insolvenzverwalter oder Insolvenzverwalter.

Zur Bestimmung des Konzerninsolvenzgerichtsstands folgt der KIG-E unverändert – wie der KIG-DiskE – dem Prioritätsprinzip. Das Modell des Mutter-Gerichtsstands[589] wird mit der Begründung abgelehnt, dass eine statische und ausnahmslose Anknüpfung an den Gerichtsstand des Mutterunternehmens in den Fällen unangemessen erscheine, in denen das Mutterunternehmen gar nicht in Insolvenz gerät oder den Mittelpunkt seiner hauptsächlichen Interessen im Ausland habe.[590]

587 Im KIG-DiskE wird statt dieser Voraussetzung eine andere genannt, nämlich, dass „der Schuldner wesentliche Aufgaben oder Funktionen für die Tätigkeit der Gruppe wahrnimmt“, siehe § 3a Abs. 1 S. 1 Nr. 3 KIG-DiskE.

588 § 3a Abs. 1 S. 1 Nr. 2 KIG-DiskE.

589 Siehe oben 4.2.2.1.2.

590 KIG-E, BT-Drs. 18/407, S. 19.

Nach dem KIG-E vermeidet das Prioritätsprinzip diese Nachteile. Außerdem wird im KIG-E die Meinung vertreten, dass die Möglichkeit des Mutter-Gerichtsstands immerhin eingeräumt wird, insbesondere, wenn die Mutter den entscheidenden ersten Antrag stellt.[591] Der KIG-E verneint die Missbrauchsmöglichkeiten aufgrund des Prioritätsprinzips nicht, legt aber mehr Wert auf die Vorplanung des Insolvenzbewältigungsprozesses und geht davon aus, dass Sanierungen nur dann Erfolg versprechen, wenn sie im Vorfeld der Antragstellung von der Unternehmensleitung geplant und mit den maßgeblichen Gläubigern abgestimmt werden.[592] Außerdem wird laut KIG-E die Missbrauchsgefahr dadurch eingeschränkt, dass die Anträge von Unternehmen, die im Konzern von offensichtlich untergeordneter Bedeutung seien, ausblendet würden.[593]

Es ist jedenfalls zu begrüßen, dass der KIG-E ausdrücklich eine Gerichtskonzentration einführt. Allerdings kann der im KIG-E auf das Prioritätsprinzip abgestellte Konzerngerichtsstand der Missbrauchsgefahr Tor und Tür öffnen, wobei es um forum shopping und Zuständigkeitsmanipulation geht.[594] Die Begründung im KIG-E, dass Sanierungen nur dann Erfolg versprechen, wenn sie im Vorfeld der Antragstellung von der Unternehmensleitung geplant und mit den maßgeblichen Gläubigern abgestimmt werden,[595] ist überzeugend. Allerdings soll für eine erfolgreiche Sanierung in der Tat eher die Vorplanung der Sanierungsstrategie und nicht die Vorplanung des Insolvenzbewältigungsprozesses bzw. des Gruppen-Gerichts die entscheidende Rolle spielen. Das Argument bezüglich der Vorplanung wird wohl nicht an der richtigen Stelle vorgebracht und hilft bei der Begründung zur Erstattung der Wahlmöglichkeit eines Gerichts wenig. Um die Gerichtskonzentration am Gerichtsstand einer unbedeutenden Gesellschaft zu vermeiden, sieht der KIG-E viele Voraussetzungen vor, wodurch allerdings die Bestimmung des Gruppen-Gerichts kompliziert und schwer gemacht wird. Nicht zuletzt können die Regelungen über den Gruppen-Gerichtsstand im KIG-E zu weiterer Rechtsunsicherheit und -unklarheit führen.[596] Beispielsweise sind die Gerichtsstände der Folgeverfahren der gruppenangehörigen Schuldner für die Gläubiger und auch nach außen nicht überschaubar.[597]

---

591 KIG-E, BT-Drs. 18/407, S. 19.

592 KIG-E, BT-Drs. 18/407, S. 19.

593 KIG-E, BT-Drs. 18/407, S. 19.

594 Vgl. Vallender, Der Konzern 2013, 162, 168; Frind, ZInsO 2013, 429, 431; Stellungnahme des Bundesrats, BT-Drucks., S. 1; Eidenmüller/Frobenius, Beilage 3 zu ZIP 22/2013, S. 4 f.; Zipper, ZIP 2013, 1007, 1011; Andres/Möhlenkamp, BB 2013, 579, 584; Harder, NZI 2013, 327, 328.; Frind, ZInsO 2013, 429, 431.

595 KIG-E, BT-Drs. 18/407, S. 19.

596 Eidenmüller/Frobenius, Beilage 3 zu ZIP 22/2013, S. 4 f.; Andres/Möhlenkamp, BB 2013, 579, 584; Frind, ZInsO 2013, 429, 431; Stellungnahme des DAV, ZInsO 10/2013, IV.

597 Vgl. Frind, ZInsO 2013, 429, 430.

4.3.3.2 *Einheitliche Verwalterbestellung*

Der KIG-E sieht die Möglichkeit vor, einen einheitlichen Insolvenzverwalter für Insolvenzverfahren der Gesellschaften desselben Konzerns zu bestellen. Gemäß § 56b Abs. 1 S. 1 KIG-E haben die Insolvenzgerichte in der Konzerninsolvenz sich darüber abzustimmen, ob es im Gläubigerinteresse liegt, dieselbe Person in den verschiedenen Verfahren zum Insolvenzverwalter zu bestellen. Gemäß § 56b Abs. 1 S. 2 KIG-E soll die Unabhängigkeit des Insolvenzverwalters nach § 56 Abs. 1 S. 1 InsO durch die einheitliche Bestellung nicht gefährdet werden. Zur Bewältigung möglicher Interessenkonflikte bei der Bestellung desselben Insolvenzverwalters kommt die Bestellung von Sonderverwaltern in Betracht. Um die Vorteile der einheitlichen Verwalterbestellung zu nutzen, kann das Gericht gemäß § 56b Abs. 2 KIG-E von dem Vorschlag oder den Vorgaben des von ihm eingesetzten vorläufigen Gläubigerausschusses abweichen, wenn der für einen anderen gruppenangehörigen Schuldner bestellte vorläufige Gläubigerausschuss eine andere Person einstimmig vorschlägt, die sich für eine Tätigkeit nach § 56b Abs. 1 S. 1 KIG-E eignet.

Die Vorteile einer einheitlichen Verwalterbestellung liegen darin, dass der Insolvenzverwalter ohne aufwändige Abstimmungsprozesse eine Gesamtstrategie zur Bewältigung der Konzerninsolvenz entwickeln kann.[598] Dadurch wird Zeit gespart und die Koordinationshürden wegen unterschiedlicher Verwalter werden vermieden. Außerdem zeige die Praxis, dass die Bestellung eines personenidentischen Insolvenzverwalters für sämtliche Insolvenzverfahren gruppenangehöriger Schuldner das effektivste Mittel für die Betriebsfortführung, Sanierung und effektive Verwertung zentral organisierter Konzerne ist.[599] Der KIG-E sieht keine grundsätzliche Pflicht zur Bestellung desselben Insolvenzverwalters in der Konzerninsolvenz vor, sondern lässt die Gerichte darüber abstimmen, ob eine einheitliche Verwalterbestellung im Interesse der Gläubiger liegt. Der KIG-E sieht von der einheitlichen Verwalterbestellung ab, wenn konzerninterne Interessenkonflikte die Unabhängigkeit des Verwalters gefährden und diesen Interessenkonflikten durch die Bestellung von Sonderinsolvenzverwaltern nicht ausreichend begegnet werden können. Ebenfalls ist es nach dem KIG-E nicht sinnvoll, dieselbe Person als Insolvenzverwalter für mehrere oder alle Verfahren zu bestellen, wenn lediglich ein loser gesellschaftsrechtlicher Verbund besteht.[600] Seien die einzelnen Konzernunternehmen in ganz unterschiedlichen Geschäftsfeldern tätig, möge eine Person auch nicht für alle Insolvenzverfahren die nach § 56 Abs. 1 InsO erforderliche Sachkunde mitbringen.[601]

Dass der KIG-E die Möglichkeit der einheitlichen Verwalterbestellung in der Konzerninsolvenz vorsieht, ist ausnahmslos zu begrüßen. Es ist dieser Meinung zu folgen, dass es keine grundsätzliche Pflicht zur einheitlichen Verwalterbestellung in der Konzerninsolvenz gibt, weil die Konzernstrukturen in der Praxis sehr

598 Leutheusser-Schnarrenberger, ZIP 2013, 97, 101; KIG-E, BT-Drs. 18/407, S. 30.
599 Brünkmans, ZIP 2013, 193, 198.
600 KIG-E, BT-Drs. 18/407, S. 21.
601 KIG-E, BT-Drs. 18/407, S. 30.

verschieden sind.[602] Allerdings wird hier empfohlen, dass ein personenidentischer Insolvenzverwalter bei der Insolvenz gruppenangehöriger Schuldner, die stark in den Konzern integriert sind, grundsätzlich von den Gerichten bejaht wird,[603] es sei denn, dass die Bestellung des personenidentischen Insolvenzverwalters nicht im Gläubigerinteresse liegt. Der KIG-E sieht keine ausdrücklichen Kompetenzen des Sonderverwalters in der Konzerninsolvenz vor. Der Sonderverwalter sollte nicht über aktives Recht, sondern über reine Aufsichts- und Kontrollkompetenzen verfügen.[604] Um die Unabhängigkeit des einheitlichen Insolvenzverwalters wahrzunehmen, sollte er von Insichgeschäften des § 181 BGB befreit werden.[605] Zur Beseitigung der Gefahr der Masseverlagerung wegen einer Verwaltung durch denselben Insolvenzverwalter kommt eine Dokumentationspflicht nach dem Vorbild des § 317 AktG in Betracht.[606] Es ist zuzustimmen, dass grundsätzlich in der Insolvenz der Gesellschaften eines losen gesellschaftsrechtlichen Konzerns verschiedene Insolvenzverwalter zu bestellen sind. In den Fällen, in denen der Konzern trotz Ausübung der Einflussmöglichkeit doch nicht so integriert gestaltet wird wie eine Einheit, können die Vorteile der einheitlichen Verwalterbestellung weiter nützlich sein. In diesen Fällen soll die Bestellung des personenidentischen Insolvenzverwalters dem Ermessen der Gerichte überlassen werden.

4.3.3.3 Allgemeine Kooperationspflicht

Sind in der Konzerninsolvenz mehrere Gerichte mit den Verfahren befasst oder mehrere Insolvenzverwalter bestellt, bringt die Koordination zwischen den Gerichten und Insolvenzverwaltern in der Regel Vorteile mit sich. In den §§ 269a und 269b des KIG-E wird eine ausdrückliche Pflicht zur Zusammenarbeit der Gerichte und Insolvenzverwalter vorgesehen. Der KIG-E geht davon aus, dass die Zusammenarbeit der Gläubiger auch für die Arbeit der Insolvenzverwalter von Nutzen[607] ist und regelt entsprechend die Zusammenarbeit der Gläubigerorgane im § 269c KIG-E, die allerdings anders als die Zusammenarbeit der Gerichte oder Insolvenzverwalter nicht als eine Pflicht statuiert wird.

Gemäß § 269a KIG-E sind die Insolvenzverwalter gruppenangehöriger Schuldner zur Unterrichtung und Zusammenarbeit verpflichtet, soweit hierdurch nicht die Interessen der Beteiligten des Verfahrens beeinträchtigt werden, für das sie bestellt sind. Insbesondere haben sie auf Anforderung unverzüglich alle Informationen mitzuteilen, die für das andere Verfahren von Bedeutung sein können.

---

602 Vgl. oben der letzte Abschnitt des 1.3.3.
603 Vgl. auch Brünkmans, ZIP 2013, 193, 198. Er meint: „Wünschenswert wäre indes eine Vorschrift, welche die Gerichte bei stark integrierten Konzernen grundsätzlich verpflichtet, einen personenidentischen Insolvenzverwalter einzusetzen...“.
604 Vgl. oben 4.1.2.2.
605 Vgl. oben 4.1.2.2.
606 Ausführlich siehe Brünkmans, ZIP 2013, 193, 198.
607 KIG-E, BT-Drs. 18/407, S. 22.

Die Kooperationspflicht zwischen den verschiedenen Insolvenzverwaltern in der Konzerninsolvenz lässt sich bereits aus dem Ziel der bestmöglichen Gläubigerbefriedung gemäß § 1 InsO herleiten.[608] Allerdings geht die Kooperationspflicht hier über die tatsächlichen Vorteile hinaus. Sie besteht auch in den Fällen, in denen sie für die Masse neutral ist.[609] Daher findet die Kooperationspflicht dort ihre Grenze, wo die Kooperationsmaßnahmen der Masse zum Nachteil gereichen. Ein Insolvenzverwalter ist nicht einer Aufopferung im Interesse der nicht von ihm verwalteten Verfahren oder deren Gläubigern verpflichtet. In diesem Fall wäre ihm eine Pflichtverletzung gemäß § 60 Abs. 1 InsO zuzurechnen. Der KIG-E regelt die Form der Zusammenarbeit nicht, die in der Tat in verschiedenen Fällen sehr unterschiedlich sein kann. Um für Gläubiger vorteilhafte Kooperationsmaßnahmen ergreifen zu können, braucht der Insolvenzverwalter in der Regel ausreichende Informationen über andere Verfahren. Der KIG-E hält die Informationspflicht bei der Zusammenarbeit für besonders wichtig. Die grundlegenden Informationen, wie z. B. die Sanierung oder Liquidation der gruppenangehörigen Schuldner, sollten unverlangt allen anderen Insolvenzverwaltern der Gruppe mitgeteilt werden. Andere Informationen sind, vorausgesetzt, dass damit keine Schädigung von Gläubigern einhergeht, unverzüglich mitzuteilen.

Der KIG-E sieht die Zusammenarbeit der Gerichte in der Konzerninsolvenz als unverzichtbar an.[610] Er regelt im § 169b KIG-E ausdrücklich die Pflicht zur Kooperation der Gerichte, wenn die Insolvenzverfahren über das Vermögen von gruppenangehörigen Schuldnern bei verschiedenen Insolvenzgerichten geführt werden. Zur Zusammenarbeit der Gerichte gehört vor allem der Austausch der Informationen, die für das andere Verfahren von Bedeutung sein können – z. B. Anordnung von Sicherungsmaßnahmen, Verfahrenseröffnung und Verwalterbestellung, wesentliche verfahrensleitende Entscheidungen, Umfang der Insolvenzmasse und Vorlage eines Insolvenzplans sowie sonstige Maßnahmen zur Beendigung des Insolvenzverfahrens. Solche Informationen haben die Gerichte von sich aus den anderen Gerichten mitzuteilen.[611] Ferner ist die Zusammenarbeit der Gerichte bei der Abstimmung über die einheitliche Verwalterbestellung nach § 56a KIG-E von großer Bedeutung. Nicht zuletzt wird eine gesetzliche Grundlage für organisatorische Abstimmungen der Gerichte geschaffen, die sich auf Termine, Sicherungsmaßnahmen, Insolvenzpläne und wesentliche verfahrensleitende Anordnungen beziehen können.[612] Die Pflicht zur Zusammenarbeit findet für das einzelne Insolvenzgericht ihre Grenzen in Verfahrenshandlungen, welche den Zielen des bei diesem Gericht geführten Insolvenzverfahrens zuwiderlaufen.[613]

608 Siehe oben 4.1.2.3.
609 KIG-E, BT-Drs. 18/407, S. 21.
610 KIG-E, BT-Drs. 18/407, S. 33.
611 KIG-E, BT-Drs. 18/407, S. 33.
612 KIG-E, BT-Drs. 18/407, S. 33.
613 KIG-E, BT-Drs. 18/407, S. 33.

Weiterhin sieht der KIG-E in § 269c KIG-E die Kooperationsmöglichkeit der Gläubigerorgane in der Konzerninsolvenz vor, die sich durch die Einsetzung eines Gruppen-Gläubigerausschusses verwirklichen kann. Gemäß § 269c KIG-E setzt das für das Gruppen-Folgeverfahren zuständige Gericht auf Antrag eines (vorläufigen) Gläubigerausschusses einen Gruppen-Gläubigerausschuss ein, in dem die (vorläufigen) Gläubigerausschüsse der „nicht offensichtlich über untergeordnete Bedeutung für die gesamte Unternehmensgruppe“[614] verfügenden gruppenangehörigen Schuldner durch jeweils eine Person vertreten sind. Nach dem KIG-E kann der Gruppen-Gläubigerausschuss die Insolvenzverwalter und Gläubigerausschüsse in den einzelnen Verfahren unterstützen, insbesondere eine abgestimmte Abwicklung der Verfahren erleichtern.

Es ist zu begrüßen, dass eine Kooperationspflicht zwischen den Insolvenzverwaltern und Insolvenzgerichten in der Insolvenz gruppenangehöriger Schuldner ausdrücklich gesetzlich geregelt wird. Begrüßenswert ist auch, dass der Informationsaustausch ausdrücklich als eine Art der Kooperationspflicht vorgesehen wird. Mit ausreichenden Informationen wird die weitere Kooperation erst ermöglicht. Wie oben bereits erwähnt,[615] ist maßgeblich, dass die Kooperation mindestens auf einem Informationsaustausch beruht. Unbeantwortet bleibt allerdings die Frage, wem der Kooperationsgewinn zustehen soll und wie er unter den Beteiligten aufgeteilt werden soll.

Der Gruppen-Gläubigerausschuss nimmt laut der Begründung des KIG-E das Interesse aller Gläubiger von Schuldnern der Unternehmensgruppe wahr und setzt sich aus Vertretern der jeweiligen (vorläufigen) Gläubigerausschüsse der nicht unbedeutenden gruppenangehörigen Schuldner zusammen.[616] Allerdings lässt der Gesetzentwurf noch offen, wie das Verhältnis des Gruppen-Gläubigerausschusses zu den jeweiligen Gläubigerausschüssen gruppenangehöriger Schuldner gestaltet ist.[617] Wenn man die Begründung richtig interpretiert, dass der Gruppen-Ausschuss das Interesse aller Gläubiger wahrnimmt,[618] sollte der Gruppen-Gläubigerausschuss von den jeweiligen Gläubigerausschüssen unabhängig sein. Daraus ergeben sich zwei Frage: Liegt kein Interessenkonflikt bei den einzelnen Mitgliedern des Gruppen-Gläubigerausschusses vor, während er nach dem KIG-E die Interessen aller Gläubiger wahrnimmt und er sich zugleich als ein Vertreter des jeweiligen Gläubigerausschusses darstellt? Worin liegt der Grund, dass die offensichtlich unbedeutenden Schuldner keinen Vertreter in den Gruppen-Gläubigerausschuss schicken?

Der Gruppen-Gläubigerausschuss fasst gemäß § 269c Abs. 2 S. 2 KIG-E i V. m. § 72 InsO einen Beschluss mit einer einfachen Mehrheit. Daher ist fraglich, wie ein Beschluss durch eine einfache Mehrheit die Interessen aller Gläubiger der einzelnen

614 Das Kriterium wird erst im KIG-E eingeführt.
615 Siehe oben 4.1.2.3.
616 KIG-E, BT-Drs. 18/407, S. 22.
617 Vgl. Stellungnahme des DAV, ZInsO 2013, IV.
618 KIG-E, BT-Drs. 18/407, S. 34.

Verfahren wahrnehmen kann. Außerdem können Zweifele auftreten, ob die Mitglieder in der Lage sind, die verschiedenen Interessen und die Komplexität in einer großen Konzerninsolvenz umfangreich und richtig zu berücksichtigen.

Die Aufgaben bzw. Befugnisse des Gruppen-Gläubigerausschusses liegen darin, die Insolvenzverwalter und die jeweiligen Gläubigerausschüsse bei der abgestimmten Abwicklung der Verfahren zu unterstützen. Der KIG-E sieht allerdings nur zwei Befugnisse des Gruppen-Gläubigerausschusses vor. Eine davon wird im § 269e Abs. 2 KIG-E geregelt. Danach hat der Gruppen-Gläubigerausschuss die Gelegenheit, bei der Bestellung des Koordinationsverwalters seine Meinung zu äußern. Die andere Befugnis ist im § 269h Abs. 1 S. 2 KIG-E vorgesehen. Danach bedarf der vom Koordinationsverwalter vorgelegte Koordinationsplan seiner Zustimmung. Es stellt sich die Frage, ob ein Gruppen-Gläubigerausschuss noch benötigt wird, wenn das besondere Koordinationsverfahren nicht stattfindet. Die Einsetzung eines solchen Gruppen-Gläubigerausschusses kostet außerdem Zeit und Geld und kann das Verfahren komplizieren. Zu überlegen ist, ob es nicht ausreicht, statt einer Institutionalisierung das allgemeine Postulat zur Zusammenarbeit aufzustellen und es den Gläubigerausschüssen zu überlassen, wie sie dies erfüllen. Schließlich ist m. E. das Instrument des Gruppen-Gläubigerausschusses entbehrlich.[619]

4.3.3.4 Besonderes Koordinationsverfahren

Um auch den Fällen gerecht zu werden, in denen ein Bedarf für eine weitergehende Koordinierung der Verfahren besteht, sehen die §§ 269d ff. KIG-E ein besonderes Koordinationsverfahren vor.[620] Dieses Koordinationsverfahren wird gemäß § 269d Abs. 1 KIG-E nur auf Antrag vom Gruppen-Gericht eingeleitet. Antragsberechtigt sind der Schuldner, ein vorläufiger starker Insolvenzverwalter, ein Insolvenzverwalter oder ein (vorläufiger) Gläubigerausschuss mit einem einstimmigen Beschluss. Die Seele des Koordinationsverfahrens ist der Koordinationsverwalter,[621] der gemäß § 269e Abs. 1 KIG-E von den Schuldnern, Gläubigern, Insolvenzverwaltern und Sachverwaltern unabhängig sein soll.[622] Gemäß § 269 f KIG-E kann der Koordinationsverwalter alle Maßnahmen ergreifen, die für eine abgestimmte Abwicklung der Verfahren sinnvoll sind und im Interesse der Gläubiger liegen. Beispielsweise kann er einen Koordinationsplan vorlegen und diesen in den jeweiligen Gläubigerversammlungen erläutern. Der Koordinationsplan dient gemäß § 269h Abs. 1 KIG-E zur abgestimmten Entwicklung der Insolvenzverfahren über das Vermögen

---

619 Dieselbe Meinung, aber mit anderer Begründung, siehe Eidenmüller/Frobenius, Beilage 3 zu ZIP 22/2013, S. 10.

620 KIG-E, BT-Drs. 18/407, S. 22.

621 KIG-E, BT-Drs. 18/407, S. 36.

622 Das wird im KIG-E neu eingeführt. Im KIG-DiskE wurde so geregelt, dass ein Koordinationsverwalter von dem Kreis der Insolvenzverwalter oder vorläufigen Insolvenzverwalter der gruppenangehörigen Schuldner bestellt werden soll. Vgl. § 269e KIG-DiskE.

von gruppenangehörigen Schuldnern. Er bedarf der Zustimmung eines bestellten Gruppen-Gläubigerausschusses. Der Koordinationsplan kann alle Maßnahmen enthalten, die für eine abgestimmte Abwicklung der Verfahren sachdienlich sind. Der Koordinationsplan sei ein kupierter Insolvenzplan, von dem der gestaltende Teil weggelassen sei.[623] An den Koordinationsplan sind die jeweiligen Insolvenzverwalter beim Ausarbeiten der Einzelpläne allerdings nicht gebunden, außer die betroffene Gläubigerversammlung beschließt, dass der Koordinationsplan dem vom Insolvenzverwalter auszuarbeitenden Insolvenzplan zugrunde gelegt werden soll. Liegt ein solcher Beschluss nicht vor, muss der jeweilige Insolvenzverwalter gemäß § 269i KIG-E im Berichtstermin oder im Erörterungs- und Abstimmungstermin erläutern und begründen, von welchen im Plan beschriebenen Maßnahmen er abweichen will.

Mit dem Koordinationsverfahren betritt der KIG-E ein völliges Neuland. Begrüßenswert ist, dass der KIG-E das Koordinationsverfahren als ein Angebot einrichtet. Grundsätzlich kann man auch erwarten, dass die Einführung eines derartigen Koordinationsverwalters zur effizienten und abgestimmten Abwicklung beitragen kann. Nach dem Gesetzesentwurf dient der Koordinationsverwalter der engen Koordinierung der Einzelverfahren.[624] Er hat gemäß § 269 f KIG-E für eine abgestimmte Abwicklung der Verfahren über die gruppenangehörigen Schuldner zu sorgen, soweit dies im Interesse der Gläubiger liegt. Die abgestimmte Abwicklung der Verfahren gehört eigentlich zu den Befugnissen der jeweiligen Insolvenzverwalter der gruppenangehörigen Schuldner, solange eine abgestimmte Abwicklung hinsichtlich jedes Einzelverfahrens der bestmöglichen Gläubigerbefriedigung dienen kann. Der Koordinationsverwalter greift insofern in die Befugnisse bzw. die Befugnisse über die koordinierte Verfahrensabwicklung des einzelnen Insolvenzverwalters ein, obwohl seine Vorschläge für die einzelnen Insolvenzverwalter nicht unbedingt verbindlich sind. Es stellt sich daher die Frage, ob es sachgerecht ist, dass ein Teil der Befugnisse bezüglich der koordinierten Verfahrensabwicklung der Insolvenzverwalter der anderen Verfahren auf Antrag eines Schuldners oder Gläubigerausschusses auf eine andere Person übertragen werden kann. Nach dem KIG-E wird die Funktion des Koordinationsverwalters für eine enge Koordinierung der Einzelverfahren eingeführt. Ein Koordinationsverwalter ist deshalb kein Muss für die abgestimmte Abwicklung der Insolvenzverfahren in der Konzerninsolvenz. Davon ausgehend ist zu überlegen, wann ein Koordinationsverwalter bzw. ein Koordinationsverfahren eingesetzt werden soll. Dadurch kann die Befürchtung entstehen, dass ein Schuldner oder Gläubigerausschuss, der sich in der Regel nur mit seinem Verfahren, aber nicht mit allen anderen Verfahren auskennt, den Antrag zum Koordinationsverfahren missbraucht.

Weil der einzelne Insolvenzverwalter nicht an den vom Koordinationsverwalter ausgearbeiteten Koordinationsplan gebunden ist, ist fraglich, ob es gegen das Ziel

623 KIG-E, BT-Drs. 18/407, S. 39.
624 KIG-E, BT-Drs. 18/407, S. 22.

des Insolvenzrechts verstößt, wenn die vom Koordinationsverwalter vorgeschlagenen Maßnahmen von den jeweiligen Insolvenzverwaltern nicht wahrgenommen werden, obwohl der Koordinationsverwalter versucht hat, eine solche Konstellation zu vermeiden und – zumindest seiner Ansicht nach – vernünftige Vorschläge zu erarbeiten, denn das Koordinationsverfahren hat Zeit und Geld verbraucht. Außerdem ist es nicht sinnvoll, durch ein „doppelstöckiges" Koordinationsinstrumentarium unter Inkaufnahme hoher Transaktionskosten die Probleme der Konzerninsolvenz zu bewältigen.[625] Daher führt das Koordinierungsverfahren zu „einer Bürokratisierung des Insolvenzverfahrens und Verkomplizierung der Verfahrenssituation" sowie zusätzlichen zu einem hohen Verfahrensaufwand bzw. einer möglichen Masseminderung.[626]

Ein Koordinationsverwalter kann allerdings nützlich für die abgestimmte Abwicklung der Verfahren sein. Zu verbessern ist, wie der Koordinationsverwalter entstehen soll. Außerdem ist es wichtig, vor Einsetzen des Koordinationsverwalters festzustellen, ob ein solcher Bedarf besteht. Ohne Konsens der Verwalter über das Einsetzen des Koordinationsverwalters kann die Gefahr entstehen, dass die Befugnisse eines Verwalters bezüglich der abgestimmten Verfahrensabwicklung überschnitten bzw. gefährdet werden und die Koordinationsvorschläge schwer durchsetzbar sind. Somit soll die Einsetzung eines Koordinationsverwalters nur den gesamten Insolvenzverwaltern zustehen und unter ihrer Vereinbarung möglich sein. Wenn man hier von Vereinbarung der Insolvenzverwalter spricht, dann fallen ihm selbstverständlich auch die Insolvenzverwaltungsverträge und die Protokolle[627] ein. Folglich ist zunächst wichtig zu erkennen, ob ein Koordinationsverwalter für eine enge Verfahrenskoordinierung benötigt wird. Der jeweilige Insolvenzverwalter kennt sich am besten mit dem von ihm verwalteten Verfahren aus. Durch die Zusammenarbeit mit den anderen Insolvenzverwaltern der gruppenangehörigen Schuldner, insbesondere durch Informationsfluss, können die Insolvenzverwalter in der Konzerninsolvenz sachdienlich und schnell zum Ergebnis kommen, ob eine derartige enge Koordinierung bezüglich des Einsetzens eines Koordinationsverwalters notwendig ist. Wird es bejaht, dann können die Insolvenzverwalter der gruppenangehörigen Schuldner einen Koordinationsverwalter bestellen, der für eine besser abgestimmte Verfahrensabwicklung sorgt. Dazu gehört insbesondere das Entwerfen eines Koordinationsplans. Die einzelnen Inhalte des Koordinationsplans können vom jeweiligen Insolvenzverwalter in den Insolvenzplan des einzelnen Verfahrens aufgenommen und zur Bestätigung der Gläubigerversammlung vorgelegt werden. Ob der zu bestellende Koordinationsverwalter von dem Kreis der Insolvenzverwalter ausgewählt oder ein völlig unabhängiger Dritte ist, entscheiden die

625 Eidenmüller/Frobenius, Beilage 3 zu ZIP 22/2013, S. 11.

626 Vgl. Siemon/Frind, NZI 2013, 1, 3; Eidenmüller/ Frobenius, Beilage 3 zu ZIP 22/2013, S. 11; Stellungnahme des DAV, ZInsO 10/2013, IV; ähnlich Frind, ZInsO 2013, 429, 429; Andres/Möhlenkamp, BB 2013, 579, 586 f.

627 Siehe oben 4.1.2.3.

Insolvenzverwalter. Die Befugnisse des Koordinationsverwalters hängen wesentlich von der Vereinbarung der Insolvenzverwalter ab und sollen nur der Verbesserung der abgestimmten Verfahrensabwicklung dienen.

4.4 Zusammenfassung

Im deutschen Insolvenzrecht gilt das Prinzip „eine Person, ein Vermögen, ein Verfahren". Ein Konzern kann selbst nicht insolvent gehen. Nach dem geltenden Recht soll für jedes insolvente Konzernmitglied ein separates Verfahren eröffnet und abgewickelt werden. Wegen der separaten Behandlung der Verfahren der gruppenangehörigen Schuldner können der „Synergie-Effekt" und die konzerninternen Ressourcen nicht weiter funktionieren und benutzt werden, wodurch die Sanierungschance verloren geht. Um dieser Problematik zu begegnen, werden in der Literatur verschiedene Modelle und Instrumente vorgeschlagen. Zu nennen ist zunächst die materielle Konsolidierung, worunter man eine Konsolidierung der Aktiva und Passiva der insolventen Schuldner desselben Konzerns versteht. Dieses Modell wird in der Literatur von der h. M. zutreffend abgelehnt. Das andere Modell ist die Verfahrenskoordinierung. Hier werden die Insolvenzverfahren gruppenangehöriger Schuldner abgestimmt durch die Zusammenarbeit der Gerichte, Insolvenzverwalter oder Gläubiger abgewickelt.

Eine Verfahrenskoordinierung ist nach dem geltenden Recht möglich. Insbesondere entsteht durch die Auslegung des § 1 InsO eine Kooperationspflicht zwischen den Insolvenzverwaltern der insolventen Gesellschaften desselben Konzerns. Obwohl eine Koordinierungspflicht durch Gesetzesauslegung entstehen kann und die Verfahrenskoordinierung in der Konzerninsolvenz in der Praxis schon stattgefunden hat, muss die Verfahrenskoordinierung noch konkretisiert werden. Dafür stehen in der Literatur verschiedene Koordinierungsmechanismen zur Verfügung. Dazu gehört zunächst die einheitliche Verwalterbestellung, die nach dem geltenden Recht nicht verboten ist und schon in einigen Konzerninsolvenzfällen verwendet wird. Eine große Hürde für die Bestellung eines Insolvenzverwalters in der Konzerninsolvenz besteht in dem Interessenkonflikt bzw. Insichgeschäft des § 181 BGB. Um diese Hürde zu überwinden, ist die Bestellung eines Sonderverwalters vorzuschlagen, der allerdings nicht über ein aktives Recht verfügen soll. Außerdem kann die Bestellung eines Sonderverwalters das Selbstkontrahieren bei der einheitlichen Verwalterbestellung nicht vollständig beheben. Daher wird hier eine Befreiung von dem Verbot des Insichgeschäfts gemäß § 181 BGB bei der einheitlichen Verwalterbestellung empfohlen. Außer der Bestellung eines Insolvenzverwalters gehört die Verfahrenskonzentration an demselben Gericht, nämlich einem Gruppen-Gericht, zu den Koordinierungsmechanismen. In der Praxis gibt es Konzerninsolvenzfälle, in denen nur ein Gericht für alle Verfahren zuständig ist. Allerdings gibt es in der Literatur Streit darüber, wie dieses einheitliche Gericht in der Konzerninsolvenz bestimmt werden soll. In der Literatur gibt es das Prioritätsprinzip, den Vorrang der Muttergesellschaft, die Prorogation oder die Zulassung eines Wahlgerichtsstands sowie die Sitz- und Verweisungslösung zur Bestimmung des Gruppen-Gerichts.

Außer der Verfahrenskonzentration bei demselben Insolvenzverwalter oder Gericht stellen sich die Insolvenzverwaltungsverträge und Protokolle (protocols) als andere Kooperationsmechanismen dar. Nicht zuletzt können die Verfahren durch koordinierte Insolvenzpläne abgestimmt abgewickelt werden.

Der deutsche Gesetzgeber übersieht die Problematik der Konzerninsolvenz nicht und versucht durch Gesetzgebung diese Problematik zu bewältigen. Das BMJ hat den KIG-DiskE ausgearbeitet und am 03.01.2013 vorgebracht. Am 28.08.2013 hat die Regierung den KIG-E vorgelegt. Der KIG-E knüpft einerseits an die Ziele und Prinzipien der Insolvenzordnung, andererseits an die Konzernpraxis an. Damit lehnt der KIG-E zutreffend die materielle Konsolidierung und die verfahrensmäßige Konsolidierung ab. Der KIG-E geht von einer flexiblen Verfahrenskoordinierung aus und sieht verschiedene Koordinierungsmechanismen vor. Zu den Koordinierungsmechanismen gehört zunächst eine ausdrückliche Koordinierungspflicht zwischen den Gerichten und Insolvenzverwaltern, die zu begrüßen ist. Zu begrüßen ist auch, dass die Pflicht zum Informationsaustausch ebenfalls ausdrücklich festgelegt wird, weil ohne ausreichende Informationen die Insolvenzverwalter nicht zu dem Ergebnis kommen können, ob oder wie die Verfahren koordiniert werden. Weiter hat der KIG-E einen Gruppen-Gerichtsstand geregelt, wobei es sich um das Prioritätsprinzip handelt. Allerdings werden durch das Prioritätsprinzip Tür und Tor für die Manipulation geöffnet, was der deutsche Gesetzgeber nicht übersehen hat. Folglich wird der Gruppen-Gerichtsstand am Gerichtsstand einer unbedeutenden Gesellschaft im KIG-E ausgeschlossen. Trotzdem wird die Missbrauchs- und Manipulationsgefahr nicht ausgeschlossen. Außerdem können diese Regelungen zu einer Rechtsunsicherheit und -unklarheit führen. Deshalb sind die Regelungen über den Gruppen-Gerichtsstand weiter zu verbessern.[628]

Mit dem Koordinationsverfahren betritt der KIG-E ein völliges Neuland. Allerdings kann das Koordinierungsverfahren zu einer Bürokratisierung des Insolvenzverfahrens und zu einer Verkomplizierung der Verfahrenssituation sowie dadurch zu einem zusätzlichen Verfahrensaufwand bzw. einer möglichen Masseminderung führen. Daher soll das im KIG-E vorgesehene Koordinationsverfahren *de lege ferenda* nicht eingeführt werden. Allerdings kann das Kooperationsinstrument, der „Koordinationsverwalter", zur abgestimmten Abwicklung der Verfahren beitragen. Ein Koordinationsverwalter soll nicht auf Antrag von einem Schuldner oder Insolvenzverwalter oder sogar von einem Gläubigerausschuss, sondern durch Insolvenzverwaltungsverträge von den Insolvenzverwaltern bestellt werden. Entgegen dem KIG-E, wonach der Koordinierungsmechanismus der Insolvenzverwaltungsverträge durch das Koordinationsverfahren ersetzt wird, wird hier vorgeschlagen, dass das Koordinationsverfahren umgekehrt durch die Insolvenzverwaltungsverträge ersetzt wird. Außerdem ist der Gruppen-Gläubigerausschuss entbehrlich.

Um die Problematik der Konzerninsolvenz zu bewältigen, ist eine Verfahrenskoordinierung gesetzlich einzuführen. Bezüglich der verschiedenen Konzernstrukturen

628 Ein denkbares Modell für Deutschland siehe unten 7.5.4.2.3.

sollen die Koordinierungsmechanismen sehr flexibel ausgestaltet werden. Eine allgemeine Kooperationspflicht, bei der es allein um einen Informationsaustausch gehen darf, gilt als die niedrigste Stufe der Kooperation. Als intensivste Kooperation stellt sich die Verfahrenskonzentration an demselben Gericht oder bei demselben Insolvenzverwalter dar. Zwischen den beiden Kooperationsstufen gibt es noch eine intermediäre Kooperationsstufe, wozu vor allem die Insolvenzverwaltungsverträge, die Bestellung eines Koordinierungsverwalters und die koordinierten Insolvenzpläne gehören.

Teil II. Die Insolvenz der Unternehmensgruppe in China

Kapitel 5. Die Unternehmensgruppe nach dem chinesischen Recht

5.1 Gegenwärtige Rechtslage in China

Anders als in Deutschland wird bisher kein Konzernrecht in China kodifiziert. In den 90er Jahren des letzten Jahrhunderts regten viele Juristen an, das wirtschaftliche Phänomen der Unternehmensgruppe im Gesellschaftsgesetz zu regeln,[629] was sich aber in dem neuen Chinesischen Gesellschaftsgesetz (im Folgenden: GesG) von 2006 wenig widerspiegelt. Trotzdem gibt es in China schon Regelungen über Unternehmensgruppe in den Gesetzen oder Verordnungen, die im Folgend untersucht werden.

5.1.1 Verbundener Betrieb in den Allgemeinen Grundsätzen des Zivilrechts der VR China

„Allgemeine Grundsätze des Zivilrechts der VR China" („*Minfa Tongze*", im Folgenden: AGZR)[630] wurden am 12.04.1986 auf der 4. Sitzung des 6. Nationalen Volkskongresses verabschiedet und sind am 01.01.1987 in Kraft getreten. Im Vergleich zum BGB regeln die AGZR hauptsächlich nur den allgemeinen Teil, obwohl deren vierter Gesetzesentwurf acht Teile enthielt， zu denen die Aufgaben und Grundsätze des Zivilrechts, zivile Subjekte, Eigentum, Vertrag, geistiges Eigentum, Erbrecht, zivile Haftung und ergänzende Regeln gehörten.[631] Die AGZR bestehen aus neun Kapiteln, die sich jeweils mit Grundprinzipen, Bürger (natürliche Person), juristische Person, Zivilhandlung[632] und Vertretung, zivile Rechte, zivile Haftung, Klageverjährung, Rechtsanwendung bei Zivilbeziehungen mit Auslandsberührung und ergänzende Regeln befassen. Die nicht in den AGZR enthaltenen Teile des Gesetzesentwurfs werden später separat in Sondergesetzen („*单行法(Danxing Fa)*"), wie z. B. dem Vertragsgesetz von 1999 und dem Sachengesetz von 2007, verlegt, denn der Gesetzgeber ging damals sachgerecht davon aus, dass ein umfangreiches Zivilgesetzbuch wegen

---

629 Jiang, S. 216; Shi, Diss., S. 1.

630 Die AGZR wurden schon von Frank Münzel ins Deutsche übersetzt. Den vollständigen Text der AGZR in deutscher Version findet man auf der Webseite: http://www.chinas-recht.de/. In dieser Arbeit folgen die Terminologien der AGZR der Übersetzung von Münzel, es sei denn, dass ausdrücklich davon abwichen wird.

631 Vgl. Liang, S. 22.

632 Diese ist mit dem Rechtsgeschäft in Deutschland vergleichbar.

der vorhersehbaren schnellen Entwicklung des Soziallebens in der Anfangsphase des Wirtschaftssystemwandels[633] kaum möglich sei.[634]

In dem Kapitel fünf der AGZR, „juristische Person", wird „verbundener Betrieb" (§§ 51–53 AGZR) vorgesehen, der schon Elemente der Unternehmensgruppe enthält und als Unternehmensverbindung eine gewisse Rolle in der chinesischen Wirtschaft spielt. Der verbundene Betrieb stellt sich als eine horizontale Wirtschaftsverbindung dar.[635] Er umfasst nach den AGZR drei unterschiedliche Arten: der verbundene Betrieb in Form der juristischen Person nach § 51 AGZR und in Form der Partnerschaftsunternehmen nach § 52 AGZR sowie den vertraglich verbundenen Betrieb nach § 53 AGZR.

5.1.1.1 *Verbundene Betriebe in Form der juristischen Person*

Gemäß § 51 AGZR gründen mehrere Unternehmen zusammen einen verbundenen Betrieb, der durch amtliche Prüfung, Genehmigung und Registrierung die Stellung einer juristischen Person erlangen kann. Der verbundene Betrieb in Form der juristischen Person kann deshalb unter eigenem Namen Rechte erwerben, belastet werden, Klage erheben oder verklagt werden. Üblicherweise wird er dadurch eingerichtet, dass Unternehmen (häufig unterschiedliche juristische Personen) unter Beibehaltung ihrer eigenen Rechtspersönlichkeit eine neue juristische Person gründen. Ausnahmsweise können unterschiedliche juristische Personen zusammen eine neue juristische Person gründen, mit der Folge, dass deren eigene Rechtspersönlichkeit verloren geht.[636] Nach heutiger Ansicht handelt es sich im ersten Fall um Gründung einer neuen Tochtergesellschaft, während es im zweiten Fall um Verschmelzung geht. Im ersten Fall entsteht eine Unternehmensgruppe in der Form „einer Tochter, mehrerer Mütter".

5.1.1.2 *Verbundene Betriebe in Form der Partnerschaftunternehmen*

§ 52 AGZR regelt die Gründung des verbundenen Betriebs in Form der Partnerschaftunternehmen, der vor 2007 mit der deutschen OHG vergleichbar war.[637] Früher wurde heftige Kritik an § 51 AGZR geübt, die hauptsächlich darin lag, dass § 52 AGZR im Widerspruch zum Gesetz der VR China über Partnerschaftsunternehmen von 1997 (abgekürzt: PUG) stand, weil damals nur die natürliche Person ein Partnerschaftsunternehmen gründen durfte.[638] Nach dem letzten Revidieren des

633 Hier steht es für den Wandel von der Planwirtschaft zur „sozialistischen Marktwirtschaft" seit der „Reform- und Öffnungspolitik".

634 Vgl. Liang, S. 22; Tao, in SR 1986 (3), S. 3; Wang, in CVK 10.04.2011, S. 26; Zhao/Liu, in ZR 2006 (11), S. 19.

635 Jiang/Zhao (Hrsg.), S. 368 ff.; Münzel, S. 214 ff.

636 Vgl. Wu, Diss., S. 196; Li, in ZGU 1987 (2), S. 40; Zhang, in ZAU 1992 (3), S. 59.

637 Vor dem Erlass des HPerG von 2007 gab es in China noch keine KG.

638 Wu, Diss., S. 199.

PUG von 2007 (abgekürzt: PUG) verliert diese Kritik ihren Sinn, weil gemäß § 2 Abs. 1 PUG nun auch juristische Person Partnerschaftsunternehmen sowohl in der Form einer OHG als auch in der Form der KG einrichten darf. Mit dem neuen PUG wird der Umfang der Partnerschaftsunternehmen erweitert und damit auch die Form des verbundenen Betriebs im Sinne von § 52 AGZR. Durch Gründung eines verbundenen Betriebs in Form der Partnerschaftsunternehmen erfolgt eine Unternehmensverbindung. Beispielsweise bildet eine GmbH zusammen mit einer natürlichen Person eine GmbH und Co. KG. Gemäß § 67 S. 1 i. V. m. § 68 Abs. 1 PUG kann die GmbH und Co. KG nur von einer GmbH geleitet werden. Die beiden bilden hier eine typische, auf Kontrolle basierende Unternehmensgruppe.

5.1.1.3 Vertraglich verbundene Betriebe

Unternehmen können ferner gemäß § 53 AGZR aufgrund eines Vertrags einen verbundenen Betrieb betreiben, wobei kein neues Unternehmen gegründet wird, sondern allein ein Vertragsverhältnis zwischen den Unternehmen zustande kommt.[639] Unter dem Vertrag arbeiten die Unternehmen zusammen, die sind allerdings weiterhin voneinander unabhängig und selbstständig. Außerdem können die Unternehmen vertragsgemäß Ressourcen voneinander nutzen.[640]

In der Literatur wird der vertraglich verbundene Betrieb divers bewertet. Während manche die Meinung vertreten, dass der vertraglich verbundene Betrieb teilweise den deutschen Vertragskonzernen entspräche und deshalb grundsätzlich beibehalten werden sollte,[641] halten die anderen den vertraglich verbundenen Betrieb für ein reines Vertragsverhältnis und befürchten sie, dass diese Regelung zum Überschreiten der Gesetzgebung und Verwirrung der Gesetzesanwendung führen könnte.[642]

In dieser Arbeit wird die letzte Meinung vertreten. Der vertraglich verbundene Betrieb entspricht nicht dem deutschen Vertragskonzern. Aufgrund der Vertragsfreiheit kann der Vertrag als ein rein schuldrechtlicher Vertrag ausgestaltet werden. Nicht selten wird dieser Vertrag als Kooperationsvertrag bezeichnet. Diese horizontale Unternehmensverbindung kann dem Wettbewerbs- oder Kartellrecht unterliegen. Er ist auch mit vertraglichen Gleichordnungskonzernen nicht vergleichbar, weil eine einheitliche Leitung, die die verbundenen Unternehmen in ihrer Gesamtheit erfasst,[643] mit § 53 AGZR nicht vereinbar ist.

5.1.1.4 Stellungnahme zu dem verbundenen Betrieb in den AGZR

Der verbundene Betrieb ist ein chinesisches Rechtsinstitut, welches in den 50er Jahren des letzten Jahrhunderts zur Sozialisierung der privaten Unternehmen

639 Vgl. Jiang/Zhao (Hrsg.), S. 372.
640 Jiang/Zhao (Hrsg.), S. 373.
641 Wu, Diss., S. 295, (in chinesischer Sprache), S. 199.
642 Jiang/Zhao (Hrsg.), S. 373.
643 Vgl. Emmerich, in Emmerich/Habersack, § 18 Rn. 27; Hüffer, § 18 Rn. 21.

zurückführen kann. Kurz danach wurde er in der Planwirtschaft abgeschafft und seither nicht mehr vorhanden war.[644] Erst seit der „Reform- und Eröffnungspolitik" und in der Anfangsphase des Wirtschaftssystemwandels von der Planwirtschaft zur „sozialistischen Marktwirtschaft" forderten die Regierung und Gesetzgeber wieder zur Gründung von überregional oder überbranchlich verbundenen Betrieben auf. Umgekehrt diente der verbundene Betrieb diesmal dem Aufbau eines einheitlichen nationalen Markts und dem Losreißen von dem Planwirtschaftssystem.[645] Mit der Vertiefung der Wirtschaftssystemreform und der Rechtsentwicklung, insbesondere der Kodifikationen des Gesellschaftsgesetzes und des PUG, ist der verbundene Betrieb im Wirtschaftsleben niedergegangen.[646] Wie oben bereits analysiert, überschneiden sich die Regelungen des verbundenen Betriebs mit anderen Gesetzen. In den 90er Jahren des letzten Jahrhunderts wurde deshalb schon vorgeschlagen, die §§ 51–53 AGZR aus dem Gesetzestext herauszunehmen.[647] Dieser Meinung ist zuzustimmen. Die Beseitigung des verbundenen Betriebs im zukünftigen Zivilgesetzbuch Chinas wird hier vorgeschlagen. Die schon im Register eingetragenen verbundenen Betriebe sollen in der Zukunft in andere Rechtsformen, wie die GmbH oder AG, umgewandelt werden.

Ferner wird festgestellt, dass der verbundene Betrieb nicht mit der Unternehmensgruppe gleichzustellen ist. Allerdings enthält der verbundene Betrieb nach heutiger Ansicht Elemente der Unternehmensgruppe, die erstmals im Gesetz[648] der VR Chinas festgelegt werden. Die §§ 51–53 AGZR gelten noch weiter und die verbundenen Betriebe existieren heute in China noch. Deswegen ist der verbundene Betrieb in dieser Arbeit unumgänglich. Festgestellt wird außerdem, dass bei dem verbundenen Betrieb in Form der juristischen Person eine Unternehmensgruppe in Form „einer Tochter, mehrerer Mütter" entsteht, falls es nicht um eine Verschmelzung geht. Bei dem verbundenen Betrieb in Form der Partnerschaftsunternehmen kann eine typische Unternehmensgruppe beispielsweise zwischen einer GmbH und einer GmbH und Co. KG gegründet werden. Bei dem vertraglich verbundenen Betrieb handelt es sich hauptsächlich um eine Kooperation zwischen Unternehmen, was mit dem Vertragskonzern in Deutschland nicht vergleichbar ist.

---

644 Jiang/Zhao (Hrsg.), S. 364 ff.
645 Jiang/Zhao (Hrsg.), S. 365 ff.; Wu, Diss., S. 99 ff.; Münzel, S. 214 ff.
646 Im diesen Sinne auch Jiang/Zhao (Hrsg.), S. 365 ff.
647 Jiang/Zhao (Hrsg.), S. 383.
648 Hier steht „Gesetz" für „Parlamentsgesetz" und umfasst daher keine Verordnung. Vor dem Verabschieden der AGZR sind schon ein paar Verordnungen erlassen worden, um die Gründung des verbundenen Betriebs zu fordern. Ausführlich siehe Jiang/Zhao (Hrsg.), S. 362 ff.

5.1.2 Vorläufige Bestimmungen zur Registrierung der Unternehmensgruppe

Mit Voranschreiten der Wirtschaftssystemreform entstand Ende der 80er Jahre des letzten Jahrhunderts im Vergleich zum verbundenen Betrieb noch eine engere Unternehmensverbindung, nämlich die „Unternehmensgruppe", die anschließend einen großen Aufschwung erlebt hat.[649] Die „Unternehmensgruppe" verfügte über größere Vitalität im Vergleich zum verbundenen Betrieb[650] und stimmte mit der Modernisierung der Chinesischen Unternehmensinstitution überein. Seither wandelte sich die Politik der Regierung hin zu einer Förderung des Aufbaus der (insbesondere großen) „Unternehmensgruppe".[651] Heute spielt die „Unternehmensgruppe" nicht nur in der chinesischen Wirtschaft, sondern auch im Alltagsleben der Chinesen eine bedeutende Rolle.[652] Am 04.06.1998 erließ die SAIC (State Administration for Industry and Commerce of the People's Republic of China) „Vorläufige Bestimmungen zur Registrierung von Unternehmensgruppen" (im Folgenden: VB-UGR), die nicht nur Registrierungsformalitäten der Unternehmensgruppe, sondern auch materielle Einschränkungen für die zu registrierende Unternehmensgruppe enthalten.

5.1.2.1 Unternehmensgruppen im Sinne der VB-UGR

§ 3 S. 1 VB-UGR definiert „Unternehmensgruppe". Danach sind Unternehmensgruppen Verbindungen juristischer Unternehmenspersonen[653] in gewissem Ausmaß. Sie setzen sich aus der Muttergesellschaft, den Tochter- und Beteiligungsgesellschaften sowie anderen Unternehmensmitgliedern oder Institutionen mittels Gruppensatzung als gemeinsame Handlungsrichtlinien zusammen. Deren Hauptbestandteil besteht aus den durch Kapital miteinander verbundenen Mutter- und Tochtergesellschaften. Im § 4 VB-UGR werden die Beteiligten der Unternehmensgruppe einerseits

---

649 Vgl. Jiang/Zhao (Hrsg.), S. 383; Wu, Diss., S. 176, in chinesischer Sprache S. 103 f.; Wang, Diss., S. 22 f.

650 Jiang/Zhao (Hrsg.), S. 384.

651 Vgl. Wu, Diss., S. 178, in chinesischer Sprache S. 103.

652 Z. B. verwaltet die SASAC (State-owned Assets Supervision and Administration Commission of the State Council) insgesamt 113 riesengroße Staatsunternehmen, die meistens zu den öffentlichen Versorgungsunternehmen gehören. Davon verfügen 85 Staatsunternehmen über „Gruppe" in ihrer Firmazeichnung. Gemäß § 2 S. 2 VB-GUR darf ein Unternehmen ohne Registrierung nicht unter dem Namen „Unternehmensgruppe" handeln. Nach § 14 Abs. 2 VB-GUR kann das Mutterunternehmen in ihrer Firma „Gruppe" einsetzen. Die Statistik findet man unter http://www.sasac.gov.cn/n1180/n1226/n2425/index.html; abgerufen am 10.01.2014.

653 „Juristische Unternehmensperson" auf Chinesisch „企业法人 (Qi Ye Fa Ren)" ist ein juristischer Begriff in China. Er bezeichnet die Unternehmen, die durch Eintragung die Stellungder juristischen Person erlangen. Sie ist eine juristische Person, die wirtschaftlich betrieben wird und mit der deutschen Kapitalgesellschaft vergleichbar ist.

weiter definiert und andererseits erweitert. Danach werden die Gruppenmitglieder nicht auf juristische Unternehmenspersonen beschränkt. Allerdings muss die Muttergesellschaft weiterhin eine gesetzesmäßig registrierte juristische Unternehmensperson sein. Die anderen Mitglieder, inklusive der Institutionen, müssen juristische Personen sein.

Gemäß § 3 S. 1 VB-UGR muss die Unternehmensgruppe über ein gewisses Ausmaß verfügen. Das gewisse Ausmaß liegt in den Hauptbestandteilen der Unternehmensgruppe, nämlich der Mutter- und Tochtergesellschaften. Gemäß § 5 S. 1 Nr. 1 VB-UGR muss das Stammkapital der Muttergesellschaft einer Unternehmensgruppe fünfzig Millionen RMB[654] überschreiten und die Muttergesellschaft muss mindestens fünf Tochtergesellschaften innehaben. Darüber hinaus muss der Gesamtbetrag des Stammkapitals der Mutter- und Tochtergesellschaften über hundert Millionen RMB betragen.

Die Unternehmensgruppe im Sinne der VB-UGR muss ferner eine Gruppensatzung haben, die gemäß § 3 S. 1 VB-UGR als Handlungsrichtlinie für die gesamte Unternehmensgruppe gilt. Eine Gruppensatzung muss von allen Gruppenmitgliedern unterzeichnet oder gebilligt werden. Die Gruppensatzung muss folgende Punkte enthalten: Gruppenfirma, Name und Sitz der Muttergesellschaft, Ziele der Gruppe, die Verbindungs- und Kooperationsweise der Gruppenmitglieder, die Zusammensetzung und Kompetenz eines Gruppenleitungsorgans, Berufungsverfahren, Amtszeit und Kompetenz des Leiters des Gruppenleitungsorgans, Voraussetzungen und Prozedur des Beitritts oder Austritts aus der Gruppe, die Auflösung der Gruppe, Prozedur der Satzungsänderung, die anderen nötigen Inhalte sowie das Anfertigungsdatum der Gruppensatzung.

5.1.2.2 Registrierung der Unternehmensgruppe und deren Folgen nach VB-UGR

Gemäß § 2 VB-UGR muss die Unternehmensgruppe registriert werden, sonst darf sie nicht unter dem Namen „Unternehmensgruppe“ handeln. Gemäß § 7 VB-UGR wird die Registrierung der Unternehmensgruppe von der Muttergesellschaft beantragt. Zu registrieren sind gemäß § 9 VB-UGR Gruppenfirma, Firma und Sitz der Muttergesellschaft sowie die Namen der Gruppenmitglieder. Bei der Registrierung der Unternehmensgruppe sind gemäß § 10 VB-UGR ein vom gesetzlichen Vertreter der Muttergesellschaft unterzeichneter Antrag, die Gruppensatzung, Urkunden der Gruppenmitglieder zum Beweis deren Eignung als juristische Person, Urkunden der Anteile der Muttergesellschaft an den Tochtergesellschaften und andere betroffene Urkunden erforderlich. Nach der Prüfung und Registrierung wird eine Urkunde über die Registrierung der Unternehmensgruppe erteilt. Gemäß § 13 Abs. 1 VB-UGR ist eine Unternehmensgruppe mit der Erteilung dieser Urkunde eingerichtet. Mit der Registrierung dürfen Mutter- und Tochtergesellschaften in ihrer

654 Abkürzung der chinesischen Währung „Ren Min Bi“.

Firmenbezeichnung das Wort „Gruppe“ nutzen. In der Praxis ist es fast immer der Fall, dass die Muttergesellschaft der eingetragenen Unternehmensgruppe in ihrer Firmenbezeichnung „Gruppenmuttergesellschaft“ („集团母公司“ *Jituan Mugongsi*) oder „Gruppengesellschaft“ („集团公司“ *Jituan Gongsi*) verwendet. Obwohl eine eingetragene Unternehmensgruppe über eine Gruppenbezeichnung und eine Gruppensatzung verfügt, ist sie gemäß § 3 S. 2 VB-UGR keine juristische Person. Sie darf nach § 14 Abs. 3 VB-UGR nicht unter ihrer Gruppenbezeichnung mit anderen Geschäftspartnern wirtschaftliche Verträge abschließen. Allerdings wird es der eingetragenen Unternehmensgruppe gestattet, ihre Gruppenbezeichnung in der Werbung zu verwenden.

5.1.2.3 Stellungnahme zu der Unternehmensgruppe im Sinne der VB-UGR

Der Erlass der VB-UGR hing mit der Wirtschaftsreform, insbesondere dem Förderungswandel der Regierung, zusammen.[655] Mit der Förderung zur Gründung großer Unternehmensgruppen wollte die Regierung nicht nur den chinesischen nationalen Markt vereinheitlichen, sondern auch die internationale Wettbewerbsfähigkeit der chinesischen Volkswirtschaft verstärken.[656] Die Unternehmensgruppe wurde durch die VB-UGR erstmals in China ausdrücklich geregelt, damit die behördlichen Förderungen zur Gründung der Unternehmensgruppe „gesetzlich“ kontrolliert werden konnten. Darüber hinaus wurde dadurch der Streit, ob die Unternehmensgruppe selbst auch eine juristische Person sei, beendet.[657] Allerdings bleiben nach heutiger Sicht viele Fragen bezüglich der Regelungen der VB-UGR noch offen.

5.1.2.3.1 Kompetenzüberschreitung bei der Verabschiedung der VB-UGR

Die VB-UGR werden von der SAIC verabschiedet, die allerdings zu den direkt dem Staatsrat unterstellten Organen im Sinne von § 71 Abs. 1 Gesetzgebungsgesetz der VR China (im Folgenden: GgebG) gehört. Gemäß § 71 GgebG darf die SAIC nur Vorschriften erlassen, die zur Durchführung der Gesetze oder administrativen Verordnungen, Entscheidungen oder Anordnungen des Staatsrates dienen. Bei der VB-UGR handelt es sich nicht nur um die Registrierung, sondern z. B. auch um eine Begriffsdefinition (§ 3 Abs. 1 VB-UGR), die Gründung (§§ 4 und 5 VB-UGR) und Organisationsverfassung der Unternehmensgruppe (Leitungsorgan nach § 6 Nr. 5

655 Siehe oben den ersten Abschnitt des 5.1.2.
656 Vgl. Wu, Diss. S. 179.
657 Vor dem Erlass der VB-UGR war die Eigenschaft der Unternehmensgruppe in der Literatur sehr umstritten; vgl. Wu, in RW 2001 (2), S. 114. Viele gingen davon aus, dass die Unternehmensgruppe selbst auch eine juristische Person sei. Vgl. Chen, in PR 1988 (2), S. 30; Yan, in MR 1989 (5), S. 31; Guan, in FPR 1988 (3), S. 53; Sun/Wang, in Law Review 1993 (03), S. 81. Andere Ansicht siehe: Liu, in FPR 1992 (2), S. 92; Liu, in MR 1994 (4), S. 29; Min/Li, in PR 1999 (1), S. 47.

und 6 VB-UGR), die eigentlich nicht in die Kompetenzen der SAIC fallen sollten. Sie sollen gemäß § 8 Nr. 7 und 8 GgebG durch Gesetz geregelt werden, was gemäß Art. 58 der Verfassung der VR China[658] i. V. m. § 7 Abs. 1 GgebG nur von dem nationalen Volkskongress oder dem Ständigen Ausschuss des Nationalen Volkskongresses erlassen werden darf.[659] Deswegen ist hier vorzuschlagen, dass die VB-UGR in der Zukunft abgeschafft werden und deren Regelungen in entsprechende Gesetze niedergeschrieben werden.

5.1.2.3.2 Übermäßige Eingriffe und Kontrolle durch die Regierung

Wie oben bereits erwähnt,[660] fördert die chinesische Regierung die Gründung von Unternehmensgruppen. Die Regierung hat nicht nur viele Maßnahmen (z. B. finanzielle Unterstützung, Erstattung der Ein- und Ausfuhrrechte, einheitliche Besteuerung)[661] ergriffen, die für Unternehmensgruppen sehr vorteilhaft sind, sondern sich auch aktiv an der Gründung der Unternehmensgruppen beteiligt oder diese sogar angeordnet.[662] Nicht selten kam es vor, dass die Tochtergesellschaften nicht freiwillig an einer Gruppe teilnahmen oder die Muttergesellschaft die Tochtergesellschaften ohne Liquidität in die Gruppe einbezog.[663] Derartige Eingriffe der Regierung entsprechen einer Marktwirtschaft nicht. Ferner haben derartige Eingriffe der Regierung häufig dazu geführt, dass Tochtergesellschaften wegen der intensiven einheitlichen Leitung durch die Muttergesellschaft ihre Autonomie vollständig verloren haben[664] und bloß die Abteilungen der Muttergesellschaft wie die Behörden in der Regierung degradiert wurden.[665] Sicherlich beschränken sich die Eingriffe der Regierung in der Regel nur auf staatliche Unternehmen, was bei der Trennung der Regierungsverwaltung von Unternehmen immer eine große Rolle spielt.[666] Allerdings sind viele staatliche Unternehmensgruppen nicht durch Kapitalbeteiligung, sondern durch Anordnungen der Regierung verbunden, was dazu führen kann, dass die Gruppenmitglieder wie Behörden einer höheren Behörde – der „Muttergesellschaft" – untergestellt werden. Nicht zuletzt verliert § 6 Nr. 7 VB-UGR seine

658 Art. 58 der Verfassung der VR China lautet: „Der Nationale Volkskongress und sein Ständiger Ausschuss üben die legislative Gewalt des Staates aus."

659 Dieselbe Meinung siehe auch Jiang/Deng, in SDR 1998 (3), S. 16.

660 Siehe oben den ersten Abschnitt des 5.1.2.

661 Vgl. Wu, Diss., S. 180.

662 Vgl. Lian, Diss., S. 13 ff. m. w. N.; ein Beispiel siehe ders., Diss., S. 83.

663 Vgl. Wu, Diss., S. 180; Lian, Diss., S. 83.

664 Wu, Diss., S. 183.

665 Lian, Diss., S. 3, m. w. N.

666 Z. B. hat die Stadt HaErBin im Jahr 2013 angeblich drei große Unternehmensgruppen gegründet, die sich jeweils um Stadtversorgung, Stadtverkehr und Stadttourismus handeln und jetzt zur Regierung der Stadt gehören. Siehe http://www.hlj.gov.cn/zwdt/system/2013/03/09/010500967.shtml; abgerufen am 12.01.2014.

Bedeutung, weil über den Ein- oder Austritt der Mitglieder nicht selbst entschieden werden kann.[667]

5.1.2.3.3 Übersehen der faktischen und kleinen Unternehmensgruppe

Die Unternehmensgruppe der VB-UGR muss ein bestimmtes Ausmaß erreichen.[668] Daher werden die kleinen Unternehmensgruppen hier komplett übersehen.[669] Ebenfalls werden faktische Unternehmensgruppen in den VB-UGR nicht berücksichtigt, was in der Literatur heftig kritisiert wird.[670] Nach § 13 S. 1 VB-UGR entsteht eine Unternehmensgruppe erst nach Erteilung der Urkunde der Registrierung. Ohne Registrierung darf eine faktische Unternehmensgruppe nicht unter dem Namen „Unternehmensgruppe" handeln und sie wird auch nicht als „Unternehmensgruppe" angesehen. Viele Förderungsmaßnahmen[671] der Regierung sind außerdem nur an die Unternehmensgruppe im Sinne der VB-UGR gerichtet. Sie gelten deshalb nicht für die kleinen oder faktischen Unternehmensgruppen, was zu einer wirtschaftlichen Diskriminierung führt.

5.1.2.3.4 Gruppensatzung und Bezeichnung der Gruppe

Die Unternehmensgruppe im Sinne der VB-UGR muss eine Gruppensatzung haben, sie ist für die Registrierung der Gruppe unentbehrlich. Eine gemeinsame Satzung ist rechtlich unlogisch, weil die Gruppe selbst keine juristische Person ist.[672] Daher wird in der Literatur vorgeschlagen, nach dem Vorbild des deutschen Konzernrechts die Gruppensatzung in einen Beherrschungsvertrag umzuwandeln.[673] Dem ist m. E. zuzustimmen. Eine Gruppensatzung kann erstens kaum begriffen werden. Zweitens kommt eine derartige Gruppensatzung bei einer staatlichen Unternehmensgruppe unter den Eingriffen der Regierung zustande. Mit einer Umwandlung zum Beherrschungsvertrag können die Eingriffe der Regierung in gewissem Maße gemildert werden. Und die Mitglieder der Gruppe können dadurch ihr Ein- oder Austrittsrecht tatsächlich wahrnehmen. Nicht zuletzt werden viele faktische Unternehmensgruppen genau wegen des Fehlens einer Gruppensatzung nicht als „Unternehmensgruppe" angesehen.[674]

Die Gruppenbezeichnung ist ebenfalls unbegreiflich. Die Gruppe selbst ist kein rechtlich selbstständiges Unternehmen. Sie darf gemäß § 14 Abs. 3 VB-UGR nicht unter der Gruppenbezeichnung wirtschaften. Die Gruppenbezeichnung kann nach § 14 Abs. 3 VB-UGR nur in der Werbung verwendet werden. In der Praxis wird

---

667 Lian, Diss., S. 84.
668 Vgl. oben 5.1.2.1.
669 Vgl. auch Wang, Diss., S. 24.
670 Wu, in RW 2001 (2), S. 115; Lian, Diss., S. 11.
671 Siehe oben den ersten Abschnitt des 5.1.2.
672 Wu, Diss., S. 297.
673 Vgl. Wu, Diss., S. 297.
674 Wang, Diss., S. 23, 24.

die Gruppenbezeichnung nicht nur in der Werbung verwendet, sondern auch im bestimmten Wirtschaftsverkehr eingesetzt. Beispielsweise tritt eine Unternehmensgruppe wie eine Einheit unter der Gruppenbezeichnung auf dem Markt auf, um ihre Kunden oder Geschäftspartner von ihrer Liquidität oder Produktionsfähigkeit überzeugen zu können. Das entspricht genau der Politik der chinesischen Regierung, aber kann weitere Probleme auslösen, insbesondere, wenn der Dritte auf die Gruppenbezeichnung vertraut und von einem Unternehmen ausgeht.[675] Gemäß § 14 Abs. 2 VB-UGR dürfen die Tochtergesellschaften auch die Gruppenbezeichnung in ihrer Firmenbezeichnung nutzen. Dadurch wird die Gruppenbezeichnung sowohl ein Bestandteil der Firmenbezeichnung der Mutter- als auch der Tochtergesellschaften. Es stellt sich hier die Frage, zu wem die Gruppenbezeichnung bzw. deren Wert gehören sollte. Nicht zuletzt ist eine Gruppenbezeichnung gesellschaftsrechtlich unnötig und irreführend.[676]

5.1.2.3.5 Leitungsorgan und Muttergesellschaft

Mit der Einsetzung eines Leitungsorgans wollte die Regierung die Gründung einer Unternehmensgruppe unter einheitlicher Leitung fördern. Die einheitliche Leitung bezieht sich auf die Ausarbeitung des Jahresplans, der Finanzierung, des Personalwesens, der Außenhandelsführung sowie anderer Kernbereiche.[677] Unter einer derartigen einheitlichen Leitung integrieren sich die Gruppenmitglieder wie eine Einheit, die von einem Leitungsorgan geleitet wird. Das Leitungsorgan wird hier als unnötig angesehen, weil das herrschende Unternehmen selbst die einheitliche Leitung ausüben kann.[678] Ferner hat das Leitungsorgan selbst keine Rechtsform und gilt normalerweise als eine Abteilung einer Gesellschaft. Üblich ist es in der Praxis, dass die Muttergesellschaft wie eine umfassende Holding funktioniert, die nicht nur in die Geschäftspolitik, sondern auch in die Finanzierung, das Personalwesen, die Produktion und andere Bereiche der Tochtergesellschaften eingreift. Beispielsweise[679] verfügt die China Datang Gruppengesellschaft als Muttergesellschaft in der China Datang Unternehmensgruppe über Abteilungen wie „Strategic Planning & Development Department", „General Planning, Investment & Financing Department", „Human Resources Department", „Finance and Property Management Department", „Safety and Operation Department", „Project Management Department", „Auditing Department", „Enterprise Culture Department" und andere Abteilungen, die die gesamte Unternehmensgruppe als Einheit verwalten und kontrollieren. Die Tochtergesellschaften in der Unternehmensgruppe sind quasi nur

675 Vgl. Wu, Diss., S. 298.
676 Wu, Diss., S. 298.
677 Vgl. Lian, Diss., S. 68 ff.
678 Vgl. Wu, Diss., S. 298 f.
679 Siehe die englische Webseite von China Datang: http://www.china-cdt.com/en/ABOUTCDT/ADMINISTRATIVEORGANIZATIONSTRUCTURE/46483.html; abgerufen am 12.01.2014.

als eine Geschäftsabteilung der Muttergesellschaft beschäftigt. Derartige Unternehmensgruppenstrukturen sind in China häufig zu sehen. Der Grund liegt m. E. in den Eingriffen der Regierung bei der Gründung staatlicher Unternehmensgruppen und in deren Vorführeffekten für die privaten Unternehmensgruppen.[680] Freilich hängt dies auch mit dem damaligen unterentwickelten Gesellschaftsrecht und anderen historischen Gründen zusammen.

5.1.2.3.6 *Zusammenfassung*

Im Vergleich zu den Regelungen über den verbundenen Betrieb stellen die Regelungen für die Unternehmensgruppe einerseits einen Fortschritt dar, haben andererseits allerdings auch viele Problematik ausgelöst. Die nach VB-UGR registrierten Unternehmensgruppen haben sich nach dem Erlass der VB-UGR schnell verbreitet. Bis Juni 1999 sind insgesamt 6.458 Unternehmensgruppen in China registriert geworden.[681] Die Zahl der registrierten Unternehmensgruppen steigt stetig an.[682]

Die VB-UGR sollten allerdings m. E. abgeschafft werden. Stattdessen ist hier zu empfehlen, die Unternehmensgruppe in das Gesetz zu verlegen. Ein neuer Abschnitt über die Unternehmensgruppe sollte in das chinesische Gesellschaftsgesetz eingeführt werden.[683] Entsprechend sollte die Gruppensatzung nach dem Vorbild des Beherrschungsvertrages des deutschen Konzernrechts in einen Gruppenleitungsvertrag umgewandelt werden, der ebenfalls in Anlehnung an §§ 294, 298 AktG zwingend einzutragen ist. Weiter zu vertiefen ist die De-Administration („*去行政化*“ *Qu Xing Zheng Hua*) bei der Gründung und Führung der Unternehmensgruppe, die entweder durch Kapitalverbindung oder Gruppenleitungsvertrag zusammengesetzt und ausgestaltet werden soll. Ein extra Leitungsorgan der Unternehmensgruppe ist unnötig.

Die Bezeichnung einer Unternehmensgruppe kann auch problematisch sein. Allerdings sollte sie nicht einfach abgeschafft werden,[684] weil die Bezeichnung in sich schon einen großen Wert birgt. Als eine mögliche Lösung kann so z. B. geregelt werden, dass die Muttergesellschaft der Inhaber der Bezeichnung wird. Mit

---

680 Eine derartige Unternehmensgruppenstruktur kann man sehr häufig nicht nur in den staatlichen Unternehmensgruppen (z. B. China DaTang, Beijing Capital Group, China Sinopec Group, China Sinotruck Group, China Guodian Group, China Huaneng Group), sondern auch bei den privaten Unternehmensgruppen (z. B. China Hongpai Group, Donling Group, Shagang Group) finden.

681 Wang, Diss., S. 5.

682 Beispielsweise waren nur 91 Unternehmensgruppen bis 1999 in Beijing registriert. Bis 2008 ist die Zahl auf 150 gestiegen. Das ist eine Statistik aus: Statistisches Jahrbuch Beijing 2008, Formular 23–1.

683 Derselbe Vorschlag siehe auch Wang, Diss., S. 202 ff.; ein Muster des Konzernrechts für China im Vorbild des deutschen Konzernrechts siehe Wu., Diss., S. 323 ff. Eine a. A. geht davon aus, dass die Unternehmensgruppe durch ein Sondergesetz geregelt werden sollte. Siehe Jiang/Deng, in SR 1998, S. 16 ff.

684 A. A. siehe Wu, Diss., S. 297.

Genehmigung oder Zustimmung von der Muttergesellschaft dürfen die Tochtergesellschaften und andere Gruppenmitglieder die Bezeichnung in ihrer Firmenbezeichnungen nutzen. In derartig registrierten Unternehmensgruppen werden die Gruppenmitglieder wie eine Abteilung der Muttergesellschaft geleitet, was die Unabhängigkeit und Selbstständigkeit der Tochtergesellschaften wesentlich schädigen kann. Eine Verlustübernahmepflicht nach dem Vorbild des § 302 AktG kommt deshalb in Betracht.

5.1.3 Verbundene Unternehmen im chinesischen Steuerrecht

„Verbundene Unternehmen" wurden erstmals ausdrücklich im chinesischen Steuerrecht, nämlich im § 13 „Körperschaftssteuergesetz für Unternehmen mit ausländischem Kapital und ausländische Unternehmen" von 1991 (abgekürzt: KstGaKU)[685], geregelt.[686] In § 52 Abs. 1 der Ausführungsregeln des KstGakU von 1991[687] wurden verbundene Unternehmen gesetzlich definiert:

> *„Verbundene Unternehmen sind Gesellschaften, Unternehmen oder andere wirtschaftliche Einheiten, bei denen eine der folgenden Voraussetzungen gegeben ist: (1) Verhältnisse wegen unmittelbarer oder mittelbarer (100 % – Anteil) Eigentümerschaft oder Kontrolle bezüglich Finanzierung, Geschäftsführung oder Kauf und Verkauf; (2) unmittelbar oder mittelbar von demselben Dritten (anteils-) innegehabt oder kontrolliert; (3) andere verbundene Interessen."*

Die Ausführungsregeln des KstGaKU wurden später durch das neue „Körperschaftssteuergesetz der VR China" von 2007 abgeschafft, und diese Definition geht auf den § 51 Abs. 1 der Ausführungsregeln des Gesetzes über die Administration der Steuereinziehung der VR China von 2002 (wurde im Jahre 2012 revidiert) über.

Diese Definition erfolgte erst im chinesischen Steuerrecht, weil die chinesische Regierung ausländische Investitionen nach China anziehen und dementsprechend vorteilhafte steuerrechtliche Regelungen für ausländische Investitionen schaffen wollte. Dieselbe Geschichte hat auch das chinesische Gesellschaftsrecht erlebt. Das Gesellschaftsgesetz der VR China (abgekürzt: GesG) wurde erst im Jahre 1993 verabschiedet, während z. B. das Gesetz über Unternehmen mit ausschließlich ausländischem Kapital der VR China bereits im Jahre 1986 in Kraft getreten ist. Ein anderer Grund liegt darin, dass der chinesische Gesetzgeber bei der Kodifikation der Gesetze, die u. a. auch die Außenwirtschaft berühren, die internationalen Abkommen in inländisches Gesetz umsetzen oder berücksichtigen muss.[688]

---

685 Dieses Gesetz wird durch das neue „Körperschaftssteuergesetz der VR China" von 2007 (in Kraft seit 01.01.2008) abgeschafft.

686 Vgl. Shi, in RW 1998 (2), S. 49; Shi, in FPR 2003 (5), S. 55; Lü/Zhang, in DS 2006 (10), S. 93; Yan/Li, in RS 2008 (2), S. 139; Wang/Qu, in SNK 2009 (7), S. 48; Xing, Diss., S. 11.

687 Es wurde ebenfalls bereits abgeschafft.

688 Vgl. Wu, Diss., S. 312.

Obwohl diese Definition bereits auf der „anteiligen Eigentümerschaft" und den „Kontrollverhältnissen" zwischen den Unternehmen beruht, ist sie nicht ohne weiteres auf das Gesellschaftsrecht übertragbar,[689] denn das Steuerrecht hat andere Ziele als das Gesellschaftsrecht.[690] Aus demselben Grund sind steuerrechtlich verbundene Unternehmen hier nicht weiter zu untersuchen.

5.1.4 Verbundene Beziehung im GesG

Das GesG wurde im Jahre 1993 erlassen. Bisher hat das GesG drei Gesetzesrevisionen erlebt, zuletzt am 27.10.2005. Die letzte Revision trat am 01.01.2006 in Kraft. Das GesG regelt weder die Unternehmensgruppe noch die verbundenen Unternehmen ausdrücklich.[691] Gemäß § 14 Abs. 2 GesG ist es allein Gesellschaften gestattet,[692] Tochtergesellschaften einzurichten. In § 216 Abs. 4 S. 1 GesG wird die „verbundene Beziehung" („关联关系" *guanlian guanxi, „related relationship"*) gesetzlich definiert, zu der auch die Beziehung zwischen den verbundenen Unternehmen gehört.[693]

Gemäß § 216 Abs. 4 S. 1 GesG entsteht eine verbundene Beziehung, wenn ein Unternehmen direkt oder indirekt von dem beherrschenden Gesellschafter, dem faktischen Beherrschender, den Vorstandsmitgliedern, Aufsichtsratsmitgliedern oder dem leitenden Manager einer Gesellschaft beherrscht wird. Als beherrschenden Gesellschafter einer Gesellschaft bezeichnet man nach § 216 Abs. 2 GesG den Gesellschafter, der entweder über mehr als 50 % der Anteile der Gesellschaft verfügt oder wegen seiner Anteile maßgeblichen Einfluss auf die Gesellschafterbeschlüsse nehmen kann, obwohl er weniger als 50 % Anteile der Gesellschaft innehat. Ein faktischer Beherrschender ist nach § 216 Abs. 3 GesG zwar kein Gesellschafter, der aber dennoch über Investitionsverhältnisse, Vereinbarungen oder andere Arrangements die Gesellschaft beherrschen kann. Der beherrschende Gesellschafter oder faktische Beherrschende kann entweder eine natürliche oder juristische Person oder sogar eine andere Einheit sein.[694] Verbundene Beziehungen sind ferner gemäß § 216 Abs. 4 S. 1 2. Halbs. GesG die Beziehungen, die Interessenverschiebungen der Gesellschaft ermöglichen. Allerdings entstehen zwischen staatlichen Unternehmen keine verbundenen Beziehungen i. S. v. § 216 Abs. 4 GesG, obwohl sie gleichermaßen von dem Staat als beherrschendem Gesellschafter beherrscht werden.

---

689 Wu, Diss., S. 313.

690 Ausführlich siehe Zhang, in AW 2005 (6), S. 237 f. Dieselbe Ansicht siehe auch Wu, Diss., S. 313.

691 Shi, in Xu (Hrsg.), S. 70 f.; Liu, Diss., S. 20; Wang/Qu, in SNK 2009 (7), S. 48; Lü/Zhang, in DS 2006 (10), S. 94; Yan/Li, in RS 2008 (2), S. 139; Xu, in JHUP 2009 (6), S. 56; Xiang, in JHAC 2012 (2), S. 89.

692 Als „Gesellschaften" bezeichnet das GesG gemäß § 2 GesG die im chinesischen Inland nach dem GesG gegründeten Gesellschaften mit beschränkter Haftung oder Aktiengesellschaften. Folglich meint „Gesellschaft" hier entweder GmbH oder AG.

693 Zhao, in Zhao (Hrsg.), S. 16; vgl. auch Shi, in Xu (Hrsg.), S. 70 f.

694 Shi (Hrsg.), S. 721 f.; Shi, in Xu (Hrsg.), S. 70 ff.

Aus § 216 Abs. 4 S. 1 2. Halbs. GesG kann man darauf schließen, dass die verbundene Beziehung sich nach einer möglichen Interessenverschiebung richtet. Die Möglichkeit der Interessenverschiebung entsteht, weil es Interessenkonflikt zwischen verschiedenen Parteien gibt. Das GesG geht deswegen von einem Interessenkonflikt aus, während allerdings im Gesetz von möglicher Interessenverschiebung gesprochen wird.[695] Das GesG sieht verbundene Beziehungen vor, um die für die Gesellschaft schädliche Interessenverschiebung zu vermeiden und dadurch die rechtsmäßigen Interessen der Gesellschaft zu wahren. Letztlich können die Minderheitsaktionäre und Gläubiger der Gesellschaft vor einer Schädigung wegen „Related-Party Transaktionen" geschützt werden.[696] „Related-Party Transaktionen" kommen aufgrund des Vorliegens der verbundenen Beziehungen des § 216 Abs. 4 GesG vor.[697] Selbstverständlich untersagt das GesG nicht alle „Related-Party Transaktionen". Das GesG soll nur die „Related-Party Transaktionen" verbieten, welche die Minderheitsaktionäre, Gläubiger der Gesellschaft oder öffentliche Interessen ungerecht schädigen können.[698] Z. B. verbietet § 21 Abs. 1 GesG im allgemeinen Teil des GesG, durch Nutzen der verbundenen Beziehung die Interessen der Gesellschaft zu schädigen. Außerdem darf die Gesellschaft gemäß § 115 GesG weder direkt noch über eine Tochtergesellschaft ihren Vorstandsmitgliedern, Aufsichtsratsmitgliedern oder ihrem leitenden Manager Darlehen gewähren.

Das Ziel der Regelungen über verbundene Beziehungen liegt darin, die Gesellschaft und ihre Minderheitsaktionäre sowie ihre Gläubiger zu schützen. Dieses Ziel ist mit den Zielen des deutschen Konzernrechts vergleichbar.[699] Allerdings geht die Definition der verbundenen Beziehung von einer „Beziehung" aus. Sie umfasst nicht nur die Beziehungen zwischen den verbundenen Unternehmen.[700] Mit anderen Worten, die Beziehungen zwischen den verbundenen Unternehmen gehören zu den verbundenen Beziehungen i. S. v. § 216 Abs. 4 GesG, die allerdings nicht unbedingt in der Form verbundener Unternehmen erscheinen.[701] Zusammenfassend kann keine Definition der verbundenen Unternehmen von der Definition der verbundenen Beziehungen hergeleitet werden. Allerdings finden die Regelungen über die verbundene Beziehung, wie z. B. §§ 21 Abs. 1 und 115 GesG, beim Vorliegen verbundener Unternehmen Anwendung. Sowohl in der Praxis als auch in der Literatur kommt es häufig vor, dass man das Vorliegen der verbundenen Unternehmen von dem Vorliegen einer verbundenen Beziehung i. S. v. § 216 GesG abhängig macht,[702] was aber weder logisch noch präzise ist.[703]

---

695 Shi/Du, in CR 2007 (6), S. 126.
696 Shi (Hrsg.), S. 721 f.
697 Shi/Du, in CR 2007 (6), S. 126.
698 Shi (Hrsg.), S. 722; Shi, in Xu (Hrsg.), S. 73.
699 Vgl. oben 1.1.2.
700 Shi, in Xu (Hrsg.), S. 71.
701 Zhao, in Zhao (Hrsg.), S. 16.
702 Liu, Diss., S. 122; Liu/Chi, in ARZH 2012 (4), S. 143.
703 Sun, Diss., S. 11 f.

5.2 Unternehmensgruppen und verbundene Unternehmen in der Literatur in China

Aufgrund der Auseinandersetzung kann man zu dem Ergebnis gelangen, dass weder die Unternehmensgruppe noch die verbundenen Unternehmen in China gesetzlich[704] definiert werden. In der Literatur werden Unternehmensgruppen und verbundene Unternehmen intensiv untersucht, wobei auch versucht wird, Definitionen zu entwickeln, was sich allerdings als schwierig erweist.

5.2.1 Verbundene Unternehmen im weiteren und engen Sinne

In der Literatur wird die Ansicht vertreten, dass verbundene Unternehmen im weiteren und im engen Sinne zu unterscheiden sind. Nach dieser Ansicht versteht man unter verbundenen Unternehmen im weiteren Sinne Unternehmen, zwischen denen Kontroll-, Investitions-, Personal-, Finanzierungs-, Vertrags- oder andere Interessenverhältnisse vorliegen.[705] Jedes selbstständige Unternehmen, das mit anderen Unternehmen ein Beteiligungs- oder Geschäftsverhältnis hat, gehört zu den verbundenen Unternehmen.[706] Verbundene Unternehmen im engen Sinne sind nach dieser Ansicht die Unternehmen, zwischen denen direkte oder indirekte Kontrollverhältnisse oder Verhältnisse zur Ausübung der maßgeblichen Einflussnahme vorliegen.[707]

Das verbundene Unternehmen im weiteren Sinne wird in der Literatur heftig kritisiert. Die Kritik hält den Begriff der verbundenen Unternehmen im weiteren Sinne für so umfangreich, dass der Begriff in der Realität sinnlos geworden ist, weil Unternehmen fast immer Investitions- oder Vertragsverhältnisse mit anderen haben.[708] Deswegen ist das verbundene Unternehmen nur im engen Sinne zu verstehen.[709]

5.2.2 Verbundene Unternehmen mit den Merkmalen der „Kontrolle“ oder „maßgeblichen Einflüsse“

Die wohl herrschende Meinung[710] geht von einer „Kontrolle“ oder „maßgeblichen Einflüssen“ aus und definiert verbundene Unternehmen wie die oben genannten verbundenen Unternehmen im engen Sinne. Nach dieser Meinung sind verbundene Unternehmen die Unternehmen, zwischen denen entweder Kontrollverhältnisse oder Verhältnisse zur Ausübung maßgeblicher Einflüsse vorliegen oder die

704 VB-UGR ist kein Gesetz, sondern nur eine behördliche Vorschrift.
705 Shi, in Xu (Hrsg.), S. 71; Zhao, in Zhao (Hrsg.), S. 15.
706 Jiang (Hrsg.), S. 216.
707 Shi, in Xu (Hrsg.), S. 71.
708 Sun, Diss., S. 11 f.; vgl. auch Shi, in Xu (Hrsg.), S. 71: „Verbundene Unternehmen sind im diesen Buch nur auf verbundene Unternehmen im engen Sinne beschränkt.“
709 Xing, Diss., S. 12.
710 Sun, Diss., S. 12.

gemeinsam von einem Unternehmen kontrolliert oder maßgeblich beeinflusst werden können.[711]

5.2.2.1 *Kontrolle*

In der Literatur wird „Kontrolle“ so verstanden, dass ein Unternehmen das Personalwesen, die Finanzierung, das Geschäftsunternehmen oder andere entscheidende Geschäftsführungsbereiche von anderen Unternehmen beherrscht oder Entscheidungen treffen kann.[712] Die anderen Unternehmen verlieren dadurch ihre Souveränität,[713] obwohl sie noch rechtlich selbstständige Unternehmen sind. Die anderen Unternehmen stellen sich daher als abhängige Unternehmen des (herrschenden) Unternehmens dar.[714] Die „Kontrolle“ sollte umfangreich und lang andauernd sein, eine vorläufige oder einmalige Kontrolle reiche nicht aus.[715]

Eine derartige Kontrolle kann sich dadurch verwirklichen, dass das Unternehmen direkt oder indirekt über 100 % oder die Mehrheit der Stimmrechte eines anderen Unternehmens verfügt.[716] Es ist auch möglich, eine derartige Kontrolle auszuüben, obwohl das Unternehmen nicht über 50 % der Stimmrechte des anderen Unternehmens besitzt, weil das Unternehmen wegen der Hochdezentralisierung der Stimmrechte des anderen Unternehmens eine derartige Kontrolle faktisch umfangreich und andauernd ausüben kann. Ferner kann eine derartige Kontrolle durch Vertrag oder damit vergleichbare Bestimmungen in der Satzung der abhängigen Unternehmen entstehen.[717]

5.2.2.2 *Maßgebliche Einflüsse*

Maßgebliche Einflüsse liegen vor, wenn das Unternehmen an den finanz- und geschäftspolitischen Entscheidungen des Beteiligungsunternehmens mitwirkt, nicht aber das Beteiligungsunternehmen beherrscht oder mitführt.[718] Anders als bei der „Kontrolle“, wo das Unternehmen Entscheidungen über die maßgebliche Geschäftsführung des Beteiligungsunternehmens treffen bzw. das Beteiligungsunternehmen beherrschen kann, kann das Unternehmen sich hier nur beim Treffen von Entscheidungen beteiligen.[719] Maßgebliche Einflüsse können in Anlehnung an die Regelungen in der „Anleitung zu den Accounting Standards für Unternehmen – Offenlegung von Related Parties“ dadurch entstehen, dass das Unternehmen zwischen 20 % und

711 Sun, Diss., S. 12 ff.
712 Shi, in FPR 2003 (5), S. 57; vgl. auch Sun, Diss., S. 15.
713 Shi, in FPR 2003 (5), S. 55 f.
714 Sun, Diss., S. 15 ff.; Shi, in FPR 2003 (5), S. 57.
715 Shi, Diss., S. 174; Shi, in FPR 2003 (5), S. 57; Sun, Diss., S. 18 f.
716 Shi, in FPR 2003 (5), S. 57; Sun, Diss., S. 16; Shi, in RW 1998 (2), S. 51.
717 Shi, in FPR 2003 (5), S. 57; Sun, Diss., S. 16 f.; Shi, in RW 1998 (2), S. 51.
718 Shi, in FPR 2003 (5), S. 58; Sun, Diss., S. 17.
719 Shi, in FPR 2003 (5), S. 58; Sun, Diss., S. 18.

50 % der Anteile des anderen Unternehmens besitzt, wobei das Unternehmen das Beteiligungsunternehmen noch nicht kontrollieren kann.[720] In diesem Fall liegt eine verbundene Beziehung im Sinne von § 216 GesG vor.[721] Ferner können maßgebliche Einflüsse bei der Personalsendung in den Vorstand des anderen Unternehmens oder beim Austausch des Managementpersonals vorkommen.[722]

5.2.2.3 Stellungnahme

Das verbundene Unternehmen wird hier in Anlehnung an die „verbundene Beziehung" im Sinne der „Accounting Standards für Unternehmen – Offenlegung von Related Parties" vom 01.01.1997 definiert. Diese werden heute wiederum durch die „Accounting Standards für Unternehmen Nr. 36 – Offenlegung von Related Parties" von 2006 (im Folgenden: ASU36) ersetzt. Die Regelungen über verbundene Unternehmen wurden im Wesentlichen unverändert von den ASU36 übernommen. § 3 Abs. 1 ASU36 lautet:

> *„Unternehmen sind miteinander verbunden, wenn zwischen ihnen ein Unternehmen selbst oder gemeinsam die anderen Unternehmen kontrolliert oder maßgeblich beeinflusst oder sie gemeinsam von einem Unternehmen kontrolliert oder maßgeblich beeinflusst werden". § 3 Abs. 4 ASU36 lautet: „Maßgebliche Einflüsse liegen vor, wenn das Unternehmen berechtigt ist, an den finanz- und geschäftspolitischen Entscheidungen des Beteiligungsunternehmens mitzuwirken, nicht aber das Beteiligungsunternehmen allein oder mit anderen zusammen kontrollieren kann."*

Die Definition der verbundenen Unternehmen der ASU36 ist, wie oben bereits erwähnt,[723] nicht auf verbundene Unternehmen im Gesellschafts- oder Insolvenzrecht übertragbar. Außerdem wurde auch schon gezeigt, dass maßgebliche Einflüsse beim Vorliegen einer verbundenen Beziehung entstehen können. Der Versuch, durch eine verbundene Beziehung das verbundene Unternehmen zu definieren, ist weder logisch noch präzise.[724] Nicht zuletzt ist der Begriff der maßgeblichen Einflüsse schwer zu verstehen, weil das Unternehmen nur berechtigt ist, an den Entscheidungen mitzuwirken, nicht aber sie alleine zu treffen. Eine derartige Einflussnahme ist mit einer Kontrolle nicht vergleichbar und hat faktisch keinen vergleichbaren Einfluss für das Beteiligungsunternehmen anders als die Kontrolle. Folglich sind die maßgeblichen Einflüsse auch nicht als herrschende Einflüsse zu verstehen.

---

720 Shi, in FPR 2003 (5), S. 58; vgl. auch Sun, Diss., S. 18; Xiong, in Wang/Yin (Hrsg.) InsRF (2), S. 322.

721 Sun, Diss., S. 18.

722 Shi, in FPR 2003 (5), S. 58; Sun, Diss., S. 18.

723 Vgl. oben 5.1.3.

724 Sun, Diss., S. 11 f.

5.2.3 Verbundene Unternehmen mit dem Merkmal „Kontrollverhältnis"

In der Literatur geht eine andere Meinung bei dem Definieren der verbundenen Unternehmen ausschließlich von dem Begriff „Kontrolle" aus: Verbundene Unternehmen sind rechtlich selbstständige Unternehmen, zwischen denen direkt oder indirekt ein Kontrollverhältnis besteht oder die zusammen von einem anderen Unternehmen direkt oder indirekt kontrolliert werden können.[725] Bei den Unternehmen sind kontrollierende und abhängige Unternehmen zu unterscheiden.[726] Der Begriff „Kontrolle" ist hier wie oben auszulegen.[727] Ein Kontrollverhältnis kann entweder durch eine Mehrheitsbeteiligung oder eine relative Mehrheitsbeteiligung entstehen.[728] Eine relative Mehrheitsbeteiligung ist keine Mehrheitsbeteiligung, sie kann sich aber faktisch wegen der Dezentralisierung der Beteiligung von anderen Unternehmen wie eine Mehrheitsbeteiligung in der Gesellschafterversammlung auswirken. Ferner kann ein Kontrollverhältnis aufgrund eines Vertrages oder damit vergleichbarer Bestimmungen in der Satzung vorliegen.

5.2.4 Unternehmensgruppe und verbundene Unternehmen

In der Literatur wird die Unternehmensgruppe nicht einheitlich definiert. Eine Ansicht geht davon aus, dass die Unternehmensgruppe eine Gruppe ist, die von mehreren rechtlich selbstständigen Unternehmen oder Gesellschaften unter einheitlicher Leitung zusammengefasst wird.[729] In der Unternehmensgruppe sollte es eine führende Gesellschaft geben, die sich entweder als Muttergesellschaft oder als beherrschende Gesellschaft darstellt.[730] Die anderen Gruppenmitglieder werden als verbundene oder abhängige Gesellschaften der Muttergesellschaft bezeichnet.[731] Nach dieser Meinung sind verbundene Unternehmen umfangreicher als die Unternehmensgruppe. Beispielsweise gibt es in der Literatur eine Ansicht, dass eine Unternehmensgruppe mindestens drei Gruppenmitglieder enthalte und sie sich als große und eng miteinander verbundene Unternehmen darstellen.[732]

Eine andere und zugleich auch die herrschende Ansicht geht davon aus, dass die verbundenen Unternehmen und Unternehmensgruppen das Gleiche seien und die

725 Shi, in RW 1998 (2), S. 50; Yan/Li, in RS 2008 (2), S. 139.
726 Shi, in RW 1998 (2), S. 50.
727 Vgl. oben 5.2.2.1.
728 Shi, in RW 1998 (2), S. 50.
729 Zhao, in RF 1989 (6), S. 69; Jiang/Zhao (Hrsg.), S. 380; Zhao, in Zhao (Hrsg.), S. 16; vgl. auch, Wu, Diss., S. 123 f. (in der chinesischen Version); Shao, Diss., S. 40.
730 Zhao, in Zhao (Hrsg.), S. 16.
731 Zhao, in Zhao (Hrsg.), S. 16.
732 Sun, Diss., S. 13 ff.; Zhang, in JNNU, 2007 (4), S. 33 ff.

Unternehmensgruppe nur als eine Form der verbundenen Unternehmen erscheine.[733] Die beiden Begriffe werden nur bei verschiedenen Umständen verwendet.[734]

5.2.5 Verbundene Unternehmen in der Insolvenz in der Literatur

In China wird üblicherweise von der Insolvenz der verbundenen Unternehmen statt der Insolvenz der Unternehmensgruppe gesprochen. Allerdings geht die überwiegend herrschende Meinung davon aus, dass verbundene Unternehmen hier mit der Unternehmensgruppe identisch seien.[735] Wegen des Fehlens einer gesetzlichen Definition sind verbundene Unternehmen in der Literatur nicht identisch definiert. Die oben schon erwähnten unterschiedlichen Definitionen in der Literatur spiegeln sich in der Insolvenz der verbundenen Unternehmen wider. In manchen Arbeiten zum Thema „Insolvenz der verbundenen Unternehmen" werden verbundene Unternehmen in Anlehnung an die Regelungen des chinesischen Steuerrechts definiert.[736] Die wohl herrschende Meinung geht von verbundenen Unternehmen im engen Sinne[737] aus und definiert sie, wie oben bereits erwähnt, durch die Merkmale der „Kontrolle" und der „maßgeblichen Einflüsse".[738] Nicht selten wird die Meinung vertreten, dass verbundene Unternehmen durch ein „Kontrollverhältnis" gekennzeichnet sind.[739]

5.3 Zwischenergebnis

Wie oben festgestellt, gibt es in China bereits Regelungen über verbundene Unternehmen, die allerdings entweder nicht vollständig oder nicht auf verbundene Unternehmen im Gesellschafts- oder Insolvenzrecht übertragbar sind. Das Fehlen einer gesetzlichen Definition der verbundenen Unternehmen im Gesellschaftsrecht hat dazu geführt, dass es bis jetzt noch keine Einigung über deren Definition in der Literatur gibt und folglich die Eigenschaft der verbundenen Unternehmen noch einigermaßen im Schatten bleibt. Das hat auch Konsequenz in dem Bereich Konzerninsolvenzrecht

---

733 Shi, in RW 1998 (2), S. 53; Sun, Diss., S. 13; Huang, in WF 2003 (10), S. 54.

734 Sun, Diss., S. 13.

735 Statt viel siehe Sun, Diss., S. 13; Xing, Diss., S. 36; FT des Shenyang MV, in Wang/Yin(Hrsg.), InsRF (5), S. 92; Peng, in Wang/Yin(Hrsg.), InsRF (5), S. 121; Sun, in Wang/Yin(Hrsg.), InsRF (2), S. 294 f..

736 Yuan, in Wang/Yin (Hrsg.), InsRF (7), S. 379; Xiong, in Wang/Yin (Hrsg.) InsRF (2), S. 321. Die Definition der verbundenen Unternehmen im chinesischen Steuerrecht siehe oben 5.2.2.3.

737 Siehe oben 5.2.2.

738 Statt vieler siehe, Sun, Diss., S. 12; Xing, Diss., S. 12; Peng, in Wang/Yin (Hrsg.), InsRF (5), S. 121; Wang/Zhou, in JBUAA 2012 (2), S. 52; Sun/Yang, in ZR 2009 (9), S. 119; ähnlich auch Wang/Qu, in SNK 2009 (7), S. 48.

739 FT des Shenyang MV, in Wang/Yin (Hrsg.), InsRF (5), S. 92; Tao/Shi, in Wang/Yin (Hrsg.), InsRF (7), S. 357.

in China, dass die Verfahrensgestaltung in der Konzerninsolvenz schwierig und uneinheitlich durchgesetzt wird.

Verbundene Unternehmen im weiteren Sinne sind so umfangreich, dass der Begriff in der Tat sinnlos geworden ist, weil Unternehmen fast immer Investitions- oder Vertragsverhältnisse mit anderen haben. Verbundene Unternehmen können nicht in Anlehnung an das Steuerrecht definiert werden, weil steuerrechtliche Definitionen nicht auf das Gesellschafts- oder Insolvenzrecht übertragbar sind. Eine Definition in Anlehnung an die verbundenen Beziehungen im Sinne von § 216 Abs. 4 S. 1 GesG ist weder logisch noch präzise. Verbundene Unternehmen im engen Sinne zeichnen sich entweder durch eine „Kontrolle" oder durch „maßgebliche Einflüsse" aus. Anders als bei der „Kontrolle" liegen „maßgebliche Einflüsse" vor, wenn das Unternehmen das Beteiligungsunternehmen nicht beherrscht, aber an den finanz- und geschäftspolitischen Entscheidungen des Beteiligungsunternehmens mitwirkt. Eine derartige Mitwirkung ist weder mit „Kontrolle" noch mit „herrschenden Einflüssen" vergleichbar. Es ist außerdem fragwürdig, ob das Unternehmen durch eine derartige Mitwirkung „maßgebliche Einflüsse" auf das Beteiligungsunternehmen nehmen kann.

Diese Arbeit geht demzufolge bei der Definition der verbundenen Unternehmen von einem „Kontrollverhältnis" aus. Verbundene Unternehmen sind die Unternehmen, zwischen denen ein Kontrollverhältnis vorliegt oder die von demselben Unternehmen kontrolliert werden können. Die „Kontrolle" kann entweder mittelbar oder unmittelbar wirken. Die „Kontrolle" sollte umfangreich und andauernd sein, eine vorläufige oder einmalige Kontrolle reicht nicht aus. Die Kontrolle kann durch eine absolute oder relative Mehrheitsbeteiligung entstehen. Darüber hinaus können verbundene Unternehmen durch einen Vertrag, mit dem das Unternehmen die anderen Unternehmen wie beim Vorliegen einer absoluten Mehrheit beherrscht, oder damit vergleichbare Bestimmungen in der Satzung zustande kommen.

Zusammenfassend umfassen verbundene Unternehmen im chinesischen Recht den verbundenen Betrieb in Form der juristischen Person, der sich als eine Unternehmensgruppe in Form „mehrere Mütter, eine Tochter" darstellt, sofern es nicht um eine Verschmelzung geht und den verbundenen Betrieb in Form der Partnerschaftsunternehmen, wobei eine typische Unternehmensgruppe beispielsweise zwischen einer GmbH und einer GmbH und Co. KG gebildet wird. Darüber hinaus sind Unternehmensgruppen im Sinne der VB-UGR inbegriffen. Handelt es sich bei den verbundenen Beziehungen um beherrschende Gesellschafter oder faktische Beherrschende, liegen auch verbundene Unternehmen im Sinne dieser Arbeit vor.

Wie die herrschende Meinung in der Literatur darstellt, gibt es zwischen verbundenen Unternehmen und der Unternehmensgruppe in dieser Arbeit keinen Unterschied. Deswegen zeichnet sich die Unternehmensgruppe hier nicht durch die „einheitliche Leitung" aus, sondern durch das „Kontrollverhältnis". Die durch das „Kontrollverhältnis" geprägte Definition der verbundenen Unternehmen bzw. der Unternehmensgruppe ist in dieser Arbeit auf die Definition der verbundenen Unternehmen bzw. der Unternehmensgruppe im Falle derer Insolvenz zu übertragen.

5.4 „Piercing the corporate veil" – eine Adäquate Konzernhaftung

Weil in China noch kein spezifisches Konzernrecht geregelt wird, gibt es dementsprechend keine spezifischen Regelungen über Konzernhaftung. Eine gesellschaftsrechtliche Einstandspflicht der Muttergesellschaft für die Verbindlichkeiten der Tochtergesellschaft kann allerdings wegen „Piercing the corporate veil" entstehen. Das Rechtsinstitut „Piercing the corporate veil" wird im Jahr 2005 bei der Revidierung des GesG in China eingeführt,[740] und in §§ 20 Abs. 3 und 63 GesG geregelt. Das Rechtsinstitut „Piercing the corporate veil" gilt als eine allgemeine Regelung in dem chinesischen Gesellschaftsrecht, es ist hier zu untersuchen, weil es für die Verfahrensausgestaltung der Konzerninsolvenz in China von großer Bedeutung sein könnte.[741]

Gemäß § 20 Abs. 3 GesG haftet der Gesellschafter für die Verbindlichkeiten der Gesellschaft, wenn er die Stellung der Gesellschaft als selbstständige juristische Person und die beschränkte Haftung der Gesellschafter missbraucht, sich Verbindlichkeiten entzieht und damit die Interessen der Gläubiger der Gesellschaft schwerwiegend schädigt. Darüber hinaus sieht § 63 GesG die Einstandspflicht des Gesellschafters für die Verbindlichkeiten der Ein-Mann-Tochtergesellschaft vor, wenn er nicht nachweisen kann, dass das Gesellschaftsvermögen nicht von seinem Vermögen unselbstständig ist. § 63 GesG verdrängt die Geltung des § 20 Abs. 3 GesG bei der Ein-Mann-GmbH nicht, sondern erweitert den Anwendungsbereich der „Piercing the corporate veil".[742] Beim Vorliegen der Vermögensvermischung wird – anders als bei § 20 Abs. 3 GesG – eine Beweislastumkehr im § 63 GesG zu Gunsten der Gläubiger eingeräumt.[743] Die Beweislastumkehr findet nur beim Vorliegen der Vermögensvermischung oder beim Verdacht des Vorliegens der Vermögensvermischung in der Ein-Mann-GmbH statt.[744] Falls die „Piercing the corporate veil" über

740 Vor der Revidierung des GesG von 2005 gab es bereits in der gerichtlichen Praxis Wurzeln von dem Rechtsinstitut „Piercing the corporate veil", die hier nicht weiter erörtert werden. Ausführlich siehe Pißler, in FS Hopt, S. 3273 ff.; Jin, in CR 2005 (2) S. 122 ff.; Fan/Wang, GesR, S. 259 ff.

741 Siehe unten 7.3.

742 Li, in VRS 2007 (6), S. 100; Ji, in VRS 2008 (5), S. 99; a. A. wohl Zhu, in Th-RW 2007 (2), S. 118; sie meint: die Anwendung der „piercing the corporate veil" bei einer Ein-Mann-GmbH bei Vorliegen der Vermögensvermischung sollte nur bei Erfüllung der Voraussetzungen des § 20 Abs. 3 GesG beansprucht werden. Es handele sich bei § 63 GesG allein um eine Beweislastumkehr, nicht um eine neue Rechtsgrundlage.

743 Shi, S. 75; Fan/Wang, GesR, S. 249; Li, in VRS 2007 (6), S. 100; Ji, in VRS 2008 (5), S. 99.

744 Vgl. Zhu, in Th-RW 2007 (2), S. 118.

die Ein-Mann-GmbH in anderen Fällen gemäß § 20 Abs. 3 GesG beansprucht wird, findet keine Beweislastumkehr statt.[745]

Die Einführung der „Piercing the corporate veil" wird in der Literatur übereinstimmend begrüßt.[746] Weiter wird in der Literatur die Meinung vertreten, dass die „China-Made-Beweislastumkehr" im § 63 GesG bezüglich der „Piercing the corporate veil" bei der Ein-Mann-GmbH ein Vorbild für die anderen Länder gelten könnte.[747] Kritik in der Literatur stützt sich hauptsächlich darauf, dass die Regelungen der „Piercing the corporate veil" zu abstrakt, allgemein und vage für die richterliche Anwendung seien.[748] Deshalb sollten ihre Voraussetzungen durch mögliche Erläuterung des OVG oder konkrete Falllösungen konkretisieren lassen.[749]

5.4.1 Anspruchsberechtigte

§§ 20 Abs. 3 und 63 GesG sehen eine Anspruchsgrundlage vor, deren Berechtigte allein die Gläubiger der Gesellschaft sind. Die Gläubiger der Gesellschaft können hier entweder vertragliche oder nichtvertragliche Gläubiger, z. B. Gläubiger aus deliktischen Handlungen, sein.[750] Gesellschafter, insbesondere die Minderheitsgesellschafter können die „Piercing the corporate veil" nicht in Anspruch nehmen, auch wenn sie wegen eines Missbrauchs der Rechtspersönlichkeit durch den beherrschenden Gesellschafter geschädigt wurden.[751]

5.4.2 Anspruchsgegner

Anspruchsgegner sind die Gesellschafter, die die Rechtspersönlichkeit der Gesellschaft missbraucht haben. Daher sind die Vorstandsmitglieder oder Manager der Gesellschaft ausgeschlossen.[752] Sie dürften nur die beherrschenden Gesellschafter[753]

745 Vgl. Zhu, in Th-RW 2007 (2), S. 118.

746 Shi (Hrsg.), S. 60; Liu, GesR, S. 465; Zhu, in Th-RW 2007 (2), S. 111; Liu, MGesR, S. 544 f.

747 Liu, S. 134; Liu, MGesR, S. 545.

748 Zhu, S. 46; Zhu, in Th-RW 2007 (2), S. 111; Wang, in VRS 2009 (11), S. 79; Wang, in VRS 2009 (17), S. 102.

749 Statt vieler siehe Zhu, in Th-RW 2007 (2), S. 111, 114 f.; Zhao, in VRS 2011 (17), S. 108; Zhao, in RA 2011 (10), S. 44; Qi, in Zhao (Hrsg.), S. 51.

750 Zhao, in RA 2011 (10), S. 46; Zhao, in VRS 2011 (17), S. 108; Liu, MGesR, S. 545; Qi, in Zhao (Hrsg.), S. 50; Wang, in VRS 2009 (17), S. 103; Zhu, in Th-RW 2007 (2), S. 116; Wang/Cui, S. 48; Pißler, in FS Hopt, S. 3281.

751 Wang/Cui, S. 49; Zhao, in VRS 2011 (17), S. 108; Song, in VRS 2008 (16), S. 7; Zhu, S. 51, sie meint weiter, die Gesellschafter könnten erst anspruchsberechtigt sein, wenn sie nicht als Gesellschafter, sondern als normale außenstehende Gläubiger geschädigt werden.

752 Zhu, S. 51; Zhao, in VRS 2011 (17), S. 108.

753 Zhu, S. 51; Zhao, in VRS 2011 (17), S. 108.

oder die aktiven Gesellschafter[754] sein, weil die anderen Gesellschafter (entweder nicht-beherrschende oder passive Gesellschafter) in der Praxis nicht zum Missbrauch der Rechtspersönlichkeit der Gesellschaft fähig seien.[755] Eine andere Ansicht in der Literatur besagt, dass die „Piercing the corporate veil" ausnahmsweise im Falle der unzureichenden Kapitalaufbringung gegen alle Gesellschafter geltend gemacht werden könnte.[756] Diese Ansicht ist allerdings wegen der Verabschiedung der 3. Erläuterung des OVG über das GesG veraltet,[757] und daher ist ihr hier nicht zu folgen.

Ob die „Piercing the corporate veil" auf faktische Beherrschende, die keine Gesellschafter sind, ausgedehnt werden darf, ist im Gesetz nicht ausdrücklich geregelt. In der Literatur wird die Meinung vertreten, dass die „Piercing the corporate veil" auch gegen derartige faktische Beherrschende zulässig sei.[758] Dieser Meinung ist hier zu folgen, insbesondere, wenn die Muttergesellschaft die Rechtspersönlichkeit ihrer Enkelgesellschaft tatsächlich missbraucht.

Weiter wird sich in der Literatur damit auseinandergesetzt, ob die „Piercing the corporate veil" zwischen Schwestergesellschaften zulässig ist. Die wohl herrschende Meinung geht davon aus, dass Schwestergesellschaften auch gegenüber einander mithaften sollten, wenn ihre Muttergesellschaft die Rechtspersönlichkeit einer Tochtergesellschaft missbrauche.[759] Diese wohl herrschende Meinung argumentiert damit, dass es in China üblich sei, dass eine Muttergesellschaft oder eine natürliche Person mehrere Tochtergesellschaften einrichte und die Rechtspersönlichkeit einiger Tochtergesellschaften missbrauche, um die anderen Tochtergesellschaften zu bereichern.[760] Die Tochtergesellschaften würden als Instrument zur Vermögensverschiebung oder zum -versteck ausgenutzt.[761] Durch die „Piercing the corporate veil" gegenüber ihren Schwestergesellschaften könnten ihre Gläubiger gerecht behandelt werden,[762] was angemessen sei und dem Ziel des Gesetzgebers entspreche.[763] Die andere Meinung lehnt eine Ausdehnung der Anwendung der „Piercing the corporate veil" auf Schwestergesellschaften ab, weil die „Piercing the corporate veil" eingeschränkt ausgelegt werden sollte.[764]

---

754 Shi, S. 33; Zhu, S. 51; Zhao, in VRS 2011 (17), S. 108.
755 Zhu, S. 51.
756 Wang, in VRS 2009 (17), S. 102.
757 Zhao, in RA 2011 (10), S. 46. Die 3. Erläuterung des OVG über das GesG hat eine neue Anspruchsgrundlage für die unzureichende Kapitalaufbringung und gesetzeswidrige Kapitalrückzahlung geschafft.
758 Liu, MGesR, S. 546. Fu sympathisiert damit, siehe Fu, Diss., S. 112.
759 Liu, MGesR, S. 547; Shi, S. 33; Zhao, in RA 2011 (10), S. 44; Zhu, in Th-RW 2007 (2), S. 117 f.
760 Zhu, in Th-RW 2007 (2), S. 117 f.
761 Liu, MGesR, S. 547; Zhao, in RA 2011 (10), S. 44; Zhu, in Th-RW 2007 (2), S. 117 f.
762 Liu, MGesR, S. 547; Zhao, in RA 2011 (10), S. 44; Zhu, in Th-RW 2007 (2), S. 117 f.
763 Zhu, in Th-RW 2007 (2), S. 118.
764 Wang, in VRS 2009 (17), S. 103.

Die Meinungskontroverse spiegelt sich in den Praxiserfahrungen wider. Während das OVG in einem Urteil die Anwendung der „Piercing the corporate veil" gegenüber zwei Schwestergesellschaften bejaht hat,[765] hat das Mittlere Volksgericht Shanghai in einer Entscheidung abgelehnt, die „Piercing the corporate veil" gegenüber Schwestergesellschaften in Anspruch zu nehmen.[766] In dem ersten Fall ging es eigentlich um Darlehenssicherungen zweier Schwestergesellschaften an eine andere Schwestergesellschaft. Der Kläger machte außer den Ansprüchen aus den Darlehenssicherungen die „Piercing the corporate veil" gegenüber den zwei Schwestergesellschaften geltend. Das OVG gab dem Anspruch statt. In dem zweiten Fall bestätigte das Mittlere Volksgericht Shanghai die Unternehmen als verbundene Unternehmen. Allerdings ging das Gericht davon aus, dass die „Piercing the corporate veil" nur im Ausnahmefall und alleinig gegenüber den Gesellschaftern gelte.

Hier ist der letzten Meinung zu folgen. Die „Piercing the corporate veil" stellt sich als Durchbrechung der Rechtspersönlichkeit und beschränkten Haftung dar. Das Prinzip soll deshalb bei der Anwendung eingeschränkt ausgelegt werden, um den Grundstein des Gesellschaftsrechts nicht in Gefahr zu bringen.[767] Außerdem spricht sich die herrschende Meinung in der Literatur dafür aus, dass die „Piercing the corporate veil" als letztes Rechtsmittel beansprucht werden sollte.[768] Das Ziel der Meinung, die für die Anwendung der „Piercing the corporate veil" gegen die Schwestergesellschaften spricht, liegt darin, die grobe Vermögensverschiebung und das -verstecke zwischen den Schwestergesellschaften, welche die Interessen der Gläubiger schwerwiegend verletzen kann, zu bewältigen und die dadurch geschädigten Gläubiger zu schützen. Derartig schwerwiegenden Gläubigerschädigungen soll durch Präventionen oder andere Rechtsmittel, z. B. die Insolvenzanfechtung oder -vernichtung, begegnet werden. Nicht zuletzt gilt die „Piercing the corporate veil" nach dem Wortlaut des § 20 Abs. 3 GesG nur gegenüber den Gesellschaftern.

5.4.3 Anspruchsvoraussetzungen

Gemäß § 20 Abs. 3 GesG findet die „Piercing the corporate veil" Anwendung, wenn ein Gesellschafter die Rechtspersönlichkeit und beschränkte Haftung missbraucht, sich Verbindlichkeiten entzieht und damit die Interessen der Gläubiger der Gesellschaft schwerwiegend schädigt. Aus dem Wortlaut ergeben sich die folgende Anspruchsvoraussetzungen: Schädigungshandlungen und Schädigung sowie Kausalität zwischen Handlungen und Schädigung. Ob die „Piercing the corporate veil" ein

765 OVG Min 2 Zhong Zi (2008) Nr. 55, (最高法（2008） 民二终字第55号). vom 03.09.2008; vgl. Zhao, in RA 2011 (10), S. 44 f.; Pei/Li, in VRS 2009 (2), S. 6 ff.; Pißler, in FS Hopt, S. 3281.

766 Urteil des ersten Mittleren Volksgerichts Shanghai, Aktenzeichen 20034 Yi Zhong Min Wu (Zhi) Chu Nr. 132 (一中民五（知）初第132号) vom 09.04.2007; vgl. auch Pißler, in FS Hopt, S. 3282.

767 Zhao, in VRS 2011 (17), S. 110; ähnlich siehe auch: Song, in VRS 2008 (16), S. 9.

768 Zhao, in VRS 2011 (17), S. 110; Song, in VRS 2008 (16), S. 9.

Verschulden des handelnden Gesellschafters voraussetzt, ist weiter offen.[769] Während eine Meinung vom Bestehen des Verschuldens ausgeht, weil die „Piercing the corporate veil" zu der deliktischen Haftung gehöre,[770] wird eine andere Meinung geteilt, dass das Verschulden entbehrlich sei.[771] Obwohl die erste Meinung das Bestehen des Verschuldens des handelnden Gesellschafters verlangt, schlägt sie eine Beweislastumkehr für das Bestehen des Verschuldens vor.[772]

Geht es um eine Ein-Mann-GmbH, gilt die „Piercing the corporate veil" beim Vorliegen einer Vermögensvermischung, ohne die Voraussetzungen des § 20 Abs. 3 GesG zu prüfen, wobei der Gesellschafter die Beweislast trägt. Liegt keine Vermögensvermischung bei einer Ein-Mann-GmbH vor, darf die „Piercing the corporate veil" erst beansprucht werden, wenn die Voraussetzungen des § 20 Abs. 3 GesG erfüllt sind.

5.4.3.1 Schädigungshandlungen

Gemäß § 20 Abs. 3 GesG sind zwei verschiedenen Arten von Schädigungshandlungen zu unterscheiden: zum einen das Entziehen der Verbindlichkeiten durch einen Missbrauch der Rechtspersönlichkeit der Gesellschaft und der beschränkten Haftung, zum anderen die Vermischung der Persönlichkeit zwischen den Gesellschaftern und der Gesellschaft wegen des Missbrauchs der Rechtspersönlichkeit der Gesellschaft und der beschränkten Haftung.[773] Betrachtet man diese zwei Arten genauer, kann festgestellt werden, dass die Schädigungshandlungen in der Tat allein auf den Missbrauch der Rechtspersönlichkeit der Gesellschaft und der beschränkten Haftung abstellen. Das Entziehen der Verbindlichkeiten und die Vermischung der Persönlichkeit stellen sich als die Erscheinungsformen bzw. Folgen des Missbrauchs der Rechtspersönlichkeit und der beschränkten Haftung dar. In der Literatur und Praxis werden folgende Fälle als Missbrauch der Rechtspersönlichkeit und der beschränkten Haftung zusammengefasst.

Der erste Fall weist auf Unterkapitalisierung hin, die wegen unzureichender Kapitalaufbringung oder grober Unverhältnismäßigkeit zwischen dem Eigenkapital

---

769 Ausführlich siehe Pißler, in FS Hopt, S. 3286.

770 Zhu, S. 47, 53; Zhu, in Th-RW 2007 (2), S. 123; Zhao, in VRS 2011 (17), S. 110.

771 Pei/Li, in VRS 2009 (2), S. 11.

772 Zhu, S. 47; Zhu, in Th-RW 2007 (2), S. 123; Zhao, in VRS 2011 (17), S. 110.

773 Zhu, S. 52; Zhao, in VRS 2011 (17), S. 108 ff.; Wang, in VRS 2009 (17), S. 104; ähnlich auch Song, in VRS 2008 (16), S. 7 ff.; Li, in VRS 2007 (6), S. 101 f. In der Literatur meinen einige Vertreter, dass man Schädigungshandlungen allein als Missbrauch der Rechtspersönlichkeit der Gesellschaft und der beschränkten Haftung bezeichne. Das Entziehen der Verbindlichkeiten gehöre in der Tat zum Ziel der Schädigungshandlungen, was das Verschulden der Gesellschafter in sich berge. – Siehe: Wang/Cui, S. 48; Zhu, in Th-RW 2007 (2), S. 123.

und den angestrebten Geschäften der Gesellschaft entstehen könnte.[774] Die Unverhältnismäßigkeit zwischen dem Eigenkapital und den angestrebten Geschäften sollte grob sein, z. B. sollte die Relation zwischen der Summe der beiden mindestens 1 zu 10 betragen.[775] In der Praxis gab es bereits einige Fälle, in denen die „Piercing the corporate veil" wegen unzureichender Kapitalaufbringung in Anspruch genommen wurde.[776] Die unzureichende Kapitalaufbringung wird allerdings durch die 3. Erläuterung des OVG über das GesG von der Anwendung der „Piercing the corporate veil" ausgeklammert.

Der zweite Fall ist das Ausweichen der vertraglichen oder gesetzlichen Pflichten durch die Ausnutzung der Rechtspersönlichkeit der Gesellschaft.[777] Zu diesem Fall gehören z. B. die Vermögensverschiebung oder das -versteck, um die vertraglichen oder gesetzlichen Pflichten der Gesellschaft zu umgehen;[778] die Vermögensverschiebung oder das -versteck im Falle der Insolvenz der Gesellschaft[779] und die Gründung der Gesellschaft, um z. B. steuerlichen Pflichten oder Sozialversicherungspflichten auszuweichen.[780]

Als den dritten Fall stellt sich die schwerwiegende Vermischung der Persönlichkeit der Gesellschafter und Gesellschaft dar.[781] Die Persönlichkeitsvermischung zwischen Gesellschafter und Gesellschaft kennzeichnet, dass der beherrschende Gesellschafter die Gesellschaft als seine zweite Identität (*Alter Ego*), Abteilung oder Instrumente der Gesellschafter ausnutzt, wodurch die Identitäten der beiden unmöglich oder schwer voneinander unterscheidbar sind.[782] Zu der Persönlichkeitsvermischung gehören vor allem die Vermögens-, Sphären- und Geschäftsvermischung.[783] Die Vermögensvermischung verstößt gegen das Trennungsprinzip des Gesellschaftsrechts und führt zur Unselbstständigkeit des Vermögens der Gesellschaft.[784] Sie kennzeichnet sich in der Praxis häufig einerseits durch keine strenge Vermögenstrennung

---

774 Vgl. Zhu, S. 47 f.; Fan/Wang, GesR, S. 261; Liu, MGesR, S. 547 ff.; Wang, in VRS 2009 (17), S. 104; Li, in VRS 2007 (6), S. 102.

775 Liu, MGesR, S. 548.

776 Ausführlich siehe Pißler, in FS Hopt, S. 3284.

777 Vgl. Zhu, S. 48 f.; Fan/Wang, GesR, S. 261 f.; Zhao, in VRS 2011 (17), S. 108; Shi (Hrsg.), S. 61; Qi, in Zhao (Hrsg.), S. 51; Xu, in Xu (Hrsg.), S. 67; Wang, in VRS 2009 (17), S. 104.

778 Zhu, S. 48; Fan/Wang, GesR, S. 261; Zhao, in VRS 2011 (17), S. 108; Wang, in VRS 2009 (17), S. 104.

779 Fan/Wang, GesR, S. 261; Zhu, S. 49.

780 Zhao, in VRS 2011 (17), S. 108.

781 Vgl. Liu, MGesR, S. 550 ff.; Zhu, S. 49 ff.; Zhao, in VRS 2011 (17), S. 108 f.; Wang, in VRS 2009 (17), S. 104; Pei/Li, in VRS 2009 (2), S. 11; Song, in VRS 2008 (16), S. 8; Wang/Cui, S. 48; Fan/Wang, GesR, S. 262.

782 Zhu, S. 49; Zhao, in VRS 2011 (17), S. 109.

783 Vgl. Liu, MGesR, S. 551; Zhu, S. 49 f.; Zhao, in VRS 2011 (17), S. 108 f.; Wang, in VRS 2009 (17), S. 104; Pei/Li, in VRS 2009 (2), S. 11; Song, in VRS 2008 (16), S. 8; Fan/Wang, GesR, S. 262.

784 Fan/Wang, GesR, S. 262.

bei der Geschäftsführung, andererseits durch die Interessenintegration der Gesellschafter und Gesellschaft.[785] Eine ungetrennte Buchführung könnte auch zu einer Vermögensvermischung führen.[786] Die Geschäftsvermischung beschreibt die Situation, in der der Gesellschafter und die Gesellschaft dieselben Geschäfte gemeinsam betreiben, wodurch die beiden in demselben Geschäft nicht trennbar sind.[787] Unter Sphärenvermischung versteht man die Organ- oder Personalvermischung zwischen den Mutter- und Tochtergesellschaften, wodurch die Gesellschaften organisatorisch nicht deutlich oder unmöglich voneinander zu trennen sind.[788]

Die „Piercing the corporate veil" gilt nur als letztes Rechtsmittel im Ausnahmefall.[789] Somit reicht das Vorliegen nur einer der oben genannten Vermischungen in der Regel nicht aus, die „Piercing the corporate veil" zu beanspruchen.[790] Weitergehend wird betont, dass allein die Geschäfts- oder Sphärenvermischung das Vorliegen der schwerwiegenden Persönlichkeitsvermischung nicht nachweisen könnte, wobei das Vorliegen einer Vermögensvermischung die entscheidende Rolle spiele.[791] Außerdem sollte eine Vermischung andauernd, umfangreich und schwerwiegend sein.[792]

5.4.3.2 Schädigung

Gemäß § 20 Abs. 3 GesG muss ferner eine schwerwiegende Schädigung der Gläubiger vorliegen. Trotz des Missbrauchs der Rechtspersönlichkeit findet die „Piercing the corporate veil" keine Anwendung, wenn der Missbrauch keine schwerwiegende Schädigung für die Gläubiger oder Öffentlichkeit herbeiführt.[793] Eine schwerwiegende Schädigung für das Interesse der Gesellschaftsgläubiger liegt erst vor, wenn die Forderungen der Gläubiger nicht vollständig beglichen werden, namentlich die Zahlungsunfähigkeit der Gesellschaft eintritt.[794] Ferner fordern einige Vertreter in der Literatur, dass die Schädigung mindestens über eine bestimmte Summe hinausgehen müsste. Namentlich allein die unvollständige Befriedigung reiche nicht aus, die Differenz sollte über einem bestimmten Betrag liegen, weil die Schädigung schwerwiegend sein müsste.[795]

---

785 Fan/Wang, GesR, S. 262; Zhu, S. 49; Zhao, in VRS 2011 (17), S. 109.
786 Zhu, S. 49.
787 Zhao, in VRS 2011 (17), S. 109; vgl. auch Zhu, S. 50; Fan/Wang, GesR, S. 262.
788 Zhao, in VRS 2011 (17), S. 109; Zhu, S. 50; Fan/Wang, GesR, S. 262; Wang/Yin (Hrsg.), InsRF (7), S. 380.
789 Zhao, in VRS 2011 (17), S. 109, 110; Song, in VRS 2008 (16), S. 9.
790 Liu, MGesR, S. 551; Zhao, in VRS 2011 (17), S. 109.
791 Zhao, in VRS 2011 (17), S. 109.
792 Liu, MGesR, S. 551.
793 Zhu, S. 52; Zhao, in VRS 2011 (17), S. 110; Zhu, in Th-RW 2007 (2), S. 123; ZH. Zhao, in ZH. Zhao (Hrsg.) S. 20.
794 Zhu, in Th-RW 2007 (2), S. 123; Qi, in Zhao (Hrsg.), S. 52 f.; Zhao, in VRS 2011 (17), S. 110; Wang/Cui, S. 48; vgl. auch Pißler, in FS Hopt, S. 3287.
795 Zhu, S. 52 f.; Zhu, in Th-RW 2007 (2), S. 124; Wang, in VRS 2009 (17), S. 104.

5.4.3.3 *Kausalität*

Zwischen den Handlungen und der Schädigung muss Kausalität gegeben sein.[796] Diese muss der geschädigte Gläubiger beweisen.[797]

5.4.3.4 *Rechtsfolge*

Gemäß § 20 Abs. 3 GesG haftet der Gesellschafter als Gesamtschuldner der Gesellschaft. In der Literatur wird die Meinung vertreten, dass es bei der Mithaftung des Gesellschafters um eine ergänzende gesamtschuldnerische Haftung gehe, wobei der Gesellschafter in der Tat nur die Reste, die von der Gesellschaft nicht beglichen werden können, übernehmen würde.[798]

Bei der „Piercing the corporate veil" handelt es sich nicht um eine umfassende Aberkennung der Rechtspersönlichkeit der Gesellschaft, sondern um eine einzelne Aberkennung der Rechtspersönlichkeit der Gesellschaft in einem konkreten Fall.[799] Außer dem konkreten Fall, in dem die „Piercing the corporate veil" gilt, bleibt die Rechtspersönlichkeit der Gesellschaft in anderen Bereichen weiter erhalten.[800] In der Literatur wird ferner die Meinung vertreten, dass es sich bei der „Piercing the corporate veil" nicht um die Aberkennung der Rechtspersönlichkeit der Gesellschaft in einem einzelnen Fall, sondern alleinig um das Durchbrechen der beschränkten Haftung im einzelnen Fall handelt.[801] In diesem Sinne ist es besser und adäquater, die „Piercing the corporate veil" als „Durchgriffshaftung" zu bezeichnen.

5.4.4 Zwischenergebnis – Strenge Anwendung der „Piercing the corporate veil"

Durch die Anwendung der „Piercing the corporate veil" werden die Grundlagen des Gesellschaftsrechts, nämlich das Trennungsprinzip und die beschränkte Haftung, im konkreten Fall nicht mehr berücksichtigt. Um diese Grundlagen des Gesellschaftsrechts nicht in Gefahr zu bringen, darf die „Piercing the corporate veil" nur im Ausnahmefall in Anspruch genommen werden. Die Richter sollten bei der Anwendung der „Piercing the corporate veil" immer zurückhaltend sein und deren Voraussetzungen streng prüfen.[802] Darüber hinaus findet die „Piercing the corporate veil" erst

796 Zhu, S. 53; Zhao, in VRS 2011 (17), S. 110; Wang, in VRS 2009 (17), S. 104.

797 Zhu, S. 47, 53; Zhao, in VRS 2011 (17), S. 110; Wang, in VRS 2009 (17), S. 104; Liu, MGesR, S. 546.

798 Wang/Cui, S. 48.

799 Fan/Wang, GesR, S. 255; Zhu, S. 54; Zhao, in RA 2011 (10), S. 44; Zhao, in VRS 2011 (17), S. 108; Jin, in CR 2005 (2) S. 117, 119; Wang/Cui, S. 48; Song, in VRS 2008 (16), S. 7.

800 Fan/Wang, GesR, S. 255; Zhu, S. 54; Zhao, in RA 2011 (10), S. 44.

801 Wu, GesR, S. 275.

802 Zhu, S. 54; Zhao, in VRS 2011 (17), S. 110; Pei/Li, in VRS 2009 (2), S. 12; Wang, in VRS 2009 (11), S. 84; Song, in VRS 2008 (16), S. 9.

Anwendung, wenn keine anderen Rechtsmittel für die Gesellschaftsgläubiger zur Verfügung stehen.[803] Die „Piercing the corporate veil" gilt deswegen für die Gläubiger als das letzte Rechtsmittel.[804]

In der Praxis gibt es nicht wenige Fälle, bei denen die „Piercing the corporate veil" beansprucht wird.[805] Das hängt einerseits mit der Konzernrealität in China[806], andererseits mit den unentwickelten Gesetzen zusammen. Die Grundlagen des Gesellschaftsrechts, bzw. die Rechtspersönlichkeit und beschränkte Haftung, gelten als fundamentale Grundlage des Gesellschaftsrechts in China. Die „Piercing the corporate veil" soll nur im Ausnahmefall als letztes Rechtsmittel verwendet werden. Folglich kann man hier schon vorhersehen, dass die Anwendung der „Piercing the corporate veil" mit der weiteren Entwicklung des chinesischen Gesellschaftsrechts weiter eingeschränkt wird. Als Beispiel ist die unzureichende Kapitalaufbringung zu nennen, die früh den Fällen der „Piercing the corporate veil" zugeordnet wurde[807] und gegenwärtig durch die 3. Erläuterung des OVG über das Gesellschaftsrecht von den Fällen der „Piercing the corporate veil" ausgeschlossen wird.

5.5 Zusammenfassung

Unternehmensgruppe bzw. verbundene Unternehmen sind in China die Unternehmen, zwischen denen ein Kontrollverhältnis vorliegt oder die von demselben Unternehmen kontrolliert werden können. Das Kontrollverhältnis zeichnet sich durch die Möglichkeit der Ausübung einer umfangreichen und andauernden Kontrolle, die mit der Kontrollemöglichkeit durch Mehrheitsbeteiligung vergleichbar ist. Materiellrechtlich umfasst das verbundene Unternehmen in China den verbundenen Betrieb in Form der juristischen Person, der sich als eine Unternehmensgruppe in Form „mehrere Mütter, eine Tochter" darstellt, sofern es nicht um eine Verschmelzung geht und den verbundenen Betrieb in Form der Partnerschaftsunternehmen, wobei eine typische Unternehmensgruppe beispielsweise zwischen einer GmbH und einer GmbH und Co. KG gebildet wird. Darüber hinaus sind Unternehmensgruppen im Sinne der VB-UGR inbegriffen. Handelt es sich bei den verbundenen Beziehungen um beherrschende Gesellschafter oder faktische Beherrschende, liegen auch verbundene Unternehmen vor. Im Vergleich mit dem deutschen Konzernrecht wird das verbundene Unternehmen in China durch den modernen Begriff „Kontrolle" geprägt. Trotzdem ist das verbundene Unternehmen in China und in Deutschland vergleichbar. In China wird allerdings gesetzlich kein Vertragskonzern, der in China gesetzlich nicht verboten ist und in der Praxis existieren darf, wie in Deutschland

803 Vgl. Zhao, in RA 2011 (10), S. 46 f.; Zhao, in VRS 2011 (17), S. 110.
804 Liu, MGesR, S. 546; Zhao, in VRS 2011 (17), S. 109 f.
805 Ausführlich siehe Pißler, in FS Hopt, S. 3280 ff.
806 Die Konzernrealität in China siehe unten 7.2.2.1.
807 Angeblich machten die Fälle der „Piercing the corporate veil" wegen unzureichender Kapitalaufbringung von allen Fällen, bei denen der „Piercing the corporate veil" stattgegeben wurde, insgesamt 80 % aus. Siehe Zhao, in RA 2011 (10), S. 44.

geregelt, womit gibt es keine gesetzliche Verlustübernahmepflicht bei dem Beherrschungsvertragskonzern. Dieselbe Vergleichungsergebnisse findet man auch beim Eigliederungskonzern. Deshalb hat die Konzernhaftung in China in der Regel anders als in Deutschland keine rechtliche Auswirkung auf die Verfahrensgestaltung der Konzerninsolvenz. Als eine Ausnahme gilt die allgemeine gesellschaftrechtliche Haftung „Piercing the corporate veil", die in der Literatur und in der Gerichtspraxis als Grundlage der materiellen Konsolidierung in der Konzerninsolvenz betrachtet wird, worauf noch im Kapitel 7 eingegangen ist.

Konzernleitung ist in China möglich und auch durchaus üblich. Konzernleitung in China kann einerseits durch die Mehrheitsbeteiligung, andererseits durch Gründung der Unternehmensgruppe i. S. d. VB-UGR entstehen. Handelt es sich um verbundenen Unternehmen, die wegen allgmeiner gesellschaftsrechtlichen Regelungen zusammengebildet werden, wird die Konzernleitung bei deren Insolvenz suspendiert, weil nach Eröffnung der Insolvenzverfahren die faktische Konzernbeziehung endet.[808] Geht es um die Unternehmensgruppe i. S. d. VB-UGR, endet bei deren Insolvenz die Konzernleitung nicht automatisch. Die Unternehmensgruppe i. S. d. VB-UGR sind mit dem Beherrschungsvertragskonzern im deutschen Konzernrecht vergleichbar. Die Konzernleitung im Falle der Insolvenz der Unternehmensgruppe i. S. d. VB-UGR kann zu der Insolvenzmasse gehören, wenn die Muttergesellschaft insolvent ist und die Töchter noch solvent bleiben. Allerdings muss die Ausübung der Konzernleitung von dem Insolvenzverwalter der Muttergesellschaft einerseits zu der bestmöglichen Gläubigerbefriedigung[809] dienen, andererseits haben die solventen Tochtergesellschaften den nachteiligen Anweisungen nicht zu folgen. In anderen Fälle der Insolvenz der Unternehmensgruppe i. S. d. VB-UGR wird die Konzernleitung suspendiert.[810]

808 Vgl. oben 3.3.2.
809 Siehe unten 6.1.3.
810 Vgl. oben 3.2.1.

Kapitel 6. Ziele des chinesischen Insolvenzrechts und einen Überblick über den Ablauf des Insolvenzverfahrens

Das chinesische Unternehmensinsolvenzgesetz (im Folgenden: UInsG) ist am 27.08.2006 erlassen und am 01.06.2007 in Kraft getreten. Durch das UInsG wird die „Unternehmensinsolvenz der VR China (versuchsweise durchgeführt)“ von 1986 und das 19. Kapitel des Zivilprozessgesetzes der VR China (im Folgenden: ZPG) über Unternehmensinsolvenzverfahren abgeschafft. Allerdings gelten noch ein paar Erläuterungen des Obersten Volksgerichtshofs der VR China (im Folgenden: OVG)[811], die vor dem UInsG verabschiedet wurden. Z. B. gilt die Erläuterung des OVG zu einigen Fragen über das Gerichtsverfahren der Unternehmensinsolvenzfälle vom 30.07.2002 (Erläuterung des OVG (2002) Nr. 23 – im Folgenden: Erläuterung (2002) Nr. 23). Nach Inkrafttreten des UInsG sind zwei weitere Erläuterungen vom OVG verabschiedet worden, die jeweils zur Konkretisierung der Insolvenzgründe und durch Erläuterungen über Sicherungsmaßnahmen, Insolvenzanfechtung, Insolvenzaufrechnung usw. zur Vermehrung des Schuldnervermögens sowie zur bestmöglichen Befriedigung der Gläubiger beitragen.[812]

6.1 Ziele des UInsG

Die Ziele des chinesischen Insolvenzrechts bzw. des UInsG werden im § 1UInsG bestimmt, wobei vier wesentliche Ziele, namentlich die „Normierung des Insolvenzverfahrens“, die „gleichermaßen faire Bereinigung der Forderung und Schulden“, der „Schutz der legalen Rechtsinteressen der Gläubiger und Schuldner“ und das „Wahren der sozialistischen marktwirtschaftlichen Ordnung“, festgelegt werden.[813]

6.1.1 Normierung des Insolvenzverfahrens

Vor dem UInsG galten in China die „Unternehmensinsolvenz der VR China (versuchsweise durchgeführt)“ und parallel das 19. Kapitel des ZPG über Unternehmensinsolvenzverfahren. Während die „Unternehmensinsolvenz der VR China

---

811 Die Erläuterungen des OVG gelten in China als Gesetzesquelle. In diesem Sinne funktioniert Das OVGin China als ein Quasi-Gesetzgeber.

812 Siehe Legal Daily vom 12.09.2013, ebenfalls auf der Internetseite: http://www.legaldaily.com.cn/xwzx/content/2013-09/12/content_4847545.htm?node=53628; abgerufen am 24.01.2014.

813 Statt vieler siehe nur GestzentAus, Erläuterung zum UInsG, S. 3; Wg. Wang, S. 1 ff.; Fan/Jw. Wang, S. 5 f.

(versuchsweise durchgeführt)“ nur auf volkseigene Unternehmen Anwendung fand, galt das 19. Kapitel des ZPG für nicht-staatliche Unternehmen. Die Regelungen von den beiden waren oberflächlich und ungenügend. Sie entsprachen nicht der Wirtschaftspraxis.[814] Außerdem fanden häufig politische Insolvenzen – Eröffnung der Insolvenzverfahren nach Anordnung von Regierungen – über staatliche Unternehmen statt.[815] Die unzureichenden und konfliktführenden Regelungen sowie die Eingriffe der Regierung hatten zu einer chaotischen und unordentlichen Verfahrensausgestaltung und -abwicklung geführt.[816] Das UInsG dient genau dazu, solche Probleme zu lösen und ein einheitliches Verfahren zu schaffen.[817] Mit einer normierten Verfahrensabwicklung können Insolvenzverfahren effizienter abgewickelt werden und dadurch die Interessen der Verfahrensbeteiligten geschützt sowie die marktwirtschaftliche Ordnung gewahrt werden.[818]

6.1.2 Gleichermaßen faire Bereinigung der Forderungen und Schulden

Unter gleichermaßen fairer Bereinigung der Forderungen und Schulden versteht man, dass die unterschiedlichen Forderungen und Schuldverhältnisse im Insolvenzverfahren gleichbehandelt werden.[819] Gleichbehandlung bzw. Gläubigergleichbehandlung stellt sich als den höchsten Wert und das fundamentale Prinzip des Insolvenzrechts dar.[820] Gleichbehandlung kennzeichnet sich einerseits dadurch, dass alle Forderungen bei Eröffnung des Insolvenzverfahrens fällig sind.[821] Dadurch können die Forderungen, deren Fälligkeit später eintritt, im Insolvenzverfahren durchgesetzt und nicht gefährdet werden.[822] Andererseits ist Gleichbehandlung durch rang- und quotenmäßige Gläubigerbefriedigung gekennzeichnet.[823] Verschiedene Forderungen werden artenmäßig gesetzlich unterschiedlichen Rängen zugeordnet. Die zu demselben Rang gehörenden Forderungen werden gleichmäßig (mit selber Quote) behandelt.[824] Die Einzelvollstreckung wird im Insolvenzverfahren durch die

814 Fan/Jw. Wang, S. 30; Wg. Wang, S. 2.

815 Politische Insolvenz wird von der Regierung geleitet und verwaltet. Sie gilt für staatliche Unternehmen und wird häufig nicht gesetzesgemäß abgewickelt. Vgl. GestzentAus, Erläuterung zum UInsG, S. 4 f.

816 Wg. Wang, S. 2; GestzentAus, Erläuterung zum UInsG, S. 2 ff.

817 Wg. Wang, S. 2; GestzentAus, Erläuterung zum UInsG, S. 3; Fan/Jw. Wang, S. 5.

818 GestzentAus, Erläuterung zum UInsG, S. 3.

819 GestzentAus, Erläuterung zum UInsG, S. 3.

820 Wg. Wang, S. 2; Li, in Li/Wang/Zou, S. 4; Fan/Jw. Wang, S. 5; Xu, in RW 2009 (8), S. 53; Xing, Diss., S. 45.

821 Wg. Wang, S. 2; Li, in Li/Wang/Zou, S. 4; Fan/Jw. Wang, S. 5.

822 Wg. Wang, S. 2; Li, in Li/Wang/Zou, S. 4; Fan/Jw. Wang, S. 5.

823 Wg. Wang, S. 2; Li, in Li/Wang/Zou, S. 4; Fan/Jw. Wang, S. 5.

824 Wg. Wang, S. 2; Li, in Li/Wang/Zou, S. 4; Xu, in RW 2009 (8), S. 53.

Gesamtvollstreckung verdrängt. Es handelt sich hier um eine gemeinschaftliche Gläubigerbefriedigung.[825]

6.1.3 Schutz der legalen Rechtsinteressen der Gläubiger und Schuldner

Bei diesem Ziel handelt es sich um zwei Aspekte, namentlich den Schutz der legalen Rechtsinteressen der Gläubiger und des Schuldners.[826] Im Insolvenzverfahren werden die legalen Interessen der Insolvenzgläubiger in der Regel wegen unzureichender Befriedigung geschädigt.[827] Um die legalen Interessen der Gläubiger zu schützen, müssen weitere Verluste des Schuldnervermögens vermieden und umgekehrt das Schuldnervermögen möglichst vergrößert werden.[828] Daher geht es bei dem Schutz der legalen Rechtsinteressen der Gläubiger um die bestmögliche Gläubigerbefriedigung, wodurch – die Gleichbehandlung vorausgesetzt – die Gläubiger möglichst mit einer hohen Quote zu befriedigen sind.[829] Zu den legalen Rechtsinteressen des Schuldners gehört vor allem die Sanierungschance.[830] Durch eine Sanierung kann das insolvente Unternehmen wieder aufleben und weiter auf dem Markt wirtschaften.[831] Der Schutz der legalen Rechtsinteressen des Schuldners dient in der Tat dem Schutz der legalen Rechtsinteressen der Gläubiger bzw. zu einer bestmöglichen Gläubigerbefriedigung.[832]

6.1.4 Wahren der sozialistischen marktwirtschaftlichen Ordnung

Das Insolvenzrecht dient des Weiteren dem Wahren der sozialistischen marktwirtschaftlichen Ordnung. Dieses Ziel verwirklicht sich einerseits durch faire und effiziente Bereinigung der Forderung,[833] damit die wirtschaftliche Sicherheit bewahrt werden kann. Andererseits ermöglicht das Insolvenzrecht, dass die nicht mehr profitfähigen Unternehmen ordentlich und effizient von dem Markt austreten lassen und die wirtschaftlichen Ressourcen ordentlich und effizient erneut verteilt werden.[834] Daher verlangt das Wahren der wirtschaftlichen Ordnung nicht nur eine Gläubigergleichbehandlung, sondern auch eine effiziente Verfahrensabwicklung.[835]

---

825 Xu, in RW 2009 (8), S. 53.
826 GestzentAus, Erläuterung zum UInsG, S. 3.
827 GestzentAus, Erläuterung zum UInsG, S. 4; Wg. Wang, S. 3.
828 GestzentAus, Erläuterung zum UInsG, S. 4; Wg. Wang, S. 3; Fan/Jw. Wang, S. 5.
829 Fan/Jw. Wang, S. 5.
830 GestzentAus, Erläuterung zum UInsG, S. 4; Wg. Wang, S. 3.
831 GestzentAus, Erläuterung zum UInsG, S. 4; Wg. Wang, S. 3.
832 Fan/Jw. Wang, S. 5; Wg. Wang, S. 3.
833 GestzentAus, Erläuterung zum UInsG, S. 4; Wg. Wang, S. 3; Fan/Jw. Wang, S. 6.
834 GestzentAus, Erläuterung zum UInsG, S. 4; Wg. Wang, S. 3; Fan/Jw. Wang, S. 6.
835 Vgl. Xing, Diss., S. 47 ff.

Eine effiziente Verfahrensabwicklung kann wiederum zur bestmöglichen Gläubigerbefriedigung beitragen. Effizienz wird in China neben der Gleichbehandlung als ein weiterer wichtiger Wert bzw. ein Ziel des Insolvenzrechts anerkannt.[836]

6.2 Überblick über den Ablauf des Insolvenzverfahrens nach dem UInsG

6.2.1 Gerichtsstand des Insolvenzverfahrens

In China handelt es sich beim Gerichtsstand des Insolvenzverfahrens nicht nur um die örtliche Zuständigkeit, sondern auch um die Zuständigkeit der verschiedenen Stufen.[837] Gemäß § 3 UInsG ist das Volksgericht, in dessen Bezirk sich der Sitz des Schuldners befindet, für das Insolvenzverfahren des Schuldners zuständig. Diese Regelung reicht bei der Bestimmung des Gerichtsstands noch nicht aus, die wird aber durch die Erläuterung (2002) Nr. 23 und die betroffenen Regelungen im ZPG ergänzt. Gemäß § 4 UInsG gelten die Vorschriften des ZPG für Insolvenzverfahren entsprechend, soweit es im UInsG nicht anders bestimmt ist.

6.2.1.1 Örtliche Zuständigkeit

Die Bestimmung der örtlichen Zuständigkeit hängt von dem Sitz des Schuldners ab. Die natürlichen Personen werden dabei nicht als Schuldner angesehen, weil sie *bis dato* in China noch insolvenzunfähig sind. Gemäß § 2 UInsG findet das UInsG nur auf juristische Unternehmenspersonen Anwendung.[838] Daher ist hier allein die Bestimmung des Sitzes der juristischen Unternehmensperson entscheidend. Gemäß § 39 AGZR befindet sich der Sitz einer juristischen Unternehmensperson an dem Ort, wo ihre Hauptverwaltung ausgeübt wird. Im GesG wird der Sitz der Gesellschaft (GmbH oder AG) ebenfalls durch den Ort ihres Hauptverwaltungsorgans bestimmt. Gemäß Art. 1 S. 2 Erläuterung (2002) Nr. 23[839] liegt der Sitz einer juristischen

836 Vgl. Xing, Diss., S. 47 ff.; Zhang, in SPU (PS) 2003 (6), S. 72 ff.; vgl. auch Li/Wang, in FPR 2007 (1), S. 3 ff. m. w. N.; Wang/Zhou, in FPR 2011 (6), S. 72 ff. m. w. N.; Wang/Cai, in PR 2008 (9), 29 ff. m. w. N; Li, in LD vom 25.03.2007, Weblink: http://news.xinhuanet.com/legal/2007-03/25/content_5893446.htm; abgerufen am 26.01.2014.

837 Fan/Jw. Wang, S. 70; Li, in Li/Wang/Zou, S. 23; Wg. Wang, S. 9; GestzentAus, Erläuterung zum UInsG, S. 16.

838 Der Anwendungsbereich des UInsG wird eigentlich durch § 92 Abs. 1 HPerG erweitert. Folglich kann das UInsG auch bei der Insolvenz der Unternehmenspersonengesellschaften gelten. Allerdings gibt es bei der Bestimmung der örtlichen Zuständigkeit keine Unterschiede zwischen der Insolvenz einer Unternehmenspersonengesellschaft und einer juristischen Unternehmensperson.

839 Art. 1 Erläuterung (2002) Nr. 23 lautet: „Für Unternehmensinsolvenzsachen ist das Volksgericht des Sitzes des Schuldners zuständig. Der Sitz des Schuldners befindet sich an dem Ort, an dem sein Hauptverwaltungsorgan liegt. Verfügt der Schuldner über kein Verwaltungsorgan, ist das Volksgericht am Registrierungsort zuständig."

Unternehmensperson an dem Ort, an dem sich ihr Hauptverwaltungsorgan befindet. Folglich ist allein der Ort, an dem die Hauptverwaltung stattfindet, bei der Bestimmung der Zuständigkeit entscheidend. Der Ort des Hauptverwaltungsorgans muss nach außen erkennbar sein.[840] Der Ort, an dem Geschäfte durchgeführt werden, spielt hier keine entscheidende Rolle.[841] Falls ein Schuldner kein Verwaltungsorgan hat oder der Ort seines Hauptverwaltungsorgans nach außen nicht bestimmt werden kann, ist das Volksgericht an seinem Registrierungsort für das Insolvenzverfahren zuständig. Das gilt insbesondere für die Online-Unternehmen, deren Verwaltungsort nach außen kaum bestimmbar ist.[842]

6.2.1.2 Zuständigkeit der verschiedenen Stufen

Die Bestimmung der Zuständigkeit für Insolvenzverfahren betrifft nicht nur den Sitz des Schuldners, sondern auch das Volksgericht der verschiedenen Stufen. Anders als die Gerichtszuständigkeit nach der deutschen InsO, wonach gemäß § 2 Abs. 1 InsO für Insolvenzverfahren ausschließlich das Amtsgericht zuständig ist, kann für Insolvenzverfahren in China unter bestimmten Voraussetzungen nicht ein Unteres Volksgericht, sondern ein Mittleres Volksgericht zuständig sein. Es handelt sich hier um die Zuständigkeit der verschiedenen Stufen, die im UInsG nicht vorgesehen ist und folglich gemäß § 4 UInsG auf die Regelungen des ZPG (§§ 17–20 ZPG) zurückgreift.

Die chinesischen Volksgerichte bestehen aus vier Ebenen, nämlich Volksgerichte unterer, mittlerer und oberer Ebene und das Oberste Volksgericht auf nationaler Ebene. Das Untere Volksgericht ist gemäß § 17 ZPG in erster Instanz für Zivilsachen zuständig, soweit das ZPG nichts anderes vorsieht. Die §§ 18–20 ZPG regeln die Ausnahmen sowie die Zuständigkeit des Mittleren Volksgerichts, des Oberen Volksgerichts und des Obersten Volkgerichtshofs erster Instanz. Gemäß § 18 ZPG ist das Mittlere Volksgericht in erster Instanz für große Fälle mit Außenbezug; Fälle, die auf seinen Gerichtsbezirk große Auswirkungen haben und Fälle, für die das Oberste Volksgericht die Zuständigkeit des Volksgerichts der Mittelstufe bestimmt hat, zuständig. Durch die Erläuterung (2002) Nr. 23 wird die Zuständigkeit für Insolvenzsachen zwischen Unterem Volksgericht und Mittlerem Volksgericht konkretisierter differenziert. Gemäß Art. 2 Abs. 1 Erläuterung (2002) Nr. 23[843] ist

840 GestzentAus, Erläuterung zum UInsG, S. 17.

841 Wg. Wang, S. 9.

842 GestzentAus, Erläuterung zum UInsG, S. 17; Fan/Jw. Wang, S. 74.

843 Art. 2 Erläuterung (2002) Nr. 23 lautet: „Das Untere Volksgericht ist für Insolvenzverfahren der Unternehmen, die bei der Verwaltungsbehörde für Industrie und Handel, in einem Landkreis, einer kreisfreien Stadt oder Stadtbezirk registriert werden, zuständig. Das Mittlere Volksgericht ist für Insolvenzverfahren der Unternehmen, die bei der Verwaltungsbehörde für Industrie und Handel, in einem Regierungsbezirk, in einer Stadt auf Bezirksebene oder in oberer Ebene registriert werden, zuständig. Das Mittlere Volksgericht ist ferner für die Insolvenzverfahren

das Untere Volksgericht für Insolvenzverfahren der Unternehmen, die bei der Verwaltungsbehörde für Industrie und Handel (Administration for Industry and Commerce) in einem Landkreis, einer kreisfreien Stadt oder einem Stadtbezirk registriert werden,[844] zuständig. Dagegen ist das Mittlere Volksgericht gemäß Art. 2 Abs. 2 Erläuterung (2002) Nr. 23 für Insolvenzverfahren der Unternehmen, die bei der Verwaltungsbehörde für Industrie und Handel auf höherer Regierungsebene registriert werden, zuständig. Außerdem ist das Mittlere Volksgericht gemäß Art. 2 Abs. 3 Erläuterung (2002) Nr. 23 für Insolvenzverfahren der Unternehmen, die in der Staatsplanung kontrolliert werden, zuständig.

Obwohl das Obere Volksgericht und der Oberste Volksgerichtshof gemäß §§ 19 und 20 ZPG für bestimmte Fälle als erste Instanz zuständig sein können, wird deren Zuständigkeit für Insolvenzsachen durch Art. 2 Abs. 2 Erläuterung (2002) Nr. 23 wesentlich verdrängt. In der Literatur wird übereinstimmend angenommen, dass das Obere Volksgericht und der Oberste Volksgerichtshof nicht für Insolvenzsachen zuständig sein sollen.[845] In der Literatur wird weiter initiiert, dass *de lege ferenda* die Zuständigkeit für Insolvenzverfahren nur beim Unteren oder Mittleren Volksgericht ausdrücklich im Gesetz bestimmt werden soll.[846] Außerdem sollte die Zuständigkeit des Insolvenzverfahrens beim Unteren Volksgericht als Grundsatz gelten, dagegen beim Mittleren Volksgericht als Ausnahme geregelt werden.[847]

6.2.1.3 Gerichtliche Zuständigkeitsverlegung und -bestimmung

Unter gerichtlicher Zuständigkeitsverlegung versteht man, dass die Zuständigkeit eines Volksgerichts durch Beschluss oder Bewilligung des höheren Volksgerichts an ein unzuständiges Volksgericht verlegt wird.[848] Die Zuständigkeitsverlegung ist in China von der Zuständigkeitsverweisung zu unterscheiden. Während bei der Zuständigkeitsverweisung das für einen Fall unzuständige Gericht den Fall an das zuständige Gericht verweist, erlangt bei der Zuständigkeitsverlegung ein unzuständiges Gericht für den Fall die Zuständigkeit. Außerdem findet die Zuständigkeitsverlegung gemäß

der Unternehmen, die in die staatliche Planung einbezogen sind und kontrolliert werden, zuständig."

844 Anders als in Deutschland sind die Unternehmen inkl. der GmbH und AG bei Verwaltungsbehörden für Industrie und Handel der verschiedenen Stufen zu registrieren. Die Verwaltungsbehörden für Industrie und Handel werden der administrativen Gliederung der Volksrepublik China entsprechend bis zur Kreisebene eingerichtet. Deswegen gibt es die Verwaltungsbehörden für Industrie und Handel auf vier unterschiedlichen Ebenen, die von oben nach unten heißen: Staatsebene, Provinzebene, Bezirksebene und Kreisebene. Das chinesische Gerichtssystem wird ebenfalls gemäß der administrativen Gliederung in vier Ebenen aufgeteilt.

845 GestzentAus, Erläuterung zum UInsG, S. 17 f.; Fan/Jw. Wang, S. 71 ff.; Wg. Wang, S. 9 f.; Li, in Li/Wang/Zou, S. 24; Qian/Liu, in Wang/Yin (Hrsg.), InsRF (3), S. 4.

846 Fan/Jw. Wang, S. 73.

847 Fan/Jw. Wang, S. 73; Qian/Liu, in Wang/Yin (Hrsg.), InsRF (3), S. 4.

848 Fan/Jw. Wang, S. 75.

§ 38 ZPG nur zwischen einem Gericht niedrigerer Ebene und einem Gericht höherer Ebene statt. Die Zuständigkeitsverlegung findet ebenfalls auf Insolvenzverfahren Anwendung.[849] Das Insolvenzverfahren betrifft kann die Zuständigkeitsverlegung nur zwischen Unterem und Mittlerem Volksgericht erfolgen, weil nur das Untere oder Mittlere Gericht die Zuständigkeit für Insolvenzverfahren ausüben kann.

Unter gerichtlicher Zuständigkeitsbestimmung versteht man, dass ein höheres Gericht durch Beschluss das zuständige niedrigere Gericht bestimmt.[850] Eine Zuständigkeitsbestimmung kann gemäß § 37 ZPG nur erfolgen, wenn das ursprünglich zuständige Gericht seine Zuständigkeit nicht ausüben kann oder wenn ein Zuständigkeitsstreit zwischen den Gerichten besteht, der durch Verhandlung nicht gelöst wird. Allerdings entsteht ein Zuständigkeitsstreit bei Insolvenzsachen sehr selten, weil die Zuständigkeit für Insolvenzsachen klar und deutlich geregelt wird.[851] Die Unfähigkeit zur Ausübung der Zuständigkeit für Insolvenzsachen kommt ebenfalls kaum vor. Folglich findet die gerichtliche Zuständigkeitsbestimmung bei Insolvenzsachen in der Tat kaum statt.[852]

6.2.2 Die Unabhängigkeit und Neutralität des Insolvenzverwalters

Der Insolvenzverwalter wird gemäß § 22 Abs. 1 UInsG von dem Volksgericht bestellt. Anders als bei der Bestellung des Insolvenzverwalters nach InsO können Gläubiger nach dem UInsG dabei nicht mitwirken. Sie können allerdings gemäß § 22 Abs. 2 UInsG nach der Bestellung unter bestimmten Voraussetzungen einen Verwalterwechsel beantragen. Die Kriterien für die Bestellung des Insolvenzverwalters werden ausführlich in § 24 UInsG geregelt. Danach dürfen nicht nur natürliche Personen, sondern auch Institutionen als Insolvenzverwalter tätig werden. Ein Insolvenzverwalter muss über Fachkenntnisse im Bereich der Insolvenzsachen verfügen. Ferner soll er nicht vorbestraft sein und sein berufliches Zertifikat darf ihm nicht entzogen worden sein. Nicht zuletzt muss der Insolvenzverwalter unabhängig und neutral sein.

Die Unabhängigkeit und Neutralität des Insolvenzverwalters ergibt sich aus seinem neutralen Amt, das kraft Gesetzes bestimmt wird.[853] Dabei geht der Gesetzgeber von einem neutralen Organ kraft Gesetzes aus,[854] das allein der Verwirklichung der Ziele des Insolvenzverfahrens dient. Der Insolvenzverwalter muss weder vom

849 GestzentAus, Erläuterung zum UInsG, S. 18 f.; Fan/Jw. Wang, S. 76; Wg. Wang, S. 10.
850 Fan/Jw. Wang, S. 77.
851 Fan/Jw. Wang, S. 78.
852 Fan/Jw. Wang, S. 78.
853 Wg. Wang, S. 36; Kang/Zhong, in LF 2007 (6), S. 136; Zhang, in SZW 2012 (4), S. 81.
854 Wg. Wang, S. 36.

Schuldner noch von den Gläubigern abhängig sein.[855] Er soll auch nicht vom Gericht abhängig gemacht werden.[856] Zu betonen ist ferner, dass der Insolvenzverwalter von der Regierung unabhängig sein muss.[857] Die Unabhängigkeit des Insolvenzverwalters beinhaltet zudem die „Identitätsunabhängigkeit“[858], dass er unter eigenem Namen handeln[859] und vor allem verpflichtet werden kann,[860] wenn er als Insolvenzverwalter seine Pflicht verstoßt. Unabhängigkeit steht darüber hinaus noch für freie Willensbildung.[861] Der Insolvenzverwalter soll sich beim Treffen der Entscheidungen im Insolvenzverfahren unabhängig an seinen gesetzlichen Aufgaben bzw. den Zielen des UInsG orientieren.[862]

Der Insolvenzverwalter muss sein Amt unabhängig und neutral[863] ausüben. Gemäß § 24 Abs. 3 Nr. 2 UInsG soll der Insolvenzverwalter kein Interesse an der Sache haben. Der Insolvenzverwalter soll deswegen einerseits dem Schuldner oder den Gläubigern nicht persönlich nahe steht. Andererseits muss der Insolvenzverwalter selbst wirtschaftlich kein Interesse an der Masse haben. Deshalb darf der Insolvenzverwalter nicht gleichzeitig der Schuldner oder ein Gläubiger sein oder mit denen verwandt sein bzw. ihnen nahestehen.[864] Der Verwalter soll auch kein Gesellschafter oder faktischer Beherrschender des insolventen Unternehmens i. S. d. § 216 GesG sein.[865] Rechtliche oder wirtschaftliche Berater des Schuldners oder Gläubigers dürfen ebenfalls nicht als Insolvenzverwalter bestellt werden.[866]

6.2.3 Überblick über den Verlauf des Insolvenzverfahrens

Das UInsG sieht drei Verfahrensarten vor, das Sanierungsverfahren (§§ 70–97 UInsG), Vergleichsverfahren (§§ 95–106 UInsG) und Konkursliquidationsverfahren[867] (§§ 107 – 124 UInsG). Die anderen Vorschriften (§§ 1–69 und §§ 125–136

---

855 GestzentAus, Erläuterung zum UInsG, S. 104; Wg. Wang, S. 36; Fan/Jw. Wang, S. 90; Kang/Zhong, in LF 2007 (6), S. 136; Wang, in RW 2005 (3), S. 9; Zhang, in SZW 2012 (4), S. 81.

856 GestzentAus, Erläuterung zum UInsG, S. 104; Fan/Jw. Wang, S. 90.

857 Wang, in RW 2005 (3), S. 9.

858 Fan/Jw. Wang, S. 90.

859 GestzentAus, Erläuterung zum UInsG, S. 104; Fan/Jw. Wang, S. 90; Kang/Zhong, in LF 2007 (6), S. 136; Zhang, in SZW 2012 (4), S. 81.

860 GestzentAus, Erläuterung zum UInsG, S. 105 f.

861 Fan/Jw. Wang, S. 90; Kang/Zhong, in LF 2007 (6), S. 136.

862 Fan/Jw. Wang, S. 90; vgl. auch Chen, in Wang/Yin(Hrsg.), InsRF (2), S. 153.

863 Vgl. GestzentAus, Erläuterung zum UInsG, S. 104; Wg. Wang, S. 36; Fan/Jw. Wang, S. 90; Kang/Zhong, in LF 2007 (6), S. 136.

864 GestzentAus, Erläuterung zum UInsG, S. 110; Wg. Wang, S. 69.

865 Wg. Wang, S. 69.

866 Wg. Wang, S. 69.

867 Auf Chinesisch werden dieselben Zeichen „破产(Po Chan)“ sowohl für Konkurs als auch für Insolvenz verwendet. Allerdings soll das UInsG nicht ins „Unternehmenskonkursgesetz“ wie es in manchen Artikeln übersetzt werden, weil der

UInsG) gelten als gemeinschaftlicher Teil[868] und finden auf die drei Verfahrensarten Anwendung. Die Regelungen über das Eröffnungsverfahren[869] gehören zu dem gemeinschaftlichen Teil und gelten folglich für die drei Verfahren. Das Eröffnungsverfahren beginnt mit einem Antrag und endet mit einem gerichtlichen Beschluss, in dem über die Annahme oder Nicht-Annahme des Insolvenzantrages entschieden wird. Mit einem Annahmebeschluss beginnt gemäß § 11 UInsG das Insolvenzverfahren. Deswegen wird das Eröffnungsverfahren in China auch als Annahmeverfahren bezeichnet.

6.2.3.1 Eröffnungsverfahren

Das Eröffnungsverfahren beginnt mit einem Insolvenzantrag, wobei die Sanierung, der Vergleich oder die Konkursliquidation den Antragsgegenstand darstellt. Antragsberechtigt sind Schuldner und Gläubiger. Während der Schuldner gemäß § 7 Abs. 1 UInsG beim Vorliegen der Insolvenzgründe im Sinne des § 2 UInsG eine Sanierung oder Konkursliquidation oder einen Vergleich beantragt, darf der Gläubiger gemäß § 7 Abs. 2 UInsG nur die Sanierung oder Konkursliquidation beantragen. Durch § 7 Abs. 3 UInsG wird der Umfang der Antragsberechtigten bei der Auflösung der Gesellschaft erweitert. Gemäß § 7 Abs. 2 UInsG ist der Abwickler berechtigt und verpflichtet, nur die Konkursliquidation zu beantragen, wenn nach der Auflösung der Gesellschaft festgestellt wird, dass das Vermögen der Gesellschaft zur Bereinigung ihrer Schulden nicht ausreicht.

Nach dem Empfang des Insolvenzantrags muss das Gericht den Insolvenzantrag formell und materiell prüfen. Bei der formellen Prüfung geht es hauptsächlich darum, ob der Antragsteller antragsberechtigt ist, ob die Formanforderungen gemäß § 8 UInsG erfüllt werden und ob das Gericht dafür zuständig ist. Materiell werden die Insolvenzfähigkeit des Schuldners und das Vorliegen der Insolvenzgründe geprüft.[870] Das Gericht muss innerhalb einer kurzen gesetzlichen Frist entscheiden, ob der Antrag angenommen oder abgelehnt wird. Während im Falle des Gläubigerantrags das Gericht in 22 Tagen nach dem Antragsempfang entscheiden muss, soll das Gericht im Falle des Schuldner- oder Abwicklerantrags innerhalb von 15 Tagen entscheiden. Die beiden Fristen können gemäß § 10 Abs. 3 UInsG unter besonderen

---

Begriff „破产(Po Chan)" im UInsG allgemein im weiteren Sinne benutzt wird und er Sanierungsverfahren sowie Vergleichsverfahren umfasst. „破产(Po Chan)" im engen Sinne steht im UInsG nur für Liquidationsverfahren, das gemäß §§ 107 ff. UInsG die Verwertung und Verteilung des Schuldnervermögens zur Folge hat. (Vgl. Li, in Li/Wang/Zou, S. 10.) Um begriffliche Schwierigkeiten zu vermeiden, wird in dieser Arbeit „Konkurs" als „破产(Po Chan)" im engen Sinne verwendet. Der Begriff „Konkursverfahren" steht folglich in dieser Arbeit nur für das Konkursliquidationsverfahren, das als eine Art des Insolvenzverfahrens eingeordnet wird.

868 Li, in Li/Wang/Zou, S. 10.

869 Statt vieler siehe nur Li, in Li/Wang/Zou, S. 11 ff.; Fan/Jw. Wang, S. 36 ff.

870 Ausführlich siehe Fan/Jw. Wang, S. 79 ff.; Li, in Li/Wang/Zou, S. 18 ff.

Umständen und mit Genehmigung eines höheren Gerichts um maximal 15 Tage verlängert werden. Das Gericht kann einen Antrag annehmen oder ablehnen. Allerding steht dem Schuldner kein Berufungsrecht im Falle des Gläubigerantrags über einen Annahmebeschluss zu,[871] dagegen kann der Antragsteller gemäß § 12 Abs. 1 UInsG gegen die Ablehnung des Antrags Berufung einlegen.

Mit einem Annahmebeschluss beginnt das Insolvenzverfahren bzw. ein Sanierungs-, Vergleichs- oder Konkursliquidationsverfahren, wobei ein Verfahren ins andere umgewandelt werden kann. Ausnahmsweise darf zwischen dem Vergleichs- und Sanierungsverfahren keine Umwandlung stattfinden.[872] In dem Annahmebeschluss wird ein Insolvenzverwalter bestellt. Mit dem Annahmebeschluss geht das Verwaltungs- und Verfügungsrecht über das Schuldnervermögen auf den Insolvenzverwalter über (§ 25 UInsG). Nach Annahme des Antrags ist die Schuldbereinigung des Schuldners unwirksam (§ 16 UInsG). Außerdem gilt das Vollstreckungsverbot nach dem Annahmebeschluss (§ 19 UInsG). Anders als bei § 21 InsO werden keine vorläufigen Maßnahmen im UInsG während des Eröffnungsverfahrens vorgesehen. Der Annahmebeschluss muss gemäß § 11 UInsG innerhalb von 5 Tagen dem Schuldner zugestellt und gemäß § 14 Abs. 1 UInsG innerhalb von 25 Tagen öffentlich bekannt gemacht werden.

6.2.3.2 Sanierungsverfahren

Das Sanierungsverfahren kann entweder wegen der Annahme des Sanierungsantrags oder durch Umwandlung eines Konkursliquidationsverfahrens stattfinden. Die Umwandlung eines Konkursverfahrens in ein Sanierungsverfahren kann gemäß § 70 Abs. 2 UInsG erst nach Annahme des Gläubigerantrags, wobei der Gläubiger ein Konkursliquidationsverfahren beantragt, und vor der Konkurserklärung[873] von dem Schuldners oder seinem Gesellschafter beantragt werden. Beantragt ein Gesellschafter eine derartige Umwandlung, muss er mindestens ein Zehntel des Stammkapitals innehaben. Wird dem Sanierungs- oder Umwandlungsantrag vom Gericht durch Beschluss stattgegeben, muss der Beschluss öffentlich bekannt gemacht werden.

Der Insolvenzverwalter oder Schuldner muss gemäß § 79 Abs. 1 i. V. m. Abs. 2 UInsG innerhalb von maximal neun Monaten seit dem Sanierungsbeschluss dem Gericht und der Gläubigerversammlung einen Sanierungsplanentwurf vorlegen. Wird der Sanierungsplanentwurf nicht fristgemäß eingereicht, wird das Sanierungsverfahren vom Gericht durch Beschluss beendet und der Konkurs des Schuldners erklärt. Gemäß § 80 UInsG soll entweder der Insolvenzverwalter oder der Schuldner, falls eine Eigenverwaltung[874] nach § 73 UInsG vom Gericht erteilt wird, einen

871 Fan/Jw. Wang, S. 81.

872 Li, in Li/Wang/Zou, S. 14 f.

873 Über die Konkurserklärung siehe unten 6.2.3.4.

874 Die Eigenverwaltung stellt sich hier nur als ein Sonderfall der Sanierung dar. Während des Sanierungsverfahrens kann der Schuldner gemäß § 73 UInsG die Eigenverwaltung beantragen. Wird dem Antrag vom Gericht stattgegeben, verwaltet

Sanierungsplan entwerfen. Nach Einreichen des Planentwurfs hat das Gericht innerhalb von 30 Tagen die Gläubigerversammlung zur Abstimmung über den Entwurf einzuberufen (§ 84 Abs. 1 UInsG). Die Gläubiger werden gemäß § 82 UInsG nach den Forderungsarten in unterschiedliche Gruppen eingeteilt. Wird das Anteilsrecht der Gesellschafter beeinträchtigt, bilden sie eine Gruppe und stimmen über die einzelnen Punkte ab (§ 85 Abs. 2 UInsG). Der Sanierungsplanentwurf wird in jeder Gruppe abgestimmt und ist angenommen, wenn alle Gruppen zustimmen. Die Zustimmung einer Gruppe liegt vor, wenn mehr als die Hälfte der Anwesenden der Gruppe zustimmen und die Summe ihrer Forderungen mindestens 2/3 der gesamten Summe der Forderungen der Gruppe ausmacht. Wird dem Sanierungsplanentwurf in einer Gruppe nicht zugestimmt, kann die Gruppe schließlich noch einmal darüber abstimmen. Bei der Abstimmung über den Planentwurf gilt wie in der InsO das Obstruktionsverbot (§ 87 Abs. 2 UInsG).

Nach Annahme des Sanierungsplanentwurfs muss der Insolvenzverwalter oder Schuldner innerhalb von zehn Tagen eine Billigung des Plans beim Gericht beantragen. Das Gericht soll gemäß § 86 UInsG ab dem Empfang des Bestätigungsantrags innerhalb von 30 Tagen den Plan billigen und die Billigung bekannt machen. Mit der Billigung des Plans wird das Sanierungsverfahren ordentlich aufgehoben und es beginnt die Ausführung des Plans. Ein Sanierungsverfahren wird unordentlich aufgehoben, wenn dem Planentwurf nicht zugestimmt oder er nicht vom Gericht gebilligt wird. Außerdem kann das Sanierungsverfahren schon während des Entwerfens des Sanierungsplans aufgehoben werden, wenn die Sanierungschancen wegen einer weiteren Verschlechterung der Vermögens- oder Betriebsumstände verloren sind. Wird das Sanierungsverfahren unordentlich aufgehoben, erklärt das Gericht den Konkurs des Schuldners.

6.2.3.3 Vergleichsverfahren

In China gibt es einen gerichtlichen und außergerichtlichen Vergleich.[875] Der außergerichtliche Vergleich stellt sich als ein Vergleich zwischen dem Schuldner und den Gläubigern ohne „Leitung“ und Aufsicht des Gerichts dar.[876] Der Schuldner kann während des Insolvenzverfahrens die Billigung eines außergerichtlichen Vergleichs beantragen, selbst wenn sich der Schuldner und alle Gläubiger nach der Annahme des Insolvenzantrags über die Abwicklung der Forderungen und Schulden einigen (§ 105 UInsG). Mit Erteilung der Billigung des außergerichtlichen Vergleichs ist gemäß § 105 UInsG das Insolvenzverfahren aufgehoben. Der außergerichtliche Vergleich gehört nicht zum Insolvenzverfahren i. S. d. UInsG und wird hier nicht

---

und führt der Schuldner selbst unter Aufsicht des Verwalters das Vermögen sowie Unternehmen fort.

875 Fan/Jw. Wang, S. 225 ff.; Li, in Li/Wang/Zou, S. 174; GestzentAus, Erläuterung zum UInsG, S. 306 f.

876 GestzentAus, Erläuterung zum UInsG, S. 306.

näher untersucht. In dieser Arbeit steht der Begriff „Vergleich“ nur für den gerichtlichen Vergleich.

Ein Vergleich kann vom Schuldner nur mit dem Insolvenzantrag, oder nach der Annahme des Liquidationsantrags und vor der Konkurserklärung beantragt werden. Beantragt der Schuldner den Vergleich, muss er gemäß § 95 UInsG einen Vergleichsvereinbarungsentwurf vorlegen. Wird dem Antrag stattgegeben, muss der Beschluss öffentlich bekannt gemacht werden. Das Gericht beruft die Gläubigerversammlung zur Abstimmung über den Vergleichsvereinbarungsentwurf ein. Zur Abstimmung sind nur die Gläubiger, deren Forderungen nicht dinglich gesichert werden, berechtigt. Absonderungs- und Massegläubiger können außerhalb des Vergleichsverfahrens ihr Absonderungsrecht oder ihre Masseforderungen selbst verwirklichen (§ 96 Abs. 2 UInsG). Angenommen wird eine Vergleichsvereinbarung, wenn mehr als die Hälfte der anwesenden stimmberechtigten Gläubiger zugestimmt haben und die Summe der Forderungen mindestens zwei Drittel der gesamten dinglichen, ungesicherten Forderungen ausmacht (§ 97 UInsG). Nach Zustimmung zum Vereinbarungsentwurf soll er vom Gericht bestätigt werden. Wird der Vereinbarungsentwurf vom Gericht bestätigt, ist das Vergleichsverfahren aufgehoben. Der Verwalter übergibt seine Verwaltungs- und Verfügungsbefugnis an den Schuldner. Wird der Vergleichsvereinbarungsentwurf von der Gläubigerversammlung nicht angenommen oder die angenommene Vergleichsvereinbarung nicht vom Gericht bestätigt, soll das Gericht durch Beschluss das Vergleichsverfahren aufheben und den Konkurs des Schuldners erklären (§ 99 UInsG). Die Vergleichsvereinbarung kann wegen Täuschung oder anderer rechtswidriger Handlungen unwirksam sein. Liegt Unwirksamkeit vor, soll das Gericht den Konkurs des Schuldners erklären. Falls der Schuldner die Vergleichsvereinbarung nicht durchsetzt oder zur Durchsetzung nicht in der Lage ist, soll das Gericht die Ausführung der Vergleichsvereinbarung beenden und den Konkurs des Schuldners erklären.

6.2.3.4 Konkursliquidationsverfahren

Der Schuldner oder die Gläubiger können direkt mit dem Insolvenzantrag ein Konkursliquidationsverfahren beantragen. Zudem kann das Sanierungs- oder Vergleichsverfahren in ein Konkursliquidationsverfahren umgewandelt werden. Obwohl das Konkursliquidationsverfahren beim Insolvenzantrag direkt beantragt werden kann, kann es nach Annahme des Insolvenzantrags vor der Konkurserklärung des Insolvenzgerichts ins Sanierungs- oder Vergleichsverfahren umgewandelt werden. Das Eröffnungsmerkmal[877] oder das essentielle Eröffnungsmerkmal[878] des

877 GestzentAus, Erläuterung zum UInsG, S. 311; Zou, in Li/Wang/Zou, S. 214; Wg. Wang, S. 305.

878 Siehe Fan/Jw. Wang, S. 248 ff. Sie vertreten die Meinung, dass sich die Eröffnung des Konkursliquidationsverfahrens durch die Annahme des Konkursantrags kennzeichne. Die Konkurserklärung stelle sich als das essentielle Eröffnungsmerkmal des Konkursliquidationsverfahrens dar.

Konkursliquidationsverfahrens ist die Konkurserklärung des Gerichts gemäß § 107 UInsG. Die Konkurserklärung stellt sich als ein Beschluss des Insolvenzgerichts dar. Mit der Konkurserklärung tritt ein Insolvenzverfahren irreversibel ins Liquidationsverfahren[879] ein. Im Konkursliquidationsverfahren wird die Insolvenzmasse bewertet und verteilt. Der Konkursverwalter muss einen Bewertungs- und Verteilungsplan entwerfen und der Gläubigerversammlung zur Abstimmung vorlegen. Die Vermögensbewertung muss dem Prinzip der Maximierung des Vermögenswerts folgen,[880] was schließlich zur bestmöglichen Gläubigerbefriedigung dienen kann. Zu den Methoden der Vermögensbewertung gehören beispielsweise die Versteigerung und der Unternehmensverkauf als Einheit (§ 112 UInsG). Um die Maximierung des Vermögenswerts zu verwirklichen, muss der Konkursverwalter unverzüglich nach Erteilung der Konkurserklärung den Bewertungs- und Verteilungsplan entwerfen und zur Abstimmung vorlegen. Der Bewertungs- und Verteilungsplan wird in der Gläubigerversammlung durch Kopf- und Summenmehrheit angenommen. Nach der Verteilung der bewerteten Insolvenzmasse soll der Konkursverwalter den Abschluss des Konkursliquidationsverfahrens beantragen. Mit dem Abschlussbeschluss des Gerichts endet das Liquidationsverfahren. Darüber hinaus kann das Konkursliquidationsverfahren wegen Massearmut oder außergerichtlicher Vergleichsvereinbarung beendet werden.

879 Wg. Wang, S. 305; Fan/Jw. Wang, S. 251.
880 Fan/Jw. Wang, S. 252; Zou, in Li/Wang/Zou, S. 221.

Kapitel 7. Die Verfahrensgestaltung der Konzerninsolvenz in China

7.1 Gegenwärtige gesetzliche Lage

Das chinesische UInsG geht von der Insolvenz der einzelnen juristischen Unternehmensperson aus. Die Unternehmensgruppe verfügt selbst über keine juristische Persönlichkeit, und deshalb ist sie in China nach dem UInsG insolvenzunfähig. Das chinesische UInsG sieht keine Konzerninsolvenz vor.[881] Gemäß Art. 79 Erläuterung (2002) Nr. 23[882] müssen die Insolvenzverfahren im Falle der Mutter- und Tochterinsolvenz separat beantragt und abgewickelt werden. Das Prinzip „mehrere Personen, mehrere Vermögen, mehrere Verfahren" gilt dementsprechend auch im chinesischen Insolvenzrecht.

Eine materielle Konsolidierung (substantive consolidation) wird nicht vorgesehen. Unpräzise und irreführend hat das OVG im Art. 23 Abs. 3 seiner neuesten 2. Erläuterung zu dem Chinesischen Unternehmensinsolvenzgesetz vom 16.09.2013 (im Folgenden: Erläuterung UInsG (2013)) den Begriff „Konsolidierung (合并„*Hebing*")" verwendet, was den Eindruck erweckt, als ob die materielle Konsolidierung gesetzlich in China eingeführt würde.[883] Gemäß Art. 23 Abs. 2 i. V. m. Abs. 3 Erläuterung UInsG (2013) dürfen die Gläubiger ein „konsolidiertes Insolvenzverfahren"[884] beantragen, wenn der Insolvenzverwalter nach Aufforderung durch die Gläubigern ohne gerechtfertigten Grund verweigert, das Schuldnervermögen von den Schuldnern oder Anlegern des Insolvenzschuldners zurückzufordern. Der Begriff „konsolidiertes Insolvenzverfahren" muss hier eingeschränkt ausgelegt werden, und er steht nicht mit materieller Konsolidierung gleich. Erstens geht das OVG bei der Erläuterung UInsG (2013) weiterhin von dem einzelnen Schuldner aus. Die Konzerninsolvenz wird dabei nicht berücksichtigt, und Art. 23 Abs. 3 Erläuterung UInsG (2013) ist nicht für Konzerninsolvenz zugeschnitten. Folglich steht das „konsolidierte Insolvenzverfahren" nicht für die materielle Konsolidierung. Zweitens geht es hier eher um ein „Turnover Proceeding" wie im amerikanischen Insolvenzrecht.[885] Jedoch gibt es zwischen beiden den Unterschied, dass anders als „Turnover Proceeding" im amerikanischen Insolvenzrecht der Gläubiger hier Klage gegen den Schuldner des Insolvenzschuldners erhebt und die Herausgabe des Vermögens an den Insolvenzschuldner verlangt.

---

881 Statt vieler siehe Sun, Diss., S. 111.

882 Art. 79 Erläuterung (2002) Nr. 23 lautet: „Gehen die Unternehmen, an denen der Schuldner zu 100 % oder beherrschend oder einfach beteiligt ist, in Konkurs, sollen für sie gesonderte Konkursanträge gestellt werden."

883 Vgl. Bu, ZInsO 2014, 913, 914.

884 *Bu* hat Hebing Pochan (合并破产) ins „verbundene Konkursverfahren" übersetzt, aber als materielle Konsoldierung angesehen. Siehe Bu, ZInsO 2014, 913, 914.

885 Dazu vgl. McGovern, 9 Fordham L. Rev. 313, 313 (1940).

Beim „konsolidierten Insolvenzverfahren" in Art. 23 Abs. 3 Erläuterung UInsG (2013) geht es offenbar um die Konsolidierung zwischen dem Insolvenzverfahren und dem Verfahren, dass die Gläubiger gegen den Schuldner oder Anleger des Insolvenzschuldners eingeleitet haben. Drittens beschäftigen das OVG und die Literatur sich nach Verabschiedung der Erläuterung UInsG (2013) weiter mit Einführung der materiellen Konsolidierung in China,[886] was als Indizienbeweis darüber gelten kann, dass der Begriff „konsolidiertes Insolvenzverfahren" mit der materiellen Konsolidierung im amerikanischen Recht nicht vergleichbar ist. Folglich muss „konsolidiertes Insolvenzverfahren" des Art. 23 Abs. 3 Erläuterung UInsG (2013) stark eingeschränkt ausgelegt werden.

Wie im deutschen Insolvenzrecht wird Verfahrenskoordinierung ebenfalls nicht ausdrücklich gestattet. Eine Kooperationspflicht der Gerichte oder der Insolvenzverwalter im Falle der Mutter- und Tochterinsolvenz kann durch Auslegung der Ziele des chinesischen Insolvenzrechts in bestimmten Fälle entstehen.[887] Eine Kooperationspflicht liegt wegen bestmöglicher Gläubigerbefriedigung nur vor, wenn solch eine Kooperation für das jeweilige Einzelverfahren vorteilhaft ist.[888] Allerdings ist es für den Insolvenzverwalter ohne ausreichende Informationen über die anderen Verfahren schwer zu beurteilen bzw. entscheiden, ob und was für eine Kooperation für die Gläubiger des von ihm verwalteten Verfahrens am vorteilhaftesten ist. Gesetzliche Regelungen werden deshalb benötigt, um sowohl einen Informationsfluss als auch Kooperationsmöglichkeiten bzw. -modelle in der Konzerninsolvenz einzurichten.

7.2 Konzerninsolvenz in der Praxis und Entwicklung der Rechtsprechung

Konzerninsolvenz wird in China gesetzlich nicht geregelt. Allerdings gibt es in der Praxis bereits viele Konzerninsolvenzfälle, die sich für die Gerichte als richtige Herausforderung bezüglich der Verfahrensabwicklung darstellen. Zunächst wurden die Verfahren bei der Konzerninsolvenz unter strenger Einhaltung des Gesetzes separat abgewickelt. Mit dem Meinungsumschwung des OVG wird in der Praxis überraschend die materielle Konsolidierung in Anspruch genommen.

7.2.1 Separate Verfahrensabwicklung – die Insolvenz der GITIC-Gruppe als „der allererste Konkursfall Chinas"

GITIC, die Abkürzung für Guangdong International Trust and Investment Corporation, gehörte damals zu den größten staatlichen Unternehmen Chinas. GITIC

886 Näheres siehe Zhu, in PR 2014 (3), S. 153 ff..
887 Zu den Zielen des UInsG siehe oben 6.1.
888 Vgl. oben 4.1.2.3.

hatte insgesamt 29 100 %-Tochtergesellschaften.[889] Wegen der Asienkrise vor der letzten Jahrhundertwende trat GITIC in Insolvenz. Am 01.01.1999 hatte GITIC einen Antrag auf Konkursliquidation[890] gestellt, und am 16.01.1999 wurde der Antrag von dem Oberen Volksgericht Guangdong angenommen und bekannt gemacht.[891] Anschließend hatten drei 100 %-Tochtergesellschaften von GITIC Konkursanträge bei zwei verschiedenen Mittleren Volksgerichten gestellt. Die Gesellschaftsanteile, mit denen GITIC an den anderen 26 Tochtergesellschaften beteiligt war, wurden vom Oberen Volksgericht Guangdong als Vermögen der GITIC bestätigt und verwertet.[892]

Die Insolvenz der GITIC-Gruppe wurde damals als „der allererste Konkursfall Chinas“ bezeichnet, weil deren Konkurs es zu jener Zeit zehnmal in die „Zum ersten Mal“-Kategorie geschafft hatte.[893] Z. B. war damals die Summe der Konkursmasse und der angemeldeten Forderungen sowie die Summe der Forderungen mit ausländischem Bezug am größten; außerdem wurde erstmals ein Gläubigervorsitzenden-Ausschuss[894] gebildet; in den Verfahren wurde erstmals eine ausländische selbstständige Wirtschaftsprüfungsgesellschaft in die Liquidationsgruppe eingestellt; der Konkursbeschluss war der erste, der von ausländischen Gerichten anerkannt wurde;[895] GITIC war das erste Finanzdienstleistungsinstitut in China, das insolvent war und nach Insolvenzrecht abgewickelt wurde.[896]

Wegen der oben erwähnten großen Bedeutung hatte das OVG damals die Abwicklung der Insolvenzverfahren angeleitet und beaufsichtigt.[897] Die Insolvenzverfahren der GITIC und deren drei Tochtergesellschaften wurden streng nach dem Gesetz[898]

---

889 Amtsblatt des OVG, 2003 (3), S. 28.

890 Damals galt das „Unternehmenskonkursgesetz Chinas (versuchsweise Durchführung)“, was nur das Konkursliquidationsverfahren und den Vergleich vorsah.

891 Amtsblatt des OVG, 2003 (3), S. 27.

892 Amtsblatt des OVG, 2003 (3), S. 28.

893 Qiu, in IF 2003 (7), S. 46.

894 Dieser Gläubigervorsitzenden-Ausschuss stellte sich als Keim des Gläubigerausschusses in China dar. Vor dem UInsG wurde kein Gläubigerausschuss im „Unternehmenskonkursgesetz der VR China (versuchsweise Durchführung)“ vorgesehen. Der „Gläubigervorsitzenden-Ausschuss“ entstand erstmals im Konkursverfahren der GITIC und wurde später in die Erläuterung (2002) Nr. 23 aufgenommen. Gemäß § 39 Abs. 2 Erläuterung (2002) Nr. 23 kann das Volksgericht einen Vorsitzenden der Gläubigerversammlung aus den stimmberechtigten Gläubigern nominieren. Das Volksgericht kann auch mehrere Vorsitzende für die Gläubigerversammlung bestellen. Diese Vorsitzenden bilden zusammen den „Gläubigervorsitzenden-Ausschuss“.

895 Qiu, in IF 2003 (7), S. 46.

896 Li, in VRS 2005 (3), S. 102.

897 Li, in VRS 2005 (3), S. 102.

898 Das Gesetz steht hier für das „Unternehmenskonkursgesetz der VR China (versuchsweise Durchführung)“.

separat abgewickelt.[899] Dabei fand keine materielle Konsolidierung statt. Über die übrigen anderen solventen Tochtergesellschaften wurde kein Insolvenzverfahren eröffnet.[900] Im Jahre 2001 wurden die Insolvenzverfahren der drei Tochtergesellschaften jeweils im Juni, August und Oktober nach der Verteilung der jeweiligen Insolvenzmasse beendet.[901] Am 08.03.2003 endete das Insolvenzverfahren der GITIC.[902] Allerdings blieb die Liquidationsgruppe des Insolvenzverfahrens erhalten, um weitere zu der Insolvenzmasse gehörendeGegenstände zu ermitteln und die Nachtragsverteilung durchzuführen.[903] Die Liquidationsgruppe arbeitet bis heute. Die letzte Nachtragsverteilung erfolgte am 26.01.2010.[904]

Die Abwicklung der Insolvenzverfahren der GITIC-Gruppe wurde damals vom OVG gelobt[905] und als Vorbild im Amtsblatt des OVG veröffentlicht.[906] Die Nichtanwendung der materiellen Konsolidierung in diesem Fall stellt sich als Konsequenz des strengen Einhaltens der Gesetze dar. Wegen der großen Bedeutung wurden viele Erfahrungen von der Abwicklung der Insolvenzverfahren der GITIC-Gruppe in die OVG-Erläuterung, namentlich Erläuterung (2002) Nr. 23, übernommen. Gemäß Art. 79 Erläuterung (2002) Nr. 23 müssen die Insolvenzverfahren im Falle der Mutter- und Tochterinsolvenz separat beantragt und abgewickelt werden. Außerdem hat das Obere Volksgericht Guangdong am 25.09.2003 ebenfalls in Anlehnung an die Erfahrungen aus der Abwicklung der Insolvenzverfahren der GITIC-Gruppe die „Anleitung über einige Fragen des Insolvenzverfahrens“[907] verabschiedet. Gemäß Art. 7 dieser Anleitung darf die materielle Konsolidierung auf keinen Fall stattfinden. Das Vorliegen einer untrennbaren Vermögensvermischung zwischen den verbundenen Unternehmen stellt ebenfalls keine Ausnahme dar.[908]

---

899 Sun, in Wang/Yin (Hrsg.), InsRF (2), S. 300; Xiong, in Wang/Yin (Hrsg.) InsRF (2), S. 324; Yuan, in Wang/Yin (Hrsg.), InsRF (7), S. 376; Xing, Diss., S. 1.

900 Li, in VRS 2005 (3), S. 103.

901 Li, in VRS 2005 (3), S. 103; Xing, Diss., S. 1.

902 Amtsblatt des OVG, 2003 (3), S. 29; Li, in VRS 2005 (3), S. 103.

903 Amtsblatt des OVG, 2003 (3), S. 29.

904 Duan, in ZVG vom 18.01.2010, S. 3.

905 Li, in VRS 2005 (3), S. 104.

906 Amtsblatt des OVG, 2003 (3), S. 27 ff.

907 Die „Anleitung über einige Fragen des Insolvenzverfahrens“ gehört zu den regionalen gerichtlichen Erläuterungen, die nur innerhalb einer Provinz gelten. Sie gilt hier nur in der Provinz Guangdong.

908 Art. 7 der „Anleitung über einige Fragen des Insolvenzverfahrens“ lautet: „Stellen mehrere verbundene Unternehmen, zwischen denen es eine Vermögensvermischung gibt, gleichzeitig Konkursanträge, sollen die Gerichte zuerst die Differenzierung des jeweiligen Vermögens anordnen und danach die Konkursantragstellung erlauben. Beantragen die Gläubiger gleichzeitig den Konkurs mehrerer verbundener Unternehmen, zwischen denen es eine Vermögensvermischung gibt, sollen die Gerichte nach Annahme der Anträge die Differenzierung des Vermögens durch die Liquidationsgruppe anordnen und keine konsolidierte Liquidation wegen der Vermögensvermischung anordnen.“

7.2.2 Wende der Rechtssprechung

7.2.2.1 Die bestimmten Konzernrealitäten und die von denen verursachte Problematik in der Konzerninsolvenz

Unternehmensgruppen haben sich in China in der letzten Zeit zwar dynamisch, aber wegen Fehlens der entsprechenden Regelungen[909] problematisch entwickelt. Die bestimmten Konzernrealitäten in China haben große Schwierigkeiten in der Abwicklung der Insolvenzverfahren bei der Konzerninsolvenz mit sich gebracht.

Zu den bestimmten Konzernrealitäten gehören zunächst die Vermögensverschiebung oder das Vermögensversteck innerhalb eines Konzerns. Beides kommt in China häufig vor, insbesondere, wenn das herrschende Unternehmen seine führende Position ausnutzt und das Vermögen von den abhängigen Unternehmen zu sich zu verschieben versucht.[910] Durch Vermögensverschiebung oder -versteck wird ein Unternehmen bzw. dessen Gläubiger geschädigt und das andere Unternehmen bereichert. Vermögensverschiebung oder -versteck verbergen sich üblicherweise hinter einer geplanten Insolvenz, wobei die Insolvenz eines Unternehmens vorsätzlich geplant bzw. angestrebt wird.[911]

Zu den bestimmten Konzernrealitäten gehört ferner die Vermögensvermischung. Darunter versteht man, dass das herrschende Unternehmen ohne Rücksicht auf die Rechtspersönlichkeit bzw. die Selbstständigkeit des abhängigen Unternehmens über dessen Vermögen nach Belieben wie über eigenes Vermögen verfügt, was eine Differenzierung der Vermögen innerhalb der verbundenen Unternehmen unmöglich macht.[912] Bei der Vermögensvermischung kommt es häufig vor, dass alle verbundenen Unternehmen eine einheitliche Buchführung haben und nur ein gemeinsames Konto verwenden.[913] Die Vermögensvermischung sei nach Meinung von *Xiangqi Sun* in China durchaus üblich.[914] Neben der Vermögensvermischung kommen in China Personal-, Büro- und Geschäftsvermischung häufig im Konzern vor.[915]

Zwischen den verbundenen Unternehmen gibt es ferner gegenseitige dingliche Sicherungen, die in der Insolvenz eines verbundenen Unternehmens dazu führen können, dass andere verbundene Unternehmen als Absonderungsgläubiger vorran-

---

909 Liu/Yang, in Wang/Yin (Hrsg.), InsRF (7), S. 363; FT des Shenyang MV, in Wang/Yin (Hrsg.), InsRF (5), S. 91; vgl. auch oben Kapitel 5.

910 FT des Shenyang MV, in Wang/Yin (Hrsg.), InsRF (5), S. 91; vgl. auch Liu/Yang, in Wang/Yin (Hrsg.), InsRF (7), S. 363; Sun, Diss., S. 21; Fu, Diss., S. 31; Wang/Zhou, in JBUAA 2012 (2), S. 52; Sun/Yang, in ZR 2009 (9), S. 119; Wang/Cai, in PR 2008 (9), 29.

911 FT des Shenyang MV, in Wang/Yin (Hrsg.), InsRF (5), S. 91 f.; Sun/Yang, in ZR 2009 (9), S. 119; Wang/Zhou, in FPR 2011 (6), S. 72.

912 Sun, Diss., S. 62; Yuan, in Wang/Yin(Hrsg.), InsRF (7), S. 379.

913 Yuan, in Wang/Yin (Hrsg.), InsRF (7), S. 379; vgl. auch Fu, Diss., S. 134.

914 Sun, Diss., S. 161.

915 Wang/Zhou, in JBUAA 2012 (2), S. 52; Sun, Diss., S, 27.

gig befriedigt werden und dadurch andere Gläubiger wesentlich geschädigt werden können.[916]

Nicht zuletzt entstehen in der Praxis immer mehr Briefkastengesellschaften (Shell-Companies), die allein als Instrument dienen, um die Gläubiger zu schädigen.[917]

Die oben erwähnten Konzernrealitäten in China können zuerst zu einer schwerwiegenden Gläubigerschädigung in der Konzerninsolvenz führen. Vermögensverschiebung oder -versteck kommen häufig in der „böswilligen Insolvenz (Malicious Bankruptcy,恶意破产)" und „betrügerischen Insolvenz (欺诈破产)" vor, wodurch nicht nur die Gläubiger schwerwiegend geschädigt werden, sondern auch das Prinzip der Gleichbehandlung und Gerechtigkeit des Insolvenzrechts wesentlich gefährdet wird.[918] Die Vermögensvermischung hat in der Konzerninsolvenz ferner zur Folge, dass die Differenzierung zwischen verschiedenen Massenunmöglich ist.[919] Eine unmögliche Differenzierung der Massen führt weiter zur Verlangsamung und Verlängerung der Verfahrensabwicklung, die wiederum das Prinzip der Effizienz des Insolvenzrechts schädigen kann.[920] Derartige Hürden der Verfahrensabwicklung können auch dazu führen, dass die Sanierungschance für die insolventen Unternehmen verloren geht. Der Verlust der Sanierungschance kommt häufig vor, wenn die Insolvenzverfahren der verbundenen Unternehmen separat abgewickelt werden.[921] Die gegenseitigen Absicherungen, insbesondere die gegenseitigen gesicherten Forderungen zwischen den verbundenen Unternehmen könnten auch die Gläubiger eines insolventen verbundenen Unternehmens schwerwiegend schädigen, weil in dessen Insolvenz die anderen mit ihm verbundenen Unternehmen Absonderungsrechte innehaben und vorrangig befriedigt werden können, was allerdings zu einer schwerwiegenden Schädigung der außenstehenden Gläubiger führen kann.[922]

---

916 FT des Shenyang MV, in Wang/Yin (Hrsg.), InsRF (5), S. 91; Wang/Cai, in PR 2008 (9), S. 29; Wang/Qu, in SNK 2009 (7), S. 48; Fu, Diss., S. 22; ausführlich siehe Sun, Diss., S. 56 ff.

917 Ausführlich siehe Wang/Cai, in PR 2008 (9), S. 30; Zhao, in Wang/Yin (Hrsg.), InsRF (7), S. 385 f.; Sun, Diss., S. 45.

918 Wang/Zhou, in JBUAA 2012 (2), S. 52; Wang/Zhou, in FPR 2011 (6), S. 72; Zhao, in Wang/Yin (Hrsg.), InsRF (7), S. 384; ausführlich siehe Sun, Diss., S. 41 ff.

919 Wang/Zhou, in FPR 2011 (6), S. 72; Wang/Zhou, in JBUAA 2012 (2), S. 52.

920 Wang/Zhou, in FPR 2011 (6), S. 72; Wang/Zhou, in JBUAA 2012 (2), S. 52.

921 Wang/Zhou, in FPR 2011 (6), S. 72.

922 Vgl. FT des Shenyang MV, in Wang/Yin (Hrsg.), InsRF (5), S. 91; Wang/Cai, in PR 2008 (9), S. 29; Wang/Qu, in SNK 2009 (7), S. 48. Das Rechtsinstitut Equitable Subordination wird noch nicht in China eingeführt.

7.2.2.2 Wende der Rechtsprechung und zwei wichtige Konzerninsolvenzfälle

Die Konzernrealität in China bringt eine große Herausforderung für die Verfahrensabwicklung in der Konzerninsolvenz hervor. Es scheint, als ob z. B. im Falle der Vermögensvermischung die Insolvenzverfahren nicht abgewickelt werden könnten. Bezugnehmend auf die Konzernrealität, die effiziente Verfahrensabwicklung und den Schutz der Gläubiger, hat das OVG auf das strenge Einhalten des UInsG verzichtet. Dementsprechend weist das OVG die Insolvenzgerichte auf eine „vorherige Anwendung der materiellen Konsolidierung zur Probe“ hin.[923] Dadurch wird die Anwendung der materiellen Konsolidierung in China zwar nicht gesetzlich, aber faktisch gestattet.[924] Mit dieser Wende betreten die Insolvenzgerichte in China ein völliges neues Feld. Damit beabsichtigt sich das OVG, Praxiserfahrungen zu sammeln und eine Gesetzeserläuterung über materielle Konsolidierung zu erlassen.[925] Anschließend hat das OVG im Jahr 2012 intern über einen Gesetzerläuterungsentwurf „Einige Bestimmungen über die Anwendung der materiellen Konsolidierung in der Unternehmenskonkursliquidation (Entwurf)“ beraten.[926] Weder wird der Entwurf veröffentlicht noch ein Grund dafür gegeben. Vermutlich liegt der Grund für die Nicht-Veröffentlichung des Entwurfs darin, dass die Meinungsverschiedenheiten

---

923 Yuan, in Wang/Yin (Hrsg.), InsRF (7), S. 373; Liu/Chi, in ARZH 2012 (4), S. 144.

924 Als Beispiel nehmen wir hier die Statistik über Insolvenzverfahren des Mittleren Volksgerichts Shenyang. Es hat zwischen 1996 und 2008 insgesamt 196 Insolvenzfälle bearbeitet, davon gehören 45 Insolvenzfälle zur Konzerninsolvenz, die 22,9 % der gesamten Insolvenzfälle ausmachen. Von den 45 Konzerninsolvenzfällen wurden 32 durch materielle Konsolidierung abgewickelt. Allein in den übrigen 11 Fällen wurden die verbundenen Unternehmen nicht als rechtliche Einheit, sondern als selbstständige juristische Personen angesehen. Und über das Vermögen jeder einzelnen Gesellschaft wurde ein selbstständiges Insolvenzverfahren eröffnet. Siehe FT des Shenyang MV, in Wang/Yin (Hrsg.), InsRF (5), S. 93.

925 Vgl. Liu/Chi, in ARZH 2012 (4), S. 144. Das steht eigentlich nicht mit dem chinesischen Rechtssystem im Einklang. In China sollten die Gerichte die Gesetze streng einhalten, sie haben keine Befugnisse, neue Regelungen aufzustellen. Allerdings ist es in China häufig so, dass das OVG in seiner Anweisung das strenge Einhalten der Gesetze lockert, um eine Gesetzlücke im einzelnen Fall probeweise zu schließen. Mit der Sammlung von Praxiserfahrungen erlässt das OVG dann eine neue Gesetzerläuterung. Diese Lösung hängt damit zusammen, dass in China erst nach der Öffnungs- und Reformpolitik moderne Gesetze eingeführt wurden, die allerdings nicht so entwickelt sind und in der Regel den sozialen oder wirtschaftlichen Realitäten hinterherhinken. Ob diese Vorgehensweise dogmatisch überzeugend ist, soll hier nicht erörtert werden. Das ist die Realität in China, und dadurch werden doch viele Gesetzlücken geschlossen und Streitigkeiten gelöst.

926 Siehe die Mitteilung auf der Webseite des OVG: http://www.court.gov.cn/spyw/mssp/201210/t20121025_178960.htm; abgerufen am 01.02.2014.

über die Anwendungsvoraussetzungen der materiellen Konsolidierung sehr stark sind.

Nach dem Meinungsumschwung des OVG wird die materielle Konsolidierung in der Praxis in Anspruch genommen. Die folgenden zwei Fälle gelten als Musterfälle für eine Anwendung der materiellen Konsolidierung. Bei dem Fall der Insolvenz der Hantang-Gruppe wurde die Anwendung der materiellen Konsolidierung vom OVG bestätigt. Durch die Untersuchung der zwei Fälle wird versucht, die Anwendungsvoraussetzungen der materiellen Konsolidierung in der Praxis in China aufzuzeigen.

7.2.2.2.1 Insolvenz der Hantang-Gruppe

Obwohl die Erläuterung (2002) Nr. 23 und die „Anleitung über einige Fragen des Insolvenzverfahrens“ in der Provinz Guangdong noch gelten, hat das OVG aufgrund des Antrags des Mittleren Volksgerichts Shenzhen[927] in der „Antwort für die Zivilsache der zweiten Zivilkammer 2008 Nr. 40“ die materielle Konsolidierung der Hantang-Gruppe genehmigt.[928]

Die Hantang-Gruppe bestand aus der Muttergesellschaft, Hantang Wertpapiergesellschaft, und 46 100%-Tochtergesellschaften. Am 15.06.2004 ordnete die China Securities Regulatory Commission (CSRC) „die administrative Bereinigung“[929] der Hantang-Gruppe an.[930] Die administrative Bereinigungsgruppe hat das Vorliegen der Insolvenzgründe für die Muttergesellschaft und deren 46 100%-Tochtergesellschaften festgestellt und entsprechend Insolvenzanträge beim Oberen Volksgericht Shenzhen eingereicht.[931] Das Insolvenzgericht hat nach der Annahme der Insolvenzanträge festgestellt, dass die 46 Tochtergesellschaften der Hantang-Wertpapiergesellschaft

927 Die Stadt Shenzhen befindet sich in der Provinz Guangdong.

928 Liu/Chi, in ARZH 2012 (4), S. 142.

929 Die administrative Bereinigung gilt gemäß Art. 21 Abs. 1 der Verordnung über die Risikobeseitigung der Wertpapiergesellschaften nur in dem Fall, dass die CSRC die Aufhebung der Wertpapiergesellschaft erklärt hat. Gebildet wird eine administrative Bereinigungsgruppe, die das Amt des gesetzlichen Repräsentanten der aufgehobenen Wertpapiergesellschaft übernimmt (Art. 22 der Verordnung über die Risikobeseitigung der Wertpapiergesellschaften). Stellt die administrative Bereinigungsgruppe während der administrativen Bereinigung fest, dass ein Insolvenzgrund i. S. d. § 2 UInsG vorliegt, muss die administrative Bereinigungsgruppe die Insolvenz beantragen. Allerdings darf sie die einzelnen Forderungen nicht begleichen, falls es nicht dem Interesse der Kunden und Gläubiger der Wertpapiergesellschaft dient.

930 Liu/Chi, in ARZH 2012 (4), S. 141.

931 Gemäß § 129 des Wertpapiergesetzes der VR China muss die Insolvenz einer Wertpapiergesellschaft von der CSRC genehmigt werden. Gemäß § 19 Abs. 1 Nr. 2 kann die CSRC eine Wertpapiergesellschaft direkt aufheben, falls eine Zahlungsunfähigkeit, Überschuldung oder drohende Zahlungsunfähigkeit vorliegt. Wegen dieser zwei Regelungen wird eine insolvente Wertpapiergesellschaft in der Regel erst einmal von der CSRC aufgehoben und eine administrative Bereinigungsgruppe

über keinen eigenen Geschäftsraum und keine eigenen Arbeitnehmer verfügten. Die Stempel und Konten der Tochtergesellschaften besaßen und benutzten die Arbeitnehmer der Muttergesellschaft. Die 46 Tochtergesellschaften hatten zudem keine eigene Buchführung. Die Muttergesellschaft und Tochtergesellschaften hatten gemeinsam zehn Bankkonten, wobei eine Vermögensdifferenzierung nicht möglich war. Die 46 Tochtergesellschaften waren ausschließlich Shell-Companies und funktionierten als Abteilungen oder reine Instrumente der Muttergesellschaft.[932] Unter Berücksichtigung der festgestellten Sachverhalte hatte das Mittlere Volksgericht Shenzhen die materielle Konsolidierung mit folgenden Gründen angeordnet:[933] Erstens seien alle 46 Tochtergesellschaften Shell-Companies und von der Muttergesellschaft, der Hantang-Wertpapiergesellschaft, kontrolliert. Zweitens hätten die Gesellschaften keine eigenen Geschäfte geführt und keine eigene Buchführung gehabt. Drittens liege eine grobe Vermögens- und Personalvermischung innerhalb der gesamten Gruppe vor, was dazu geführt habe, dass eine separate Verfahrensabwicklung unmöglich sei. Viertens könne die Anwendung der materiellen Konsolidierung hier der bestmöglichen Gläubigerbefriedigung dienten und die Effizienz der Verfahrensabwicklung ermöglichten, weil die Forderungen zwischen den Gesellschaften der Gruppe nach der materiellen Konsolidierung selbst erlöschen. Schließlich könne eine materielle Konsolidierung in der Insolvenz der Hantang-Gruppe positive Auswirkungen für unser Insolvenzrechtssystem und unsere Gesellschaft auslösen.

Die materielle Konsolidierung in der Insolvenz der Hantang-Gruppe entsteht nicht aufgrund eines Antrags der Gläubiger, Schuldner oder Insolvenzverwalter, sondern durch eine gerichtliche bzw. eine von Amts wegen getroffene Anordnung. Zur Begründung der materiellen Konsolidierung wurden die Tatsachen der Vermögens-, Buchführungs-, Geschäfts- und Sphärenvermischung berücksichtigt. Ebenfalls ging das Gericht von einer effizienten und gerechten Verfahrensabwicklung durch die materielle Konsolidierung aus. Das OVG hat die Anordnung der materiellen Konsolidierung zwar bestätigt, aber betont, dass die materielle Konsolidierung unter Berücksichtigung der Prinzipien der Rechtspersönlichkeit und Haftungsbeschränkung eingeschränkt verwendet werden sollte.[934]

7.2.2.2.2 Der Shanghai-Fall

Ein anderer typischer Fall der Konzerninsolvenz lässt sich hier mit der Insolvenz eines faktischen Konzerns aus Shanghai aufzeigen. Es gab drei insolvenzreife Gesellschaften: die Shanghai Meihao Elektrogeräte GmbH (im Folgenden: Meihao; registriert in Shanghai Minhang-Bezirk), die Shanghai Teyi Generelle Motoren Maschinen GmbH (im Folgenden: Teyi; registriert in Shanghai Jinshan-Bezirk) und die

---

eingesetzt. Nach Beendigung der administrativen Bereinigung stellt die administrative Bereinigungsgruppe den Insolvenzantrag.

932 Liu/Chi, in ARZH 2012 (4), S. 141 ff.

933 Liu/Chi, in ARZH 2012 (4), S. 145.

934 Liu/Chi, in ARZH 2012 (4), S. 145.

Shanghai Teyi-Unternehmens-GmbH (im Folgenden: Teyi-Unternehmen, registriert in Shanghai Minhang-Bezirk). Während Meihao und Teyi zwei 100%-Tochtergesellschaften einer GmbH aus Hongkong sind, ist das Teyi-Unternehmen eine 100%-Tochtergesellschaft einer anderen GmbH aus den British Virgin Islands. Die tatsächliche Geschäftsführung und Verwaltung der drei Gesellschaften befand sich allein im Jinshan-Bezirk. Nach Annahme der Insolvenzanträge hat das Untere Volksgericht Jinshan-Bezirk Folgendes festgestellt: Der faktische Beherrschende der drei Gesellschaften sei allein ein und dieselbe natürliche Person. Es gebe eine enge Kooperation zwischen den drei Gesellschaften und eine enge Verbindung der Unternehmensgegenstände. So sei Teyi für die Herstellung der Motoren zuständig, das Teyi-Unternehmen übe die Verwaltung der drei Gesellschaften aus und Meihao verkaufe die von Teyi hergestellten Motoren. Das Personal der drei Gesellschaften sei überwiegend vermischt. Es gebe nur eine vermischte Buchhaltung für alle drei Gesellschaften, so dass eine untrennbare Vermögensvermischung verursacht werde. Die Schulden der drei Gesellschaften seien hoch vermischt. Jede Gesellschaft habe die Stempel der anderen Gesellschaften nach Belieben genutzt, was dazu geführt habe, dass der Gläubiger seinen Schuldner nicht habe feststellen können.

Unter Berücksichtigung der oben aufgezählten Sachverhalte hat das Untere Volksgericht Jinshan-Bezirk die Anwendung der materiellen Konsolidierung nicht angeordnet, sondern als von Gläubigern akzeptierten „Verteilungsplan" bestätigt.[935] Denn anders als bei dem Fall der Hantang-Gruppe ging das Untere Volksgericht Jinshan-Bezirk davon aus, dass die Anwendung der materiellen Konsolidierung noch von der Zustimmung der Gläubiger abhänge, weil deren Anwendung der Gläubigerautonomie unterliege.[936] Durch die Gläubigerautonomie sei es gerechtfertigt, dass einige Gläubiger wegen materieller Konsolidierung geschädigt werden könnten.[937] Die Abstimmung der Gläubiger erfolgte in der jeweiligen Gläubigerversammlung der drei Gesellschaften mit einer einfachen Mehrheit,[938] weil die Abwicklung des Insolvenzverfahrens als eine besondere Gesamtvollstreckung immer auf eine Zustimmung mit Mehrheit basiere und keine Einmütigkeit voraussetze.[939]

Das Untere Volksgericht Jinshan-Bezirk hat weiter die Anwendung der materiellen Konsolidierung mit den Argumenten begründet, dass das Einhalten der selbstständigen Rechtspersönlichkeit und Haftungsbeschränkung einer Gesellschaft voraussetze, dass sie tatsächlich als eine selbstständige juristische Person behandelt werde.[940] In diesem Fall wurden aber die drei Gesellschaften von demselben Beherrschenden faktisch nicht als drei selbstständige juristische Personen betrachtet, deshalb sollten sie juristisch auch nicht als drei selbstständige juristische Personen

935 Vgl. Wang/Huang/Gao, in VRS 2010 (16), S. 35.
936 Wang/Huang/Gao, in VRS 2010 (16), S. 35.
937 Wang/Huang/Gao, in VRS 2010 (16), S. 34.
938 Ausführliche Statistik siehe Wang/Huang/Gao, in VRS 2010 (16), S. 34.
939 Wang/Huang/Gao, in VRS 2010 (16), S. 35.
940 Wang/Huang/Gao, in VRS 2010 (16), S. 34.

anerkannt werden.[941] Ferner sei es effizienter, die Verfahren zusammengefasst abzuwickeln.[942] Als Gegenbeispiel hat das Untere Volksgericht auf die Insolvenz der Delong-Gruppe hingewiesen, wobei die Verfahren wegen der separaten Abwicklung bis jetzt noch nicht abgeschlossen und teilweise unterbrochen seien.[943]

7.2.3 Zwischenergebnis

Obwohl die materielle Konsolidierung in China noch nicht gesetzlich geregelt ist, wird sie in der Gerichtspraxis schon angewendet. Die Rechtsprechung hat zwar zunächst das geltende UInsG streng eingehalten, aber dann mit dem Ansichtswandel des OVG die materielle Konsolidierung unter bestimmten Voraussetzungen in Anspruch genommen. Die Wende hängt mit den bestimmten Konzernrealitäten in China, namentlich den häufig vorkommenden Vermögensverschiebungen und -verstecken, Vermögensvermischungen und gegenseitigen dinglichen Sicherungen zusammen. Diese Konzernrealitäten haben nicht nur die Abwicklung der Insolvenzverfahren erschwert, sondern auch die Gläubigerbefriedigung sowie die marktwirtschaftliche Ordnung gefährdet.

In den zwei Musterfälle wird die materielle Konsolidierung zurückhaltend und eingeschränkt in Anspruch genommen, wobei die Prinzipien der Selbstständigkeit und Haftungsbeschränkung des GesG bei der Anwendung der materiellen Konsolidierung berücksichtigt werden. Bei Anordnung der materiellen Konsolidierung spielt das Vorliegen der Vermögensvermischung die entscheidende Rolle. Das Vermögen der Konzerngesellschaften sollte so vermischt werden, dass eine Differenzierung entweder objektiv unmöglich oder wirtschaftlich unzumutbar. Unter objektiver Unmöglichkeit versteht man, dass die Differenzierung sachlich unmöglich ist. Wirtschaftliche Unzumutbarkeit beschreibt, dass eine Differenzierung zwar möglich, aber deren Kosten so hoch ist, dass die Gläubiger dadurch wesentlich geschädigt werden und dementsprechend die materielle Konsolidierung die einzige effiziente Lösung geworden ist. Die Personal-, Buchführungs-, Geschäfts- und Sphärenvermischung werden ebenfalls berücksichtigt.

Obwohl die materielle Konsolidierung in China schon in Anspruch genommen wird, ist deren Einführung in das chinesische Insolvenzrecht weiterhin fraglich, weil die Anwendungsvoraussetzungen noch unpräzise und gewissermaßen unklar sind. Außerdem wird die materielle Konsolidierung noch nicht dogmatisch geprüft. Deswegen bleibt die Zukunft der materiellen Konsolidierung in China noch ungewiss, und eine weitere Auseinandersetzung ist deshalb wegen der Konzernrealitäten in China dringend notwendig.

941 Wang/Huang/Gao, in VRS 2010 (16), S. 34.
942 Wang/Huang/Gao, in VRS 2010 (16), S. 35.
943 Wang/Huang/Gao, in VRS 2010 (16), S. 35.

7.3 Stand der Literatur

In der Literatur vollzieht sich eine intensive Auseinandersetzung mit der materiellen Konsolidierung. Deren Einführung in das chinesische Insolvenzrecht findet in der Literatur eine breite Befürwortung.[944] Es wird sogar die Meinung vertreten, dass die materielle Konsolidierung generell auf die Insolvenz der verbundenen Unternehmen Anwendung finden sollte.[945] Die Gegenmeinung, die sich gegen Einführung der materiellen Konsolidierung ausspricht, existiert zwar in der Literatur, vertritt jedoch eine eher schwache Position.[946] Der Koordinierungsmechanismus für die Konzerninsolvenz wird in der Literatur selten berücksichtigt.[947]

7.3.1 Meinungen für die Einführung der materiellen Konsolidierung

Unter materieller Konsolidierung versteht man in der Literatur in China, dass die Aktiva und Passiva der insolventen verbundenen Unternehmen in einer einheitlichen Masse zusammengefasst werden, mit der alle Insolvenzgläubiger der insolventen verbundenen Unternehmen quotenmäßig befriedigt werden.[948] Mit der materiellen Konsolidierung werden die verbundenen Unternehmen als eine Einheit angesehen.[949] Ihre Rechtspersönlichkeit und die Haftungsbeschränkung werden durchbrochen. Die internen Forderungen und Schulden zwischen den verbundenen Unternehmen sind wegen der materiellen Konsolidierung erloschen.[950] Nach einer materiellen Konsolidierung spielt es keine Rolle mehr, welches Gruppenunternehmen für einen Gläubiger schuldet.[951] Durch materielle Konsolidierung entsteht nur ein einziges Insolvenzverfahren für alle insolventen verbundenen Unternehmen. Nur ein einziger Insolvenzverwalter wird bestellt, und nur ein Gericht ist für das Verfahren zuständig.

944 Statt vieler siehe Sun, Diss., S. 162 ff.; Xing, Diss., S. 89 ff.

945 Vgl. Sun, Diss., S. 160 ff.; Wang/Cai, in PR 2008 (9), S. 33.

946 Nur Ji/Li, in Wang/Yin(Hrsg.), InsRF (2), S. 358. Vgl. auch Hou, in CRA 2009 (3), S. 71, der aber meint: „Die materielle Konsolidierung ist erst möglich, wenn das OVG dem Antrag auf materielle Konsolidierung von einem niedrigen Gericht stattgibt."

947 Siehe unten 7.3.3.

948 Statt vieler siehe Sun, Diss., S. 71; Fu, Diss., S. 90; Wang/Zhou, in FPR 2011 (6), S. 72. vgl. auch oben 4.2.1.

949 Sun, Diss., S. 72.

950 Fu, Diss., S. 90.

951 Sun, Diss., S. 72.

7.3.1.1 *Begründung der Einführung der materiellen Konsolidierung in der Literatur*

7.3.1.1.1 *Insuffiziente Regelungen der Konzerninsolvenz*

In der Literatur geht die herrschende Meinung davon aus, dass Regulierungen für Konzerne fehlen,[952] was zur Folge hat, dass bestimmte Konzernrealitäten[953] in der Praxis in China häufig vorkommen.[954] Wegen der Regelungslücke können Gläubiger im Falle einer Konzerninsolvenz unter bestimmten Konzernrealitätenwesentlich geschädigt werden. Zu den bestimmten Konzernrealitäten gehören der Missbrauch der Rechtspersönlichkeit der juristischen Person und vor allem die dadurch verursachte Vermögensvermischung. Diese bestimmten Konzernrealitäten können außer der Gläubigerschädigung die Insolvenzrechtsgrundsätze gefährden und zum Verlust der Sanierungschancen führen.[955] Diese Problematik kann durch die geltenden Gesetze nicht bewältigt werden.[956]

Als Instrumente zur Bewältigung der Gläubigerschädigung und Sanierungschancenverluste werden in der Literatur „Piercing the corporate veil (*Durchgriffshaftung, Disregard of Corporate Personality*)" gemäß §§ 20 Abs. 3 und 63 GesG und die Insolvenzanfechtung nach §§ 31, 32 UInsG sowie die unwirksamen Handlungen gemäß § 33 UInsG genannt.[957] Allerdings gilt „Piercing the corporate veil" nach §§ 20 Abs. 3 und 63 GesG nur für Gesellschafter. Auf den faktisch Beherrschenden findet „Piercing the corporate veil" keine Anwendung.[958] In der Praxis entstehen verbundene Unternehmen nicht nur durch mehrheitlichen Anteilsbesitz, sondern auch durch Vertrag oder faktische Beherrschung in anderer Art. Außerdem bezieht sich „Piercing the corporate veil" nur auf konkrete Einzelhandlungen.[959] Letztlich fehlen für die Anwendung der „Piercing the corporate veil" konkrete gesetzliche Voraussetzungen und die richterliche Rechtsprechung.[960]

Die Insolvenzanfechtung gemäß §§ 31 ff. UInsG kann die Gläubiger nicht vor einer geplanten Insolvenz schützen, weil die Insolvenzanfechtung nur auf bestimmte Handlungen innerhalb eines Jahres vor dem Insolvenzantrag zurückgreifen kann,

---

952 FT des Shenyang MV, in Wang/Yin (Hrsg.), InsRF (5), S. 91; vgl. auch oben Kapitel 5.

953 Vgl. oben 7.2.2.1.

954 Liu/Yang, in Wang/Yin (Hrsg.), InsRF (7), S. 363; vgl. auch FT des Shenyang MV, in Wang/Yin (Hrsg.), InsRF (5), S. 92.

955 Vgl. oben 7.2.2.1.

956 Ausführlich siehe FT des Shenyang MV, in Wang/Yin (Hrsg.), InsRF (5), S. 99 ff.; Wang/Zhou, in JBUAA 2012 (2), S. 53 ff.; Fu, Diss., S. 51 ff.; Sun, Diss., S. 112 ff.

957 Sun, Diss., S. 112 ff.; FT des Shenyang MV, in Wang/Yin (Hrsg.), InsRF (5), S. 99 ff.; Wang/Zhou, in JBUAA 2012 (2), S. 53 f.; Fu, Diss., S. 51 ff.

958 Sun, Diss., S. 116 f.; FT des Shenyang MV, in Wang/Yin (Hrsg.), InsRF (5), S. 103; Wang/Zhou, in JBUAA 2012 (2), S. 53.

959 Sun, Diss., S. 117; Wang/Zhou, in JBUAA 2012 (2), S. 53.

960 Sun, Diss., S. 117.

und viele geplante Handlungen, die zu späteren Insolvenzen führen können, bereits mehr als ein Jahr vor dem Insolvenzantrag vorgenommen werden.[961] Außerdem ist die Insolvenzanfechtung in der Vermögensvermischung kaum durchsetzbar.[962]

7.3.1.1.2 Vorteile der materiellen Konsolidierung

Die herrschende Meinung, die sich für die Einführung der materiellen Konsolidierung ausspricht, geht davon aus, dass mit den folgenden Vorteilen die materielle Konsolidierung die oben erwähnte Gesetzeslücke schließen und die Interessen der Gläubiger sowie die Grundsätze des Insolvenzrechts bewahren kann.

Als erster Vorteil wird in der Literatur die Gewährleistung der materiellen Gerechtigkeit genannt.[963] Im Konzern dienen die abhängigen Unternehmen häufig als Opfer der Ausweitung der Konzerninteressen bzw. der Interessen des herrschenden Unternehmens oder der Interessen eines anderen als des verbundenen Unternehmens.[964] Bei einer diesfalls separaten Abwicklung von Insolvenzverfahren der verbundenen Unternehmen käme es zu einer Bereicherung bestimmter Gläubiger und dementsprechend zur Schädigung anderer.[965] Dies führe zu schwerwiegend ungerechten Ergebnissen,[966] die die materielle Konsolidierung dadurch vermeiden bzw. bewältigen kann, dass alle gleichrangigen Gläubiger mit derselben Quote von einer zusammengefassten Masse befriedigt werden.[967] Darüber hinaus existieren alle Forderungen bzw. gesicherten Forderungen zwischen den verbundenen Unternehmen wegen der materiellen Konsolidierung nicht mehr, was als Folge der gerechten Gläubigerbefriedigung angesehen werden kann, weil ohne materielle Konsolidierung die anderen verbundenen Unternehmen als Absonderungsgläubiger vorrangig im Vergleich zu den anderen, den nicht-dinglichen gesicherten Gläubigern befriedigt werden können.[968] Durch die materielle Konsolidierung werde der Gläubigerschutz nicht auf die formelle Rechtspersönlichkeit der Gesellschaft beschränkt. Die materielle Konsolidierung stelle sich als ein Sonderschutz für die

961 FT des Shenyang MV, in Wang/Yin (Hrsg.), InsRF (5), S. 99 f.; Sun, Diss., S. 121; Fu, Diss., S. 60.

962 Wang/Zhou, in JBUAA 2012 (2), S. 53.

963 Vgl. FT des Shenyang MV, in Wang/Yin (Hrsg.), InsRF (5), S. 97; Liu/Yang, in Wang/Yin (Hrsg.), InsRF (7), S. 363 f.; Yuan, in Wang/Yin (Hrsg.), InsRF (7), S. 375; Xiang, in JHAC 2012 (2), S. 90; Wang/Zhou, in FPR 2011 (6), S. 72; Wang/Zhou, in JBUAA 2012 (2), S. 56; Sun, Diss., S. 159 ff.; Wang/Cai, in PR 2008 (9), S. 32; Fu, Diss., S. 130.

964 Liu/Yang, in Wang/Yin (Hrsg.), InsRF (7), S. 364; Wang/Zhou, in JBUAA 2012 (2), S. 56; Fu, Diss., S. 130.

965 Liu/Yang, in Wang/Yin (Hrsg.), InsRF (7), S. 364; FT des Shenyang MV, in Wang/Yin (Hrsg.), InsRF (5), S. 97; Wang/Zhou, in JBUAA 2012 (2), S. 56; Fu, Diss., S. 130.

966 Fu, Diss., S. 130.

967 Fu, Diss., S. 130; Liu/Yang, in Wang/Yin (Hrsg.), InsRF (7), S. 364.

968 FT des Shenyang MV, in Wang/Yin (Hrsg.), InsRF (5), S. 98.

Gläubiger in schwacher Lage dar und strebe als ein Rechtsinstitut nach dem Endziel des Rechtssystems, und zwar materieller Gerechtigkeit.[969]

Die materielle Konsolidierung bringe zudem Effizienz mit sich.[970] Durch Konsolidierung werden alle Forderungen und Schulden innerhalb der verbundenen Unternehmen automatisch gelöscht. Damit werde der Arbeits- und Zeitaufwand der Verfahrensabwicklung wesentlich reduziert, insbesondere, wenn wegen der Vermögensvermischung oder gegenseitiger Absicherung die Feststellung der einzelnen Masse schwer oder sogar kaum möglich sei.[971] Durch die materielle Konsolidierung entstehe nur ein einheitliches Insolvenzverfahren, wodurch mögliche Streitfälle zwischen den verbundenen Unternehmen beseitigt und Verfahren effizienter abgewickelt werden.[972]

Die materielle Konsolidierung trägt ferner zur Kostenersparnis bei. Die Kosten für die Differenzierung der verschiedenen Massen werden gespart.[973] Eine effizientere Abwicklung spart Zeit und bringt folglich wirtschaftliche Vorteile mit sich. Die materielle Konsolidierung kann nicht nur Kosten und Zeit sparen, sondern auch durch eine gemeinsame Verwertung des Vermögens zur Wertschöpfung beitragen.[974]

Nicht zuletzt kann die Sanierungschance der verbundenen Unternehmen durch die materielle Konsolidierung wesentlich verbessert werden,[975] weil die Synergie-Effekte weiter in der Sanierung erhalten bleiben können und die Streitfälle zwischen den verbundenen Unternehmen bezüglich der internen Forderungen nicht mehr existieren.[976]

7.3.1.1.3 Bewältigung der Nachteile der materiellen Konsolidierung

Die materielle Konsolidierung birgt in sich aber auch Nachteile, welche von der in der Literatur herrschenden Meinung nicht übersehen werden, die davon ausgeht, dass die Nachteile der materiellen Konsolidierung im Wesentlichen auf zwei Punkten basieren: Zum einen widerspricht die materielle Konsolidierung der Rechtspersönlichkeit bzw. rechtlichen Selbstständigkeit der juristischen Person. Das Trennungs- und Haftungsbeschränkungsprinzip wird durch die materielle Konsolidierung komplett durchbrochen. Der Widerspruch der Rechtspersönlichkeit und der Durchbruch der Vermögenstrennung und Haftungsbeschränkung könnten nach

969 Wang/Zhou, in JBUAA 2012 (2), S. 56.
970 Liu/Yang, in Wang/Yin (Hrsg.), InsRF (7), S. 364; FT des Shenyang MV, in Wang/Yin (Hrsg.), InsRF (5), S. 98; Wang/Zhou, in JBUAA 2012 (2), S. 56 f.; Wang/Zhou, in FPR 2011 (6), S. 72; Sun, Diss., S. 157; Fu, Diss., S. 130.
971 FT des Shenyang MV, in Wang/Yin (Hrsg.), InsRF (5), S. 98; Fu, Diss., S. 130.
972 FT des Shenyang MV, in Wang/Yin (Hrsg.), InsRF (5), S. 98; Wang/Zhou, in JBUAA 2012 (2), S. 57.
973 FT des Shenyang MV, in Wang/Yin (Hrsg.), InsRF (5), S. 98.
974 Wang/Zhou, in JBUAA 2012 (2), S. 57; Wang/Zhou, in FPR 2011 (6), S. 72.
975 Vgl. Wang/Zhou, in FPR 2011 (6), S. 72; Wang/Zhou, in JBUAA 2012 (2), S. 55, 57.
976 Wang/Zhou, in FPR 2011 (6), S. 72.

der h. M. durch „Piercing the corporate veil" geheilt werden.[977] Die materielle Konsolidierung stelle sich als eine besondere Anwendung der „Piercing the corporate veil" in der Konzerninsolvenz dar.[978] Die Rechtspersönlichkeit einer Gesellschaft sei zu erhalten, wenn deren Gesellschafter oder faktischer Beherrschender auf die Rechtspersönlichkeit der Gesellschaft achte und nicht in die Bereiche Personal und Vermögen sowie Buchhaltung eingreife.[979]

Zum anderen kann die materielle Konsolidierung die Gläubiger schädigen, die ohne Konsolidierung mehr von der Masse erhalten würden. Dieser Nachteil könnte durch Zustimmung der Gläubiger geheilt werden.[980] Die Zustimmung einer einfachen Mehrheit der Gläubiger reiche aus, weil das Insolvenzverfahren als ein Gesamtbefriedigungsverfahren bei Gläubigerautonomie immer auf Stimmenmehrheit basiere.[981]

7.3.1.2 Gewöhnliche oder außergewöhnliche Anwendung

Aus den oben erwähnten Gründen geht die herrschende Meinung in der Literatur von der Einführung der materiellen Konsolidierung aus, wobei in der Literatur zwischen der gewöhnlichen *(„普遍适用")* und außergewöhnlichen Anwendung *(„例外适用")* unterschieden wird. Unter gewöhnlicher Anwendung versteht man eine prinzipielle bzw. automatische Anwendung der materiellen Konsolidierung in der Konzerninsolvenz, es sei denn, die Gläubiger weisen nach, dass die materielle Konsolidierung ihre Interessen beeinträchtigt oder die Gesellschaften in der Unternehmensgruppe unabhängig sind und nicht gemeinsam als eine Einheit geführt werden.[982] Dagegen gilt nach Ansicht der außergewöhnlichen Anwendung die materielle Konsolidierung nur in Ausnahmefällen, und zwar selbst dann, wenn bestimmte Voraussetzungen erfüllt werden oder bestimmte Konstellationen vorliegen.[983]

In der Literatur werden einige Argumente für eine gewöhnliche Anwendung der materiellen Konsolidierung vorgebracht. Die gewöhnliche Anwendung der materiellen Konsolidierung hänge zunächst mit den unentwickelten Gesellschafts- und

977 Dong, in Wang/Yin (Hrsg.), InsRF (5), S. 136; Wang/Zhou, in JBUAA 2012 (2), S. 56; Sun, Diss., S. 157; Fu, Diss. S. 93.
978 Sun, Diss., S. 157; Fu, Diss. S. 93.
979 Wang/Huang/Gao, in VRS 2010 (16), S. 34.
980 FT des Shenyang MV, in Wang/Yin (Hrsg.), InsRF (5), S. 99; Wang/Huang/Gao, in VRS 2010 (16), S. 35.
981 Wang/Huang/Gao, in VRS 2010 (16), S. 35.
982 Wang/Cai, in PR 2008 (9), S. 33; Sun, Diss., S. 156; Yuan, in Wang/Yin (Hrsg.), InsRF (7), S. 381 f.; ähnlich auch Tao/Shi, in Wang/Yin (Hrsg.), InsRF (7), S. 359 f.
983 Fu, Diss., S. 131 ff.; He, in Wang/Yin (Hrsg.), InsRF (7), S. 348 f.; Liu/Yang, in Wang/Yin (Hrsg.), InsRF (7), S. 369 ff., wohl auch FT des Shenyang MV, in Wang/Yin (Hrsg.), InsRF (5), S. 114.

Insolvenzrechten zusammen.[984] Zweitens befinde sich das wirtschaftliche Phänomen der Unternehmensgruppe in China noch in der Anfangsphase,[985] wobei Vermögensverschiebung und -versteck sowie Missbrauch der Rechtspersönlichkeit in der Konzernpraxis durchaus vorkommen.[986] Drittens könnte die materielle Konsolidierung zu einem funktionslosen Rechtsinstitut werden, wenn sie nur auf Ausnahmefälle Anwendung finde, weil es für die Gläubiger kaum möglich sei, das Vorliegen der Voraussetzungen für eine materielle Konsolidierung nachzuweisen.[987] Deswegen werde das Vorliegen der Voraussetzungen der materiellen Konsolidierung zunächst vermutet. Schuldner oder Gläubiger müssten, falls sie das Vorliegen der Schädigung eigener Interessen bei einer materiellen Konsolidierung behaupten, die Nicht-Erfüllung der Voraussetzungen der materiellen Konsolidierung beweisen.[988]

Die Gegenansicht fürchtet einen Missbrauch der materiellen Konsolidierung bei der gewöhnlichen Anwendung, was wiederum zu einer schwerwiegenden Gläubigerschädigung führen könne.[989] Ferner gebe es noch kein Land, dessen Gesetze oder Rechtsprechung für eine gewöhnliche Anwendung der materiellen Konsolidierung sprächen.[990] Nicht zuletzt übersähen die Befürworter einer gewöhnlichen Anwendung der materiellen Konsolidierung die Konzernpraxis, in der die Rechtspersönlichkeiten der Gesellschaften rechtmäßig bewahrt werden.[991]

7.3.1.3 Anwendungsvoraussetzungen

Sowohl die Ansicht der außergewöhnlichen Anwendung als auch die Gegenansicht der gewöhnlichen Anwendung der materiellen Konsolidierung gehen davon aus, dass die materielle Konsolidierung nur unter bestimmten Voraussetzungen stattfinden kann. Bei der Ansicht für eine gewöhnliche Anwendung handelt es sich allein um eine Beweislastumkehr[992] bzw. Beweiserleichterung[993], weil es für die Gläubiger

984 Sun, Diss., S. 160 f.; Wang/Cai, in PR 2008 (9), S. 33; Yuan, in Wang/Yin (Hrsg.), InsRF (7), S. 381.
985 Sun, Diss., S. 161; Wang/Cai, in PR 2008 (9), S. 33; Yuan, in Wang/Yin (Hrsg.), InsRF (7), S. 381.
986 Sun, Diss., S. 161; Wang/Cai, in PR 2008 (9), S. 33; Yuan, in Wang/Yin (Hrsg.), InsRF (7), S. 381.
987 Sun, Diss., S. 161; Wang/Cai, in PR 2008 (9), S. 33.
988 Sun, Diss., S. 161; Wang/Cai, in PR 2008 (9), S. 33; Yuan, in Wang/Yin (Hrsg.), InsRF (7), S. 382.
989 Fu, Diss., S. 131 f.; Liu/Yang, in Wang/Yin (Hrsg.), InsRF (7), S. 370.
990 Fu, Diss., S. 132.
991 Fu, Diss., S. 133.
992 Sun, Diss., S. 161; Wang/Cai, in PR 2008 (9), S. 33; Yuan, in Wang/Yin (Hrsg.), InsRF (7), S. 382.
993 Yuan, in Wang/Yin (Hrsg.), InsRF (7), S. 382.

als Antragsteller der materiellen Konsolidierung kaum möglich sei, das Vorliegen der Voraussetzungen der materiellen Konsolidierung nachzuweisen.[994]

Die Literatur setzt sich heftig mit den Anwendungsvoraussetzungen der materiellen Konsolidierung auseinander. Eine übereinstimmende Meinung gibt es in der Literatur noch nicht. Während manche Vertreter der materiellen Konsolidierung diese nur von den materiell-rechtlichen Bedingungen abhängig machen, fordern andere für deren Anwendung die Zustimmung der Gläubiger. Außerdem findet man in der Literatur keinen Konsens über die materiell-rechtlichen Voraussetzungen der materiellen Konsolidierung.

In der Literatur wird die Ansicht vertreten, dass die materielle Konsolidierung in der Konzerninsolvenz allein bei Vorliegen einer wesentlichen Vermischung der Rechtspersönlichkeiten der verbundenen Unternehmen gelten solle.[995] Diese entstehe aus dem Missbrauch der kontrollierenden Position der Muttergesellschaft,[996] ausübertriebener Kontrolle der Muttergesellschaft oder aus betrügerischen Handlungen,[997] wodurch die Unabhängigkeit und Rechtspersönlichkeit der Tochtergesellschaften wesentlich vernachlässigt bzw. bedroht[998] und die Interessen der Gläubiger beschädigt werden.[999] Einer wesentlichen Vermischung der Rechtspersönlichkeiten könne man kaum eine richtige Definition geben.[1000] Um das deren Vorliegen zu prüfen, stellt diese Ansicht auf einige wichtige Kriterien ab. Zu denen gehören vor allem die Vermögens-, Buchführungs-, Geschäfts- und Sphärenvermischung.[1001] Die Vermögensvermischung beschreibt die Situation, dass die Muttergesellschaft willkürlich und ohne Rücksichtnahme auf die Rechtspersönlichkeit der Tochtergesellschaften über deren Vermögen verfügt und dieses mit ihrem Vermögen vermischt, was zu einer erschwerten oder unmöglichen Vermögenstrennung geführt habe.[1002] Eine Buchführungsvermischung liegt vor, wenn die Tochtergesellschaften kein eigenes oder selbstständiges Buchhaltungssystem innehaben und deren Bücher von der Muttergesellschaft geführt werden.[1003] Eine Geschäftsvermischung bezeichnet die Fälle, in denen die Muttergesellschaft und die Tochtergesellschaften

994 Sun, Diss., S. 161; Wang/Cai, in PR 2008 (9), S. 33; Yuan, in Wang/Yin (Hrsg.), InsRF (7), S. 382.

995 Yuan, in Wang/Yin (Hrsg.), InsRF (7), S. 379; Liu/Yang, in Wang/Yin (Hrsg.), InsRF (7), S. 367; Liu/Chi, in ARZH 2012 (4), S. 147 f.; ähnlich auch Wang/Zhou, in FPR 2011 (6), S. 76.

996 Yuan, in Wang/Yin (Hrsg.), InsRF (7), S. 379.

997 Liu/Yang, in Wang/Yin (Hrsg.), InsRF (7), S. 367.

998 Yuan, in Wang/Yin (Hrsg.), InsRF (7), S. 379.

999 Liu/Yang, in Wang/Yin (Hrsg.), InsRF (7), S. 367; Liu/Chi, in ARZH 2012 (4), 141, 144.

1000 Liu/Chi, in ARZH 2012 (4), S. 145.

1001 Vgl. Wang/Yin (Hrsg.), InsRF (7), S. 379 f.; Liu/Yang, in Wang/Yin (Hrsg.), InsRF (7), S. 368; Liu/Chi, in ARZH 2012 (4), S. 144; Wang/Zhou, in FPR 2011 (6), S. 76.

1002 Wang/Yin (Hrsg.), InsRF (7), S. 379.

1003 Wang/Yin (Hrsg.), InsRF (7), S. 380; vgl. auch Liu/Chi, in ARZH 2012 (4), S. 144.

als eine Einheit im Geschäftsverkehr auftreten und sich in demselben Geschäft nicht individuell identifizieren lassen.[1004] Unter einer Sphärenvermischung versteht man die Organ- oder Personalvermischung zwischen den Mutter- und Tochtergesellschaften, wodurch die Gesellschaften organisatorisch nicht deutlich oder überhaupt nicht voneinander zu trennen sind.[1005] Eines der oben genannten Kriterien reicht in der Regel nicht aus, um das Vorliegen der wesentlichen Vermischung der Rechtspersönlichkeiten nachzuweisen.[1006] Die Vermischung der Rechtspersönlichkeiten sollte andauernd, umfangreich und schwerwiegend sein.[1007] Eine einmalige, einzelne oder leichte Vermischung der Rechtspersönlichkeiten führe zu keiner materiellen Konsolidierung.[1008]

Neben dem Vorliegen einer wesentlichen Vermischung der Rechtspersönlichkeiten geht eine andere Ansicht davon aus, dass die materielle Konsolidierung erst Anwendung finde, wenn ohne diese das Vertrauensinteresse der Gläubiger und deren Interesse an den Insolvenzmassen beschädigt würden.[1009] Das Vertrauensinteresse der Gläubiger entsteht dadurch, dass die Muttergesellschaft und die Tochtergesellschaften gemeinsam als eine Einheit im Wirtschaftsverkehr auftreten.[1010] Die Gläubiger haben nicht aufgrund des Vertrauens auf die Zahlungsfähigkeit einer einzelnen Gesellschaft, sondern wegen des Vertrauens auf die Zahlungsfähigkeit der gesamten Unternehmensgruppe Rechtsgeschäfte abgeschlossen.[1011] Falls ein Gläubiger aufgrund des Vertrauens auf die Zahlungsfähigkeit einer einzelnen Gesellschaft der Unternehmensgruppe mit dieser Verträge abgeschlossen hat, findet die materielle Konsolidierung keine Anwendung oder zumindest nicht auf diese Forderungen in der Konzerninsolvenz.[1012] Letztlich legt diese Ansicht mehr Wert auf die Vermögensvermischung als auf die oben erwähnten anderen Kriterien. Die Vermögensvermischung muss ferner so stark sein, dass eine Trennung unmöglich sei oder wegen der hohen Kosten die Interessen der Gläubiger schädige.[1013] Die Kosten für die Vermögenstrennung sollten einen großen Teil aller Massen oder sämtliche Massen ausmachen.[1014] Die Gläubigerschädigung liege nicht vor, wenn alle Gläubiger von der materiellen Konsolidierung profitieren.[1015]

1004 Wang/Yin (Hrsg.), InsRF (7), S. 380.
1005 Wang/Yin (Hrsg.), InsRF (7), S. 380.
1006 Vgl. Liu/Chi, in ARZH 2012 (4), S. 145.
1007 Liu/Chi, in ARZH 2012 (4), S. 145.
1008 Liu/Chi, in ARZH 2012 (4), S. 145.
1009 He, in Wang/Yin (Hrsg.), InsRF (7), S. 348 f.; Fu, Diss., S. 133 ff.; Sun, in Wang/Yin (Hrsg.), InsRF (2), S. 308.
1010 He, in Wang/Yin (Hrsg.), InsRF (7), S. 349.
1011 Fu, Diss., S. 135.
1012 Fu, Diss., S. 135.
1013 He, in Wang/Yin (Hrsg.), InsRF (7), S. 349; Fu, Diss., S. 135 f.
1014 Fu, Diss., S. 136; Sun, in Wang/Yin (Hrsg.), InsRF (2), S. 308.
1015 He, in Wang/Yin (Hrsg.), InsRF (7), S. 349.

Eine andere Ansicht macht die Anwendung der materiellen Konsolidierung allein von dem Vorliegen der Vermögensvermischung abhängig.[1016] Eine Trennung sollte auch – wie oben erwähnt- unmöglich sein oder so exorbitant hohe Kosten verursachen, das dies sämtliche Gläubiger schädigen könne.[1017] Diese Ansicht sieht das Vertrauen der Gläubiger hier als eine entbehrliche Voraussetzung an, weil das dieses häufig schwer zu beweisen sein könne.[1018] Außerdem könne der einzelne kleine Gläubiger die Anwendung der materiellen Konsolidierung wegen des Vertrauensinteresses verhindern und dadurch die Interessen der anderen Gläubiger schädigen.[1019]

Schließlich geht eine weitere Ansicht für die Anwendung der materiellen Konsolidierung von noch strengeren Voraussetzungen aus. Nach dieser Ansicht kann die materielle Konsolidierung in der Konzerninsolvenz nur beim Vorliegen einer untrennbaren Vermögensvermischung beansprucht werden.[1020] Die Unmöglichkeit der Vermögenstrennung müsste durch eine unabhängige, selbstständige dritte Organisation geprüft und bestätigt werden.[1021] Ferner müsste die Zustimmung der Gläubiger jeder Gesellschaft eingeholt werden.[1022] Die Zustimmung der Gläubiger liege vor, wenn in jeder Gläubigerversammlung jeder insolventen Gesellschaft über die materielle Konsolidierung mit einer einfachen Mehrheit abstimmt werde,[1023] wobei die Absonderungsgläubiger über kein Stimmrecht verfügten.[1024] Letztlich müssten die Bestätigung der Unmöglichkeit der Vermögenstrennung und die Zustimmung der Gläubiger von dem Insolvenzgericht überprüft und bestätigt werden.[1025] Das Insolvenzgericht müsste die Unmöglichkeit der Vermögenstrennung auf rechtlicher Ebene prüfen bzw. begutachten.[1026] Ferner sollte das Insolvenzgericht die Gültigkeit der Gläubigerzustimmung überprüfen.[1027] Schließlich sollte das Insolvenzgericht

1016 Wang/Cai, in PR 2008 (9), S. 33 f.; Sun, Diss., S. 163 f.; Xiang, in JHAC 2012 (2), S. 91.

1017 Wang/Cai, in PR 2008 (9), S. 33; Sun, Diss., S. 163.

1018 Wang/Cai, in PR 2008 (9), S. 34.

1019 Sun, Diss., S. 164.

1020 Wang/Huang/Gao, in VRS 2010 (16), S. 36; Wang/Huang, in ZVG vom 18.08.2010, S. 7; Tao/Shi, in Wang/Yin (Hrsg.), InsRF (7), S. 360.

1021 Wang/Huang/Gao, in VRS 2010 (16), S. 36; Wang/Huang, in ZVG vom 18.08.2010, S. 7; Tao/Shi, in Wang/Yin (Hrsg.), InsRF (7), S. 360.

1022 Wang/Huang/Gao, in VRS 2010 (16), S. 36; Wang/Huang, in ZVG vom 18.08.2010, S. 7; Tao/Shi, in Wang/Yin (Hrsg.), InsRF (7), S. 360.

1023 Wang/Huang/Gao, in VRS 2010 (16), S. 36; Wang/Huang, in ZVG vom 18.08.2010, S. 7.

1024 Wang/Huang/Gao, in VRS 2010 (16), S. 36; Wang/Huang, in ZVG vom 18.08.2010, S. 7.

1025 Wang/Huang/Gao, in VRS 2010 (16), S. 36; Wang/Huang, in ZVG vom 18.08.2010, S. 7; Tao/Shi, in Wang/Yin (Hrsg.), InsRF (7), S. 360.

1026 Wang/Huang/Gao, in VRS 2010 (16), S. 36; Wang/Huang, in ZVG vom 18.08.2010, S. 7.

1027 Wang/Huang/Gao, in VRS 2010 (16), S. 36; Wang/Huang, in ZVG vom 18.08.2010, S. 7; Tao/Shi, in Wang/Yin (Hrsg.), InsRF (7), S. 360.

neben der Vermögensvermischung andere interne Verhältnisse zwischen den Gesellschaften berücksichtigen.[1028] Erst nach Bestätigung des Insolvenzgerichts finde dann die materielle Konsolidierung statt.[1029]

Aufgrund der oben erwähnten verschiedenen Meinungen in der Literatur kann man darauf schließen, dass die Voraussetzungen für die Anwendung der materiellen Konsolidierung sehr streng sein sollten. Man kann ferner einen Konsens bei den verschiedenen Meinungen feststellen, dass die materielle Konsolidierung im Fall einer untrennbaren Vermögensvermischung stattfinden soll. Außerdem wird den Gläubigerinteressen und der Gläubigerautonomie in der Literatur eine große Bedeutung beigemessen.

7.3.1.4 Verfahrensgestaltung der materiellen Konsolidierung

Die herrschende Meinung, die sich für die Einführung der materiellen Konsolidierung ausspricht, hat in der Literatur versucht, nicht nur deren Einführung zu begründen, sondern auch die Verfahrensgestaltung der materiellen Konsolidierung zu erforschen, wobei es hauptsächlich um die Antragstellung, Zuständigkeit und Verwalterbestellung geht.

Es wird in der Literatur übereinstimmend empfohlen, dass die Anwendung der materiellen Konsolidierung prinzipiell auf Antrag und nur ausnahmsweise direkt von Amts wegen (*ex officio*) erfolgen sollte.[1030] Antragsberechtigt sollten Gläubiger, Schuldner und Verwalter sein.[1031] Dem Gesellschafter des Schuldners sollte ebenfalls gestattet werden, die Anwendung der materiellen Konsolidierung im Falle der Sanierung zu beantragen.[1032]

Findet in der Konzerninsolvenz die materielle Konsolidierung statt, dann ist ein einzelnes Gericht dafür zuständig. Während eine Meinung von der Zuständigkeit des Gerichts ausgeht, in dessen Bezirk der Sitz der beherrschenden Gesellschaft bzw. Muttergesellschaft liegt,[1033] spricht eine andere Meinung sich für das Gericht an dem Ort aus, wo sich das hauptsächliche Vermögen des Konzerns befindet.[1034] In der Literatur besteht Einigkeit darüber, dass der Gerichtsstand durch das gemeinsame

1028 Wang/Huang/Gao, in VRS 2010 (16), S. 36; Wang/Huang, in ZVG vom 18.08.2010, S. 7.

1029 Wang/Huang/Gao, in VRS 2010 (16), S. 34.

1030 Tao/Shi, in Wang/Yin (Hrsg.), InsRF (7), S. 358; Wang/Zhou, in FPR 2011 (6), S. 78; FT des Shenyang MV, in Wang/Yin (Hrsg.), InsRF (5), S. 113; Fu, Diss., S. 137; Liu/Chi, in ARZH 2012 (4), 141, 146.

1031 Tao/Shi, in Wang/Yin(Hrsg.), InsRF (7), S. 358; Wang/Zhou, in FPR 2011 (6), S. 78; FT des Shenyang MV, in Wang/Yin (Hrsg.), InsRF (5), S. 113; Fu, Diss., S. 137; Liu/Chi, in ARZH 2012 (4), 141, 146.

1032 Wang/Zhou, in FPR 2011 (6), S. 78.

1033 Fu, Diss., S. 139; Liu/Yang, in Wang/Yin (Hrsg.), InsRF (7), S. 368; Yuan, in Wang/Yin (Hrsg.), InsRF (7), S. 376; Wang/Cai, in PR 2008 (9), S. 34.

1034 Wang/Zhou, in FPR 2011 (6), S. 79; Wang/Huang, in ZVG vom 18.08.2010, S. 7.

höhere Gericht bestimmt wird, wenn die Verhältnisse zwischen den verbundenen Unternehmen zu kompliziert seien und der Gerichtsstand am Sitz der Muttergesellschaft oder an dem Ort des hauptsächlichen Vermögens nicht sachgerecht wäre.[1035] Findet die materielle Konsolidierung statt, sollte dann nur ein Insolvenzverwalter bestellt werden. Falls vor der materiellen Konsolidierung bereits mehrere Verwalter bestellt werden, wird in der Literatur vorgeschlagen, dass entweder einer davon als Insolvenzverwalter bestellt wird und die anderen entlassen werden, oder alle zusammen eine Gruppe bilden und gemeinsam als ein Insolvenzverwalter handeln.[1036]

7.3.2 Meinungen gegen die Einführung der materiellen Konsolidierung

Während sich in der Literatur die meisten für die Einführung der materiellen Konsolidierung in das chinesische Insolvenzrecht aussprechen, lehnen nur sehr wenige deren Einführung ab. Die Gründe, die gegen die Einführung der materiellen Konsolidierung sprechen, bestehen erstens darin, dass die materielle Konsolidierung dem Prinzip der Haftungsbeschränkung widerspreche.[1037] Zweitens könnte die materielle Konsolidierung den Gläubigern, die ohne Konsolidierung auf eine höhere Befriedigung erwarten können, Schaden zufügen,[1038] was weiter mit dem insolvenzrechtlichen Prinzip der „fairen und gerechten Bereinigung der Forderungen" nicht im Einklang stehe.[1039] Drittens habe die herrschende Meinung einen großen Teil der wirtschaftlichen Realität Chinas außer Acht gelassen, wobei die Selbstständigkeit der Tochtergesellschaften desselben Konzerns rechtskonform beibehalten werde.[1040] Nicht zuletzt müsste das Volksgericht das Gesetz einhalten, und es stehe ihm nicht zu, neue Regelungen wie im Common Law zu schaffen.[1041] Die materielle Konsolidierung dürfte erst nach dem Erlass betroffener Gesetzesregelungen von dem Volksgericht in Anwendung gebracht werden.[1042]

1035 Fu, Diss., S. 139; Liu/Yang, in Wang/Yin (Hrsg.), InsRF (7), S. 368; Yuan, in Wang/Yin (Hrsg.), InsRF (7), S. 376; Wang/Cai, in PR 2008 (9), S. 34; Wang/Zhou, in FPR 2011 (6), S. 79; Wang/Huang, in ZVG vom 18.08.2010, S. 7.

1036 Vgl. Liu/Yang, in Wang/Yin (Hrsg.), InsRF (7), S. 369; He, in Wang/Yin (Hrsg.), InsRF (7), S. 361; Wang/Zhou, in FPR 2011 (6), S. 80.

1037 Xiong, in Wang/Yin (Hrsg.) InsRF (2), S. 325; vgl. auch Hou, in CRA 2009 (3), S. 71.

1038 Ji/Li, in Wang/Yin (Hrsg.), InsRF (2), S. 358; Xiong, in Wang/Yin (Hrsg.) InsRF (2), S. 325; Hou, in CRA 2009 (3), S. 71.

1039 Ji/Li, in Wang/Yin (Hrsg.), InsRF (2), S. 358; Xiong, in Wang/Yin (Hrsg.) InsRF (2), S. 325; Hou, in CRA 2009 (3), S. 71.

1040 Ji/Li, in Wang/Yin (Hrsg.), InsRF (2), S. 358.

1041 Ji/Li, in Wang/Yin (Hrsg.), InsRF (2), S. 358; Xiong, in Wang/Yin (Hrsg.) InsRF (2), S. 326; Hou, in CRA 2009 (3), S. 70.

1042 Ji/Li, in Wang/Yin (Hrsg.), InsRF (2), S. 358; Hou, in CRA 2009 (3), S. 70.

7.3.3 Kooperationsmechanismus

Die Meinungen, die sich gegen die Einführung der materiellen Konsolidierung in der Literatur aussprechen, werden – wie eben dargestellt – nur von der Minderheit vertreten. Der Kooperationsmechanismus in der Konzerninsolvenz wird in der chinesischen Literatur fast übersehen. Allein *Xiong* hat in seinem Artikel neben der Darstellung seiner Opposition gegen die Einführung der materiellen Konsolidierung die Zusammenarbeit der Insolvenzverwalter in der Konzerninsolvenz vorgeschlagen.[1043] Als Argumente für eine Kooperation zwischen den Insolvenzverwaltern hat er den Protest gegen die Einführung der materiellen Konsolidierung und einen Teil der Konzernrealität Chinas, z. B. die „Vermögens-, Personal- und Geschäftsvermischung", angeführt.[1044] Wegen dieser Gründe ist er zu dem Ergebnis gekommen, dass „die Insolvenzverwalter sich gegenseitig vertrauen, zusammenarbeiten und sich koordinieren müssen".[1045] Weiter hat er hauptsächlich zwei Modelle der Verwalterkooperation wie folgt in seinem Artikel vorgeschlagen.

Befinden sich die Sitze der verbundenen Unternehmen am selben Ort, dann könne das einzelne zuständige Volksgericht unter Berücksichtigung des Komplexitätsmaßes der Verhältnisse zwischen den verbundenen Unternehmen und den Auswirkungen der Insolvenz einen einzelnen Insolvenzverwalter für alle Verfahren bestellen. Der Insolvenzverwalter sollte hier ein Gruppeninsolvenzverwalter sein. Dadurch könnten die Verfahren effizient abgewickelt werden.[1046]

Bei der Insolvenz der Gesellschaften von einem sowohl großen als auch komplizierten Konzern könne das Volksgericht mehrere Insolvenzverwalter bestellen, die wieder gemeinsam eine gemeinsame Arbeitsgruppe bilden sollten. Dadurch könne die Unabhängigkeit der Insolvenzverfahren bewahrt,[1047] der Bedarf an Zusammenarbeit erfüllt werden.[1048] Mit der Zusammenarbeitsgruppe könnten die Werte des Insolvenzrechts, nämlich „Gerechtigkeit und Effizienz", gewährleistet werden.[1049]

7.4 Stellungnahme zur Einführung der materiellen Konsolidierung in China

Unter Berücksichtigung der Konzernrealität und der Gesetzeslücke im Bereich der Konzerninsolvenz in China könnte man damit sympathisieren, dass die materielle Konsolidierung in China eingeführt werden sollte. Viele Konzerninsolvenzfälle wurden in der Praxis durch Anwendung der materiellen Konsolidierung bewältigt,

1043 Xiong, in Wang/Yin (Hrsg.), InsRF (2), S. 331 f.
1044 Xiong, in Wang/Yin (Hrsg.), InsRF (2), S. 331.
1045 Xiong, in Wang/Yin (Hrsg.), InsRF (2), S. 331.
1046 Xiong, in Wang/Yin (Hrsg.), InsRF (2), S. 331.
1047 Xiong, in Wang/Yin (Hrsg.), InsRF (2), S. 331.
1048 Xiong, in Wang/Yin (Hrsg.), InsRF (2), S. 331.
1049 Xiong, in Wang/Yin (Hrsg.), InsRF (2), S. 331 f.

wobei dies angeblich positive Wirkungen ausgelöst habe.[1050] Allerdings sollte man nicht mehr einfach mit der materiellen Konsolidierung alle Schattenseiten weiter verdecken. Nicht zu übersehen ist, dass die Konzernrealität und die Gesetzeslücke im Bereich der Konzerninsolvenz ihre Ursache in vielen verschiedenen Gründen haben. Mit anderen Worten – man muss zuerst die Wurzeln der Konzernrealität und der Gesetzeslücke finden und die Problematik von daher lösen. Zu den Ursachen solcher Probleme gehören beispielsweise insuffiziente gesellschaftsrechtliche Regelungen über Konzerne, über die Verantwortlichkeiten der Gesellschafter und der Geschäftsleiter und über Corporate Governance. Deshalb sollte in China ein Konzernrecht eingeführt werden, was schon lange vorgeschlagen wird.[1051] Außerdem soll das Gesellschafts- und Insolvenzrecht in China weiter verbessert werden. Zu der Verbesserung des Insolvenzrechts gehören z. B. die Verbesserung der Regelungen über Insolvenzanfechtung und die Einführung der Equitable Subordination in das Insolvenzrecht. Die oben genannten gesellschaftsrechtlichen und insolvenzrechtlichen Probleme können hier leider nicht eingehend erforscht und behandelt werden. Diese Arbeit konzentriert sich auf die möglichen Verfahrensgestaltungen in der Konzerninsolvenz, wozu auch die materielle Konsolidierung gehört.

Nach der gegenwärtigen Gesetzeslage sollte keine materielle Konsolidierung stattfinden, weil die Richter in China anders als die Richter im Common Law streng das Gesetz einhalten müssen. Ohne gesetzliche Regelungen hätten die Volksgerichte die materielle Konsolidierung nicht anordnen können. Ob die materielle Konsolidierung zukünftig in China eingeführt wird, hängt nicht nur von der Abwägung der Vor- und Nachteile[1052] ab, sondern vor allem davon, ob die materielle Konsolidierung dogmatisch überzeugend und systematisch widerspruchsfrei ist.

7.4.1 Dogmatische und systematische Problematik der materiellen Konsolidierung

7.4.1.1 Fehlen einer materiell-rechtlichen Grundlage

Charakteristikum der materiellen Konsolidierung ist, dass die Rechtspersönlichkeit sowie die selbstständige rechtliche Existenz der Konzerngesellschaften durchbrochen wird. Die materielle Konsolidierung gilt deshalb als starker Durchgriff in das materielles Recht und benötigt eine materiell-rechtliche Grundlage. Als materiell-rechtliche Grundlage wird in der Literatur das Rechtsinstitut „Piercing the corporate veil" vorgeschlagen.[1053]

1050 Wang/Huang/Gao, in VRS 2010 (16), S. 35; Liu/Chi, in ARZH 2012 (4), S. 150.
1051 Jiang, S. 216; Shi, Diss., S. 1.
1052 Vgl. oben 7.3.1.1.2 und 7.3.1.1.3.
1053 Statt vieler siehe Liu/Chi, in ARZH 2012 (4), S. 145; FT des Shenyang MV, in Wang/Yin (Hrsg.), InsRF (5), S. 99 ff.

Aufgrund der Untersuchung über das Rechtsinstitut „Piercing the corporate veil"[1054] ist dieses m. E. nach nicht als materiell-rechtlich Grundlage für die materielle Konsolidierung geeignet. Die Gründe werden vor allem wie folgt dargestellt:

Zunächst stellt sich die materielle Konsolidierung als eine umfassende Aberkennung der Rechtspersönlichkeit der Gesellschaften dar. Nicht nur die Tochtergesellschaften, sondern auch die Muttergesellschaft existieren nach der materiellen Konsolidierung nicht mehr. Eine neue rechtliche Einheit ist dadurch entstanden. Dagegen bezeichnet „Piercing the corporate veil" die Aberkennung der Rechtspersönlichkeit der Gesellschaft, die sich nur auf einen konkreten Fall bezieht. Die Gesellschaft bleibt bestehen und kann weiter unter eigenem Namen handeln.[1055] Die Gesellschaft und ihr Gesellschafter bleiben weiterhin rechtlich selbstständig und voneinander getrennt.

Zweitens handelt es sich bei „Piercing the corporate veil" allein um die Mithaftung der Gesellschafter für die Gesellschaftsgläubiger. Dies stellt sich als ein Durchgriff „von unten nach oben" dar. „Piercing the corporate veil" richtet sich allein nach dem Gesellschafter bzw. beherrschenden und aktiven Gesellschafter. Innerhalb der Schwestergesellschaften findet „Piercing the corporate veil" keine Anwendung. Dagegen werden alle Gesellschaften derselben Unternehmensgruppe wegen der materiellen Konsolidierung rechtlich als eine Einheit betrachtet. Deswegen kommt es im Fall der materiellen Konsolidierung immer wieder vor, dass eine Tochtergesellschaft für die Gläubiger der Muttergesellschaft oder deren Schwestergesellschaft haftet. Bei der materiellen Konsolidierung handelt es nicht nur um einen Durchgriff „von unten nach oben", sondern auch um einen Durchgriff „von oben nach unten" und zwischen den Schwestergesellschaften. Diese umfassende Aberkennung der Rechtspersönlichkeit kann zu Lasten des Geschäftsverkehrs gehen, weil die Geschäftspartner der Gesellschaft auf die Liquidität der anderen Gesellschaften desselben Konzerns im Geschäftsverkehr Rücksicht nehmen müssen.

Drittens erlöschen alle Forderungen innerhalb der Unternehmensgruppe durch die materielle Konsolidierung automatisch. Alle Gesellschaften derselben Unternehmensgruppe werden insgesamt als eine rechtliche Einheit betrachtet. Dagegen bleiben die Forderungen zwischen den Gesellschaften derselben Unternehmensgruppe von der „Piercing the corporate veil" unberührt, soweit sie nicht aus anderen rechtlichen Gründen angefochten oder vernichtet werden.

Nicht zuletzt kann die materielle Konsolidierung die Grundlagen des Gesellschaftsrechts ins Wanken bringen. „Piercing the corporate veil" führt allein zur Aberkennung der Rechtspersönlichkeit bzw. der beschränkten Haftung bezüglich eines konkreten Falls, was als eine nützliche Ergänzung des Trennungsprinzips und der

1054 siehe oben 5.4.

1055 Fan/Wang, GesR, S. 255; Zhu, S. 54; Zhao, in RA 2011 (10), S. 44. Allerdings sollte hier der Insolvenzverwalter statt der Gesellschaft handeln, weil die „Piercing the corporate veil" allein bei der Zahlungsunfähigkeit der Gesellschaft beansprucht werden darf.

beschränkten Haftung angesehen wird,[1056] weil die wegen des Trennungsprinzips oder der Haftungsbeschränkung möglicherweise entstehenden Gesetzlücke durch „Piercing the corporate veil" geschlossen werden können.[1057]

Zusammenfassend kann das Rechtsinstitut „Piercing the corporate veil" die materielle Konsolidierung nicht rechtfertigen. Eine materiell-rechtliche Grundlage für materielle Konsolidierung gibt es nicht.

7.4.1.2 Verstoß gegen die Grundsätze des Insolvenzrechts

Ziel der materiellen Konsolidierung ist es, alle Gläubiger billig und gerecht zu behandeln. Allerdings werden bestimmte Gläubiger durch Konsolidierung in der Regel geschädigt, und dementsprechend werden die anderen Gläubiger dadurch bereichert. Das führt zu einem Interessenkonflikt zwischen den Gläubigern der verschiedenen Konzerngesellschaften und zur Gefährdung des Gleichbehandlungsprinzips des chinesischen Insolvenzrechts. Eine gemeinsame Bereicherung liegt einzig vor, wenn die Vermögen der insolventen Konzerngesellschaften so vermischt werden, dass eine Differenzierung sachlich unmöglich, oder die Kosten für die Differenzierung der Masse wirtschaftlich unmöglich bzw. unzumutbar sind.

Mit der Konsolidierung werden alle Konzerngesellschaften durchbrochen, die demgemäß danach nicht mehr existieren. Die Gläubiger, deren Forderungen durch Gesellschaftsanteile oder Bürgschaft von einer Konzerngesellschaft gesichert werden, sind wegen der Konsolidierung als Insolvenzgläubiger ohne Absonderungsrecht geworden, wodurch ihr Interesse stark beeinträchtigt wird.

Nicht zuletzt können die Gesellschafter, Vorstandsmitglieder oder Geschäftsführer wegen ihrer Pflichtverletzung nicht mehr verfolgt werden, weil alle Gesellschaften nach der Konsolidierung inexistent sind, wodurch ein ungerechtfertigt sicherer Hafen für die Pflichtverletzenden angelegt wird.

7.4.1.3 Eingriff in Privatautonomie und Vertrauen des Privatrechts

Durch materielle Konsolidierung werden alle insolventen Konzerngesellschaften vernichtet, und es entsteht eine völlig neue Gesellschaft, die alle Schulden und Rechte der konsolidierten Gesellschaften übernimmt und dementsprechend als neue Vertragspartei der Gläubiger fungiert. Dieser zwingende Wechsel des Vertragspartners verstößt wesentlich gegen das Prinzip der Privatautonomie im Privatrecht. Folglich wird das Vertrauen der Gläubiger auf die Selbstständigkeit der Konzerngesellschaften sowie die Haftungsbeschränkung stark geschädigt.

Die Gefährdung der fundamentalen Regelungen führt weiter zur Erhöhung der Transaktionskosten, weil das Risiko einer Transaktion für die Gläubiger schwer vorhersehbar ist. Ferner hat die Gefährdung der fundamentalen Grundsätze die Unsicherheit des Gesetzes zur Folge.

1056 Zhu, S. 54; Zhao, in VRS 2011 (17), S. 110.
1057 Zhu, S. 54 f.

7.4.2 Zwischenergebnis

Die Einführung der materiellen Konsolidierung bringt eine sowohl dogmatische als auch systematische Problematik mit sich. Die materielle Konsolidierung verstößt gegen die fundmentalen Grundsätze des Gesellschafts- und Insolvenzrechts. Das Rechtsinstitut „Piercing the corporate veil“ kann nicht als materiell-rechtliche Grundlage für die materielle Konsolidierung gelten. Nicht zu übersehen ist, dass die materielle Konsolidierung erheblich in die Privatautonomie und das Vertrauen der Gläubiger eingreift. Allein die wirtschaftlichen Vorteile können sich die Einführung der materiellen Konsolidierung nicht rechtfertigen. Hier wird die Einführung der materiellen Konsolidierung in China ausdrücklich abgelehnt.

7.4.3 Das Dilemma beim Vorliegen der Vermögensvermischung und eine mögliche Lösung

Die materielle Konsolidierung dient der billigen und gerechten Befriedigung aller Gläubiger in der Konzerninsolvenz. Mit der Rechtsprechungswende findet die materielle Konsolidierung ausnahmsweise statt, und zwar in der Regel nur bei Vorliegen der Vermögensvermischung in der Konzerninsolvenz.[1058] Die materielle Konsolidierung erscheint hier als die einzige und ultimative Option für die Vermögensvermischung in der Konzerninsolvenz. Nach dem geltenden Insolvenzrecht können die Insolvenzverfahren beim Vorliegen der Vermögensvermischung eingestellt werden, weil die Insolvenzmasse für jedes einzelne Insolvenzverfahren nicht bestimmt werden kann. Deshalb scheint es gerecht und wirtschaftlich überaus vorteilhaft zu sein, dass das Vermögen nicht für jedes Verfahren differenziert wird und alle Gläubiger quotengemäß aus dem gesamten Vermögen befriedigt werden. Dann kommt es allerdings zu dem Dilemma, dass die Gläubiger ohne materielle Konsolidierung wesentlich geschädigt, hingegen mit der materiellen Konsolidierung die fundamentalen Grundsätze des Privatrechts wesentlich gefährdet werden. Das ist auch der Grund, dass die herrschende Meinung und die Rechtssprechung zwar zu der materiellen Konsolidierung tendieren, aber von einer zurückhaltenden Anwendung und Ausnahme ausgehen. Dabei scheint es, als gebe es keine Alternative zur materiellen Konsolidierung.

Doch es gibt eine Alternative. Weil das Liquidations- und Sanierungsverfahren unterschiedliche sekundäre Ziele hat und das UInsG kein einheitliches Insolvenzverfahren vorsieht, wird hier versucht, jeweils in dem einzelnen Verfahren eine mögliche Lösung herauszufinden.

7.4.3.1 Mögliche Lösung im Liquidationsverfahren

Nach der Konkurserklärung von dem Gericht gemäß § 107 UInsG tritt der Schuldner in ein irreversibles Liquidationsverfahren ein, wobei der Insolvenzverwalter gemäß

1058 Vgl. oben 7.2.

§§ 111 ff. UInsG das Vermögen verwertet und verteilt. Das Vermögen eines Unternehmens kann im Ganzen, partiell oder je nach einzelnem Gegenstand verwertet werden. Die Verwertung des Vermögens richtet sich stets nach der maximalen Vergrößerung der Insolvenzmasse bzw. nach bestmöglicher Gläubigerbefriedigung. Liegt eine Vermögensvermischung vor, dann ist eine Differenzierung entweder unmöglich bzw. objektiv unmöglich oder wirtschaftlich unmöglich, namentlich ist eine Zwangsdifferenzierung zeitlich und wirtschaftlich unzumutbar. Im diesen Fall stellt eine gemeinsame Verwertung die vorteilhafteste Lösung dar, und diese Lösung entspricht dem Grundsatz bestmöglicher Gläubigerbefriedigung nach dem UInsG.

Die gemeinsame Verwertung kann wirtschaftlich enorm große Vorteile mit sich bringen. Allerdings muss die Masse nach der Verwertung an die Gläubiger verteilt werden. Liegt eine Vermögensvermischung vor, dann ist die Verteilung nach dem geltenden Insolvenzrecht entweder objektiv unmöglich oder wirtschaftlich unmöglich, was dazu führen kann, dass die Gläubiger letztendlich nichts oder sehr wenig bekommen. Um diese wirtschaftliche Ungerechtigkeit zu bewältigen und eine bestmögliche Gläubigerbefriedigung zu wahren, kommt eine gemeinsame Verteilung in Betracht.[1059] Weil die gemeinsame Verteilung stark in das Interesse der Gläubiger eingreift, muss deren Durchführung von den betroffenen Gläubigern zugestimmt werden.

Hier geht es nicht um eine materielle Konsolidierung, sondern um eine enge Kooperation zwischen den verschiedenen Verfahren, wobei jedes einzelne Verfahren bestehen bleibt und die Gläubiger sich in jedem einzelnen Verfahren entscheiden, das vermischte Vermögen gemeinsam zu verkaufen und quotengemäß aufzuteilen. Der Verteilungsplan wird erst angenommen, wenn der Verteilungsplan in allen Verfahren Zustimmung findet. Dieses Modell zeichnet sich durch Gläubigerautonomie und enge Kooperation zwischen den Verfahren[1060] aus.

7.4.3.2 Mögliche Lösung im Sanierungsverfahren

Anders als Liquidationsverfahren hat das Sanierungsverfahren nicht Masseverwertung und -verteilung, sondern das Wiederaufleben des Unternehmens zum Verfahrensziel. Weil das vermischte Vermögen weder zu verwerten noch zu verteilen ist, scheint es, als ob Konsolidierung in einem Sanierungsverfahren nicht nützlich wäre.

1059 Hier nehmen wir ein kleines Beispiel an: Zwischen den Konzerngesellschaften A und B liegt Vermögensvermischung vor. Das gesamte Vermögen beträgt 100,000 EUR. A hat 3 Insolvenzgläubiger, deren Forderungen sich jeweils auf 100,000 EUR beläuft. B hat 2 Insolvenzgläubiger, die jeweils auch 100,000 EUR Forderungen gegen B haben. Die Kosten für die Massedifferenzierung liegt bei 80,000 EUR. Bei einer gemeinsamen Verwertung und Verteilung bekommt jeder Gläubiger 20,000 EUR, bei einer zwingenden Verteilung bekommen die Gläubiger von A nie mehr als 10,000 EUR während die Gläubiger von B stets weniger als 6,670 EUR bekommen können.

1060 Vgl. unten 7.5.4.

Die Konsolidierung hat jedoch ihre Bedeutung, wenn die Insolvenzgründe von der Struktur der Unternehmensgruppe ausgelöst werden oder wenn die Briefkastengesellschaften keinen Gewinn, sondern Verlust für die gesamte Unternehmensgruppe herbeibringen, oder wenn andere Fälle vorliegen, wobei eine Anpassung der unvernünftigen Struktur der Unternehmensgruppe an die Insolvenzerfordernisse bzw. der Zusammenschluss der insolventen Konzerngesellschaften notwendig sind.

Der Zusammenschluss der insolventen Konzerngesellschaften muss jedoch nicht unbedingt durch materielle Konsolidierung, sondern kann vielmehr durch Verschmelzung im gesellschaftrechtlichen Sinn erfolgen. Obwohl § 81 UInsG, der den Inhalt des Sanierungsplans bestimmt, die Verschmelzung der insolventen Gesellschaft nicht vorsieht, darf die Verschmelzung der insolventen Konzerngesellschaften in den Sanierungsplan aufgenommen werden. § 81 UInsG gilt nur als Anleitung für die Ausfertigung eines rationalen und durchsetzbaren Sanierungsplans.[1061] Solange der Zusammenschluss der insolventen Konzerngesellschaften der bestmöglichen und fairen Gläubigerbefriedigung dient, kann der Zusammenschluss, die Zustimmung der Beteiligten vorausgesetzt, als Inhalt des Sanierungsplans aufgenommen werden.

7.4.3.3 Verfahrensgestaltung und Gläubigerschutz

Sowohl die konsolidierte Vermögensverwertung und -verteilung als auch der Zusammenschluss der insolventen Konzerngesellschaften stellen sich im Insolvenzverfahren als eine starke Gläubigerautonomie dar, die ohne enge Verfahrenskoordinierung nicht zustande kommen kann. Außer Verfahrenskoordinierung bzw. -kooperation sind jedoch bei der Verfahrensgestaltung ein paar Besonderheiten des UInsG zu berücksichtigen.

Gemäß §§ 61 i. V. m. 64 Abs. 1 UInsG wird der Verteilungsplan im Liquidationsverfahren durch Kopf- und Summenmehrheit von der Gläubigerversammlung zugestimmt. Der Verteilungsplan i. S. v. § 61 UInsG wird streng nach dem UInsG erstellt und lässt sich hier von dem Plan der gemeinsamen Verteilung beim Vorliegen der Vermögensvermischung unterscheiden. Bei dem Verteilungsplan i. S. v. § 61 UInsG handelt es sich allein um eine gesetzliche Vermögensverteilung, die streng das Gesetz einhaltend in einem Dokument, und zwar in einem „Plan“, niedergeschrieben wird.[1062] Dem Verteilungsplan i. S. v. § 61 UInsG soll zwar von den Gläubigern zugestimmt werden, dieser hat aber keinen gestaltenden Teil. Im Verteilungsplan zur Bewältigung der Vermögensvermischung wird das Interesse jedes Gläubigers wesentlich berührt, deswegen ist dem Verteilungsplan hier analog § 84 Abs. 2 UInsG zugestimmt worden, wenn in jedem einzelnen Verfahren mehr als Hälfte der an der Gläubigerversammlung teilnehmenden Gläubiger dem Plan zugestimmt haben und deren Forderungen mindestens zwei Drittel aller ungesicherten Forderungen

1061 Siehe Zou, in Li/Wang/Zou, S. 197.
1062 Siehe Zou, in Li/Wang/Zou, S. 234.

ausmachen. Wird dem Verteilungsplan in jedem Verfahren zugestimmt, dann wird der Verteilungsplan angenommen.

In dem Sanierungsverfahren soll dem Verschmelzungsplan gemäß §§ 84 Abs. 2 i. V. m. § 85 Abs. 2 UInsG nicht nur von den Gläubigern, sondern auch von den Gesellschaftern jedes Schuldners zugestimmt werden, weil der Verschmelzungsplan hier das Rechtsinteresse des Schuldners berührt. Gemäß § 84 Abs. 2 UInsG müssen in jeder Gruppe mehr als Hälfte der an der Gläubigergruppe teilnehmenden Gläubiger dem Plan zustimmen, deren Forderungen mindestens zwei Drittel aller Forderungen (inkl. dinglich gesicherter Forderungen) der Gruppe ausmachen. Allerdings sieht § 85 Abs. 2 UInsG keine Regelung dafür vor, wie die Gesellschafter abstimmen. Weil es sich hier um den Zusammenschluss der Gesellschaften handelt, gelten §§ 43, 66 und 103 GesG entsprechend.

In dem Verteilungsplan des Liquidationsverfahrens und in dem Verschmelzungsplan des Sanierungsverfahrens muss die Minderheit stets berücksichtigt werden. Einerseits darf die Minderheit durch den Plan nicht schlechter gestellt werden, als sie ohne den Plan stünde. Andererseits soll die Minderheit angemessen am Erlös teilhaben. Diese zwei Anforderungen entsprechen dem Werthaltungsprinzip und dem Gleichbehandlungsgrundsatz. Um den Schutz der Minderheit zu gewährleisten, ist hier zu empfehlen, der Minderheit ein Widerspruchsrecht einzuräumen, damit diese vor Gericht ihren Widerspruch gegen den Plan einlegen kann.

7.4.3.4 Unterschiede zu der materiellen Konsolidierung

Im Vergleich zur materiellen Konsolidierung kann diese Lösung dieselben wirtschaftlichen Vorteile mit sich bringen. Allerdings gibt es doch große Unterschiede zwischen beiden Modellen.

Zuerst werden in den hier vorgeschlagenen Lösungen die Selbstständigkeit und Haftungsbeschränkung sowie andere Grundsätze des GesG streng eingehalten. Alle Konzerngesellschaften bleiben rechtlich selbstständig. Bei materieller Konsolidierung werden Selbstständigkeit und Haftungsbeschränkung durchbrochen, wodurch alle Konzerngesellschaften ihre Selbstständigkeit verlieren und eine neue Gesellschaft entsteht. Zweitens wird das Prinzip „Eine Person, ein Vermögen, ein Verfahren" in der vorgeschlagenen Lösung beibehalten, während bei materieller Konsolidierung alle Verfahren und Insolvenzmassen konsolidiert werden und dementsprechend „Mehrere Personen, ein Vermögen, ein Verfahren" gilt. Drittens bleiben die Sicherungen, z. B. die Bürgschaft gegenüber einer insolventen Konzerngesellschaft, bei den vorgestellten Lösungen unberührt. Derartige Gläubiger dürfen sich jeweils bei dem Insolvenzverwalter des Schuldners anmelden, so auch der Bürge mit seiner Forderung.[1063] Dagegen erlischt die Bürgschaft bei materieller Konsolidierung automatisch. Nicht zuletzt gilt die materielle Konsolidierung als die

---

1063 Doppelinsolvenz des Schuldners und seiner Bürgen siehe Wang, in ZJ 1998 (2), S. 34 f..

Machtausübungsbühne des Insolvenzgerichts, was verfassungsrechtliches Bedenken auslösen kann. Dagegen zeigt sich in der hier dargestellten möglichen Lösung die stärkste Gläubigerautonomie im Insolvenzverfahren.

7.4.4 Zwischenergebnis

Die Einführung der materiellen Konsolidierung in China ist weder rechtsdogmatisch noch rechtssystematisch überzeugend. Sie widerspricht wesentlich den Grundsätzen des GesG und UInsG, wobei es allerdings an einer materiell-rechtlichen Grundlage fehlt. Die materielle Konsolidierung gilt als starker Eingriff in die Privatautonomie und gefährdet das Vertrauen im Geschäftsverkehr. Ferner führt sie zu einer Unsicherheit des Gesetzes. Nicht zuletzt erhöht die materielle Konsolidierung die Transaktionskosten. Obwohl sie große wirtschaftliche Vorteile in sich birgt, sollte sie wegen hier genannten Nachteile in China nicht eingeführt werden. Es muss hingegen ein dritter Weg gefunden werden, insbesondere für den Fall der Vermögensvermischung.

Liegt eine Vermögensvermischung vor, ist hier vorzuschlagen, die Verfahren miteinander eng und intensiv zu koordinieren. In dem Liquidationsverfahren wird das gesamte Vermögen gemeinsam verwertet und, die Zustimmung der Gläubiger von jedem einzelnen Verfahren vorausgesetzt, gemeinsam verteilt. Im Sanierungsverfahren kommt die gesellschaftsrechtliche Verschmelzung in Betracht. Diese Lösung erfolgt nicht durch Anordnung des Insolvenzgerichts, sondern allein durch Gläubigerautonomie. Der Verteilungs- oder Verschmelzungsplan wird erst angenommen, wenn alle Insolvenzverfahren dem Plan zugestimmt haben. Bei dieser Lösung wird das Interesse der Minderheit durch Einräumen eines Widerspruchsrechts geschützt.

7.5 Stellungnahme und Einführung der Verfahrenskoordinierung – im Vorbild der deutschen Regelungen und Erfahrungen

Die Gesetzeslücken bezüglich der Konzerne und der Konzerninsolvenz sind in China groß.[1064] Um das Problem der Konzerninsolvenz zu bewältigen, muss einerseits das chinesische Konzernrecht weiter verbessert werden. Nur ist die oben erwähnte Konzernrealität in China zu bewältigen.[1065] Eine mögliche Lösung ist die Einführung eines besonderen Kapitels für das Konzernrecht im GesG, was in der Literatur schon lange gefordert wird.[1066] Andererseits müssen die insolvenzrechtlichen Regelungen verbessert werden. Dazu gehören z. B. die Verbesserung der Insolvenzanfechtung und die Einführung der Equitable Subordination. Allerdings sind diese Regelungen nicht eigens auf die Konzerninsolvenz zugeschnitten, so dass eine darauf eingehende

1064 Vgl. Kapitel 5 und oben 7.2.2.1.
1065 Vgl. oben 7.2.2.1.
1066 Jiang, S. 216; Shi, Diss., S. 1.

Untersuchung hier entbehrlich ist. Für die Bewältigung der Probleme der Konzerninsolvenz gibt es in der Literatur zwei Modelle.[1067] Ein Modell davon ist die materielle Konsolidierung, deren Einführung in China m. E. abgelehnt werden soll. Das andere Modell weist auf die Verfahrenskoordinierung hin, die in China noch wenig Berücksichtigung findet.[1068] Ob die Verfahrenskoordinierung in China eingeführt werden soll, hängt nicht nur von der Abwägung der Vor- und Nachteile, sondern auch davon ab, ob die Verfahrenskoordinierung dogmatisch überzeugend und systematisch einwandfrei gestaltet werden kann. Sollte die Verfahrenskoordinierung in China eingeführt werden, ist diese Frage nach der Gestaltung zu beantworten, außerdem, ob Erfahrungen und Regelungen aus Deutschland als Vorbild genommen werden können, und wenn ja, welche davon. Letztlich wird versucht, ein Modell der Verfahrenskoordinierung für China auszudenken.

7.5.1 Befürwortung der Einführung einer Verfahrenskoordinierung in China

Unter Verfahrenskoordinierung in der Konzerninsolvenz versteht man, dass die Insolvenzverfahren gruppenangehöriger Schuldner von den Gerichten, Insolvenzverwaltern oder Gläubigern abgestimmt abgewickelt werden.[1069] Die abgestimmte Verfahrensabwicklung beruht auf Kooperation und Zusammenarbeit zwischen den Gerichten, Insolvenzverwaltern oder Gläubigern. Anders als bei einer materiellen Konsolidierung werden die materiellen Rechte der an den Insolvenzverfahren Beteiligten nicht berührt. Außerdem findet keine Massekonsolidierung in der Verfahrenskoordinierung statt. Für jede einzelne insolvente Gesellschaft wird ein Insolvenzverfahren eröffnet, wodurch die Grundprinzipien des Gesellschaftsrechts streng eingehalten werden.

Die Verfahrenskoordinierung birgt enorme Vorteile in sich, wie z. B. Erhalt der Synergie-Effekte, Erhöhung der Sanierungschance, Vermeidung möglicher Konflikte, Kosten- und Zeitersparnis.[1070] In bestimmten Fällen bringt die Verfahrenskoordinierung allerdings auch Nachteile mit sich. Beispielsweise können Interessenkonflikte wegen der Bestellung eines einzelnen Insolvenzverwalters entstehen.[1071] Die Nachteile, die die Verfahrenskoordinierung mit sich bringt, sollten in dieser vermieden werden, und sie sind vermeidbar. Nach Abwägung der Vor- und Nachteile der Verfahrenskoordinierung kann man zu dem Ergebnis kommen, dass diese in der Konzerninsolvenz wirtschaftlich große Vorteile mit sich bringen kann. Die konkrete Ausgestaltung der Verfahrenskoordinierung hängt mit dem konkreten Konzerninsolvenzfall und der konkreten Verfahrensgestaltung zusammen.

1067 Vgl. oben 4.2 und 7.3.
1068 Vgl. oben 7.3.3.
1069 Vgl. oben 4.2.2.
1070 Vgl. oben 4.2.2.
1071 Vgl. oben 4.2.2.

Neben der Abwägung der Vor- und Nachteile kann man auch von den wirtschaftlichen Phänomenen der Konzerne zu dem Ergebnis kommen, dass die Verfahrenskoordinierung in der Konzerninsolvenz gut gebraucht werden kann. In diesen Konzernen können die Konzerngesellschaften miteinander eng oder locker verbunden sein, sei es, dass ein Konzern als eine wirtschaftliche Einheit auftritt, sei es, dass regelmäßige interne Kooperationen zwischen den Gesellschaften desselben Konzerns stattfinden oder dass alle Konzerngesellschaften völlig selbstständig geführt werden. Der Konzern ist aus ökonomischer Sicht in erster Linie eine spezielle Koordinationsform,[1072] wodurch in dessen Binnengestaltung Synergie-Effekte entstehen. Die Synergie-Effekte können durch die Verfahrenskoordinierung in der Konzerninsolvenz erhalten bleiben und einer bestmöglichen Gläubigerbefriedigung dienen. Durch die Verfahrenskoordinierung wird der ökonomische Normalzustand aufrechterhalten, was zur Fortführung des Konzerns oder zu einer besseren übertragenden Sanierung beitragen kann.[1073]

Schließlich zeigt sich die Verfahrenskoordinierung in der Konzerninsolvenz als inhärente Forderung der Werte und Ziele des chinesischen Insolvenzrechts (§ 1 UInsG), weil sie durch die oben erwähnten Vorteile zu einer bestmöglichen Gläubigerbefriedigung und effizienten Verfahrensabwicklung führen kann. Deshalb sind der Insolvenzverwalter und eventuell auch die Gerichte in der Konzerninsolvenz zur Verfahrenskoordinierung verpflichtet, soweit eine Verfahrenskoordinierung für die Verfahrensabwicklung vorteilhaft ist.

Obwohl eine Verfahrenskoordinierungspflicht durch die Auslegung des § 1 UInsG entstehen kann, sind ausdrückliche gesetzliche Regelungen erforderlich. Zuerst kann eine ausdrückliche gesetzliche Koordinierungspflicht einen Informationsfluss zwischen den Verfahren schaffen. Erst mit ausreichenden Informationen können die Insolvenzverwalter beurteilen und entscheiden, ob und wie die Verfahrenskoordinierung durchgeführt werden soll. Ohne eine ausdrückliche Koordinierungs- bzw. Informationspflicht ist ein Informationsfluss zwischen den Verfahren schwer durchsetzbar. Zweitens geht das UInsG von dem einzelnen Verfahren aus. Jeder Insolvenzverwalter ist verpflichtet, die vorteilhaftesten Maßnahmen für die Gläubiger des von ihm verwalteten Verfahrens zu ergreifen. Aus § 1 UInsG ergibt sich keine Kooperationspflicht für die Insolvenzverwalter, wenn die Kooperation für die von ihnen verwalteten Verfahren neutral ist. In diesem Fall kann ein erhebliches Koordinierungshindernis entstehen, weil die Insolvenzverwalter wegen deren Neutralität die Koordinierung ablehnen oder mit Bedingungen erschweren. Drittens sind ausdrückliche gesetzliche Regelungen über die Kooperation der Gerichte notwendig. Insbesondere soll eine gesetzliche Regelung über die Bestimmung eines Gruppen-Gerichtsstands[1074] eingeführt werden. Darüber hinaus sind Regelungen über Verteilung der Gewinne durch die Verfahrenskoordinierung nötig. Zudem

1072 Becker, Diss., S. 147.
1073 Vgl. Becker, Diss., S. 146 ff.
1074 Siehe unten 7.5.4.2.3.

sollten Regelungen zur Befreiung der Selbstkontrahierung von dem Insolvenzverwalter eingeführt werden.[1075]

Die Verfahrenskoordinierung bringt nicht nur Vorteile mit sich, vielmehr zeigt sie sich auch als eine dem UInsG inhärente Anforderung. Hier wird die Einführung der Verfahrenskoordinierung befürwortet. Viel wichtiger ist, wie schon mehrfach hervorgehoben, deren Ausgestaltung.

7.5.2 Die deutschen Erfahrungen und Regelungen als Vorbild

7.5.2.1 Die Möglichkeit der Nutzung der deutschen Erfahrungen als Vorbild für China

Die deutschen Erfahrungen bzw. die Regelungen des KIG-E als Vorbild für die Einführung der Verfahrenskoordinierung in China zu nutzen, lässt sich mit zwei Aspekten begründen. Erstens handelt es sich dabei um eine vergleichbare Sache, hier um die Konzerninsolvenz. In § 3e KIG-E wird statt von einem „Konzern" von einer „Unternehmensgruppe" gesprochen, gekennzeichnet durch die „Möglichkeit der Ausübung eines beherrschenden Einflusses" bzw. die „Möglichkeit der Kontrolle". Außerdem umfasst die Unternehmensgruppe des § 3e KIG-E den Gleichordnungskonzern i. S. v. § 18 Abs. 2 AktG. In China bezeichnet man die Unternehmensgruppe als verbundene Unternehmen, zwischen denen ein Kontrollverhältnis vorliegt oder die von demselben Unternehmen kontrolliert werden. Hier stimmt der Begriff „Kontrollverhältnis" mit der „Möglichkeit der Kontrolle" überein. Ein Gleichordnungskonzern i. S. v. § 18 Abs. 2 AktG kann zwischen den Schwestergesellschaften derselben Unternehmensgruppe in China entstehen. Eine Unternehmensgruppe im Ganzen als ein Gleichordnungskonzern i. S. v. § 18 Abs. 2 AktG kommt in China wohl noch nicht vor. Die Gruppenangehörigen der Unternehmensgruppe beider Länder werden nicht auf Kapitalgesellschaften beschränkt. Die Insolvenz der Unternehmensgruppe in beiden Ländern steht nicht nur für die Insolvenz aller Gruppenangehörigen, sondern auch für die Insolvenz mehrerer Gruppenangehöriger.

Zweitens dient die Einführung der Verfahrenskoordinierung den vergleichbaren Zielen, die letztlich auf die Ziele und Werte des Insolvenzrechts beider Ländern zurückführen. Zu diesen Zielen gehören die bestmögliche Gläubigerbefriedigung und das Bewahren der Gläubigerinteressen in beiden Ländern sowie in China der Effizienz, die wiederum zu einer bestmöglichen Gläubigerbefriedigung und dem Bewahren der Gläubigerinteressen beiträgt. Aus den oben genannten zwei Aspekten ergibt sich, dass bei der Einführung der Verfahrenskoordinierung in China die deutschen Erfahrungen berücksichtigt und als Vorbild für China eingesetzt werden könnten. Welche konkreten Regelungen im KIG-E als Vorbild für die Gestaltung der einzuführenden Verfahrenskoordinierung in China in Betracht kommen, hängt von

1075 Siehe unten 7.5.4.2.4.

dem einzelnen Kooperationsmechanismus und den einzelnen insolvenzrechtlichen Regelungen beider Länder ab.

7.5.2.2 Mögliche vorbildliche Koordinierungsmechanismen im KIG-E für China

Der KIG-E sieht verschiedene Koordinierungsmechanismen vor, wodurch allerdings die Grundsätze und Ziele des deutschen Insolvenzrechts nicht in Frage gestellt oder abgeändert werden.[1076] Ferner berücksichtigt der deutsche Gesetzgeber die Unternehmenspraxis und geht zu Recht von flexiblen Koordinierungsmechanismen aus.[1077] Nicht zuletzt legt er großen Wert auf die Praxiserfahrungen.[1078] Mit solchen Grundgedanken werden die Koordinierungsmechanismen zutreffend nicht als Zwangsmaßnahme, sondern als Option für die Verfahrensbeteiligten vorgesehen. Die Verfahrenskoordinierung findet erst statt, wenn dies von den Beteiligten gewollt und für sinnvoll erachtet wird.[1079] Aus den Grundgedanken ergibt sich ferner die Grenze der Koordinierungsmechanismen: die Koordinierung soll den Interessen der Gläubiger dienen. Dies gilt auch für die allgemeinen Kooperationspflichten zwischen den jeweiligen Gerichten und Insolvenzverwaltern.[1080] Der Konzernpraxis entsprechend soll die konkrete Koordinierungsgestaltung an den einzelnen Konzerninsolvenzfall angepasst werden. Bei solchen Grundgedanken werden im KIG-E unterschiedliche Koordinierungsmechanismen in verschiedener Koordinierungsdichte vorgesehen. Dazu gehören vor allem die allgemeine Kooperationspflicht, das Koordinierungsverfahren, die Verfahrenskonzentration bei einem Insolvenzgericht und die Bestellung eines Insolvenzverwalters für mehrere oder sämtliche Verfahren in der Konzerninsolvenz.

7.5.2.2.1 Allgemeine Kooperationspflicht

In den §§ 269a und 269b KIG-E wird die allgemeine Kooperationspflicht der Insolvenzgerichte und der Insolvenzverwalter in der Konzerninsolvenz geregelt. Danach sind die Insolvenzgerichte oder Insolvenzverwalter zur Zusammenarbeit und insbesondere zum Informationsaustausch verpflichtet, es sei denn, dass die konkreten Kooperationsmaßnahmen der jeweiligen Masse zum Nachteil gereichen.[1081] Zwischen den Gläubigern sieht der KIG-E keine Kooperationspflicht, sondern eine Kooperationsmöglichkeit durch den Gruppen-Gläubigerausschuss vor.

Diese Regelungen über die allgemeine Kooperationspflicht der Insolvenzgerichte und -verwalter in der Konzerninsolvenz können zum Vorbild für die Ausgestaltung

1076 KIG-E, BT-Drs. 18/407, S. 16.
1077 KIG-E, BT-Drs. 18/407, S. 16 f.
1078 Vgl. KIG-E, BT-Drs. 18/407, S. 1, 15 ff.
1079 KIG-E, BT-Drs. 18/407, S. 24 f.
1080 KIG-E, BT-Drs. 18/407, S. 24.
1081 KIG-E, BT-Drs. 18/407, S. 21.

der einzuführenden Verfahrenskoordinierung in China dienen. Aus den Zielen des UInsG, insbesondere aus dem Schutz der Gläubigerinteressen, der bestmöglichen Gläubigerbefriedigung und der Effizienz der Verfahrensabwicklung gemäß § 1 UInsG ergibt sich die Kooperationspflicht der jeweiligen Insolvenzverwalter in der Konzerninsolvenz, wenn eine Kooperation für das von ihnen verwaltete Verfahren vorteilhaft ist. Allerdings gibt es nach dem geltenden Recht viele Hindernisse für die Kooperation zwischen den Verwaltern, insbesondere, wenn die Insolvenzverwalter unzureichende Informationen erhalten oder die Kooperation für einige Verfahren neutral ist.[1082] Mit Einführung einer Kooperationspflicht zwischen den Insolvenzverwaltern können diese Hindernisse der Kooperation überwunden werden. Eine Kooperationspflicht zwischen den Insolvenzgerichten kann ebenfalls zur koordinierten Verfahrensabwicklung beitragen. Als vorbildlich gilt ferner, dass keine Kooperationspflicht zwischen den Gläubigern der unterschiedlichen Verfahren statuiert wird. Allerdings zeigen sich hier große Zweifel an der Einsetzung des Gruppen-Gläubigerausschusses für eine mögliche Kooperation zwischen den Gläubigern unterschiedlicher Verfahren.[1083]

7.5.2.2.2 Verfahrenskonzentration bei einem Gericht

Als eine enge Verfahrenskoordinierung auf der Ebene der Gerichte stellt sich die Verfahrenskonzentration an einem und demselben Gericht dar. Der KIG-E wird zu Recht damit begründet, dass deren effektive Abstimmung umso einfacher sei, je mehr Verfahren an einem Gericht geführt werden könnten.[1084] Eine Verfahrenskonzentration an einem Gericht birgt in sich viele Vorteile,[1085] die für die Bewältigung der Probleme in der Konzerninsolvenz in China auch sehr nützlich sein können. In China gibt es bereits Fälle, in denen nur ein Volksgericht für die Insolvenz der gruppenangehörigen Schuldner zuständig ist, obwohl es sich dabei um eine materielle Konsolidierung handelt.[1086] Eine Verfahrenskonzentration an einem Gericht kann als ein besonderer Kooperationsmechanismus in der Konzerninsolvenz in China eingeführt werden. Wichtiger ist jedoch, wie das einzelne Gericht bestimmt werden soll.

In der deutschen Literatur werden verschiedene Kriterien bzw. Modelle für die Bestimmung eines einheitlichen Gerichtsstands erörtert.[1087] Die Modelle der Prorogation, der Zulassung eines Wahlgerichtsstands und der Sitz- und Verweisungslösung sollen wegen ihrer Nachteile[1088] in China abgelehnt werden. Zu berücksichtigen sind hingegen die Modelle des Prioritätsprinzips und des Vorrangs des Mutter-Gerichtsstands. Der KIG-E hat das Modell des Vorrangs des Mutter-Gerichtsstands mit der

1082 Vgl. oben 7.5.1.
1083 Siehe oben 4.3.3.3.
1084 KIG-E, BT-Drs. 18/407, S. 19.
1085 Vgl. oben 4.2.2.1.
1086 Siehe oben 7.2.
1087 Siehe oben 4.2.2.1.
1088 Vgl. oben 4.2.2.1.

Begründung abgelehnt, dass eine statische und ausnahmslose Anknüpfung an den Gerichtsstand des Mutterunternehmens in den Fällen unangemessen erscheine, in denen das Mutterunternehmen gar nicht in Insolvenz gerate oder den Mittelpunkt seiner hauptsächlichen Interessen im Ausland habe.[1089] Der KIG-E hat sich für das Prioritätsprinzip entschieden und wollte durch den Ausschluss des Gerichtsstands der Gesellschaften mit untergeordneter Bedeutung und dem Vorlegen der Gründe für die Verfahrenskonzentration an diesem Gericht gemäß § 13a Abs. 1 Nr. 2 KIG-E die Nachteile des Prioritätsprinzips bewältigen. Außerdem sieht der KIG-E die wegen des Prioritätsprinzips entstehende Wahlmöglichkeit als Verfahrensvorplanung, die vor allem für die spätere Sanierung vorteilhaft ist.[1090]

Die Bestimmung des einheitlichen Gerichtsstands durch das Prioritätsprinzip im KIG-E kann in China nicht durchgesetzt werden. Erstens gibt es den vom deutschen Gesetzgeber behaupteten Grund in China nicht, dass durch die Anknüpfung an den Gerichtsstand des Mutterunternehmens die Gerichtsbarkeit der Verfahren für die insolventen Konzerngesellschaften verloren gehen, wenn sich der Mittelpunkt des hauptsächlichen Interesses des Mutterunternehmens im Ausland befindet. Die Befürchtung des Verlusts der Gerichtsbarkeit entsteht wegen des „COMI" (Center Of Main Interest) gemäß Art. 3 Abs. 1 EuInsVO.[1091] Eine entsprechende Rechtslage findet man in China nicht. Darüber hinaus kann das Prioritätsprinzip Tor und Tür für Manipulationen der Gerichtszuständigkeiten in der Konzerninsolvenz öffnen. Der deutsche Gesetzgeber übersieht dies nicht, geht allerdings von einer Wahlmöglichkeit als Verfahrensvorplanung aus. In China kann diese Begründung leider nicht überzeugen, denn mit einer Wahlmöglichkeit der Zuständigkeit können die Vermögensverschiebungen und -verstecke innerhalb von Konzernen, die in China bereits durchaus üblich sind,[1092] weiter verschlechtert werden. Diese Wahlmöglichkeit kann in China leicht missbraucht werden, was weiter zur Schädigung der Gläubiger führen kann. Zudem kann dieses Koordinierungsinstrument nicht eingesetzt werden, wenn nach der Festlegung des Gruppen-Gerichts eine andere Gesellschaft desselben Konzern insolvent geht, deren Gericht allerdings geeigneter und sachgerechter als das festgelegte Gruppen-Gericht für die Verfahren der insolventen Gesellschaften zuständig ist. Ein offenkundiges Beispiel weist darauf hin, dass erst nach der Festlegung des Gruppen-Gerichts die Muttergesellschaft insolvenzreif ist. In diesem Fall findet wohl eine intensive Kooperation zwischen den Gerichte anstatt einer Zuständigkeitskonzentration statt, wodurch die vorteilhafte Zuständigkeitskonzentration an einem Gericht nicht genutzt werden kann. Nicht zuletzt kann das Prioritätsprinzip zu einer Rechtsunsicherheit führen, weil der Gerichtsstand nach außen nicht bestimmbar ist.

1089 KIG-E, BT-Drs. 18/407, S. 19.
1090 KIG-E, BT-Drs. 18/407, S. 19.
1091 Vgl. KIG-E, BT-Drs. 18/407, S. 19.
1092 Vgl. oben 7.2.2.1.

7.5.2.2.3 Einheitliche Verwalterbestellung

Eine einheitliche Verwalterbestellung kann viele Vorteile mit sich bringen.[1093] Die einheitliche Verwalterbestellung wird bereits in der chinesischen Literatur empfohlen.[1094] Die deutschen Erfahrungen mit der einheitlichen Verwalterbestellung können in China zum Vorbild genommen werden, denn das Insolvenzrecht beider Länder verlangt die Unabhängigkeit und Neutralität des Insolvenzverwalters[1095] im Insolvenzverfahren. Außerdem soll der Insolvenzverwalter sowohl nach der InsO als auch nach dem UInsG geschäftskundig[1096] sein. Allerdings darf man die Unterschiede zwischen der Verwalterbestellung in Deutschland und China nicht übersehen. Dazu gehören zwei wichtige Unterschiede: Während in Deutschland allein eine natürliche Person als Insolvenzverwalter für ein Insolvenzverfahren bestellt werden darf, sind in China auch Institutionen als Insolvenzverwalter zugelassen. Zudem sieht das UInsG das Rechtsinstitut „Sonderverwalter" nicht vor. Daher muss man bei der Gestaltung der einheitlichen Verwalterbestellung in China mehr auf die möglichen Interessenkonflikte achten. Zu folgen ist deshalb der Ansicht des deutschen Gesetzgebers, dass eine einheitliche Verwalterbestellung ausscheidet, wenn die Interessenkonflikte so groß sind, dass die Unabhängigkeit des Verwalters gefährdet sein kann.[1097] Andererseits braucht man sich in China keine großen Gedanken darum zu machen, ob eine einheitliche Verwalterbestellung für die Insolvenz einer Unternehmensgruppe, in der die gruppenangehörigen Unternehmen in ganz verschiedenen Geschäftsfeldern tätig sind, geeignet und geschäftskundig sind,[1098] weil in China eine große Institution als Insolvenzverwalter bestellt werden darf.

7.5.2.2.4 Koordinierungsverfahren

Der KIG-E hat weiterhin ein Koordinierungsverfahren als besonderes Koordinationsinstrument in den §§ 269 ff. KIG-E eingerichtet. Laut KIG-E sollte das Koordinierungsverfahren die Abstimmung der Einzelverfahren verbessern, ohne die Selbstständigkeit der Einzelverfahren infrage zu stellen.[1099] Ein Koordinierungsverfahren kann auch Vorteile für die Verfahrensabwicklung in der Konzerninsolvenz mit sich bringen. Allerdings bestehen hier Zweifel an der Einführung des Koordinierungsverfahrens in China.[1100] Außerdem kann das Koordinierungsverfahren durch

1093 Siehe oben 4.2.2.2.
1094 Siehe oben 7.3.3.
1095 Zu dem Insolvenzverwalter in Deutschland siehe 4.1.2.1; zu dem Insolvenzverwalter nach dem chinesischen Insolvenzrecht siehe 6.2.2.
1096 Vgl 4.1.2.1 und 6.2.2.
1097 KIG-E, BT-Drs. 18/407, S. 30.
1098 KIG-E, BT-Drs. 18/407, S. 30.
1099 KIG-E, BT-Drs. 18/407, S. 2.
1100 Die Gründe gegen Einführung des Koordinierungsverfahrens in Deutschland können auch in China gelten. Ausführlich siehe oben 4.3.3.4.

Insolvenzverwaltungsverträge ersetzt werden.[1101] Daher wird das Koordinierungsverfahren hier nicht als Vorbild für die Gestaltung der Verfahrenskoordinierung in China gesehen.

7.5.3 Andere mögliche Koordinierungsmechanismen

Andere mögliche Koordinierungsmechanismen sind die von der Europäischen Kommission vorgeschlagenen Mitwirkungsbefugnisse. Diese können aus denselben Gründen wie beidem KIG-E[1102] in China nicht eingeführt werden. Außerdem beziehen sie sich auf eine grenzüberschreitende Konzerninsolvenz, die nicht Gegenstand der vorliegenden Arbeit ist.

Als weitere mögliche Koordinierungsmechanismen in der Konzerninsolvenz stellen sich die Insolvenzverwaltungsverträge (protocols) dar, die sich an die US-amerikanischen „protocols" für grenzüberschreitende Insolvenzverfahren multinationaler Unternehmen anlehnen.[1103] Die Insolvenzverwaltungsverträge sind rechtsverbindliche Ad-hoc-Vereinbarungen zwischen den Insolvenzverwaltern, die die Grundlagen für deren zukünftige Kooperation schaffen und eventuell auch konkrete Kooperationsmaßnahmen beinhalten.[1104] Der Abschluss der Insolvenzverwaltungsverträge zeigt sich als die Disposition der Befugnisse der Insolvenzverwalter, was allgemein aus der Privatautonomie abgeleitet werden kann.[1105] Die Insolvenzverwaltungsverträge sollen mit den Grundsätzen des Insolvenzrechts konform sein. Daher findet der Inhalt der Insolvenzverwaltungsverträge seine Grenze auf zwei Ebenen: Auf der einen Ebene darf der Inhalt nicht über die Befugnisse der Insolvenzverwalter hinausgehen; auf der anderen Ebene muss der Inhalt der gleichmäßigen und bestmöglichen Gläubigerbefriedigung dienen oder darf dieser zumindest nicht entgegenstehen.

Durch die Insolvenzverwaltungsverträge kann die in jedem beteiligten Verfahren verfügbare Haftungsmasse gegenüber einer unkoordinierten Verfahrensabwicklung vergrößert werden.[1106] Außerdem schaffen die Insolvenzverwaltungsverträge Rechtsklarheit und Rechtssicherheit für die Beteiligten.[1107] Die Insolvenzverwaltungsverträge werden in Deutschland als mögliche Koordinierungsmechanismen in

---

1101 Vgl. unten 7.5.4.2.2, auch der KIG-E meint, dass ähnliche Ergebnisse von Insolvenzverwaltungsverträgen durch Koordinierungspläne erzielbar seien (KIG-E, BT-Drs. 18/407, S. 18). Umgekehrt kann das Koordinierungsverfahren durch den Insolvenzverwaltungsvertrag ersetzt werden.

1102 KIG-E, BT-Drs. 18/407, S. 2, 18 f.

1103 Statt vieler siehe Brückmanns, Diss., S. 159 ff.; Hortig, Diss., S. 125 ff.; Eidenmüller, in ZZP 114 (2001), 1, 10 ff.; Eidenmüller, in ZHR 169 (2005), 528, 542 ff.; Becker, Diss., S. 109 f.

1104 Brückmanns, Diss., S. 159. Vgl. auch Hortig, Diss., S. 125.

1105 Ausführlich siehe Brückmanns, Diss., S. 180 f.

1106 Eidenmüller, in ZHR 169 (2005), 528, 542; vgl. auch Becker, Diss., S. 110.

1107 Eidenmüller, in ZHR 169 (2005), 528, 542; Brückmanns, Diss., S. 161.

der Konzerninsolvenz sowohl in der Literatur[1108] als auch im KIG-E[1109] befürwortet. Allerdings hat der KIG-E auf eine ausdrückliche gesetzliche Regelung der Insolvenzverwaltungsverträge aus folgenden Gründen verzichtet: Erstens sei bislang nicht erkennbar geworden, dass das geltende Recht dieser Praxis (der der Insolvenzverwaltungsverträge) wesentliche Hindernisse in den Weg lege.[1110] Zweitens könnten ähnliche Ergebnisse durch Koordinierungspläne gemäß § 269h KIG-E erzielt werden.[1111] Drittens werden die im Insolvenzverwaltungsvertrag üblichen Pflichten zur Zusammenarbeit und zum Informationsaustausch bereits im § 269a KIG-E vorgesehen.[1112] Schließlich könnte eine gesetzliche Fixierung der möglichen Gegenstände als andere Vertragsinhalte der Vielgestaltigkeit der praktischen Erfordernisse nicht gerecht werden und würde damit Gefahr laufen, die im Fluss befindliche Entwicklung zu behindern.[1113]

Die Insolvenzverwaltungsverträge können auch in China als vorteilhafte Kooperationsmechanismen zur Abwicklung der Konzerninsolvenz beitragen. Außer der oben erwähnten Vorteile können die Insolvenzverwaltungsverträge sowohl in Gestalt engerer Kooperationsmechanismen als alleinige Pflicht zum Informationsaustausch wie auch in Form lockerer Kooperationsmechanismen als einheitliche Verwalterbestellung die Kooperationsmechanismen gut ergänzen. Bei einer ausdrücklichen gesetzlichen Regelung über Insolvenzverwaltungsverträge muss es nicht unbedingt um eine gesetzliche Fixierung der Inhalte gehen. Die Einordnung von Insolvenzverwaltungsverträgen in das UInsG ist auch möglich: Die Insolvenzverwalter sind gemäß § 25 UInsG[1114] zum Abschluss der Insolvenzverwaltungsverträge berechtigt, wobei es sich um eine Disposition der Befugnisse und die Privatautonomie des Insolvenzverwalters handelt. Als Koordinierungsmodelle müssen die Inhalte der Insolvenzverwaltungsverträge die Ziele und Grundprinzipien des UInsG einhalten.

7.5.4 Überlegung eines Modells der Verfahrenskoordinierung in der Konzerninsolvenz in China

7.5.4.1 Grundgedanken

Konzerne in China kennzeichnen sich durch Kontrollverhältnisse, womit die Konzerne sehr verschieden ausgestaltet werden können, sei es, dass ein Konzern wegen

---

1108 Statt vieler siehe Eidenmüller, in ZZP 114 (2001), 1, 35; Eidenmüller, in ZHR 169 (2005), 528, 544; Brückmanns, Diss., S. 196; Hortig, Diss., S. 208; Wittinghofer, Diss., S. 34; Becker, Diss., S. 111 f.

1109 KIG-E, BT-Drs. 18/407, S. 18.

1110 KIG-E, BT-Drs. 18/407, S. 18.

1111 KIG-E, BT-Drs. 18/407, S. 18.

1112 KIG-E, BT-Drs. 18/407, S. 18.

1113 KIG-E, BT-Drs. 18/407, S. 18.

1114 Gemäß § 25 UInsG geht die Verfügungs- und Verwaltungsbefugnis über das Vermögen des Schuldners auf den Insolvenzverwalter über.

intensiver Kontrolle wie eine Einheit auf dem Markt auftritt, sei es, dass die Konzerngesellschaften desselben Konzerns locker miteinander verbunden sind, sei es, dass alle Konzerngesellschaften desselben Konzerns voneinander unabhängig organisiert sind und selbst geführt werden. Diese Vielgestaltigkeit des Konzernphänomens spricht gegen eine gesetzliche Einheitslösung und umgekehrt für einen differenzierten und flexiblen rechtlichen Rahmen, der eine dem jeweiligen Einzelfall gerecht werdende Koordinierung der Verfahren erlaubt.[1115] Daher muss die Ausgestaltung des Koordinierungsverfahrens bei jeder Konzerninsolvenz einzeln konkretisiert werden. Es kann sein, dass eine Kooperation zwischen den Verfahren nicht nötig ist oder dass eine enge Kooperation zwischen den Verfahren durchgeführt werden soll, wobei nur ein Gericht dafür zuständig ist und nur ein Insolvenzverwalter bestellt wird. Die konkrete Gestaltung der Verfahrenskoordinierung muss sich jederzeit an den Zielen des UInsG orientieren lassen. Allerdings kann eine Verfahrenskoordinierung ohne einen Informationsfluss schwer zur Kenntnis genommen oder durchgesetzt werden, insbesondere, wenn der Insolvenzverwalter zu einem für sein Verfahren neutralen Informationsaustausch nach der gegenwärtigen Rechtslage nicht verpflichtet ist. Diese Kooperationshindernisse können durch Schaffung einer gesetzlichen Informationspflicht überwunden werden, die allerdings dort ihre Grenze findet, wo die Gläubigerinteressen des einzelnen Verfahrens dadurch nicht geschädigt werden.

Unter Berücksichtigung solcher Grundgedanken soll ein gesetzlicher Rahmen für die Konzerninsolvenz ermöglichen, dass die Verfahren entweder wenig koordiniert oder miteinander intensiv koordiniert abwickelt werden können. Die Verfahrenskoordinierung findet in der Konzerninsolvenz erst statt, wenn die Beteiligten sie wollen. Außerdem können die Beteiligten in dem gesetzlichen Rahmen eine der verschiedenen Koordinierungsstufen auswählen. Aufgrund der unterschiedlichen Koordinierungsdichte kann die Verfahrenskoordinierung in vier Stufen unterteilt werden: Zu der ersten Koordinierungsstufe gehört allein der Informationsfluss. Als zweite Stufe stellen sich die Kooperation zwischen den verschiedenen Gerichten und die Kooperation zwischen den Insolvenzverwaltern dar. Bei der dritten Stufe ist nur ein Insolvenzgericht für alle Verfahren zuständig oder es wird nur ein Insolvenzverwalter bestellt. Bei der vierten und letzten Stufe handelt es sich darum, dass nur ein Insolvenzgericht für alle Verfahren zuständig ist und nur ein Insolvenzverwalter bestellt wird.

7.5.4.2 Verschiedene Koordinierungsmechanismen

Für die verschiedenen Koordinierungsstufen stehen unterschiedliche Koordinierungsmechanismen zur Verfügung. Zuerst ist eine allgemeine Kooperationspflicht zwischen den Insolvenzgerichten und zwischen den Insolvenzverwaltern zu schaffen. Zweitens können die Insolvenzverwaltungsverträge als ein Koordinierungsinstrument

1115 Vgl. auch KIG-E, BT-Drs. 18/407, S. 18.

zu der Abwicklung der Insolvenzverfahren in der Konzerninsolvenz beitragen. Drittens ist ein einheitliches Gruppen-Gericht für bestimmte Konzerninsolvenzfälle nützlich. Schließlich kommt eine einheitliche Verwalterbestellung als ein Koordinierungsmechanismus für bestimmte Konzerninsolvenzfälle in Betracht.

7.5.4.2.1 Allgemeine Kooperationspflicht zwischen den Insolvenzgerichten und Insolvenzverwaltern

Falls mehrere Insolvenzgerichte für die Verfahren zuständig sind, sind sie zur Kooperation verpflichtet, soweit hierdurch die Interessen der Beteiligten des Verfahrens nicht beeinträchtigt werden. Zu der Kooperationspflicht zwischen den Insolvenzgerichten gehört zuerst die Pflicht des Informationsaustauschs der Gerichte. Zu den auszutauschenden Informationen zwischen den Gerichten gehören in Anlehnung an § 269b KIG-E vor allem die Anordnung von Sicherungsmaßnahmen, die Annahme des Eröffnungsantrags, die Bestellung des Insolvenzverwalters, wesentliche verfahrensleitende Entscheidungen, den Umfangder Insolvenzmasse, die Anordnung des Sanierungs- oder Vergleichsverfahrens, die Klärung des Konkurses des Schuldners und sonstige Maßnahmen zur Beendigung des Insolvenzverfahrens. Als eine weitere Kooperationspflicht der Gerichte stellt sich die Abstimmung der Gerichte bei einheitlicher Insolvenzverwalterbestellung dar, falls ein einheitlicher Insolvenzverwalter benötigt und gerecht ist. Nicht zuletzt können die Gerichte bei der Bestätigung des Insolvenzverwaltungsvertrags zur Zusammenarbeit verpflichtet werden.

Werden mehrere Insolvenzverwalter für mehrere Insolvenzverfahren der Gesellschaften desselben Konzerns bestellt, sind sie zur Kooperation verpflichtet, soweit hierdurch die Interessen der Beteiligten des Verfahrens nicht beeinträchtigt werden. Jeder Insolvenzverwalter soll weiterhin in erster Linie die gleichmäßige und bestmögliche Befriedigung für die Gläubiger des von ihm verwalteten Verfahrens besorgen. Der Insolvenzverwalter ist nicht verpflichtet, ein übergeordnetes Konzerninteresse im Auge zu behalten, ohne dass dies Auswirkung auf die Belange der Gläubiger seines Verfahrens hat.[1116] Die Kooperationspflicht der Insolvenzverwalter in der Konzerninsolvenz geht hier über die Pflicht, die sich aus § 1 UInsG ergibt, hinaus, weil der Insolvenzverwalter auch zu einer für sein Verfahren neutralen Kooperation verpflichtet ist. Dieser leichtere Eingang zur Verpflichtung des Insolvenzverwalters steht nicht dafür, dass manche Insolvenzverwalter diese Gelegenheit ausnutzen, um ihre Verfahren zu bereichern, ohne zugleich die anderen Verfahren zu begünstigen. Durch Kooperation erschöpfte Werte sind zwischen den Verfahren zu verteilen, wovon alle an der Kooperation beteiligten Verfahren profitieren. Die Methode zur Verteilung der extra erschöpften Werte kann im Insolvenzverwaltungsvertrag festgelegt werden, der wiederum von den Insolvenzgerichten bestätigt wird. Zu der Kooperationspflicht der Insolvenzverwalter gehört zuerst die Pflicht zum Informationsaustausch. Danach hat der Insolvenzverwalter auf Aufforderung

1116 Vgl. KIG-E, BT-Drs. 18/407, S. 32.

unverzüglich alle Informationen mitzuteilen, die für andere Verfahren von Bedeutung sein können, soweit hierdurch die Interessen der Gläubiger seines Verfahrens nicht geschädigt werden. Mit einem Insolvenzverwaltervertrag können die Verwalter weiter vereinbaren, bestimmte Informationen ohne Aufforderung sofort den anderen Insolvenzverwaltern mitzuteilen. Als andere Kooperationspflicht der Insolvenzverwalter stellt sich die Pflicht zur Zusammenarbeit dar. Um die Zusammenarbeit konkret zu gestalten, ist hier der Abschluss eines Insolvenzverwaltungsvertrags zu empfehlen.

7.5.4.2.2 Insolvenzverwaltungsvertrag

Der Insolvenzverwaltungsvertrag wird von den Insolvenzverwaltern abgeschlossen. Er stellt sich als Gebrauch der Privatautonomie und der Disposition über die Befugnisse des Insolvenzverwalters dar. Bei dem Insolvenzverwaltungsvertrag handelt es sich um die konkrete Verfahrenskoordinierung in der Konzerninsolvenz. Außer der Verfahrenskoordinierung bleiben die anderen Befugnisse bzw. Aufgaben der Insolvenzverwalter unberührt. Der Inhalt des Insolvenzverwaltungsvertrags muss hinsichtlich jedes einzelnen Verfahrens die Ziele des Insolvenzrechts wahren. Hier ist zu empfehlen, dass die Verteilung der durch die Verfahrenskoordinierung erzeugten Werte im Insolvenzverwaltungsvertrag aufgenommen wird, weil die Insolvenzverwalter ihre eigenen Beiträge zur Verfahrenskoordinierung am besten kennen. Um die Werteverteilung und den Insolvenzverwaltungsvertrag zu rechtfertigen, lässt sich dieser von den Gerichten bestätigen.

7.5.4.2.3 Einheitlicher Gerichtsstand – ein Gruppen-Gericht in der Konzerninsolvenz

Ein einheitliches Insolvenzgericht in der Konzerninsolvenz stellt sich als eines der intensivsten Kooperationsmodelle zwischen den Gerichten dar. Dieses Modell kann viele Vorteile mit sich bringen und sollte in China eingeführt werden. Nach gegenwärtiger Gesetzeslage ist ein einheitliches Gericht für die Verfahren der insolventen Gesellschaften desselben Konzerns bereits möglich. Erstens kann dasselbe Volksgericht wegen der Auslegung des § 2 UInsG für alle Insolvenzverfahren der Gesellschaften desselben Konzerns zuständig sein, wenn sich das Hauptverwaltungsorgan aller insolventen Gesellschaften an demselben Ort befindet.[1117] Zweitens können Insolvenzverfahren aller insolventen Gesellschaften desselben Konzerns durch Zuständigkeitsverlegung und -bestimmung an dasselbe Gericht verlegt werden.[1118] Allerdings bezeichnen sich die zwei Möglichkeiten als zufällige Zuständigkeitskonzentration. Es fehlt jedoch die gesetzlichen Regelungen über den Gruppen-Gerichtsstand, womit die Vorteile eines einheitlichen Insolvenzgerichts

1117 Vgl. oben 6.2.1.
1118 Vgl. oben 6.2.1.

allgemein genutzt werden können. Je mehr Verfahren an einem Gericht geführt werden können, umso einfacher ist deren effektive Abstimmung.[1119]

Das im KIG-E aufgegriffene Prioritätsprinzip wird hier aus der oben genannten Gründen abgelehnt.[1120] Hier wird der Vorrang des Muttergerichtsstands befürwortet. Nach dem Prinzip des Vorrangs des Muttergerichtsstands liegt der Gruppen-Gerichtsstand in der Konzerninsolvenz am Gerichtsstand der Muttergesellschaft. Allerdings liegt dieser Gruppen-Gerichtsstand unter Berücksichtigung der Zuständigkeitsregelungen der verschiedenen Stufen beim Mittleren Volksgericht, indessen Bezirk sich der Insolvenzgerichtsstand der Muttergesellschaft befindet. Erstens ist das Mittlere Volksgericht gemäß § 18 ZPG in erster Instanz für die Fälle zuständig, die in seinem Gerichtsbezirk große Auswirkungen haben. Konzerne sind in der Regel groß und spielen eine wichtige wirtschaftliche Rolle, so dass deren Insolvenz große Auswirkung auslöst. Zweitens sind die Mutter- oder Tochtergesellschaften häufig bei der Verwaltungsbehörde für Industrie und Handel auf höherer Regierungsebene registriert. Das Mittlere Volksgericht ist gemäß Art. 2 Abs. 2 Erläuterung (2002) Nr. 23 für Insolvenzverfahren der Unternehmen, die bei der Verwaltungsbehörde für Industrie und Handel auf höherer Regierungsebene registriert werden, zuständig. Ein Unteres Volksgericht ist deshalb nicht geeignet, für alle Insolvenzverfahren zuständig zu sein, wenn die Mittleren Volksgerichte für einige Verfahren zuständig sind.[1121]

Dieser Gruppen-Gerichtsstand verdrängt die durch § 2 UInsG begründete Gerichtszuständigkeit nicht, sondern besteht neben dieser Zuständigkeit. Er wird, anders als der Gruppen-Gerichtsstand nach § 3a KIG-E, bereits vor den Insolvenzanträgen der Konzerngesellschaften nach außen festgelegt und bestimmt. Das Gruppen-Gericht am Gerichtsstand der Muttergesellschaft greift für das Verfahren der einzelnen Tochtergesellschaft erst ein, wenn es beantragt wird und im Interesse der Gläubiger liegt. Antragsberechtigt sind Schuldner oder Insolvenzverwalter. Gläubiger sind wegen des Fehlens ausreichender Kenntnisse über den Konzern von der Antragsberechtigung ausgeschlossen.[1122] Außerdem könnten Gläubiger das Recht nach Belieben missbrauchen, wenn sie zur Antragstellung berechtigt wären. Nicht zuletzt verpflichtet sich der Insolvenzverwalter, die Interessen der Gläubiger zu bewahren. Falls der Schuldner den Antrag nicht stellt, kann der Insolvenzverwalter im Interesse der Gläubiger den Antrag einreichen. Der Schuldner ist insbesondere zur Antragstellung berechtigt, weil eine Vorplanung der Verfahren der Sanierung dient[1123] und weiter zum Schutz der Gläubigerinteressen beitragen kann. Das Gericht muss nach Empfang des Antrags prüfen, ob diese „Zuständigkeitsverlegung"[1124] im

---

1119 KIG-E, BT-Drs. 18/407, S. 19.

1120 Vgl. oben 7.5.2.2.2.

1121 Ausführlich siehe oben 6.2.1.2.

1122 Vgl. KIG-E, BT-Drs. 18/407, S. 20.

1123 Vgl. KIG-E, BT-Drs. 18/407, S. 19 f.

1124 Diese „Zuständigkeitsverlegung" ist von der gerichtlichen Zuständigkeitsverlegung gemäß § 38 ZPOzu unterscheiden. Zur gerichtlichen Zuständigkeitsverlegung gemäß § 38 ZPOsiehe oben 6.2.1.3.

Interesse der Gläubiger liegt. Daher sollte der Antragsteller bei der Antragstellung die Gründe dafür vortragen, um so das Gruppen-Gericht zu überzeugen, dass eine Gerichtskonzentration beim Gruppen-Gericht im Interesse der Gläubiger liegt.

Die im KIG-E erwähnten Nachteile des Vorrangs des Gerichtsstands der Muttergesellschaft[1125] sollen hier nicht vergessen werden. Zwar braucht man sich nicht – wie der deutsche Gesetzgeber – darum zu sorgen, dass durch die Einführung des Vorrangs des Gerichtsstands der Muttergesellschaft die Zuständigkeit des deutschen Gerichts wegen der COMI verloren ist. Man muss sich aber Gedanken machen, wie die Vorteile der Gerichtskonzentration weiter genutzt werden können, wenn die Muttergesellschaft sich nicht in China ansiedelt. Dafür gibt es zwei Lösungen: Erstens kann eine Verfahrenskonzentration am Gerichtsstand der Gesellschaft stattfinden, die wie eine Zwischen-Holding in China agiert. Falls es keine derartige Gesellschaft in China gibt, kann ein Gericht durch gerichtliche Zuständigkeitsverlegung oder -bestimmung die Zuständigkeit für alle Verfahren erhalten. Als Praxisbeispiel wird hier auf den Shanghai-Fall[1126] hingewiesen. Weiter geht der deutsche Gesetzgeber davon aus, dass die Anknüpfung an den Gerichtsstand der Muttergesellschaft in den Fällen unangemessen sei, in denen das Mutterunternehmen gar nicht in Insolvenz ist.[1127] Einerseits gibt es beim Prioritätsprinzip auch denselben Nachteil, insbesondere, wenn das Verfahren über den antragstellenden Schuldner nicht eröffnet oder bereits beendet ist, weil nach § 3b KIG-E das Gruppen-Gericht weiter fortbesteht, sofern noch ein Verfahren über einen anderen gruppenangehörigen Schuldner bei diesem Gericht anhängig ist. Andererseits ist dieses Argument nicht überzeugend, und entsprechend liegt eine derartige Befürchtung nicht vor, weil die Gerichtskonzentration am Gerichtsstand der Muttergesellschaft nicht zwingend, sondern nur durch Antrag und zum Bewahren bzw. Vergrößern der Gläubigerinteressen stattfindet.

7.5.4.2.4 Einheitlicher Insolvenzverwalter

Ein weiterer Koordinierungsmechanismus in der Konzerninsolvenz ist die einheitliche Verwalterbestellung. Der einheitliche Insolvenzverwalter in der Konzerninsolvenz kann nur eine Institution sein, weil in China eine natürliche Person als Insolvenzverwalter gemäß § 24 Abs. 2 UInsG nur für kleine Verfahren bestellt werden darf.[1128] Deshalb braucht man, anders als der deutsche Gesetzgeber, sich keine Sorge um die Geschäftskundigkeit des Insolvenzverwalters zu machen. Allerdings verdient der Interessenkonflikt aus Bestellung eines Insolvenzverwalters für alle Verfahren eine Sonderbeachtung, insbesondere wenn berücksichtigt wird, dass das Rechtsinstitut des Sonderverwalters in China überhaupt nicht gegeben ist. Aus der

1125 Vgl. KIG-E, BT-Drs. 18/407, S. 19.
1126 Siehe oben 7.2.2.2.2.
1127 KIG-E, BT-Drs. 18/407, S. 19.
1128 Statt vieler siehe Fan/Jw. Wang, S. 100; Wg. Wang, S. 68.

oben erwähnten Gründen sollte der einheitliche Insolvenzverwalter von den Interessenkonflikten wegen einer Selbstkontrahierung befreit werden.[1129]

7.6 Zusammenfassung

Das chinesische UInsG geht von der Insolvenz des einzelnen Rechtsträgers aus und die Konzerninsolvenz wird im UInsG nicht berücksichtigt. Nach der gegenwärtigen Rechtslage sollen die Verfahren der insolventen Gesellschaften desselben Konzerns separat abgewickelt werden. Weder die materielle Konsolidierung noch die Verfahrenskooperation wird in China vorgesehen. Art. 23 Abs. 3 Erläuterung UInsG (2013) räumt keine gesetzliche Lage für die materielle Konsolidierung ein. Der Begriff „konsolidiertes Insolvenzverfahren" muss eingeschränkt ausgelegt werden.

Das OVG hat zuerst streng an das UInsG eingehalten, dann sich aber für die Anwendung der materiellen Konsolidierung ausgesprochen. Die Wende hängt mit den bestimmten Konzernrealitäten in China zusammen, namentlich den häufig vorkommenden Fällen der Vermögensverschiebung und des Vermögensverstecks, der Vermögensvermischung und gegenseitigen dinglichen Sicherungen. Die Anwendung der materiellen Konsolidierung wird in der Gerichtspraxis auf Vermögensvermischung eingeschränkt. Allerdings soll die materielle Konsolidierung wegen Fehlens der materiell-rechtlichen Grundlage, des Verstoßes gegen fundamentale Grundsätze des Gesellschafts- und Insolvenzrechts und des starken Eingriffs in Privatautonomie in China nicht eingeführt werden. Allein die wirtschaftlichen Vorteile können die Einführung der materiellen Konsolidierung nicht rechtfertigen. Liegt eine Vermögensvermischung vor, ist hier zu empfehlen, die Verfahren miteinander eng und intensiv zu koordinieren. In dem Liquidationsverfahren wird das gesamte Vermögen gemeinsam verwertet und, die Zustimmung der Gläubiger in jedem einzelnen Verfahren vorausgesetzt, gemeinsam verteilt. In dem Sanierungsverfahren kommt die gesellschaftsrechtliche Verschmelzung in Betracht. Diese Lösung erfolgt in einem Planverfahren, wobei es sich nicht um materielle Konsolidierung, sondern um eine enge Verfahrenskoordinierung und Gläubigerautonomie handelt. Die Verfahren werden nicht konsolidiert, sondern separat abgewickelt. Dem Plan muss von den Gläubigern des einzelnen Verfahrens zugestimmt werden.

Anders als die materielle Konsolidierung wird hier die Einführung der Verfahrenskoordinierung in China befürwortet. In Anlehnung an das Vorbild aus Deutschland und unter Berücksichtigung der Besonderheiten in China wird hier ein Modell der Verfahrenskoordinierung entwickelt. Dieses Modell soll einen gesetzlichen Rahmen für die Konzerninsolvenz ermöglichen, wobei eine flexible Verfahrenskoordinierung ermöglicht wird. In diesem Rahmen wird die Verfahrenskoordinierung in vier Stufen unterteilt: Zu der ersten Koordinierungsstufe gehört allein der Informationsfluss. Als zweite Stufe stellen sich eine Kooperation zwischen den Gerichten und eine Kooperation zwischen den Insolvenzverwaltern dar. In der dritten Stufe ist nur ein

1129 Ausführlich siehe oben 4.2.2.2.

Insolvenzgericht für alle Verfahren zuständig oder nur ein Insolvenzverwalter bestellt. In der letzten Stufe handelt es sich darum, dass nur ein Insolvenzgericht für alle Verfahren zuständig ist und nur ein Insolvenzverwalter bestellt wird. Für die verschiedenen Koordinierungsstufen stellen sich unterschiedliche Koordinierungsmechanismen zur Verfügung. Zuerst ist eine allgemeine Kooperationspflicht zwischen den Insolvenzgerichten und zwischen den Insolvenzverwaltern zu schaffen. Zweitens können die Insolvenzverwaltungsverträge als ein Koordinierungsinstrument zu der Abwicklung der Insolvenzverfahren in der Konzerninsolvenz beitragen. Drittens ist ein einheitliches Gruppen-Gericht für bestimmte Konzerninsolvenzfälle nützlich. Schließlich kommt eine einheitliche Verwalterbestellung als ein Koordinierungsmechanismus für bestimmte Konzerninsolvenzfälle in Betracht.

Eine allgemeine Kooperationspflicht zwischen den Insolvenzgerichten und den Insolvenzverwaltern basiert zumindest auf einem Informationsaustausch, ohne den eine Koordinierung in der Konzerninsolvenz schwer möglich ist. Bei dem Insolvenzverwaltungsvertrag handelt es sich um die konkrete Verfahrenskoordinierung in der Konzerninsolvenz. Mit Ausnahme der Verfahrenskoordinierung bleiben die anderen Befugnisse bzw. Aufgaben der Insolvenzverwalter unberührt. Die Bestimmung des Gruppen-Gerichtsstands folgt nicht wie im KIG-E dem Prioritätsprinzip, sondern dem Vorrang des Muttergerichtsstands. Der Gruppen-Gerichtsstand verdrängt die durch § 2 UInsG begründete Gerichtszuständigkeit nicht, sondern besteht neben dieser Zuständigkeit. Das Gruppen-Gericht darf nur ein Mittleres Volksgericht sein. Das Gruppen-Gericht am Gerichtsstand der Muttergesellschaft ist für das Verfahren der einzelnen Tochtergesellschaft erst zuständig, wenn es beantragt wird und im Interesse der Gläubiger liegt. Antragsberechtigt sind Schuldner oder Insolvenzverwalter. Der einheitliche Insolvenzverwalter in der Konzerninsolvenz kann in China nur eine Institution sein. Bei der einheitlichen Verwalterbestellung ist der Insolvenzverwalter gesetzlich von dem Interessenkonflikt wegen der Selbstkontrahierung zu befreien.

Teil III. Zusammenfassung der Ergebnisse

1. Ergebnisse aus dem ersten Teil

1) Solange das herrschende Unternehmen solvent ist, kann die Gesellschaft während der Vertragsdauer des Beherrschungsvertrags nicht insolvent gehen. (Siehe 3.1)
2) Untersucht man das Schicksal der Konzernleitungsmacht der Obergesellschaft eines Beherrschungsvertragskonzerns im Falle der Insolvenz, sind hier zwei Fälle voneinander zu unterscheiden, namentlich alleinige Insolvenz der Obergesellschaft und Doppelinsolvenz.
   Weil die Konzernleitung zur Insolvenzmasse gehört und zur bestmöglichen Gläubigerbefriedigung dienen kann, kann der Insolvenzverwalter bei der alleinigen Insolvenz der Obergesellschaft die Konzernleitung ausüben, die allerdings durch das Insolvenz- und Gesellschaftsrecht weiter eingeschränkt werden soll. Die solventen Tochtergesellschaften haben die nachteiligen Weisungen nicht zu befolgen. Aber sie sollten den Weisungen, die für sie vorteilhaft sind, folgen. Zu unterscheiden sind hier die gesellschaftsrechtlichen „Einflussnahmemöglichkeiten" der insolventen Muttergesellschaft auf die solventen Tochtergesellschaften. Die gesellschaftsrechtlichen „Einflussnahmemöglichkeiten" bleiben von der Eröffnung des Insolvenzverfahrens der Muttergesellschaft unberührt.
   Bei der Doppelinsolvenz wird die Konzernleitung sowohl in der Liquidation als auch in der Sanierung und in der Eigenverwaltung suspendiert. In diesem Fall sind eine intensive Koordinierung der Insolvenzverwalter sowie die Bestellung eines einheitlichen Insolvenzverwalters zu überlegen, um den Synergie-Effekt in der Doppelinsolvenz des Vertragskonzerns weiter nutzen zu können. (Siehe 3.2.1)
3) Beim faktischen Konzern endet die faktische Konzernbeziehung mit der Eröffnung des Insolvenzverfahrens, gleich ob auf Seiten des abhängigen oder des herrschenden Unternehmens. Denn die Ausübung oder Erduldung der Leitung ist nur den Gesellschaftsorganen zugewiesen; für eine Wahrnehmung durch den Insolvenzverwalter an deren Stelle ist kein Raum. (Siehe 3.2.2)
4) *De lege lata* ist eine Gerichtskonzentration in der Konzerninsolvenz durch Auslegung des § 3 Abs. 1 S. 2 InsO möglich, wobei es sich allerdings um eine zufällige Gerichtskonzentration handelt. (Siehe 4.1.1.3)
5) *De lege lata* wird die Bestellung eines einheitlichen Insolvenzverwalters in der Konzerninsolvenz nicht verboten und auch bereits in der Praxis angewendet. Allerdings gerät der einheitliche Konzerninsolvenzverwalter wegen der Konzernstruktur und -haftung in eine ständige Interessenkollision, die durch Bestellung eines Sonderverwalters nicht bewältigt werden kann. *De lege ferenda* soll der einheitliche Insolvenzverwalter in der Konzerninsolvenz von § 181 BGB befreit werden. Darüber hinaus soll der Sonderverwalter über kein aktives Recht verfügen. (Siehe 4.1.2.2)
6) *De lege lata* gibt es nur dann eine Kooperationspflicht der Insolvenzverwalter wegen der bestmöglichen Gläubigerbefriedigung in der Konzerninsolvenz,

wenn die Kooperation für das jeweilige Einzelverfahren vorteilhaft ist. Aus einer neutralen Kooperation ergibt sich keine Kooperationspflicht, jedoch dürfen die Verwalter in diesem Fall zusammenarbeiten. Problematisch wäre es, wenn ein Insolvenzverwalter ohne ausreichende Informationen über die anderen insolventen Konzerngesellschaften nicht in der Lage wäre, zu entscheiden, ob eine Kooperation seinem Verfahren zugutekommen kann. Somit beruht die Kooperation in erster Linie auf einem Informationsaustausch. Wird *de lege ferenda* eine gesetzliche Kooperationspflicht der Insolvenzverwalter in der Konzerninsolvenz eingeführt, ist hier zu empfehlen, dass die Kooperationspflicht zumindest eine Informationspflicht beinhaltet. (Siehe 4.1.2.3)

7) Die Bestimmung des Anwendungsbereichs des KIG-E ist ausnahmslos zu begrüßen. Einerseits trägt der Konzernbegriff des KIG-E der durch unterschiedlichste Formen von Unternehmensverbindungen geprägten Praxis Rechnung. Es werden Konzerne mit straffer Leitung bis hin zu Konzernen mit bloßen Beteiligungsverhältnissen erfasst. Obwohl eine tatsächliche Ausübung des herrschenden Einflusses erforderlich wäre, lässt die Anwendung der konzernrechtlichen Regelungen dies einfach und schnell von dem Gericht feststellen. Darüber hinaus kann es auch nicht zu einer Schädigung führen, wenn im Einzelfall die Möglichkeit des herrschenden Einflusses tatsächlich nicht in Anspruch genommen wird und folglich kein Bedarf an Koordinierung entsteht, weil eine koordinierte Abwicklung der Verfahren nur erfolgt, wenn dies von den Beteiligten gewollt bzw. möglich und sinnvoll ist. Andererseits folgt dieser Konzernbegriff der Definition der „Unternehmensgruppe" des Kommissionsentwurfs zur Reform der EuInsVO und den Vorschlägen der UNCITRAL, damit zeigt er den internationalen Standard. Dadurch können die möglichen Hürden für die Koordinierung der Insolvenzverfahren der grenzübergreifenden Unternehmensgruppe von Anfang an vermieden werden. (Siehe 4.3.2)
8) Es ist jedenfalls zu begrüßen, dass der KIG-E ausdrücklich eine Gerichtskonzentration einführt. Allerdings kann der im KIG-E auf das Prioritätsprinzip abgestellte Konzerngerichtsstand nicht überzeugen und der Missbrauchsgefahr Tor und Tür öffnen, wobei es z. B. um forum shopping und Zuständigkeitsmanipulation geht. (Siehe 4.3.3.1)
9) Dass der KIG-E die Möglichkeit der einheitlichen Verwalterbestellung in der Konzerninsolvenz vorsieht, ist ausnahmslos zu begrüßen. Um die Unabhängigkeit des einheitlichen Insolvenzverwalters wahrzunehmen, soll er von Insichgeschäften des § 181 BGB befreit werden. Zur Beseitigung der Gefahr der Masseverlagerung wegen einer Verwaltung durch denselben Insolvenzverwalter kommt eine Dokumentationspflicht nach dem Vorbild des § 317 AktG in Betracht. (Siehe 4.3.3.2)
10) Es ist zu begrüßen, dass eine Kooperationspflicht zwischen den Insolvenzverwaltern und Insolvenzgerichten in der Insolvenz gruppenangehöriger Schuldnern im KIG-E ausdrücklich geregelt wird. Begrüßenswert ist auch, dass der Informationsaustausch ausdrücklich als eine Art der Kooperationspflicht vorgesehen wird. Mit ausreichenden Informationen wird die weitere Kooperation erst

ermöglicht. Das Instrument des Gruppen-Gläubigerausschusses ist allerdings m. E. entbehrlich. (Siehe 4.3.3.3)

11) Mit dem Koordinationsverfahren betritt der KIG-E ein völliges Neuland. Allerdings kann das Koordinierungsverfahren zu einer Bürokratisierung des Insolvenzverfahrens und zu einer Verkomplizierung der Verfahrenssituation sowie dadurch zu einem zusätzlichen Verfahrensaufwand bzw. einer möglichen Masseminderung führen. Daher soll das im KIG-E vorgesehene Koordinationsverfahren *de lege ferenda* nicht eingeführt werden. Allerdings kann das Kooperationsinstrument, der „Koordinationsverwalter", zur abgestimmten Abwicklung der Verfahren beitragen. Ein Koordinationsverwalter soll nicht auf Antrag eines Schuldners odereines Insolvenzverwalters oder gar eines Gläubigerausschusses, sondern durch Insolvenzverwaltungsverträge von den Insolvenzverwaltern bestellt werden. Anders als KIG-E, wonach der Koordinierungsmechanismus der Insolvenzverwaltungsverträge durch das Koordinationsverfahren ersetzt wird, wird hier vorgeschlagen, dass das Koordinationsverfahren umgekehrt durch die Insolvenzverwaltungsverträge ersetzt wird. Außerdem ist der Gruppen-Gläubigerausschuss entbehrlich. (Siehe 4.3.3.4)

2. Ergebnisse aus dem zweiten Teil

12) Vorgeschlagen wird, die §§ 51–53 AGZR aus dem zukünftigen Zivilgesetzbuch Chinas zu streichen. Die schon im Register eingetragenen verbundenen Betriebe sollen in der Zukunft in andere Rechtsformen, wie z. B. die GmbH oder AG, umgewandelt werden. (Siehe 5.1.1)
13) Die VB-UGR sollte m. E. abgeschafft werden. Stattdessen ist hier zu empfehlen, die Unternehmensgruppe im Gesetz bzw. in einemneuen Abschnitt im GesG zu regeln. Entsprechend sollte die Gruppensatzung nach dem Vorbild des Beherrschungsvertrages des deutschen Konzernrechts in einen Gruppenleitungsvertrag umgewandelt werden, der ebenfalls in Anlehnung an §§ 294, 298 AktG zwingend einzutragen ist. Weiter ist die De-Administration bei der Gründung und Führung der Unternehmensgruppe zu vertiefen. Die Regelungen über das Leitungsorgan der Unternehmensgruppe sollten abgeschafft werden. Die Muttergesellschaft kann sich entsprechend ihrer tatsächlichen Funktionen in eine Holding umwandeln. (Siehe 5.1.2)
14) Die Definition der verbundenen Unternehmen kann nicht von der Definition der verbundenen Beziehung im GesG hergeleitet werden. Sowohl in der Praxis als auch in der Literatur ist es nicht selten, dass man das Vorliegen der verbundenen Unternehmen von dem Vorliegen der verbundenen Beziehung i. S. v. § 216 GesG abhängig macht, was aber weder logisch noch präzise ist. (Siehe 5.1.4)
15) Verbundene Unternehmen sind in China die Unternehmen, zwischen denen ein Kontrollverhältnis besteht oder die von demselben Unternehmen kontrolliert werden können. Die „Kontrolle" kann entweder mittelbar oder unmittelbar erfolgen. Sie sollte umfangreich und andauernd sein, eine vorläufige oder einmalige Kontrolle reicht nicht aus. Die Kontrolle kann durch absolute oder relative Mehrheitsbeteiligung entstehen. Darüber hinaus können verbundene Unternehmen durch Vertrag, mit dem das Unternehmen die anderen Unternehmen wie beim Vorliegen einer absoluten Mehrheit beherrscht, oder damit vergleichbare Bestimmungen in der Satzung zustande kommen. Daher umfassen verbundene Unternehmen in dieser Arbeit den verbundenen Betrieb in Form der juristischen Person, der sich als eine Unternehmensgruppe in der Form „mehrere Mütter, eine Tochter" darstellt, sofern es nicht um eine Verschmelzung geht und den verbundenen Betrieb in Form der Partnerschaftsunternehmen, wobei eine typische Unternehmensgruppe beispielsweise zwischen einer GmbH und einer GmbH und Co. KG gegründet werden kann. Darüber hinaus sind Unternehmensgruppen im Sinne der VB-UGR inbegriffen. Handelt es sich bei den verbundenen Beziehungen um beherrschende Gesellschafter oder faktische Beherrschende, liegen auch verbundene Unternehmen vor. (Siehe 5.3)
16) Das chinesische Insolvenzrecht hat die Konzerninsolvenz nicht berücksichtigt. Wie die deutsche InsO geht das chinesische UInsG von der Insolvenz des

einzelnen Rechtsträgers aus. Der Begriff „konsolidiertes Insolvenzverfahren“ des Art. 23 Abs. 3 Erläuterung UInsG (2013) muss eingeschränkt ausgelegt werden, und er steht nicht mit materieller Konsolidierung gleich. (Vgl. 7.1)

17) Obwohl die h. M. und die Rechtssprechung sich für materielle Konsolidierung aussprechen, sollte deren Einführung in China m. E. abgelehnt werden, weil einerseits die materiell-rechtliche Grundlage fehlt. Andererseits ist Einführung der materiellen Konsolidierung weder rechtsdogmatisch noch rechtssystematisch überzeugend. Liegt Vermögensvermischung in der Unternehmensgruppe vor, dann ist zu empfehlen, im Liquidationsverfahren einen Verteilungsplan und im Sanierungsverfahren einen Verschmelzungsplan zu erstellen. (Vgl. 7.4) 18) In China soll in der Zukunft bei der Konzerninsolvenz die Verfahrenskoordinierung in Anlehnung an die Regelungen des deutschen KIG-E eingeführt werden, womit ein rechtlicher Rahmen, der eine dem jeweiligen Einzelfall gerecht werdende Koordinierung der Verfahren erlaubt, eingerichtet wird. Aufgrund der unterschiedlichen Koordinierungsdichte kann die Verfahrenskoordinierung in vier Stufen unterteilt werden. Zu der ersten Koordinierungsstufe gehört allein der Informationsfluss. Als zweite Stufe stellen sich eine Kooperation zwischen den unterschiedlichen Gerichten und eine Kooperation zwischen den unterschiedlichen Insolvenzverwaltern dar. Bei der dritten Stufe ist nur ein Insolvenzgericht für alle Verfahren zuständig, oder es wird nur ein Insolvenzverwalter bestellt. In der letzten Stufe handelt es sich darum, dass nur ein Insolvenzgericht für alle Verfahren zuständig ist und nur ein Insolvenzverwalter bestellt wird. Für die verschiedenen Koordinierungsstufen stehen unterschiedliche Koordinierungsmechanismen zur Verfügung. Zuerst ist eine allgemeine Kooperationspflicht zwischen den Insolvenzgerichten und den Insolvenzverwaltern zu schaffen. Des Weiteren können die Insolvenzverwaltungsverträge als ein Koordinierungsinstrument zu der Abwicklung der Insolvenzverfahren in der Konzerninsolvenz beitragen. Zudem ist ein einheitliches Gruppen-Gericht für bestimmte Konzerninsolvenzfälle nützlich, wobei es sich um den Vorrang des Gerichtsstands der Muttergesellschaft handeln soll. Schließlich kommt eine einheitliche Verwalterbestellung als ein Koordinierungsmechanismus für bestimmte Konzerninsolvenzfälle in Betracht. Der einheitliche Insolvenzverwalter kann in China nur eine Institution sein. Außerdem soll der einheitliche Insolvenzverwalter von den Interessenkonflikten wegen der möglichen Selbstkontrahierung befreit werden. (Siehe 7.5)

Anhang

Gesetzesauszüge

Die folgenden Gesetzesauszüge werden in Anlehnung an die deutsche Übersetzung von Frank Münzel ins Deutsche übersetzt. Die deutsche Übersetzung von Frank Münzel findet man auf der Webseite: http://www.chinas-recht.de/.

Allgemeine Grundsätze des Zivilrechts der VR China
Verabschiedet am 12.04.1986, Inkrafttreten am 01.01.1987

§39 Sitz der juristischen Person ist der Ort ihres Hauptverwaltungsorgans.

§51 Wenn bei einem verbundenen Betrieb zwischen Unternehmen oder Unternehmen und Institutionseinheiten ein neuer Wirtschaftskörper gebildet wird, der unabhängig die zivile Haftung übernimmt und die Bedingungen für eine juristische Person erfüllt, erlangt er durch die Überprüfung, Genehmigung und Registrierung durch die vorgesetzte Behörde die Eigenschaft einer juristischen Person.

§52 Bei einem verbundenen Betrieb zwischen Unternehmen oder zwischen Unternehmen und Institutionseinheiten übernimmt bei einem gemeinsamen Betrieb, der die Bedingungen für eine juristische Person nicht erfüllt, jede Seite des verbundenen Betriebs im Verhältnis ihrer Kapitaleinlage oder entsprechend der Vereinbarung mit ihrem eigenen bzw. dem von ihr betriebenen und verwalteten Vermögensgut die zivile Haftung. Wird nach dem Gesetz oder der Vereinbarung gesamtschuldnerisch gehaftet, so wird die Haftung gesamtschuldnerisch übernommen.

§53 Wird ein verbundener Betrieb zwischen Unternehmen oder zwischen Unternehmen und Institutionseinheiten nach dem Vertrag von jeder Seite unabhängig betrieben, so werden seine Rechte und Pflichten vom Vertrag bestimmt, und jeder übernimmt für sich die zivile Haftung.

Gesetz der VR China über Partnerschaftsunternehmen
Verabschiedet am 23.02.1997, revidiert am 27.08.2006, Inkrafttreten der revidierten Version am 01.06.2007

§2 Als Partnerschaftsunternehmen bezeichnet dies Gesetz von natürlichen Personen, juristischen Personen und sonstigen Organisationen nach diesem Gesetz in chinesischem Gebiet errichtete gewöhnliche Partnerschaftsunternehmen und beschränkte Partnerschaftsunternehmen.

Gewöhnliche Partnerschaftsunternehmen werden von gewöhnlichen Partnern gebildet, die Partner haften als Gesamtschuldner unbeschränkt für die Verbindlichkeiten des Unternehmens. Soweit dies Gesetz für die Form der Haftung gewöhnlicher Partner als Gesamtschuldner besondere Bestimmungen trifft, gelten diese besonderen Bestimmungen.

Beschränkte Partnerschaftsunternehmen werden von gewöhnlichen Partnern und beschränkten Partnern gebildet; die gewöhnlichen Partner haften als Gesamtschuldner unbeschränkt für die Verbindlichkeiten des Unternehmens; die beschränkten Partner haften für die Verbindlichkeiten des Unternehmens nur bis zur Höhe der von ihnen übernommenen Einlage.

§67 Die Geschäfte beschränkter Partnerschaftsunternehmen werden von gewöhnlichen Partnern geführt. Geschäftsführende Partner können verlangen, dass in der Partnerschaftsvereinbarung das Geschäftsführungsentgelt und die Form, in der es einbehalten wird, festgesetzt werden.

§68 Beschränkte Partner führen nicht die Geschäfte der Partnerschaft und können das beschränkte Partnerschaftsunternehmen nicht als Repräsentanten nach außen vertreten.

Folgende Handlungen beschränkter Partner werden nicht als Geschäftsführung der Partnerschaft angesehen:

1. Teilnahme an Beschlüssen über den Eintritt und das Ausscheiden gewöhnlicher Partner;
2. Vorschläge zur Geschäftsführung des Unternehmens;
3. Teilnahme an der Auswahl von Buchführungsbüros, welche die Rechnungsprüfung bei dem beschränkten Partnerschaftsunternehmen übernehmen;
4. dass sie nach der Rechnungsprüfung die Finanz- und Buchführungsberichte des beschränkten Partnerschaftsunternehmens erhalten;
5. wenn sie zu ihre eigenen Interessen betreffenden Umständen die Bücher und sonstige Finanzangelegenheiten betreffende Unterlagen des beschränkten Partnerschaftsunternehmens durchsehen;
6. wenn sie dann, wenn Interessen am beschränkten Partnerschaftsunternehmen verletzt werden, gegenüber verantwortlichen Partnern Rechte geltend machen oder gegen sie Klage erheben;
7. wenn sie dann, wenn geschäftsführende Partner die Ausübung von Rechten vernachlässigen, sie zur Ausübung von Rechten drängen oder im Interesse des Unternehmens im eigenen Namen Klage erheben;
8. wen sie nach dem Recht für das Unternehmen Sicherheit leisten.

§92 Wenn das Partnerschaftsunternehmen die fälligen Verbindlichkeiten nicht begleichen kann, können Gläubiger nach dem Recht seine Konkursliquidation beantragen, sie können auch von gewöhnlichen Partnern die Begleichung der Verbindlichkeiten verlangen.

[Auch] wenn nach dem Recht der Konkurs des Partnerschaftsunternehmens erklärt worden ist, haften für dessen Verbindlichkeiten die gewöhnlichen Partner weiterhin unbegrenzt als Gesamtschuldner.

Vorläufige Bestimmungen zur Registrierung von Unternehmensgruppen

Erlassen vom Staatlichen Industrie- und Handelsverwaltungsamt am 6.4.1998

§2 Die in China gegründete Unternehmensgruppe soll sich nach dieser Bestimmung registrieren lassen, ohne Registrierung darf sie nicht unter dem Namen „Unternehmensgruppe“ handeln.

§3 Mit Unternehmensgruppe ist eine Verbindung juristischer Unternehmenspersonen gemeint, deren Subjekte vor allem kapitalmäßig verbundene Mutter- und Tochtergesellschaften sind, und die sich mit einer Gruppensatzung als gemeinsamer Handlungsnorm aus Muttergesellschaft, Tochtergesellschaften, Gesellschaften, bei denen Beteiligungen bestehen, und anderen Mitgliedsunternehmen bzw. Mitgliedsorganen zusammensetzt und einen bestimmten Umfang hat. Die Unternehmensgruppe [selbst] besitzt nicht die Eigenschaft einer juristischen Unternehmensperson.

§4 Die Unternehmensgruppe wird durch Mutter-, Tochter- und Beteiligungsgesellschaften und andere Einheiten zusammen gebildet. Institutionseinheiten und gesellschaftliche Körperschaften als juristische Personen dürfen Mitglieder der Unternehmensgruppe werden.

Die Muttergesellschaft soll eine Holdinggesellschaft sein, die gesetzesmäßig registriert wird und dadurch die Eigenschaft der juristischen Unternehmensperson erlangt.

Tochtergesellschaften sollen solche juristischen Unternehmenspersonen sein, dass sie 100 % Anteile oder beherrschende Anteile der Muttergesellschaft besitzen. Die anderen Gruppenmitglieder sollen andere juristische Unternehmenspersonen, Institutionseinheiten als juristische Personen oder gesellschaftliche Körperschaften als juristische Personen sein, an der Muttergesellschaft beteiligt oder mit den Mutter- und Tochtergesellschaften Produktionsverbindung oder Kooperationen haben.

§5 Unternehmensgruppen müssen die folgenden Bedingungen erfüllen:

1. Die Muttergesellschaft der Gruppe muss ein registriertes Kapital von mindestens fünfzig Million RMB und mindestens fünf Tochtergesellschaften innehaben;
2. die Summe des registrierten Kapitals von Muttergesellschaft und Tochtergesellschaften muss mindestens hundert Millon RMB betragen;
3. alle Mitgliedseinheiten der Unternehmensgruppe müssen juristische Personen sein.

Unternehmensgruppen, die staatliche Versuchspunkte sind, müssen ferner den vom Staatsrat festgesetzten Bedingungen für die Unternehmensgruppen entsprechen, die staatliche Versuchspunkte sind.

§6 Die Satzung einer Unternehmensgruppe muss die folgenden Punkte enthalten:

1. Die Firma der Unternehmensgruppe;
2. Firma und Sitz der Muttergesellschaft;

3. Hauptzweck der Unternehmensgruppe;
4. Form der Verbindung in Produktion und Betrieb bzw. der Kooperation zwischen den Mitgliedern der Unternehmensgruppe;
5. Organisation und Amtsbefugnisse der Steuerungsorgane der Unternehmensgruppe;
6. das Verfahren, aus dem die verantwortlichen Personen der Steuerungsorgane der Unternehmensgruppe hervorgehen, deren Amtszeit und Amtsbefugnisse;
7. Bedingungen und Verfahren für den Eintritt in die Unternehmensgruppe und den Austritt aus der Gruppe;
8. Beendigung der Unternehmensgruppe;
9. Verfahren für Satzungsänderungen;
10. sonst erforderliche Punkte;
11. Datum der Festsetzung [der Satzung].

Die Satzung der Unternehmensgruppe muss von allen ihren Mitgliedern unterschrieben oder anerkannt worden sein.

§7 Die Registrierung der Unternehmensgruppe muss von der Muttergesellschaft beantragt werden und im Prinzip zur gleichen Zeit mit der Gründungs- oder Veränderungsregistrierung der Muttergesellschaft durchgeführt werden.

§8 Unternehmensgruppen, die staatliche Versuchspunkte sind, werden vom Staatlichen Industrie- und Handelsverwaltungsamt oder einem von ihm ermächtigten territorialen Industrie- und Handelsverwaltungsamt registriert; andere Unternehmensgruppen werden von dem Industrie- und Handelsverwaltungsamt registriert, das ihre Muttergesellschaft registriert und ihr den [Gewerbe]schein ausgibt.

§9 Zu registrieren sind die Firma der Unternehmensgruppe, die Firma und der Sitz der Muttergesellschaft sowie die Gruppenmitglieder

§10 Beim Antrag auf Registrierung der Unternehmensgruppe müssen der zuständigen Registerbehörde die folgenden Schriftstücke übergeben werden:

1. der vom gesetzlichen Vertreter der Muttergesellschaft unterschriebene Registrierungsantrag;
2. die Satzung der Unternehmensgruppe;
3. Nachweise der juristischen Persönlichkeit der Mitglieder der Unternehmensgruppe;
4. Nachweise der Beteiligungen oder der Investitionen der Muttergesellschaft an den Mitgliedsunternehmen der Gruppe;
5. andere einschlägige Schriftstücke.

§13 Nach der Prüfung und Registrierung der Unternehmensgruppe durch die zuständige Behörde wird eine „Urkunde der Registrierung der Unternehmensgruppe" ausgestellt, womit die Unternehmensgruppe als errichtet gilt.

[Die Form der] „Urkunde der Registrierung der Unternehmensgruppe“ wird vom Staatlichen Industrie- und Handelsverwaltungsamt einheitlich festgelegt.

§14 Die Firma der Unternehmensgruppe wird unter Berücksichtigung der Vorschriften für die registrierten Firmen von Unternehmen registriert. Zu der Firma der Unternehmensgruppe kann es eine Kurzform geben.

Die Muttergesellschaft kann in der Unternehmensfirma den Bestandteil „Unternehmensgruppe“ oder „(Unternehmensgruppe)“ verwenden; Tochtergesellschaften können in ihrer Firma die Firma der Unternehmensgruppe oder deren Kurzform voranstellen; Gesellschaften, an denen Beteiligungen bestehen, können unter Genehmigung des Leistungsorgans der Unternehmensgruppe in ihrer Firma die Firma der Unternehmensgruppe oder deren Kurzform voranstellen.

Die geprüfte und gebilligte Firma der Unternehmensgruppe kann in der Werbung verwandt werden; jedoch dürfen nicht im Namen der Unternehmensgruppe Wirtschaftsverträge geschlossen oder betriebliche Aktivitäten verfolgt werden.

Gesellschaftsgesetz der VR China

Verabschiedet am 29.12.1993, 3. Revidierung am 28.12.2013,
Inkrafttreten der 3. revidierten Version am 01.03.2014

§2 Als Gesellschaften bezeichnet dieses Gesetz im chinesischen Inland nach diesem Gesetz gegründete Gesellschaften mit beschränkter Haftung oder Aktiengesellschaften

§10 Sitz der Gesellschaft ist der Ort ihres Hauptgeschäftsorgans.

§14 Eine Gesellschaft kann Zweiggesellschaften errichten. Wenn Zweiggesellschaften errichtet werden, muss bei der Gesellschaftsregisterbehörde [ihre] Registrierung beantragt und [ihr] Gewerbeschein eingeholt werden. Zweiggesellschaften sind keine juristischen Personen; zivilrechtlich haftet für sie die Gesellschaft.

Eine Gesellschaft kann Tochtergesellschaften errichten; die Tochtergesellschaften sind juristische Personen und haften nach dem Recht unabhängig zivilrechtliche Haftung.

§20 Die Gesellschafter der Gesellschaft müssen die Gesetze und Verwaltungsnormen und die Gesellschaftssatzung einhalten und Gesellschafterrechte nach dem Recht ausüben, sie dürfen Gesellschafterrechte nicht missbrauchen, um Interessen der Gesellschaft oder anderer Gesellschafter zu schädigen; sie dürfen die Stellung der Gesellschaft als unabhängiger juristischen Person und die beschränkte Haftung der Gesellschafter nicht missbrauchen, um die Interessen der Gläubiger der Gesellschaft zu schädigen.

Wenn ein Gesellschafter Gesellschafterrechte missbraucht und damit der Gesellschaft oder anderen Gesellschaftern Schaden zufügt, haftet er nach dem Recht auf Ersatz.

Wenn ein Gesellschafter die Stellung der Gesellschaft als unabhängiger juristischen Person und die beschränkte Haftung der Gesellschafter missbraucht, sich

Verbindlichkeiten entzieht und damit die Interessen der Gläubiger der Gesellschaft erheblich schädigt, haftet er für die Verbindlichkeiten der Gesellschaft als Gesamtschuldner mit.

§21 Beherrschende Gesellschafter, faktische Beherrschende, Vorstandsmitglieder, Aufsichtsratsmitglieder oder leitende Manager der Gesellschaft dürfen ihre verbundene Beziehung nutzen, um die Interessen der Gesellschaft zu schädigen.

Wer den vorigen Absatz verletzt und dadurch der Gesellschaft einen Schaden zufügt, haftet auf Ersatz.

§43 Art und Weise der Beratungen und Beschlussverfahren der Gesellschafterversammlung werden, soweit dies Gesetz dazu nichts bestimmt, von der Gesellschaftssatzung bestimmt.

Eine Entscheidung der Gesellschafterversammlung über eine Satzungsänderung, eine Erhöhung oder Senkung des registrierten Kapitals oder die Vereinigung, Aufteilung oder Auflösung der Gesellschaft oder zur Änderung der Gesellschaftsform ist von Gesellschaftern mit mindestens zwei Dritteln der Stimmen zu treffen.

§63 Wenn der Gesellschafter einer Einmann-Gesellschaft mit beschränkter Haftung nicht nachweisen kann, dass das Gesellschaftsvermögen gegenüber seinem eigenen Vermögen unabhängig ist, haftet er für die Verbindlichkeiten der Gesellschaft als Gesamtschuldner mit.

§66 Die staatseigene Alleinkapitalgesellschaft hat keine Gesellschafterversammlung; das Aufsichts- und Managementorgan für das Staatsvermögen übt die Amtsbefugnisse der Gesellschafterversammlung aus. Das Aufsichts- und Managementorgan für das Staatsvermögen kann den Vorstand der Gesellschaft ermächtigen, einen Teil der Amtsbefugnisse der Gesellschafterversammlung auszuüben und über schwerwiegende Angelegenheiten der Gesellschaft zu beschließen, aber die Vereinigung, Aufteilung und Auflösung der Gesellschaft, die Erhöhung oder Senkung des registrierten Kapitals und die Ausgabe von Gesellschaftsschuldverschreibungen sind vom Aufsichts- und Managementorgan für das Staatsvermögen zu beschließen; dabei müssen die Vereinigung, Aufteilung und Auflösung und Insolvenzanträge wichtiger staatseigener Alleinkapitalgesellschaften vom Aufsichts- und Managementorgan für das Staatsvermögen geprüft und dann der Volksregierung seiner Stufe zur Genehmigung gemeldet werden.

Was eine wichtige staatseigene Alleinkapitalgesellschaft nach dem vorigen Absatz ist, wird nach Bestimmungen des Staatsrats festgesetzt.

§103 Gesellschafter, die an einer Hauptversammlung teilnehmen, haben für jeden Anteil eine Stimme. Eigene Aktien, welche die Gesellschaft hat, haben jedoch keine Stimme.

Die Hauptversammlung hat Entscheidungen mit mehr als der Hälfte der Stimmen der teilnehmenden Gesellschafter zu treffen. Jedoch hat die Hauptversammlung über Änderungen der Gesellschaftssatzung, eine Erhöhung oder Herabsetzung des registrierten Kapitals, die Vereinigung, Aufteilung oder Auflösung der Gesellschaft oder die Änderung der Gesellschaftsform mit mindestens zwei Dritteln der Stimmen der teilnehmenden Gesellschafter zu entscheiden.

§115 Die Gesellschaft darf weder direkt noch über eine Tochtergesellschaft Vorstandsmitgliedern, Aufsichtsmitgliedern oder einem leitenden Manager der Gesellschaft Darlehen gewähren.

§216 In diesem Gesetz sind:

1. „leitender Manager": der Geschäftsführer, stellvertretende Geschäftsführer und die für die Finanzangelegenheiten [leitend] zuständige Person der Gesellschaften, oder der Sekretär des Vorstands einer börsennotierten Gesellschaft sowie andere in einer Gesellschaftssatzung bestimmte Person;
2. „Beherrschender Gesellschafter": der Gesellschafter, der entweder über 50 % des Stammkapitals einer Gesellschaft mit beschränkter Haftung oder über 50 % des Grundkapitals einer Aktiengesellschaft besitzt, oder der weniger als 50 %, aber so ausreichende Anteile besitzt, dass er durch sein Stimmrecht aufgrund seiner Anteile auf die Beschlüsse der Gesellschafterversammlung oder Hauptversammlung maßgeblichen Einfluss nehmen kann.
3. „Faktischer Beherrschender": eine Person, die kein Gesellschafter ist, aber durch Investitionsverhältnisse, Vereinbarungen oder andere Arrangements die Gesellschaft faktisch beherrschen kann.
4. „Verbundene Beziehung": Beziehung zwischen beherrschendem Gesellschafter, faktischem Beherrschender, Vorstandsmitgliedern, Aufsichtsratsmitgliedern oder leitendem Manager der Gesellschaft und den von ihnen direkt oder indirekt beherrschten Unternehmen sowie anderen Beziehungen, die zur Interessenverschiebung der Gesellschaft führen können. Jedoch bestehen zwischen Unternehmen mit beherrschendem Staatsanteil nicht schon deshalb „verbundene Beziehungen", weil sie gleichermaßen vom Staat kontrolliert werden.

Unternehmensinsolvenzgesetz der VR China

verabschiedet am 27.08.2006, Inkrafttreten am 01.06.2007

§1 Um das Unternehmensinsolvenzverfahren zu normieren, Forderungen und Schulden gleichermaßen fair zu bereinigen, die legalen Rechtsinteressen der Gläubiger und Schuldner zu schützen und die sozialistische marktwirtschaftliche Ordnung zu wahren, wird dies Gesetz erlassen.

§2 Kann eine juristische Unternehmensperson die fälligen Schulden nicht begleichen und reicht ihr Vermögen nicht aus, alle Schulden zu begleichen oder fehlt ihnen offensichtlich die Fähigkeit dazu, werden ihre Schulden nach diesem Gesetz bereinigt. Wenn bei einer juristischen Unternehmenspersonen Umstände nach dem vorigen Absatz vorliegen oder sie offensichtlich die Fähigkeit verlieren könnte, ihre Schulden zu begleichen, kann eine Sanierung nach diesem Gesetz durchgeführt werden.

§3 Für Insolvenzsachen ist das Volksgericht des Sitzes des Schuldners zuständig.

§4 Für das Insolvenzverfahren gelten, soweit dieses Gesetz nichts anders bestimmt, die Vorschriften des Zivilprozessgesetzes entsprechend.

§7 Wenn beim Gemeinschuldner Umstände nach § 2 dieses Gesetzes vorliegen, kann er vor Volksgericht Sanierung, Vergleich oder Konkursliquidation beantragen.

Wenn der Gemeinschuldner fällige Schulden nicht begleichen kann, können Gläubiger vor Volksgericht seine Sanierung oder Konkursliquidation beantragen.

Wenn eine juristische Unternehmensperson aufgelöst, aber noch nicht oder noch nicht vollständig liquidiert worden ist, und [ihr] Vermögen nicht hinreicht, [ihre] Schulden zu begleichen, muss der nach dem Recht für die Liquidation Verantwortliche vor Volksgericht die Konkursliquidation beantragen.

§8 Wer vor Volksgericht einen Insolvenzantrag stellt, muss einen schriftlichen Insolvenzantrag und die einschlägigen Nachweise einreichen.

Der schriftliche Insolvenzantrag muss die folgenden Punkte angeben:

1. Die wesentlichen Umstände von Antragsteller und Antragsgegner,
2. das Ziel des Antrags,
3. Antragstatsachen und -gründe,
4. andere Dinge, die nach Ansicht des Volksgerichts angegeben werden müssen.

Wenn der Gemeinschuldner den Antrag einreicht, muss er dem Volksgericht ferner eine Darstellung der finanziellen Umstände, eine Liste der Schulden und eine Liste der Forderungen, die einschlägigen Finanz- und Buchführungsberichte, einen Vorschlag zur Unterbringung der Beschäftigten und Angaben dazu einreichen, wie es sich mit der Zahlung der Löhne und der Sozialversicherungsgebühren der Beschäftigten verhält.

§10 Stellt ein Gläubiger den Insolvenzantrag, muss das Volksgericht innerhalb von 5 Tagen ab dem Tag, an dem es ihn erhalten hat, dies dem Gemeinschuldner mitteilen. Wenn der Gemeinschuldner Einwände gegen den Antrag hat, muss er sie innerhalb von 7 Tagen ab dem Tag, an dem er die Mitteilung des Volksgerichts erhalten hat, dem Volksgericht vortragen. Das Volksgericht muss innerhalb von 10 Tagen nach Ablauf der Einwandsfrist verfügen, ob es den Antrag annimmt.

Außer im Falle des vorigen Absatzes muss das Volksgericht innerhalb von 15 Tagen ab dem Tag, an dem es den Insolvenzantrag erhalten hat, verfügen, ob es ihn annimmt.

Erfordern besondere Umstände eine Verlängerung der Frist für die Verfügung über die Annahme nach den vorigen beiden Absätzen, so kann die Frist mit Genehmigung des nächsthöheren Volksgerichts um 15 Tage verlängert werden.

§22 Der Insolvenzverwalter wird vom Volksgericht bestimmt.

Geht die Gläubigerversammlung davon aus, dass der Verwalter nicht rechtmäßig sein Amt ausüben oder aus anderen Gründen sein Amt nicht ausüben kann, kann sie beantragen, dass das Volksgericht ihn auswechselt.

Die Methoden zur Bestimmung des Insolvenzverwalters und dessen Vergütung werden von dem Obersten Volksgerichtshof näher bestimmt.

§24 Als Insolvenzverwalter kann eine aus Personal betroffener Behörden oder Organen gebildete Abwicklungsgruppe oder eine gesellschaftliche Vermittlungsinstitution dienen, wie etwa ein rechtmäßig errichtetes Anwalts-, Wirtschaftsprüfer- oder Insolvenzabwicklungsbüro.

Aufgrund tatsächlicher Verhältnisse des Schuldners kann das Volksgericht nach Einholen der Meinung der einschlägigen gesellschaftlichen Vermittlungsinstitution eine über einschlägige fachliche Kenntnisse und berufliche Qualifikationen verfügende Person aus dieser Institution als Insolvenzverwalter bestellen.

Entsteht eine der folgenden Umstände, darf (eine Person oder eine Institution) nicht als Insolvenzverwalter bestellt werden:

1. wenn sie wegen einer vorsätzlichen Straftat strafrechtlich bestraft wurde,
2. wenn ihr einschlägiges berufliches Zertifikat entzogen worden ist;
3. wenn sie an der Sache Interesse hat;
4. bei anderen Umständen, bei denen nach Ansicht des Volksgerichts sie nicht für das Amt des Insolvenzverwalters geeignet ist.

Eine Einzelperson, die das Amt des Insolvenzverwalters übernimmt, muss eine Berufshaftpflichtversicherung abschließen.

§25 Der Insolvenzverwalter führt die folgenden Amtsaufgaben aus:

1. Er übernimmt und verwaltet das Vermögen, die Stempel und die Bücher, Schriftstücke und sonstigen Unterlagen des Gemeinschuldners,
2. er untersucht die finanziellen Verhältnisse des Gemeinschuldners und fertigt über sie einen Bericht an;
3. er bestimmt über die Angelegenheiten des internen Managements des Schuldners;
4. er bestimmt alltägliche und sonst notwendige Zahlungen des Gemeinschuldners;
5. vor Einberufung der ersten Gläubigerversammlung bestimmt er, ob der Betrieb des Gemeinschuldners fortgesetzt oder vorläufig eingestellt wird;
6. er verwaltet die Vermögensgegenstände des Gemeinschuldners und verfügt darüber;
7. er nimmt in Vertretung des Gemeinschuldners an Prozessen, Schiedsverfahren und anderen Rechtsverfahren teil;
8. er schlägt vor, die Gläubigerversammlung einzuberufen;
9. andere Amtsaufgaben, die er nach Ansicht des Volksgerichts ausführen sollte.

Soweit dies Gesetz zu den Amtsaufgaben des Insolvenzverwalters etwas anderes vorschreibt, gilt diese andere Vorschrift.

§73 Während der Sanierungsfrist kann der Gemeinschuldner mit auf seinen Antrag hin erteilter Genehmigung des Volksgerichts unter der Aufsicht des Insolvenzverwalters selbst das Vermögen verwalten und den Betrieb betreiben.

Im Fall des vorigen Absatzes muss der Insolvenzverwalter, der bereits nach diesem Gesetz die Verwaltung von Vermögen des Gemeinschuldners und den Betrieb übernommen hat, dem Gemeinschuldner Vermögen und Betrieb übertragen, und die Amtsbefugnisse des Insolvenzverwalters nach diesem Gesetz werden vom Gemeinschuldner ausgeübt.

§82 Die Gläubiger der nachfolgend aufgeführten Gruppen von Forderungen nehmen an der Diskussion des Sanierungsplanentwurfs auf der Gläubigerversammlung teil und stimmen getrennt nach diesen Gruppen über den Entwurf ab:

1. Forderungen, für die ein Sicherungsrecht an bestimmten Vermögensgütern des Gemeinschuldners besteht;
2. vom Gemeinschuldner den Beschäftigten geschuldete Löhne und Kosten für Krankheitsbehandlung, Beihilfen für Versehrte, Trostgeld, Zahlungen für die Basisrentenversicherung und die Basiskrankenversicherung, die auf das persönliche Konto des Beschäftigten eingestellt werden müssen, sowie Ausgleichszahlungen, die nach Gesetzen und Verwaltungsrechtsnormen dem Beschäftigten geleistet werden müssen;
3. vom Gemeinschuldner geschuldete Steuern;
4. gewöhnliche Forderungen.

Das Volksgericht kann nötigenfalls beschließen, dass aus den gewöhnlichen Forderungen die Gruppe der kleinen Forderungen herausgenommen wird und [als besondere Gruppe] über den Sanierungsplanentwurf abstimmt.

§107 Wenn das Volksgericht den Konkurs eines Gemeinschuldners erklärt hat, muss es ab dem Tag, an dem diese Verfügung erlassen wird, sie innerhalb von 5 Tagen dem Gemeinschuldner und dem Insolvenzverwalter zustellen und sie innerhalb von 10 Tagen den bereits bekannten Gläubigern mitteilen und bekanntmachen.

Nachdem der Konkurs eines Gemeinschuldners erklärt worden ist, heißt er Konkursschuldner und sein Vermögen Konkursvermögen, und die Forderungen gegen den Gemeinschuldner zu der Zeit, zu der das Volksgericht den Konkursantrag annimmt, heißen Konkursforderungen.

§112 Beim Verkauf zur Verwertung muss Konkursvermögen versteigert werden. Dies gilt nicht, soweit die Gläubigerversammlung etwas anderes beschließt.

Ein Konkursunternehmen kann in Gänze oder in Teilen zur Verwertung verkauft werden.

Wenn ein Unternehmen zur Verwertung verkauft wird, können dazugehöriges immaterielles und sonstiges Vermögen gesondert zur Verwertung verkauft werden.

Über Vermögensgegenstände, die nach staatlichen Vorschriften nicht versteigert oder nur begrenzt übertragen werden können, muss in der staatlich vorgeschriebenen Weise verfügt werden.

Zivilprozessgesetz VR China

Verabschiedet am 09.04.1991, 2. Revidierung am 31.08.2012,
Inkrafttreten der 2. Revidierung am 01.01.2013

§17 Das Untere Volksgericht ist in erster Instanz für Zivilsachen zuständig, soweit dieses Gesetz nichts anderes vorsieht.

§18 Das Mittlere Volksgericht ist in erster Instanz für die folgenden Zivilsachen zuständig:

1. große Fälle mit Außenbezug;
2. Fälle, die auf seinen Gerichtsbezirk große Auswirkungen haben;
3. Fälle, für die der Oberste Volksgerichtshof die Zuständigkeit des mittleren Volksgerichts bestimmt hat.

§19 Das Obere Volksgericht ist in erster Instanz für Zivilsachen zuständig, die auf seinen Bezirk große Auswirkungen haben.

§20 Der Oberste Volksgerichtshof ist in erster Instanz für die folgenden Zivilsachen zuständig:

1. Fälle, die auf das ganze Land große Auswirkungen haben;
2. Fälle, bei denen der Oberste Volksgerichtshof der Ansicht ist, dass sie von ihm behandelt werden sollen."

§37 Wenn das zuständige Volksgericht aus besonderen Gründen die Zuständigkeit nicht ausüben kann, wird vom höheren Volksgericht die Zuständigkeit bestimmt.

Wenn zwischen Volksgerichten ein Streit über die Zuständigkeit entsteht, wird er von den streitenden Gerichten in Verhandlungen beigelegt; lässt er sich in Verhandlungen nicht lösen, so wird bei ihrem gemeinsamen höheren Volksgericht beantragt, die Zuständigkeit zu bestimmen.

Gesetzgebungsgesetz der VR China

verabschiedet am 15.03.2000, revidiert am 15.03.2015,
Inkrafttreten der Revidierung am 15.03.2015

§7 Der Nationale Volkskongress und der Ständige Ausschuss des Nationalen Volkskongresses üben die staatliche Gesetzgebungsgewalt aus.

Der Nationale Volkskongress bestimmt und ändert grundlegende Gesetze über Strafsachen, Zivilsachen, die Staatsorgane und andere Angelegenheiten.

Der Ständige Ausschuss des Nationalen Volkskongresses bestimmt und ändert Gesetze mit Ausnahme derer, die vom Nationalen Volkskongress bestimmt werden; er führt zwischen den Tagungen des Nationalen Volkskongresses teilweise Ergänzungen und Änderungen der vom Nationalen Volkskongress festgelegten Gesetze durch, die aber nicht den grundlegenden Prinzipien der betreffenden Gesetze zuwiderlaufen dürfen.

§8 Die folgenden Angelegenheiten können nur durch Gesetze festgelegt werden:

1. Angelegenheiten der staatlichen Souveränität;
2. Bildung, Organisation und Befugnisse der Volkskongresse, Volksregierungen, Volksgerichte und Volksstaatsanwaltschaften auf allen Ebenen;
3. die Regelung der regionalen Autonomie der Volksgruppen, die Regelung der Sonderwirtschaftszonen, die Regelung der Selbstverwaltung der Massenorganisationen auf unterster Organisationsebene;
4. Straftaten und Strafe;
5. die Aberkennung der politischen Rechte von Bürgern, Zwangsmaßnahmen und Sanktionen, welche die körperliche Freiheit beschränken;
6. die Einführung von neuen Steuern, Bestimmung der Steuersätze und Verwaltung der Steuererhebung sowie andere grundlegenden Steuersysteme;
7. die Einziehung nicht staatlichen Vermögens;
8. die grundlegende Regelung der Zivilsachen;
9. das grundlegende Wirtschaftssystem und die grundlegende Regelung der Staatsfinanzen, der Steuern, des Zolls, des Bankwesens sowie des Außenhandels;
10. die Regelung des Gerichtsverfahrens und des Schiedsverfahrens;
11. andere Angelegenheiten, die vom Nationalen Volkskongress und vom Ständigen Ausschuss des Nationalen Volkskongresses durch Gesetz festgelegt werden müssen.

§71 Alle Ministerien und Ausschüsse des Staatsrates, die Chinesische Volksbank, der Rechnungshof und direkt [dem Staatsrat] unterstellte Organe, die Verwaltungsfunktionen haben, können gemäß den Gesetzen und den administrativen Verordnungen, Entscheidungen und Anordnungen des Staatsrates innerhalb des Zuständigkeitsbereichs dieser Abteilung Vorschriften festlegen.

Angelegenheiten, die in Vorschriften der Abteilungen bestimmt werden, müssen zum Bereich der Durchführung von Gesetzen oder der administrativen Verordnungen, Entscheidungen oder Anordnungen des Staatsrates gehören.

www.ingramcontent.com/pod-product-compliance
Ingram Content Group UK Ltd.
Pitfield, Milton Keynes, MK11 3LW, UK
UKHW021911290926
8980IPUK00015B/1196

9 783631 673843